अप्रतिम भारत
UNIQUE BHARAT

प्रस्तुति

श्री भागवत परिवार

SHRI BHAGWAT PARIWAR

(भारतीय संस्कृति और संस्कार को समर्पित)

184, मालाड शॉपिंग सेंटर, एस.वी. रोड, मालाड (पं.), मुंबई-400064

फोन : 022-28834015

अप्रतिम भारत
UNIQUE BHARAT

प्रभात प्रकाशन
ISO 9001:2008 प्रकाशक

प्रकाशक • **प्रभात प्रकाशन**
4/19 आसफ अली रोड,
नई दिल्ली–110002

संस्करण • प्रथम, 2018
मूल्य • पंद्रह सौ रुपए
मुद्रक • गोपसंस पेपर्स लिमिटेड, नोएडा

APRATIM BHARAT ₹ 1500.00
Published by Prabhat Prakashan, 4/19 Asaf Ali Road, New Delhi-110002
E-mail : prabhatbooks@gmail.com ISBN 978-93-5266-810-6

ॐ

शंकरं शंकराचार्यं केशवं बादरायणम्
सूत्र-भाष्यकृतौ वन्दे भगवंतौ पुनः पुनः ॥

काँची कामकोटि पीठम् के वरिष्ठ शंकराचार्य

पूज्यपाद स्वामी श्री जयेंद्र सरस्वती

(1935-2018)

भारत की ऋषि परंपरा के जाज्वल्यमान नक्षत्र, सत्य सनातन हिंदू धर्म एवं दर्शन के तेजोमय विग्रह के रूप में समादृत काँची कामकोटि पीठम् के वरिष्ठ शंकराचार्य अनंत श्री विभूषित श्री श्री 1008 पूज्यपाद स्वामी श्री जयेंद्र सरस्वती जी महाराज विगत 28 फरवरी, 2018 को ब्रह्मलीन हो गए। आपके महाप्रयाण से भारतीय धर्म, दर्शन, संस्कृति तथा अध्यात्म का एक शिखर अदृश्य हो गया है।

पूज्य स्वामीजी की परम चेतना को प्रणाम करते हुए संपूर्ण श्रद्धाभाव से हम 'अप्रतिम भारत' ग्रंथ को उनकी पुण्य स्मृति को समर्पित करते हैं।

श्री भागवत परिवार

न्यासी मंडल

अप्रतिम भारत

परामर्श मंडल

श्री विश्वनाथ सचदेव

डॉ. सुरेंद्र दुबे

श्री सुशील केड़िया

श्री महावीर प्रसाद अग्रवाल (नेवटिया)

डॉ. विनोद टिबड़ेवाल

समन्वयन

श्री वीरेन्द्र याज्ञिक

ग्रंथ संपादन मंडल

प्रो. डॉ. करुणाशंकर उपाध्याय

श्री रतन शारदा

डॉ. बनमाली चतुर्वेदी

श्रीमती अल्का अग्रवाल सिग्तिया

श्री चंद्रकांत जोशी

ग्रंथ संयोजन

श्री सुनील सिंघल

श्री लक्ष्मीकांत सिंगड़ोदिया

श्री सुभाष चौधरी

श्री शिवकुमार सिंघल

श्री मुकुल अग्रवाल

श्री संजीव चौधरी

श्री कमलेश पारीक

श्री चंद्रशेखर अग्रवाल

श्री पी.एस. श्रीमाली

ग्रंथ संपादन सहयोग

डॉ. वरुण सुथरा

श्री दिनेश चंद्र बेसवारी

श्रीमती पूनम बुधिया

श्रीमती अमी हितेश शाह

अनुक्रम

	मंगलाचरण		*XII*
	संदेश : स्वामी सत्यमित्रानन्द गिरि		*XV*
	संदेश : कार्ष्णि गुरुशरणानंद		*XVII*
	संदेश : श्री राजनाथ सिंह		*XIX*
	प्राक्कथन : श्री सुभाष चंद्रा		*XXI*
	अप्रतिम भारत	*जयशंकर प्रसाद*	*XXIII*
	निवेदनम्	*वीरेन्द्र याज्ञिक*	*XXV*
	संपादकीय		*XXVII*
	युवा भारत को स्वामी विवेकानंद का संदेश	*प्रधानमंत्री श्री नरेंद्र मोदी*	*XXXI*
	रचनाएँ		
1.	**भारतीय चिंतन की शाश्वत प्रासंगिकता**	रमेशचंद्र लाहोटी	1
2.	**कालबोध की रक्षा का प्रश्न**	डॉ. मुरली मनोहर जोशी	8
3.	**भारतीय जीवन में सनातन की खोज**	डॉ. विद्यानिवास मिश्र	15
4.	**मूल्य बोध और गीता : कुछ वादी-संवादी सुरों के साथ**	रमेशचंद्र शाह	22
5.	**भारतीय चिंतन मानव का समग्र विवेचन करता है**	कैलाशचंद्र पंत	30
6.	**वर्तमान में भारत की सनातन संस्कृति तथा मूल्यों की प्रासंगिकता**	प्रो. रामेश्वर मिश्र पंकज	35
7.	**नारी विमर्श की जय यात्रा : नकोशी से जयश्री तक**	विश्वनाथ सचदेव	43
8.	**एकात्म मानववाद अर्थात् पूर्ण मानव की कल्पना**	दीनदयाल उपाध्याय	49
9.	**जीवन का अर्थ : अर्थमय जीवन**	अनुपम मिश्र	59
10.	**भारतीय संविधान में संस्कृति एवं कला विमर्श : महत्त्वपूर्ण अनुपस्थितियाँ**	मनोज कुमार श्रीवास्तव	67
11.	**वैदिक ज्ञान का वैज्ञानिक दृष्टिकोण**	डॉ. वासुदेवशरण अग्रवाल	77
12.	**राष्ट्रीय सांस्कृतिक नीति : आज की आवश्यकता**	प्रो. सूर्यप्रसाद दीक्षित	84
13.	**भारतीय कला : मूल्यों की उजली इबारत**	नर्मदा प्रसाद उपाध्याय	89
14.	**भारतीय मनीषा के प्रमुख तत्त्व**	डॉ. राजेंद्र रंजन चतुर्वेदी	94
15.	**आधुनिक मानसिकता : भारतीयता का डेंड्राफ फलकेटम**	नीरजा माधव	98
16.	**राम मेरे घर आओ**	डॉ. बनमाली चतुर्वेदी	104

17. **संस्कृत से संस्कृति और संस्कृति से संस्कार** — विपुल सेन — 106
18. **त्यक्तेन भुञ्जीथा, इदन्न मम** — मृदुल कीर्ति — 110
19. **भारतीय संस्कृति पर बदलते काल और बदलते जीवन मूल्यों का प्रभाव** — प्रो. (डॉ.) एस. तंकमणि अम्मा — 117
20. **भारतीय संस्कृति में चार का महत्त्व** — दीनानाथ चतुर्वेदी — 121
21. **भारत का कालजयी वैदिक वाङ्मय** — सुरेश चतुर्वेदी — 127
22. **सनातन संगीत और तन-मन** — अलका अग्रवाल सिग्तिया — 135
23. **प्राचीन भारतीय शिक्षण व्यवस्था की प्रासंगिकता** — डॉ. विनोद टिबड़ेवाल — 141
24. **शिशु के व्यक्तित्व विकास में लोरी का महत्त्व** — डॉ. हंसा प्रदीप — 143
25. **वेदों में सदाचार** — रितु संजय चतुर्वेदी — 147
26. **श्री भागवत परिवार : समाज सेवा और आध्यात्मिक गतिविधियों को समर्पित** — चंद्रकांत जोशी — 149
27. **A Clarion Call to the Nation: Are We Listening?** — Dr. A.P.J. Abdul Kalam — 157
28. **How to Build India's Future** — Azim Premji — 160
29. **Innovative Education : Youth Entrepreneurship and Skill Development** — Dr. Ravindra Kumar — 162
30. **An Ancient Science & Modern Technology** — R. Chidambaram — 165
31. **Can Bhartiya Sanskriti Provide Answers to Global Social Unrest?** — Ratan Sharda — 170
32. **Ethical Management** — H.C. Parekh — 174
33. **Old Values and Changing Times** — Kamaladevi Chattopadhyaya — 177
34. **Vedanta and The Meaning of Bharat in Contemporary Contexts** — Prof. Sudhir Kumar — 181
35. **Seven Sacred Steps : Beauty of Hindu Marriage** — Shefali Vaidya — 185
36. **The Ancient Indian Approach to Charity & Inclusiveness** — Amish Tripathi — 188
37. **Will The Indian Men Do?** — Sandeep Singh — 191
38. **Story of a Humanitarian, A Man of Action** — Dr. Varun Suthra — 194
39. **Elephant Lore in Ancient Sanskrit Literature** — Dr. Gauri Mahulikar — 197
40. **The Contribution of Sikkhism in Indian Culture** — Rajan Khanna — 203
41. **Birds of India : In Relevance to Environment** — Neeraj Chawla — 207

॥ मंगलाचरण ॥

उत्तिष्ठ जाग्रत् प्राप्यवरान् निबोधत, क्षुरस्य धारा निशिता दुरत्यया दुर्ग पथस्तत् कवयो वदन्ति

(कठोपनिषद् 24)

उठो, जागो और श्रेष्ठ महापुरुषों से आत्मज्ञान प्राप्त करते हुए अपने लक्ष्य को प्राप्त करो। आत्मज्ञान का लक्ष्य प्राप्त करने का मार्ग उस्तरे की तेज धार पर चलने के समान अति कठिन और दुर्गम है।

चरन् वै मधु विन्दति चरन् स्वादुमुदुम्बरम्।
सूर्यस्य पश्य श्रेमाणं यो न तन्द्रयते चरन्॥
चरैवेति चरैवेति

(एतरेय ब्राह्मण)

जो निरंतर गतिशील है, अर्थात् पुरुषार्थ करता है, उसे ही अपने इष्ट फल की प्राप्ति होती है। परिश्रम करनेवाले को ही मीठे फल का आनंद प्राप्त होता है। सूर्य के परिश्रम को देखो, वह कभी भी अपनी गतिशीलता छोड़कर आलस्य नहीं करता, अतएव चलते रहो, चलते रहो।

युवा स्यात् साधु युवाऽध्यापकः आशिष्ठो द्रढ़िष्ठो बलिष्ठः।
तस्येयं पृथिवी सर्वा वित्तस्य पुर्णास्यात्॥

(तैत्तिरीयोपनिषद्)

युवाजनों को चाहिए वह साधु चरित, पुरुषार्थी, अभ्यासी, आशावान्, दृढ़निश्चयी एवं बल संपन्न बने। ऐसे नौजवान के लिए संपूर्ण पृथ्वी वित्तपूर्ण होती है।

संदेश

ॐ
भारतमाता मन्दिर
BHARATMATA MANDIR
समन्वय कुटीर, सप्त सरोवर, हरिद्वार-249410 (उत्तराखण्ड) भारत
Samanvaya Kutir, Sapta Sarowar, Haridwar- 249410 (Uttarakhand) BHARAT
Telephone : Office : **01334-260256**, Fax : **01334-260981**
Bharat Sadan : **01334-260018**
Email : bharat.samanvaya@yahoo.in
bharatmatamandirhw@gmail.com

संस्थापक :
स्वामी सत्यमित्रानन्द गिरि
निवृत्त जगद्गुरु शंकराचार्य, ज्योतिर्मठ शाखा

दिनांक : 23.11.2017

श्री भागवत परिवार के समन्वयक,

आदरणीय श्री वीरेंद्र याज्ञिक जी,

सप्रेम नारायण स्मरण।

आपके द्वारा प्रेषित विशाल ग्रंथ 'अतुल्य भारत' प्राप्त हुआ। आपने अपने सहयोगियों का सहयोग प्राप्त कर इस अद्‌भुत ग्रंथ का प्रकाशन कर भारतीय संस्कृति उपासकों की वास्तविक सेवा की है। परमेश्वर के अनंत आशीर्वाद के आप सब सदा अधिकारी रहेंगे इसमें संदेह नहीं है।

भारत की सनातन संस्कृति की प्रासंगिकता में यह ग्रंथ अत्यंत ज्ञानवर्धक एवं संग्रहणीय होगा, ऐसा विश्वास है। महान ऋषियों, यतियों एवं बलिदानियों ने संस्कृति के लिए जीवनभर तपस्या की है वह सदा प्रासंगिक है। उसके अक्षय, अव्यक्त, शाश्वत स्वरूप का दर्शन आपके ग्रंथ से होगा।

मेरी सर्वसमर्थ प्रभु से प्रार्थना है कि वे आपकी कृति को जन-जन तक पहुँचाने की कृपा करें।

शुभकामनाओं सहित,

भवदीय

स्वामी सत्यमित्रानन्द ॐ

(स्वामी सत्यमित्रानन्द गिरि)

श्री उदासीन कार्ष्णि आश्रम

काष्र्णि आश्रम

महावन, गोकुल

श्री गुरुः शरणम्

मुझे यह जानकर अत्यंत प्रसन्नता हुई है कि श्री भागवत परिवार द्वारा अतुल्य भारत ग्रंथ शृंखला के अंतर्गत इस वर्ष अप्रतिम भारत का प्रकाशन किया जा रहा है, जिसमें भारत के मूर्धन्य विद्वानों और चिंतकों के लेख समाहित हैं तथा उनके माध्यम से भारत की सत्य सनातन संस्कृति एवं संस्कार को वर्तमान संदर्भ में समझने व परखने का प्रयत्न किया गया है। मेरा मानना है कि आज के अति भौतिकता से आच्छादित युग में इस विषय पर गंभीर तथा गहन चिंतन की आवश्यकता है और इस दृष्टि से श्री भागवत परिवार का यह प्रयास सर्वथा प्रशंसनीय है। मैं इस प्रयास को अपना शुभाशीष प्रदान करता हूँ और कामना करता हूँ कि यह ग्रंथ भारत की सांस्कृतिक चेतना को उसके सही स्वरूप में समझने का माध्यम बने।

भारत की सनातन संस्कृति में समग्र मानव-जीवन के मंगल का चिंतन तथा विधान किया गया है, जिसके मूल में धर्म है, अध्यात्म है। धर्म सर्वोपरि है। धर्म की व्याख्या करते हुए हमारी सनातन परंपरा कहती है—'यतो अभ्युदय नि:श्रेयस सिद्धि:स धर्म' धर्म से ही आध्यात्मिक उन्नति सिद्ध होती है और धर्म से ही लौकिक उन्नति एवं प्रगति संभव है। इसी सूत्र के आधार पर मानव जीवन में अर्थ और काम की सम्यक् सिद्धि के द्वारा अभ्युदय का मार्ग निश्चित किया गया और अंततोगत्वा वैराग्य से पुष्ट होकर मोक्ष-प्राप्ति को जीवन का अंतिम लक्ष्य माना गया है।

इसी भाव से भावित होकर भारत की संस्कृति तथा संस्कार की गंगा अनादि काल से संपूर्ण मानवता के कल्याण के लिए निरंतर प्रवहमान है। ऐसी मंगलमयी संस्कृति तथा जीवन-मूल्यों का चिंतन, अनुशीलन एवं अनुकरण आज की आवश्यकता ही नहीं, अनिवार्यता है। इस दृष्टि से अप्रतिम भारत ग्रंथ का प्रकाशन सर्वथा अभिनंदनीय है। श्री भागवत परिवार के इस सारस्वत संकल्प को शत-सहस्त्र साधुवाद एवं आशीर्वाद।

(काष्र्णि गुरुशरणानंद)

राजनाथ सिंह
RAJNATH SINGH

सत्यमेव जयते

गृह मंत्री
भारत
नई दिल्ली-110001
HOME MINISTER
INDIA
NEW DELHI-110001

दिनांक : 02.04.2018

संदेश

मुझे यह जानकर हार्दिक प्रसन्नता हुई है कि **श्री भागवत परिवार (मुंबई)** द्वारा वर्तमान समय में भारत की सनातन संस्कृति तथा मूल्यों की प्रासंगिकता पर एक ग्रंथ प्रकाशित किया जा रहा है जिसमें भारतीय जीवन मूल्यों तथा संस्कारों की प्रासंगिकता और उनकी आवश्यकता पर विभिन्न विद्वानों के लेख समाहित किए जाएंगे।

समाज में सांस्कृतिक एवं आध्यात्मिक चेतना का प्रचार–प्रसार अपने आप में एक महत्वपूर्ण कार्य है जिसके माध्यम से हमें न केवल विविधता में एकता के दर्शन होते है अपितु सामाजिक एकता एवं शांति बनाये रखने में भी सहायता मिलती है। इस संदर्भ में मुंबई के श्री भागवत परिवार द्वारा किए जा रहे कार्य प्रशंसनीय एवं अनुकरणीय है।

मैं संपूर्ण भागवत परिवार को उनके द्वारा किए जा रहे कार्यों के लिए हार्दिक बधाई देता हूं तथा ग्रंथ के सफल प्रकाशन की कामना करता हूं।

शुभकामनाओं सहित।

(राजनाथ सिंह)

Office : Room No. 104, Ministry of Home Affairs, North Block, New Delhi-110 001
Tel. : 23092462, 23094686, Fax : 23094221
E-mail : hm@nic.in

प्राक्कथन

SUBHASH CHANDRA

श्री भागवत परिवार कई वर्षों से समाज सेवा में तत्पर है, इसीलिए यह स्वाभाविक है की यह संस्थान समाज को नई ऊँचाई देने का प्रयास करे।

इसी प्रयास का नाम है 'अतुल्य भारत' जिसका लोकार्पण २०१७ में किया गया था। उसकी सफलता से प्रेरित होकर ये 'अप्रतिम भारत' नामक ग्रंथ लेकर आ रहे हैं। इसके लिए मैं श्री भागवत परिवार के अध्यक्ष श्री एस.पी.गोयल एवं इसके मारगदर्शक व समन्वयक श्री वीरेंद्र याज्ञनिक जी सहित पूरे सम्पादक मंडल को साधुवाद देता हूँ।

कला, साहित्य, संस्कार, शिक्षा, अध्यात्म, जीवन के मूल्यों, इतिहास आदि जैसे विविध क्षेत्रों से संकलित इस ग्रंथ के ४१ लेख सभी पाठकों को भारत का एक अप्रतिम और अविस्मरणीय परिचय देंगे। जो बातें खास बुद्धिजीवी वर्ग तक ही सीमित थी, उन बातों को सर्व सामान्य जन-मानस तक पहुँचाने का कार्य यह पुस्तक करेगी, इसका मुझे विश्वास है।

पंडित दीन दयाल उपाध्याय जी जैसे प्रतिष्ठित विचारकों के लेख से आभूषित यह ग्रंथ भारतीय तत्वदर्शन के विभिन्न मुद्दों पर रोशनी डालता है। मैं श्री भागवत परिवार को इस अनूठे ग्रंथ के प्रकाशन के लिए और प्रभात प्रकाशन को इसे इतने सुंदर ढंग से प्रकाशित करने के लिए हार्दिक शुभकामनाएं देता हूँ और उम्मीद करता हूँ कि यह ग्रंथ पाठकों को एक कम जाने और कम सुने भारत का परिचय कराएगा।

शुभकामनाओं सहित,
आपका ही,

सुभाष चंद्रा

प्रगति का सच है प्रतिभा

sc@subhashchandra.com | @subhashchandra

अप्रतिम भारत

हिमालय के आँगन में उसे प्रथम किरणों का दे उपहार।
उषा ने हँस अभिनंदन किया और पहनाया हीरक हार।
जगे हम, लगे जगाने विश्व लोक में फैला फिर आलोक।
व्योम-तम-पुंज हुआ तब नष्ट, अखिल संसृति हो उठी अशोक।
विमल वाणी ने वीणा ली कमल-कोमल कर में सप्रीती।
सप्तस्वर सप्तसिंधु में उठे, छिड़ा तब मधुर साम-संगीत।
बचा कर बीज-रूप से सृष्टि, नाव पर झेल प्रलय का शीत।
अरुण-केतन लेकर निज हाथ वरुण पथ में हम बढ़े अभीत।
सुना है वह दधीचि का त्याग हमारा जातीयता विकास।
पुरंदर ने पवि से है लिखा अस्थि-युग का मेरा इतिहास।
सिंधु-सा विस्तृत और अथाह एक निर्वासित का उत्साह।
दे रही अभी दिखाई भग्न मग्न रत्नाकर में वह राह।
धर्म का ले लेकर जो नाम हुआ करती बलि, कर दी बंद।
हमी ने दिया शांति-संदेश, सुखी होते देकर आनंद।
विजय केवल लोहे की नहीं, धर्म की रही धरा पर धूम।
भिक्षु होकर रहते सम्राट्, दया दिखलाते घर-घर घूम।

यवन को दिया दया का दान, चीन को मिली धर्म की दृष्टि।
मिला था स्वर्ण-भूमि को रत्नशील की सिंहल को भी सृष्टि।
किसी का हमने छीना नहीं, प्रकृति का रहा पालना यहीं।
हमारी जन्म-भूमि थी यहीं, कहीं से हम आए थे नहीं।
जातियों का उत्थान-पतन, आँधियाँ झड़ी प्रचंड समीर।
खड़े देखा, झेला हँसते, प्रलय में पले हुए हम वीर।
चरित थे पूत, भुजा में शक्ति, नम्रता रही सदा संपन्न।
हृदय के गौरव में था गर्व, किसी को देख न सके विपन्न।
हमारे संचय में था दान, अतिथि थे सदा हमारे देव।
वचन में सत्य, हृदय में तेज, प्रतिज्ञा में रहती थी टेव।
वही है रक्त, वही है देश, वही साहस है, वैसा ज्ञान।
वही है शांति, वही है शक्ति, वही हम दिव्य आर्य संतान।
जिएँ तो सदा उसी के लिए, यही अभिमान रहे, यह हर्ष।
निछावर कर दें हम सर्वस्व, हमारा प्यारा भारतवर्ष।

—जयशंकर प्रसाद

निवेदनम्

नव संवत्सर-2075 की पुण्य वेला में काँची कामकोटि पीठ के पूज्य शंकराचार्य अनंतश्रीविभूषित ब्रह्मलीन स्वामी श्री जयेंद्र सरस्वती जी महाराज की पावन स्मृति एवं भारत की सनातन ऋषि-परंपरा के पूज्य संतों के शुभाशीष से अभिषिक्त अपनी चिरंतन आर्य संस्कृति तथा मनीषा को अपने अंक में समेटे प्रबुद्ध विद्वानों एवं विचारकों के आलेखों से अलंकृत 'अप्रतिम भारत' ग्रंथ को माँ भारती के चरणों में तथा आप सभी सुहृद जनों को समर्पित करते हुए हम धन्यता का अनुभव कर रहे हैं। पिछले वर्ष श्री भागवत परिवार द्वारा 'अतुल्य भारत' ग्रंथ का प्रकाशन किया गया था, उसी क्रम में इस वर्ष 'अप्रतिम भारत' का प्रकाशन किया गया है, जिसका उद्देश्य देश की सनातन संस्कृति तथा विचार संपदा को आज के संदर्भ में जानने, समझने तथा उसको परखने का विनम्र प्रयास है।

विगत वर्षों में देश के अनेक शिक्षा संस्थानों, विद्यालयों एवं प्रतिष्ठानों में युवा पीढ़ी से हुए संवाद तथा विचार-विमर्श के दौरान यह बात ध्यान में आई कि वर्तमान पीढ़ी के पास यूरोप तथा पश्चिमी जगत् की जितनी जानकारी तथा सूचनाएँ हैं, उसकी तुलना में भारत के साहित्य, संस्कृति तथा विचार संपदा के बारे में या तो उन्हें जानकारी ही नहीं है अथवा है भी तो बहुत ही सतही और भ्रष्ट है, जिसके परिणामस्वरूप आज की पीढ़ी के मन में यह विचार घर कर गया है कि विज्ञान तथा टेक्नोलॉजी के इस युग में संस्कृति, संस्कार, विचार की बात करना पिछड़ेपन की निशानी है। हमारा मानना है कि युवाओं में व्याप्त इन भ्रांतियों का निराकरण आवश्यक ही नहीं, बल्कि मानवीय जीवन की वर्तमान विसंगतियों, समस्याओं को देखते हुए अनिवार्य भी है।

आज से सत्तर वर्ष पूर्व जब देश आजाद हुआ था, उस समय हमारे स्वतंत्रता सेनानियों ने राष्ट्र-निर्माण का जो सपना देखा था, क्या हम अपने देश को उसके अनुसार बना पाए हैं? यह मूल प्रश्न है। इसका उत्तर यह है कि राजनैतिक दृष्टि से हम बेशक आजाद हैं, लेकिन सामाजिक, सांस्कृतिक तथा बौद्धिक दृष्टि से हम अभी भी अंग्रेजी और अंग्रेजियत के गुलाम हैं और शायद पहले से भी अधिक।

यह विचार करते समय मुझे स्वामी विवेकानंद बहुत याद आ रहे हैं, जिन्होंने 120 वर्ष पहले इस ओर संकेत कर दिया था। 1893 में स्वामीजी अमरीका के शिकागो में संपन्न विश्व धर्म सम्मेलन में भारत की सनातन संस्कृति तथा मनीषा का शंखनाद करने के चार वर्ष बाद 1897 में स्वामीजी भारत आए थे। एक महानायक के रूप में देश ने उनका स्वागत किया था। भारत के विभिन्न नगरों का प्रवास करते हुए वे अल्मोड़ा गए थे, जहाँ उनके बचपन के मित्र श्री अश्विन कुमार दत्त से उनकी भेंट हुई थी। उस समय श्री अश्विन दा भारतीय राष्ट्रीय कांग्रेस में बहुत सक्रिय थे और स्वामीजी से कांग्रेस का नेतृत्व सँभालने तथा स्वतंत्रता-आंदोलन को आगे बढ़ाने का अनुरोध करने के लिए वे स्वामीजी के पास आए थे। स्वामीजी ने उस समय जो उत्तर दिया था, वह यहाँ रेखांकित करने योग्य है। उन्होंने कहा था, ''अश्विन दा, भारत अगले पचास वर्ष में स्वतंत्र हो जाएगा, अत: उसके लिए मैं निश्चिंत हूँ। मेरी चिंता है कि आजादी के बाद देश अपने मूल स्वभाव और संस्कृति के आधार पर समृद्धि तथा संपन्नता को कैसे प्राप्त करेगा? इसके लिए चरित्रवान व्यक्तियों के निर्माण की आवश्यकता होगी, मैं वह काम कर रहा हूँ। अतएव मेरी सारी शक्ति और ऊर्जा व्यक्ति-निर्माण के लिए लगेगी। देश को इस समय चरित्रवान और

निष्ठावान नागरिकों की आवश्यकता है।'' वर्ष 1898 में स्वामीजी की कही गई वह बात सच हुई, 1947 में, ठीक पचास वर्ष बाद देश को स्वतंत्रता तो प्राप्त हो गई, किंतु स्वतंत्रता के बाद अपने जीवन-मूल्यों एवं सनातन विचार संपदा के आधार पर राष्ट्र-निर्माण और विकास के यज्ञ का सपना अधूरा रह गया। ऐसे में देश के पूर्व प्रधानमंत्री श्री अटलजी के गीत की पंक्तियाँ याद आती हैं—

आहुति बाकी यज्ञ अधूरा
अपनों के विघ्नों ने घेरा,
अंतिम जय का वज्र बनाने
नव दधीचि हड्डियाँ गलाएँ
आओ फिर से दिया जलाएँ।

इसमें कोई संशय नहीं है कि स्वतंत्रता की प्राप्ति के बाद भारत का समाज बदला है। विकास और प्रगति के नए आलेख लिखे गए हैं। किंतु यह भी एक तथ्य है कि हमारे विकास और प्रगति के लेखन में कलम और स्याही पाश्चात्य सभ्यता की है—हमने विकास का जो मॉडल स्वीकार किया, वह स्वदेशी नहीं था। आधुनिक बनने और दिखने की अंधी दौड़ में शामिल होकर आज हम उस मुकाम पर पहुँच रहे हैं, जिसके दर्पण में हमारा चेहरा विद्रूप दिखता है। हमारा वेश, परिवेश, भाषा, भूषा, सामाजिक व्यवहार अंग्रेजियत के रंग में रँगे होने के कारण, न तो हम भारतीय दिखते हैं और न ही अंग्रेज अथवा पाश्चात्य, क्योंकि अंग्रेज हम हैं नहीं और भारतीय हम दिखना या होना नहीं चाहते।

ऐसे संभ्रम के दौर में जब सूचना प्रौद्योगिकी के विस्फोट के कारण केवल भारत ही नहीं, बल्कि संपूर्ण विश्व को अपसंस्कृति का दंश झेलना पड़ रहा है, उससे मुक्त होने का एक ही मार्ग है कि देश की युवा पीढ़ी नवदधीचि बनकर अपनी मूल की ओर लौटे और अपने पुरुषार्थ से विज्ञान व प्रौद्योगिकी का उपयोग कर न केवल भारत के विकास एवं प्रगति के विराट् यज्ञ की पूर्णाहुति करे, बल्कि वैश्विक स्तर पर संपूर्ण विश्व का नेतृत्व भी करे।

इसी संदर्भ में संविधान-विशेषज्ञ और देश के प्रखर विचारक डॉ. लक्ष्मीमल्ल सिंघवी द्वारा सुनाई गई एक कहानी को यहाँ उद्धृत करना समीचीन लगता है, जो उनके किसी मित्र ने उनको सुनाई थी। एक बार मानव-जीवन में जटिलताओं, संघर्ष और विवाद में मार्गदर्शन एवं समाधान के लिए उत्तरवर्ती (आधुनिक) पीढ़ी के विद्वानों और ऋषियों ने पुरातन, पूर्ववर्ती पीढ़ी के विद्वानों, विचारकों को आमंत्रित किया। संतोषजनक संवाद, समाधान और मार्गदर्शन के बाद जब पुरातन ऋषि-परंपरा और विचारक विदा लेने लगे तो आधुनिक युवा पीढ़ी के विचारकों ने चिंता के स्वर में कहा, ''आप चले जाएँगे तो बाद में हम अपनी समस्या का समाधान और मार्गदर्शन किससे प्राप्त करेंगे?'' पुरातन विचारकों ने कहा कि हम जा रहे हैं किंतु तुम्हें अपने अंतस्थल में सदैव एक ऋषि मिलेगा, उस ऋषि का नाम है—'विवेक ऋषि', भविष्य के लिए वही आपका मार्गदर्शन करेगा और उसी से हर पीढ़ी को समाधान मिलेगा।'' उस विवेक ऋषि के आह्वान का मंत्र ही 'अप्रतिम भारत' ग्रंथ है।

हमारा मानना है कि 'अप्रतिम भारत' ग्रंथ हमारे अंतस्थल में विराजित विवेक ऋषि का वाङ्मय स्वरूप है, अत: इस ग्रंथ को हम अपनी युवा पीढ़ी को उसी भावना और विश्वास के साथ समर्पित करते हैं, जिसे डॉ. मुरली मनोहर जोशी ने अपनी पुस्तक 'अष्टावक्र तुम्हें प्रणाम' में अभिव्यक्त किया है—''यह मेरी निष्ठा है कि वर्तमान 21वीं सदी में भारत युगानुकूल जीवन-मूल्य उपलब्ध कराएगा। चिरंतन एवं एकात्म दृष्टि से युक्त मानव सदी में कल्याणकारी रथ पर सवार होकर भौतिक समृद्धि, आध्यात्मिक नियंत्रण रखता हुआ एक संतुलित जीवन-दर्शन प्रदान करेगा। भारतीय ज्ञान गंगा के अमृत तत्त्व के रूप में प्रवाहित एकात्म मानव-दर्शन को पावन गंगा के रूप में शारीरिक एवं मानसिक विकलांगता को दूर करके उनसे कहेगा, 'शुभस्तुते पंथान:'।''

स्वस्ति

—वीरेंद्र याज्ञिक

संपादकीय

अतुल्य भारत ग्रंथ की मालिका में श्रीभागवत परिवार के सौजन्य से 'अप्रतिम भारत' ग्रंथ को आप पाठकों के कर कमलों में अर्पित करते हुए अत्यंत हर्ष हो रहा है। इस खंड का केंद्रीय विषय है 'वर्तमान में भारत की सनातन संस्कृति तथा मूल्यों की प्रासंगिकता'। हमारा प्रयास है कि वर्तमान और भावी पीढ़ी तथा मनुष्यता तक भारतीय संस्कृति की प्रासंगिकता एवं उपयोगिता को पहुँचाया जाए। वस्तुत: भारतीय संस्कृति अपनी प्राचीनता और कालजयता के कारण विश्व प्रसिद्ध है। इसमें निहित चिंतन की स्वतंत्रता, बाहर से ग्रहण करने योग्य तत्त्वों को पचाकर हजम कर जाने की क्षमता और समय के अनुकूल उसमें परिवर्तन की योग्यता के कारण यह सदैव प्रासंगिक बनी रहती है। अनेक पंथो, विचारधाराओं, जीवन प्रणालियों और भौगोलिक विविधता के बावजूद इसमें अंतर्निहित एकता इसे समूचे विश्व के लिए उपयोगी बना देती है। भारतवर्ष अपनी सांस्कृतिक अविच्छिन्नता एवं एकता के कारण ही एक स्वाभाविक और नैसर्गिक राष्ट्र है। इसमें विद्यमान आंतरिक ऊर्जा और महाप्राणता उसकी गत्यात्मकता का उद्घोष कर रही है।

हमारी संस्कृति में ग्रहण और त्याग का विवेक है, जिससे हमारे राष्ट्रीय मूल्य एवं मान समय-समय पर परिष्कृत होते रहते हैं। हम सदा-सर्वदा से विराट् के उपासक रहे हैं। हमारी संस्कृति वैश्विक चेतना और विश्व संदृष्टि से अनुप्राणित है। यह 'स्व' से 'पर' और 'सर्व' की ओर बढ़नेवाली शृंखला है। भारतीय चिंतनधारा संपूर्ण सत्य की अवधारणा को लेकर चली है। फलत: वह सत्यान्वेषी और वैज्ञानिक है। इसके समानांतर दूसरी विदेशी विचार सारणियाँ अंतिम सत्य की अवधारणा के कारण परिसीमित हो गई हैं। हमारी संस्कृति आत्मिक उत्कर्ष में विश्वास रखते हुए भारतीय राष्ट्रीयता को विश्व मैत्री, विश्व बंधुत्व और विश्व कल्याण तक ले जाएँ। यदि 21वीं सदी में भारत महाशक्ति और विश्व शक्ति बनने की ओर अग्रसर है तो इसके पीछे विराट् मानव संसाधन, वैज्ञानिक-तकनीकी एवं आर्थिक उपलब्धियों के साथ-साथ हमारे दार्शनिकों-मनीषियों की तपश्चर्या की भी भूमिका कम नहीं है। भारतीय संस्कृति में विद्यमान आत्मविश्लेषण की प्रवृत्ति, बौद्धिक खुलापन तथा सर्वमंगलाशा जैसी अंतर्वृत्तियाँ भी भारत की विकासमान छवि को दीप्ति प्रदान कर रही हैं। उसे विश्व गुरु की स्वाभाविक प्रतिष्ठा की ओर ले जा रही हैं। जब हम वर्तमान संदर्भ में भारतीय संस्कृति के समक्ष विद्यमान चुनौतियों पर विचार करते हैं तो पाते हैं कि उसे पश्चिम की उपभोक्तावादी-बाजारवादी वैश्विक संस्कृति और इसलामिक आतंकवाद से अपनी अस्मिता को अक्षुण्ण रखना होगा। उसे धर्मशास्त्रीय तथा तत्त्वमीमांसीय उलझनों को कम करके विज्ञान द्वारा प्रदत्त अनिश्चितताओं और बेचैनियों का निदान होगा।

भारत सरकार ने जिस तरह योग को अंतरराष्ट्रीय स्तर पर प्रतिष्ठित किया, उसी तरह अहिंसा, विश्व बंधुत्व और विश्व कल्याण जैसे मूल्यों को विश्व स्तर पर प्रतिष्ठित करते हुए यह बताना होगा कि विज्ञान की निस्पृह वस्तुनिष्ठता, मूल्य-निरपेक्षता एवं अवैयक्तिकता के अंतरतम में भयावह हिंसा निहित है। यह हिंसा प्रकृति के प्रौद्योगिकीय दोहन, आर्थिक उपनिवेशीकरण तथा वैज्ञानिक शस्त्रास्त्रों द्वारा होने वाले युद्ध के रूप में देखी जा सकती है। विज्ञान और तकनीक का विश्व-मनुष्यता के हित में किस तरह प्रयोग किया जाए, इसके अनेक उदाहरण भारतीय संस्कृति में हैं। भारतीय संस्कृति

अपनी विशद परंपराओं, उच्चतर मानवीय मूल्यों, ज्ञान-पद्धतियों तथा वैश्विक एवं ब्रह्मांडीय शांति के प्रादर्श से अनुप्राणित है। हमारा शांति मंत्र इसका ज्वलंत प्रमाण है। फलत: हम आगामी मनुष्यता का सही दिशा में मार्गदर्शन कर सकते हैं। हमें दुनिया को यह बताना होगा कि जीवन, जगत्, सृजन एवं मानवीय व्यवहार अपने वैविध्यपूर्ण और सुपरिणत रूप में ही रमणीय है। अत: समूची विश्व मानवता को एक रीति-नीति तथा कृत्रिम सांस्कृतिक प्रतिमान के अंतर्गत रूढ़िबद्ध तरीके से नहीं लाया जा सकता। अत: भारतीय संस्कृति की विश्व-संदृष्टि, मानवीय चिंता, अध्यात्म-निष्ठा, प्रकृति के प्रति रागपरक रहस्य चेतना तथा लौकिक-अलौकिक संदर्भों की तार्किक परिणति वर्तमान सदी का नेतृत्व कर सकती है।

आचार्य चाणक्य के अनुसार भाषा, भवन, भेष और भोजन संस्कृति के निर्माणक तत्त्व हैं। आज वैश्वीकरण की आयोजक शक्तियाँ इन चारों का वैश्विक रूप लेकर उपस्थित हैं। यदि हम अंग्रेजी बोलते हैं, वेलेंटाइन डे मनाते हैं, सूट-पैंट पहनते हैं और मैकडोनाल्ड के बर्गर, चीनी-व्यंजन तथा पेप्सी-कोक पर लार टपकाते हैं तो हम किसी भी दृष्टि से भारतीय रह जाते हैं क्या? ऐसी स्थिति में भाषा ही भारतीय संस्कृति का सबसे प्रबल वाहन है। इस देश की संस्कृति के समक्ष एक बड़ी चुनौती है—अंग्रेजी माध्यम की शिक्षा। चूँकि विश्व के तमाम विकसित राष्ट्रों ने अपनी-अपनी भाषा में विकास किया है। उनके यहाँ शिक्षा का माध्यम उनकी अपनी भाषाएँ हैं। यहाँ तक कि इजराइल जैसे छोटे राष्ट्र ने हिब्रू के माध्यम से मौलिक और उत्कृष्ट शोध-कार्य करके अब तक 12 नोबल पुरस्कार प्राप्त किए हैं। यूरोप के हरेक देश ने अपनी भाषा में विकास किया है। इसी तरह रूस ने रूसी, जापान ने जापानी, चीन ने मंदारिन तथा दक्षिण कोरिया ने कोरियन के द्वारा विश्व स्तरीय उपलब्धियाँ अर्जित की हैं। आज विश्व के जिन तीस देशों की प्रति व्यक्ति आय और उत्पादकता सबसे ज्यादा है, उनमें से केवल चार देशों की आधिकारिक भाषा अंग्रेजी है। ऐसी स्थिति में यह सोचना लाजिमी हो जाता है कि क्या अंग्रेजी माध्यम की शिक्षा के कारण हम मौलिकता से दूर हो रहे हैं? हम विश्व स्तरीय शोध-कार्य नहीं कर पा रहे हैं। हमारा मानना है कि हमने के.जी. से पी.जी. तक अंग्रेजी माध्यम को थोपकर इस देश के छात्रों पर भीषण अन्याय किया है। हमारे छात्रों की सारी शक्ति अंग्रेजी को रटने में जाया हो रही है। इस कारण उन्हें जो कुछ भी पढ़ाया जा रहा है, वे उसे समझ नहीं पाते हैं। जब छात्रों की समझ में मूल बात ही नहीं आती तो वे उसमें कुछ नया कैसे जोड़ पाएँगे। फलत: लगभग हर विषय में मौलिक और उत्कृष्ट शोध-कार्य नदारद है। मनुष्य जिस भाषा में सपना देखता है, जिसमें साँस लेता है, उसी में चिंतन भी करता है। चूँकि हम अपने छात्रों को उधार की भाषा में पढ़ा रहे हैं, इस कारण समझ और मौलिकता दोनों ही गायब हैं। आज अफ्रीकी देशों के पिछड़ेपन का एक कारण विदेशी भाषाएँ भी हैं। उनपर यूरोपीय भाषाएँ अथवा अरबी लाद दी गई है, जिसके कारण उनका सांस्कृतिक और शैक्षणिक विकास बाधित है। अब समय आ गया है कि हमारी सरकारें और देशवासी दोनों समझें कि देश और देशवासियों का संपूर्ण विकास हिंदी एवं भारतीय भाषाओं द्वारा ही संभव है। हमारे जितने छात्रों को विदेश में अथवा बहुराष्ट्रीय कंपनियों में कार्य करना है, उससे ज्यादा अंग्रेजी माध्यम के शिक्षण संस्थान पहले ही खुल चुके हैं। जिन छात्रों को इसी देश में रहना और कार्य करना है उन्हें अंग्रेजी माध्यम की शिक्षा की क्या जरूरत है? यदि हम हिंदी अथवा भारतीय भाषाओं में उच्च शिक्षा को बढ़ावा देते हैं तो न केवल शोध के धरातल पर मौलिकता और उत्कृष्टता आएगी अपितु काम करने वाला पेशेवर भी तनाव मुक्त रहेगा। अत: मैं भारत

सरकार और तमाम राज्य सरकारों से आग्रह करता हूँ कि वे भविष्य में हिंदी और भारतीय भाषाओं के शिक्षण संस्थानों को बढ़ावा दे। ऐसा करके ही हम देश और उसके भविष्य को सुरक्षित कर सकते हैं। इस दृष्टि से हम चीन और जापान से यह सीख सकते हैं कि अंग्रेजी को एक भाषा के रूप में अवश्य पढ़ाया जाए किंतु शिक्षा के माध्यम के रूप में लागू करने से बचा जाए।

हमारे प्रधानमंत्री जिस कौशल विकास की बात कर रहे हैं, वह भाषिक कौशल के बिना संभव नहीं है। आने वाला समय भाषाओं की दृष्टि से बेहद महत्त्वपूर्ण है। हमारे छात्र हिंदी और भारतीय भाषाओं में शिक्षा प्राप्त करते हुए अंग्रेजी ही नहीं, दूसरी भाषाओं मंदारिन, स्पैनिश, जर्मन, फ्रेंच, जापानी, कोरियन इत्यादि आसानी से सीख सकते हैं। ऐसा मनोविज्ञान और भाषा विज्ञान, दोनों का ही मानना है कि जिसे कोई एक भाषा बहुत अच्छी तरह आती है, वे दूसरी भाषाएँ बड़ी सरलता से सीख जाते हैं। जब हम एक भाषा में संपूर्ण चिंतन और लेखन करने में समर्थ होते हैं तो दूसरी भाषाएँ उस चिंतन के सहयोग से सरल हो जाती हैं। ऐसी स्थिति में शिक्षा व्यवस्था में आमूलचूल परिवर्तन की जरूरत है, विशेष रूप से हिंदी और भारतीय भाषाओं को यथोचित स्थान दिलाते हुए हम भारतीयों का शैक्षणिक भविष्य सुरक्षित कर सकते हैं। इस अंक में हमने भारतीय संस्कृति, धर्म, दर्शन तथा ज्ञान-विज्ञान के अतिरिक्त विविध कलाओं पर भी गंभीर सामग्री संकलित की है। वर्तमान पीढ़ी किस प्रकार भारतीय संस्कृति के सर्वोत्तम पक्षों से परिचित होकर उसके उपयोगी तत्त्वों से कैसे लाभान्वित हो, यही हमारा ध्येय है। हमारा उद्देश्य रहा है कि भारतीय संस्कृति और 'अप्रतिम भारत' अपने समूचे भाव-वैभव के साथ उद्भासित हो उठे। इस लक्ष्य की प्राप्ति में हम कितने सफल हुए हैं, इसका निर्णय सुधी पाठकों पर छोड़ते हैं। हमें पूर्ण विश्वास है कि आप सभी 'अप्रतिम भारत' का खुले मन से स्वागत कर हमें कृतार्थ करेंगे।

—डॉ. करुणाशंकर उपाध्याय

—डॉ. बनमाली चतुर्वेदी

—श्रीमती अलका अग्रवाल सिग्तिया

—चंद्रकांत जोशी

युवा भारत को स्वामी विवेकानंद का संदेश

प्रधानमंत्री श्री नरेंद्र मोदी

शिकागो में आयोजित विश्व धर्म सम्मेलन में 11 सितंबर, 1893 को स्वामी विवेकानंद के ऐतिहासिक व्याख्यान के 125 वर्ष के अवसर पर प्रधानमंत्री माननीय श्री नरेंद्र मोदीजी ने 11 सितंबर, 2017 को विज्ञान भवन, नई दिल्ली में आयोजित छात्र-सम्मेलन को संबोधित किया। उनके भाषण के मुख्य-मुख्य अंश—

आज 11 सितंबर है। 2009 से पहले विश्व को यह पता ही नहीं था कि 9/11 का क्या महत्त्व है। दोष दुनिया का नहीं, हमारा था कि हमने ही उसे भुला दिया था। यदि हम न भुलाते तो शायद 21वीं शताब्दी का भयानक 9/11 न होता। सवा सौ साल पहले 9/11 का एक दिन था, जब इस देश के गेरुए वस्त्रधारी एक नवयुवक ने विश्व को भारतीय संस्कृति और गौरव से परिचित कराया था। विश्व उन्हें गुलाम भारत के प्रतिनिधि के रूप में देख रहा था, लेकिन उनके आत्मविश्वास में इतनी शक्ति थी कि गुलामी की छाया न तो उनके चिंतन में थी, न व्यवहार में और न ही वाणी में ही। उन्होंने किस तरह विरासत को अपने अंदर सँजोया होगा कि गुलामी के हजार साल के बावजूद उनमें वह ज्वाला धधक रही थी, वह विश्वास उमड़ रहा था कि विश्व को देने की सामर्थ्य इस धरती में है, यहाँ के चिंतन में है, यहाँ की जीवनशैली में है।

अपनी उमंग, आत्मविश्वास और धरती की शक्ति को भलीभाँति जाननेवाले ये व्यक्ति विश्व को सामर्थ्य और सही दिशा देने, उनकी समस्याओं के समाधान का रास्ता दिखाने का सफल प्रयास करते हैं। विश्व को पता तक नहीं था कि लेडीस एंड जेंटलमैन के सिवाय भी कुछ संबोधन हो सकता है। जिस समय शिकागो धर्मसम्मेलन में अमेरिका की बहनों एवं भाइयों यह दो शब्द स्वामी विवेकानंद के मुख से निकले, कई मिनटों तक तालियाँ बजती रहीं। उन दो शब्दों ने भारत की शक्ति का परिचय करा दिया था। वह 11 सितंबर का दिन था। जिस व्यक्ति ने भारत की पदयात्रा करने के बाद माँ भारती को अपने हृदय में सँजोया, उत्तर से दक्षिण, पूर्व से पश्चिम, हर भाषा, हर बोली को जिन्होंने आत्मसात् किया था, ऐसे महापुरुष पल-दो पल में पूरे विश्व को अपना बना लेते हैं, अपने में समाहित कर लेते हैं। हजारों साल की विकसित हुई भिन्न-भिन्न मानव संस्कृति को वे अपने में समेटकर विश्व को अपनत्व की पहचान देते हैं, विश्व को जीत लेते हैं। 11 सितंबर का वह एक दिन हमारे लिए विश्व-विजय का दिवस था।

अमरीका की धरती पर जहाँ प्रेम और अपनत्व का

संदेश दिया गया, उस संदेश को भुला देने का कारण ही 21वीं सदी के प्रारंभ का एक 9/11 था, जिसमें उसी अमरीका की धरती पर मानव का विनाश, संहार हुआ, जिसके विकृत रूप ने विश्व को हिला दिया था। तब विश्व को समझ में आया कि 9/11 को भारत से निकली हुई आवाज का इतिहास में कितना महत्त्व है। इसलिए मुझे लगता है, आज 9/11 के दिन विवेकानंदजी को अलग ढंग से समझने की आवश्यकता है।

यदि आप बारीकी से देखें, तो विवेकानंदजी के दो रूप ध्यान में आएँगे। वे विश्व में जहाँ भी गए, वहाँ उन्होंने बड़े विश्वास के साथ, बड़े गौरव के साथ भारत की महान् परंपराओं तथा चिंतन का महिमामंडन किया। यह विवेकानंद का एक रूप था। उनका दूसरा रूप था, जब वे भारत में बात करते थे, तो हमारी बुराइयों, दुर्बलताओं पर कुठाराघात करते थे। वे जिस भाषा का प्रयोग करते थे, उस भाषा का यदि आज हम प्रयोग करें, तो शायद लोगों को आश्चर्य होगा कि ऐसा कैसे बोल रहे हैं। वे समाज की प्रत्येक बुराई के विरुद्ध आवाज उठाते थे। उस समय के समाज की कल्पना कीजिए, जब कर्मकांड का अधिक महत्त्व था, पूजा-पाठ, परंपरा, सहज सामाजिक जीवन की प्रकृति थी। ऐसे समय में यदि 30 साल का एक नौजवान खड़ा होकर कह दे—केवल पूजा-पाठ, पूजा-अर्चना, मंदिर में बैठे रहने से कोई भगवान् नहीं मिलनेवाला है। जन-सेवा ही प्रभु-सेवा है। जाओ जनता-जनार्दन-गरीबों की सेवा करो, तब प्रभु प्राप्त होंगे तो यह उनकी निर्भीक प्रवृत्ति और प्रभावशाली व्यक्तित्व का ही परिचायक है। वे संत-परंपरा से थे, सत्य की तलाश में थे। महात्मा गांधी भी जीवन भर सत्य की तलाश में थे।

स्वामीजी के परिवार की आर्थिक स्थिति तंग थी। श्रीरामकृष्ण देव ने उन्हें माँ काली के पास कुछ माँगने के लिए भेजा। बाद में पूछा, "कुछ माँगा?" बोले, "नहीं माँगा।" कौन सा व्यक्ति होगा, जो माँ काली के सामने खड़े होकर भी कुछ माँगने के लिए तैयार नहीं है। उनके भीतर वह कौन सा लौहतत्त्व होगा, वह कौन सी ऊर्जा होगी, जिससे यह सामर्थ्य पैदा हुई?

विवेकानंदजी ने अमरीका में Sisters and Brothers of America कहा। हम स्वयं नाच उठे। लेकिन अपने देश में, मैं विशेष रूप से नौजवानों से पूछता हूँ, क्या हम नारी का सम्मान करते हैं? क्या हम लड़कियों को आदरभाव से देखते हैं? जो देखते हैं, उनको मैं 100 बार नमन करता हूँ। लेकिन जो नहीं देख पाते कि यह भी ईश्वर की एक कृति है या अपने समान है, तो फिर स्वामी विवेकानंद के वे शब्द Sisters and

Brothers of America पर हमें तालियाँ बजाने का अधिकार है क्या? यह हमें 50 बार सोचना चाहिए।

हमने कभी सोचा है कि विवेकानंदजी कहते थे, जन-सेवा प्रभु-सेवा, उसके क्या निहितार्थ हैं? देखिए, 30 साल की उम्र में एक व्यक्ति पूरे विश्व में जय-जयकार करके आया। उस गुलामी के कालखंड में दो व्यक्तित्व, जिन्होंने भारत में एक नई चेतना, नई ऊर्जा प्रकट की थी—एक जब रवींद्रनाथ टैगोर को नोबेल पुरस्कार मिला और जब स्वामी विवेकानंदजी के 9/11 के भाषण की देश-विदेश में चर्चा होने लगी। ये दोनों बंगाल की संतान थे। कितना गर्व होता है, जब मैं दुनिया में किसी को जाकर कहता हूँ कि मेरे देश के रवींद्रनाथ टैगोर ने श्रीलंका का राष्ट्रगीत, भारत का राष्ट्रगीत और बँगलादेश का राष्ट्रगीत लिखा है। क्या अपनी इस विरासत के प्रति हम गर्व करते हैं? आज हिंदुस्तान दुनिया का एक युवा देश है। इस देश के 800 मिलियन लोग, विवेकानंदजी ने जब शिकागो में भाषण दिया था, उससे भी कम उम्र के हैं। जिस देश की 65 प्रतिशत जनसंख्या विश्व में डंका बजानेवाले विवेकानंदजी से कम उम्र की है, उस देश में विवेकानंद से बड़ी प्रेरणा और क्या हो सकती है?

विवेकानंदजी केवल उपदेशक नहीं थे। उन्होंने विचारों को आदर्श में परिणत किया और 120 वर्ष पहले दोनों के समन्वय से रामकृष्ण मिशन संस्था का निर्माण किया। उन्होंने विवेकानंद मिशन नहीं बनाया, रामकृष्ण मिशन संस्था का निर्माण किया। रामकृष्ण मिशन का जिस भाव से उदय हुआ, वह आज 120 साल के बाद भी न दुर्बल हुआ है और न ही दिग्भ्रमित। उन्होंने इस संस्था की कैसी मजबूत नींव बनाई होगी। योजनाएँ कितनी सबल होंगी। दूरदर्शिता कितनी स्पष्ट होगी! कार्य-योजना कितनी प्रबल होगी! भारत के विषय में हर चीज की कितनी गहराई से अनुभूति की होगी! तब जाकर 120 साल बाद भी इस संस्था का आंदोलन आज भी उसी भाव से चल रहा है।

क्या दुनिया में कभी किसी ने सोचा है कि किसी व्याख्यान की 125वीं वर्षगाँठ मनाई जाए। उन पलों की वह वाणी, कुछ क्षणों के वे शब्द सवा सौ साल के बाद भी जीवित, जागृत हैं और जागृति पैदा करने का सामर्थ्य रखते हैं। यह हमें अपनी महान् विरासत बनाने का अवसर प्रदान करता है।

मैं जब यहाँ आया, इतने जोश व ताकत से 'वंदे मातरम्, वंदे मातरम्' सुन रहा था। रोंगटे खड़े हो जाते हैं। हृदय में भारत-भक्ति का भाव सहज रूप से जग जाता है। लेकिन मैं पूरे हिंदुस्तान से पूछ रहा हूँ, क्या हमें 'वंदे मातरम्' कहने का अधिकार है? मैं जानता हूँ, मेरी यह बात बहुत लोगों को चोट पहुँचाएगी। हम लोग पान खाकर उस भारत माँ पर पिचकारी मारें और फिर 'वंदे मातरम्' बोलें, हम रोज सारा कूड़ा-कचरा भारत माँ पर फेंके और फिर 'वंदे मातरम्' बोलें, 50 बार सोच लीजिए, क्या हमें 'वंदे मातरम्' कहने का अधिकार है? इस देश में 'वंदे मातरम्' बोलने का सबसे पहला अधिकार देश भर में सफाई का काम करनेवाली भारत-माँ की सच्ची संतानों को है। हमारी 'सुजलां सुफलां' भारतमाता है। हम सफाई करें या न करें, किंतु गंदा करने का अधिकार हमें नहीं है।

गंगा के प्रति श्रद्धा हो। गंगा में डुबकी लगाने से पाप धुलते हैं। हर नौजवान की इच्छा होती है कि मैं अपने माँ-बाप को एक बार गंगा-स्नान कराऊँ, लेकिन क्या हम अपने आप को उस गंगा को गंदा करने से रोक पाते हैं? आज यदि विवेकानंदजी होते तो हमें इस बात पर डाँटते कि नहीं?

कभी-कभी हम लोगों को लगता है कि हम स्वस्थ इसलिए हैं, क्योंकि हमारे पास उत्तम-से-उत्तम डॉक्टर हैं। जी नहीं, हम स्वस्थ इसलिए हैं कि कोई कामगार

सफाई कर रहा है। अगर उस कामगार को डॉक्टर से भी अधिक सम्मान मिले, तब जाकर 'वंदे मातरम्' कहने का आनंद आता है। मुझे याद है, एक बार मैंने बोल दिया, पहले शौचालय, फिर देवालय। बहुत लोगों ने मेरे बाल नोंच लिये थे। लेकिन आज मुझे खुशी है कि देश में ऐसी बेटियाँ हैं, जिन्होंने शौचालय नहीं, तो शादी नहीं करेंगी, ऐसा तय कर लिया है।

हम लोग हजारों साल से टिके हैं, उसका कारण है कि हम समयानुकूल परिवर्तन करते हैं। हम ऐसे लोगों को जन्म देते हैं, जो हमारी बुराइयों के विरुद्ध लड़ाई लड़ने का नेतृत्व करते हैं, वही हमारी शक्ति है। इसलिए हम स्वामी विवेकानंदजी हा स्मरण करते हैं 9/11 का केवल शब्द-भंडार नहीं था वह एक तपस्वी की वाणी थी, जिसने विश्व को अभिभूत कर दिया। नहीं तो हिंदुस्तान को साँप-सपेरों का देश, जादू-टोनावालों का देश, एकादशी को क्या खाना और पूर्णिमा को क्या नहीं खाना, इसी रूप में हमारी पहचान थी। विवेकानंद ने दुनिया के सामने कह दिया था, क्या खाना, क्या नहीं खाना, यह मेरे देश की सांस्कृतिक परंपरा नहीं है, वह तो हमारी व्यवस्थाओं का एक हिस्सा है, हमारी सांस्कृतिक व्यवस्था अलग है। आत्मवत् सर्वभूतेषु, अहम् ब्रह्मास्मि, कृण्वन्तो विश्वमार्यम्, यह हमारी सोच है। हम पूरे विश्व को सुसंस्कृत करेंगे, इस अर्थ में यह आर्य शब्द किसी जाति, धर्म-परिवर्तन के लिए नहीं है। जिस महान् विरासत की परंपरा में हम पले-बढ़े हैं, वह इस धरती की देन है। ये सदियों की तपस्या से निकली हुई चीजें हैं। यह देश ज्ञान से भरा हुआ है। जब कोई आता है, तो कहता है देनेवाले का भी भला, न देनेवाले का भी भला। स्वामी विवेकानंदजी में आत्मसम्मान और आत्मगौरव का भाव सफलता का मूल आधार था। इस महान् देश के प्रतिनिधि के रूप में उन्होंने यहाँ की विरासत के आत्मगौरव, आत्मसम्मान को प्रकट किया था।

आज के संदर्भ में विवेकानंदजी को देखें। मैं Make in India कहता हूँ। कुछ लोग कहते हैं—Make in India नहीं, Made in India चाहिए। लेकिन विवेकानंदजी और जमशेदजी टाटा के बीच जो संवाद हुआ, उनके बीच जो पत्राचार हुआ, यदि किसी ने पढ़ा होगा तो पता चलेगा कि उस समय हिंदुस्तान गुलाम था, तब विवेकानंदजी ने जमशेदजी टाटा जैसे व्यक्ति को कहा कि भारत में उद्योग लगाओ न, Make in India बनाओ न। स्वयं जमशेदजी टाटा ने लिखा है, "विवेकानंदजी की प्रेरणा से मैं भारत में उद्योग लगाने के लिए प्रस्तुत हुआ।"

आप हैरान होंगे, भारत की प्रथम कृषि-क्रांति विवेकानंदजी के विचारों से निकली है। डॉक्टर सेन, जो कृषि-क्रांति के मुखिया माने जाते हैं, उन्होंने अपनी संस्था का नाम 'विवेकानंद पर्वतीय कृषि अनुसंधान संस्था' रखा था। हिंदुस्तान में कृषि को आधुनिक बनाना चाहिए, वैज्ञानिक रिसर्च सेंटर बनाना चाहिए, ऐसी बातें विवेकानंदजी उस समय में करते थे।

9/11 का दिन पंडित दीनदयाल उपाध्याय की शताब्दी समारोह से भी जुड़ा है। जिस महापुरुष ने महात्मा गांधी को जीकर दिखाया, ऐसे आचार्य विनोबा भावे की भी आज जन्मजयंती है।

जनसेवा ही प्रभुसेवा है, यह विवेकानंदजी कहते थे। आचार्य विनोबाजी के निकट के साथी दादा धर्माधिकारी थे। गांधीजी जो सोचते, कहते थे, उसको अपने जीवन से व्यक्त करने का काम विनोबाजी ने किया और विनोबाजी जो सोचते थे, उसको शब्दों में ढालने का काम दादा धर्माधिकारीजी के चिंतन में दिखता है। दादा धर्माधिकारी ने एक किताब में बड़ी मजेदार बात लिखी है। कोई नौजवान उनके पास नौकरी के लिए किसी परिचित के द्वारा आया था। वह चाहता था कि

धर्माधिकारी कुछ सिफारिश करें, कुछ मदद करें, तो कहीं काम मिल जाए। दादा धर्माधिकारी ने उससे—''पूछा तुम्हें क्या आता है?'' उसने कहा, ''ग्रेजुएट हूँ।'' वह धर्माधिकारीजी की बात समझ नहीं पाया। उन्होंने दूसरी बार पूछा, ''भाई, तुम्हें क्या आता है?'' तो उसने कहा तो ग्रेजुएट हूँ। धर्माधिकारी ने पूछा, तुम्हें टाइपिंग आती है क्या? बोला, नहीं।''खाना पकाना आता है?'' बोला नहीं फर्नीचर बनाना आता है?'' बोले, ''नहीं।'' चाय-नाश्ता बनाना आता है?'' उसने कहा, ''जी नहीं, मैं तो ग्रेजुएट हूँ।''

अब देखिए, विवेकानंदजी ने क्या कहा था? उनकी हर बात हमारे दिमाग को हिला देनेवाली है। उन्होंने कहा था, ''शिक्षा का अर्थ यह नहीं कि तुम्हारे मस्तिष्क में ऐसी बहुत सी बातें इस प्रकार ठूँस दी जाएँ कि उनमें अंतर्द्वंद्व होने लगे और तुम्हारा मस्तिष्क उन्हें जीवन भर पचा न सके। जिस शिक्षा से हम अपना जीवन-निर्माण कर सकें, मनुष्य बन सकें, चरित्र गठन कर सकेंऔर विचारों का सामंजस्य कर सकें, वही वास्तव में शिक्षा कहलाने के योग्य है। यदि तुम केवल पाँच बातों को पचाकर उसके अनुसार अपना जीवन और चरित्र गठित कर सको, तो तुम्हारी शिक्षा उस आदमी की अपेक्षा बहुत अधिक है, जिसने एक पूरे पुस्तकालय को कंठस्थ कर लिया है। उन्होंने ज्ञान (Knowledge) और कौशल (Skill) को अलग किया। आज हाथ में सर्टिफिकेट है, उसका महत्त्व तब है, जब हाथ में कौशल हो। इस सरकार ने कौशल-विकास को आगे बढ़ाने की कोशिश की है।

हमारे देश में कौशल-विकास अलग-अलग विभागों में बँटा था, हमने उन सबको एक जगह लाकर उसका एक अलग मंत्रालय बनाया, जिससे आत्मनिर्भर नौजवान तैयार हो सकें। मेरे देश का नौजवान नौकरी खोजनेवाला नहीं, नौकरी देनेवाला बनना चाहिए।

स्वामी विवेकानंदजी घिसी-पिटी, टूटी-फूटी चीजों का बहिष्कार करने के लिए आह्वान करते हैं। सामाजिक जीवन भी तभी प्रगति कर सकता है, जब नित्य नूतन प्राणवान हो, तभी जाकर हम सफल होते हैं। हमारे देश की युवा पीढ़ी में वह साहस चाहिए। कुछ लोगों को यही डर लगता है, यदि यह काम करूँ और फेल हो जाऊँ तो? आपने दुनिया में कोई इनसान देखा है, जो असफल हुए बिना सफल हुआ हो, कभी-कभी असफलता ही सफलता का मार्ग बनाती है। इसलिए घबराना जिंदगी नहीं होती, दोस्तो! जो किनारे पर खड़ा है, वह डूबता नहीं, जो पानी में छलाँग मार रहा है, डूबता भी है और डूबते हुए तैरना भी सीख लेता है। लहरों को पार करने का सामर्थ्य तालाब, नदी या समुद्र में कूदने से आता है। स्वामी विवेकानंदजी ऐसे नौजवानों की अपेक्षा करते हैं।

आज भारत सरकार Start-up India अभियान चला रही है। इससे बिना गारंटी के बैंक से पैसा मिलता है। मैं चाहूँगा, मेरे देश का नौजवान देश की समस्याओं के समाधान के लिए नए इनोवेशन (नव प्रर्वतन) नए उत्पाद लेकर आए और लोगों के पास जाए। हिंदुस्तान बहुत बड़ा बाजार है। देश नौजवानों की बुद्धि और

सामर्थ्य की प्रतीक्षा कर रहा है। विवेकानंदजी ने ज्ञान और कौशल को जो अलग किया है, वह आज समय की माँग है। उसी भाव से हम कौशल को आगे बढ़ाते चलें। हमने नीति आयोग के द्वारा अटल इनोवेशन मिशन एप शुरू किया है। उसके साथ Atal Tinkering Labs है। देश के छोटे-छोटे बालक इस प्रकार के जो इनोवेशन करते हैं, उनको प्रोत्साहन देने की एक शांतिपूर्वक क्रांति चल रही है।

प्रणव दा जब राष्ट्रपति थे, तो एक बार उन्होंने देश भर से इस प्रकार के बच्चों को बुलाया था। बहुत प्रतिभावान 12-15 बच्चे राष्ट्रपति भवन में नई-नई चीजें लेकर आए थे। प्रणब दा ने मुझसे आग्रह किया कि जरा इन बच्चों से मिलो, मैं देखने गया। मैं हैरान था। ये 8वीं, 9वीं, 10वीं कक्षा के बच्चे नई-नई चीजें बनाकर लाए थे। कूड़े-कचरे से कैसे उपयोगी वस्तु बनाना है, इसकी योजना बनाकर लाए थे। देखिए, स्वच्छता अभियान का कैसा प्रभाव था, वे उन चीजों को बनाकर लेकर आए थे जिसमें कूड़े-कचरों का सदुपयोग किया गया था। मेरे कहने का तात्पर्य यह है कि भारत में प्रतिभा की कमी नहीं है।

आज पूरे विश्व में किसी विशेष नीति पर विभिन्न ग्रुपों में कई प्रकार की अनेक चर्चाएँ होती हैं। कभी किसी ने विवेकानंदजी को पढ़ा है कि उनकी विदेश नीति क्या थी? स्वामी विवेकानंदजी ने उस समय एक-एशिया की बात कही थी और आज 120 साल बाद सत्य होकर दुनिया के सामने दिख रहा है। उन्होंने कहा था कि विश्व जब संकटों से घिरा होगा, तब उसे मार्ग दिखाने की शक्ति अगर किसी में होगी, तो एक-एशिया में ही होगी। सांस्कृतिक विरासत का धनी है—एक एशिया। कोई कहता है 21वीं सदी चीन की है, कोई कहता है, भारत की है, लेकिन इसमें कोई मतभेद नहीं है कि सारी दुनिया कहती है कि 21वीं सदी एशिया की है।

125 साल पहले इस महापुरुष ने एक-एशिया की कल्पना की थी। विश्व की समस्याओं का समाधान करने की मूलभूत शक्ति इस एक-एशिया में है और इसकी हजारों वर्ष की विरासत का दर्शन विवेकानंदजी ने किया था। इसकी योजना उनके पास थी। इसलिए आधुनिक संदर्भ में हमें स्वामी विवेकानंद को देखना चाहिए।

वे entrepreneurship उद्यमिता विकास की बात करते थे, शक्तिशाली भारत के आधार कृषि-आंदोलन और इनोवेशन की बात करते थे। समाज में जो छुआछूत, ऊँच-नीच का दोष है, उसके खिलाफ लड़ाई लड़ने की भी बात करते थे। हम दीनदयालजी की जन्म-शताब्दी मना रहे हैं, वे भी अंत्योदय की बात करते थे। महात्मा गाँधी भी कहते थे, कोई भी निर्णय करिए तो समाज के अंतिम व्यक्ति का भला हो रहा है कि नहीं, इतना देख लीजिए, तब आपका निर्णय सही होगा।

पिछले दिनों कुछ नौजवानों ने कार्यक्रम किया। वह कार्यक्रम अटलजी के समय जो गोल्डन चतुष्कोण बना था, उसपर यात्रा करने का था। उन लोगों ने शायद 6000 किलोमीटर साइकिल पर Relay Race किया था। उनका बड़ा अच्छा मंत्र था—उन्होंने कहा था कि Follow the rule and India Will Rule अनुशासन में रहो, तो भारत शासन करेगा। हम 125 करोड़ देशवासी इतना अनुशासित रहें, तो विवेकानंदजी का जो सपना था कि मेरा भारत विश्व गुरु बने, वह अपने आप पूर्ण हो जाएगा।

एक 9/11 जिसने संहार किया, विश्व को आतंकवाद में झोंक दिया। मानव-मानव का दुश्मन बन गया। ऐसे समय हम 'वसुधैव कुटुंबकम्' का विचार लेकर चले हैं। हम प्रकृति में भी परमात्मा को देखनेवाले, पौधे में भी परमेश्वर को देखनेवाले, नदी को भी माँ माननेवाले, पूरे ब्रह्मांड को परिवार माननेवाले लोग हैं।

संकटों से घिरी हुई मानवता और विश्व को हम तब कुछ दे पाएँगे, जब अपनी बातों पर गर्व करें और समयानुकूल परिवर्तन करें। जो मान्यताएँ गलत हैं, समाज के लिए विनाशक हैं, उन्हें नष्ट करने के लिए संघर्ष करें।

स्वामी विवेकानंद ने जिस रामकृष्ण मिशन की स्थापना की, उसके 125 साल हो गए। 2022 में भारत की आजादी के 75 साल हो जाएँगे। हम कोई संकल्प ले सकते हैं क्या? वह संकल्प हमारा जीवन-व्रत बनना चाहिए। मैं यह करूँगा, ऐसा दृढ़ निश्चय होना चाहिए। तब आपके जीवन जीने का अलग आनंद होगा। कभी-कभी हमारे देश में कॉलेज, विश्वविद्यालय के छात्रनेता चुनाव लड़ते समय कहते हैं—हम यह करेंगे, हम वह करेंगे, लेकिन अभी तक मैंने नहीं देखा कि किसी ने यह कहा हो कि हम परिसर साफ रखेंगे। आप चुनाव के दूसरे दिन किसी विश्वविद्यालय में जाइए, क्या पड़ा होता है वहाँ? आप जानते हैं। फिर हमें वंदे मातरम्, गांधी, भगत सिंह, सुखदेव, राजगुरु, सुभाष बाबू और स्वामी विवेकानंद के सपनों का भारत कहने का अधिकार है? क्या 21वीं सदी हिंदुस्तान की सदी बनानी है? तो क्या इस ओर हम लोगों का कुछ दायित्व नहीं है? प्रबंधनवालों को पढ़ाते हैं न कि प्रत्येक व्यक्ति में कुछ है। इसलिए यह सोचना आवश्यक है—मैं करूँगा, यह मेरी जिम्मेदारी है। आप देखिए, हिंदुस्तान को बदलते देर नहीं लगेगी। अगर 125 करोड़ हिंदुस्तानी एक कदम चलें, तो हिंदुस्तान 125 करोड़ कदम आगे बढ़ जाएगा।

अपनी संवेदनाओं को प्रकट करने के लिए विश्वविद्यालय से बड़ी कोई जगह नहीं होती है। कॉलेज में अलग-अलग दिवस मनाते हैं। लेकिन क्या कभी हमने सोचा है कि हम निश्चित करें कि हरियाणा के कॉलेज में तमिल-डे और पंजाब के कॉलेज में केरल-डे मनाएँगे। दो गीत उसके गाएँगे और दो गीत उसके सुनेंगे।

उनके जैसा वस्त्र पहनकर उस दिन कॉलेज आएँगे। हाथ से भोजन करेंगे। कॉलेज में कोई मलयालम, तमिल फिल्म देखेंगे। वहाँ से कुछ नौजवानों को बुलाकर कहेंगे, 'भाई, तमिलनाडु के गाँवों में कैसे खेल खेले जाते हैं, आओ, खेलते हैं।' मुझे बताइए, वह दिवस मनेगा कि नहीं? उससे श्रेष्ठ भारत बनेगा कि नहीं? आप लोग 'विविधता में एकता' का नारा देते हैं। पर क्या हम इस विविधता का गौरव जीने का प्रयास करते हैं? जब तक हम हिंदुस्तान में हर राज्य और हर भाषा के प्रति गौरव का भाव पैदा नहीं करेंगे, तब तक उसे श्रेष्ठ नहीं बना पाएँगे।

मुझे याद है, अभी तमिल विश्वविद्यालय, तमिलनाडु के नौजवान ऊपर आए, मैंने उन्हें वण्णक्कम कहा, वे एकदम खुश हो गए। एकदम छू गया उनको कि ये अपने हैं। क्या हमारा मन नहीं करता है कि हम ऐसा वातावरण अपने विश्वविद्यालय में बनाएँ। क्या कभी नहीं लगता है कि विश्वविद्यालय में पंजाब के सिक्ख गुरुओं का दिवस मनाकर उनके त्याग, तपस्या, बलिदान को देखें। हम रोबोट नहीं बन सकते, हमारे भीतर का इनसान हर पल उजागर होते रहना चाहिए। हम वह करें, जिससे देश की शक्ति बढ़े, देश की आवश्यकता की पूर्ति हो। जब तक हम इनसे अछूते रहेंगे धीरे-धीरे सिमट जाएँगे।

हमें पूरे विश्व को अपने भीतर समाहित करना है। हम तो जय जगतवाले लोग हैं। उपनिषद् से उपग्रह तक की यात्रा को, विश्व के हर विचार को, जो हमारी मानवता के लिए अनुकूल है, हमने स्वीकार करने में कभी संकोच नहीं किया है। हम डरे भी नहीं हैं कि कोई हमें आकर कुचल जाएगा। बल्कि हमारी सोच है कि जो आएगा, उसे हम अपना बना लेंगे। उसकी जो अच्छाई है, उसको लेकर आगे चलेंगे। तभी तो भारत विश्व को कुछ देने में समर्थ बनेगा। गुलामी के किसी कालखंड में हम रक्षात्मक प्रवृत्ति का जीवन जी रहे थे, किंतु आज हममें समर्थ का भाव होना चाहिए। हम किसी चीज से परेशान नहीं होंगे। मैं दुनिया में जहाँ भी जाता हूँ, वहाँ अनुभव कर रहा हूँ कि विश्व का हिंदुस्तान के प्रति देखने का दृष्टिकोण बदल चुका है। यह राजनैतिक शक्ति से नहीं है, जनशक्ति से है, सवा सौ करोड़ देशवासियों की शक्ति से है। भारत को आधुनिक बनाना हमारा सपना होना चाहिए। मेरा देश क्यों आधुनिक न हो? मेरे देश का नौजवान क्यों दुनिया की बराबरी न करे? इसे समर्थ क्यों न होना चाहिए? कभी मैं एक बार किसी महापुरुष से मिला था। बहुत पहले की बात है। उन्होंने कहीं मेरा भाषण पढ़ा होगा। तब मैं राजनीति में नहीं था। उन्होंने मुझसे कहा, "आपको पता है, हमारे हिंदुस्तान की कठिनाई क्या है?" उन्होंने कहा, "हम लोग कहते हैं, पाँच हजार साल पहले ऐसा था, दो हजार साल पहले ऐसा था, बुद्धकाल में ऐसा था, राम के युग में ऐसा था। इसी से बाहर नहीं निकले। आज आप कहाँ पर हो, उस आधार पर संसार आपका मूल्यांकन करता है।" हम भाग्यवान हैं कि हमारे पास एक महान् विरासत है, लेकिन हमारा दुर्भाग्य है कि हम उसी के गौरवगान से आगे बढ़ने को तैयार नहीं हैं। गौरवगान आगे बढ़ने की प्रेरणा के लिए होना चाहिए, गौरवगान पीछे हटकर रुकने के लिए नहीं होना चाहिए। हमें आगे बढ़ना है। युवा परिस्थिति का नाम नहीं है, युवा एक मन:स्थिति का नाम है जो बीते हुए कल में खोया रहे, उसे युवा नहीं मान सकते। लेकिन जो बीती हुई बातों की श्रेष्ठता को लेकर आगे आनेवाले कल के लिए सोचता है, समझता है, सुनता है, वह युवा है। आइए उस युवा-भाव को आत्मसात् करते हुए संकल्प लेकर आगे बढ़ें, इसी भावना के साथ दीनदयाल उपाध्यायजी, स्वामी विवेकानंदजी, विनोबा भावे जी को नमन करता हूँ और आप सब मेरे देशवासी नौजवानों को इस अवसर पर बहुत-बहुत शुभकामनाएँ देता हूँ।

भारतीय चिंतन की शाश्वत प्रासंगिकता

रमेशचंद्र लाहोटी

भारत के पूर्व मुख्य न्यायाधीश, संविधान तथा विधि विशेषज्ञ एवं भारतीय चिंतन परंपरा के मूर्धन्य मनीषी, व्याख्याता व लेखक। हिंदी के प्रति अनन्य श्रद्धा रखने वाले विधिवेत्ता। अनेक पत्र-पत्रिकाओं में ज्वलंत तथा समसामयिक विषयों पर लेख प्रकाशित। आप (IIMUN) भारतीय अंतरराष्ट्रीय संगठन के सलाहकार बोर्ड के सदस्य हैं।

भारतीय चिंतन आज भी उतना ही प्रासंगिक है, जितना कि तब था, जबकि चिंतन प्रारंभ हुआ था। समय बदलता गया, इतिहास ने कई करवटें लीं, भारतीय दर्शन और भारतीय संस्कृति पर अनेक आक्रामक प्रहार हुए, किंतु हमारा चिंतन आज भी जीवंत है, चिरजीवंत है। वह आज भी चुनौतियों से लड़ने की सामर्थ्य रखता है। इकबाल का मुक्तक है—

यूनान-ओ-मिस्त्र-ओ-रोमां सब मिट गए जहाँ से;
अब तक मगर है बाकी नामो-निशां हमारा।
कुछ बात है कि हस्ती मिटती नहीं हमारी;
सदियों रहा है दुश्मन दौरे-जहाँ हमारा।

वह 'कुछ बात' क्या है? कौन से कारण हैं कि भारतीय चिंतन न तो टूटा, न बिखरा, न ध्वस्त हुआ? भारतीय चिंतन के स्रोत हैं—भारतीय संस्कृति और भारतीय दर्शन। दोनों ही अति उदार और विनम्र। वे साहचर्य और सहअस्तित्व में विश्वास रखते हैं। किसी से लड़ते नहीं हैं। अपने आपको किसी पर बलात् थोपते नहीं हैं। वे किसी को विवश नहीं करते कि हमें स्वीकार करो। न किसी से परहेज करते हैं और न किसी को त्याज्य मानते हैं। किसी पर आक्रमण नहीं करते। न प्रहार करते हैं, न बल प्रयोग करते हैं। वे केवल अपनी गुणवत्ता और अपने गुणधर्म पर जीवित रहते हैं। जब भी कोई चिंतन बाहर से आया, उसमें यदि कुछ श्रेष्ठ है, स्वीकार्य है तो भारतीय चिंतन ने उसे अपनाकर अपने में समाहित कर लिया। वह गुण का ग्राहक है। जहाँ आवश्यक हो, भारतीय चिंतन तनकर खड़ा होता है, समझौता नहीं करता। जहाँ आवश्यक हो, विनम्रतापूर्वक झुक जाता है।

एक वृद्ध साधक अपने शिष्यों के साथ नदी के किनारे चल रहा था। यकायक पाँव फिसल गया। साधक नदी में गिर पड़ा और तेज धार में बहने लगा। पहाड़ी नदी थी। शिष्य किनारे-किनारे चलते हुए पीछे-पीछे भागे। कुछ आगे जाकर नदी एक झरने के रूप में गहरी घाटी में गिरने लगी। शिष्यों को लगा कि अब तो घाटी से गुरुजी का मृत शरीर ही प्राप्त होगा। शिष्य प्रयासपूर्वक घाटी में पहुँचे, किंतु यह देखकर आश्चर्यचकित रह गए कि नदी से गुरुजी सशरीर चलते हुए बाहर आ रहे हैं। शिष्यों ने कौतूहलपूर्वक पूछा, 'आप कैसे बच गए? आपको कोई चोट नहीं आई?' वृद्ध साधक ने कहा, 'मैं जानता था कि

नदी की तेज धार से मैं संघर्ष नहीं कर सकूँगा। नदी के प्रबल वेग पर विजय पाकर मैं इसे अपने अनुकूल नहीं बना सकता था, इसलिए मैंने स्वयं को नदी की धार के अनुकूल बना लिया। नदी के बहाव में स्वयं को छोड़ दिया। तेज बहती हुई धारा के साथ मैं बहता गया। उछला, घूमा, गिरा, पर पानी के साथ-साथ और जैसे ही प्रबल वेग शांत हुआ, मैं पानी से निकल आया।'

भारतीय चिंतन में लोच है। वह अपने आधारभूत लक्षणों का त्याग नहीं करता, किंतु समय के साथ बदलने की और परिस्थितियों के अनुरूप स्वयं को ढाल लेने की अद्‌भुत क्षमता रखता है। सूप के स्वभाववाले साधु की तरह वह सार को ग्रहण करता है, थोथे को उड़ा देता है और इस प्रकार शनैः-शनैः समृद्ध एवं सशक्त होता चला जाता है। इसलिए भारतीय चिंतन समयातीत है।

आज भारत ही नहीं, संपूर्ण विश्व अनेक समस्याओं से जूझ रहा है। भ्रष्टाचार सर्वत्र व्याप्त है। केवल आर्थिक भ्रष्टाचार ही नहीं, अनैतिक आचरण, परिणामतः अपराधों में अंधाधुंध वृद्धि सर्वत्र दृष्टव्य है। इलेक्ट्रॉनिक मीडिया के माध्यम से तीन वायरस (virus) निरंतर फैल रहे हैं—हिंसा (violence), अश्लीलता (vulgarity), अधमता (vices). दूरदर्शन पर प्रसारित होने वाले अनेक कार्यक्रम हमारे चिंतन और दर्शन से मेल नहीं खाते। यह प्रदूषण हमारी संस्कृति में अबाध रूप से फैल रहा है। विशेषकर कम उम्र युवाओं, जिन्हें बहुत परिपक्व नहीं कहा जा सकता है और जिनके मानस का अवमूल्यन इस सांस्कृतिक प्रदूषण के कारण सहज संभाव्य है, उनके चिंतन को यह प्रभावित कर रहा है। 'सेक्युलरिज्म' का अर्थ सर्वधर्म समभाव के स्थान पर धर्मभाव के रूप में स्वीकृत हो चुका है। कारण हैं—भौतिकवाद और भोगवाद। यह वैश्वीकरण और उदारीकरण का युग है। विज्ञान और तकनीक के क्षेत्र में प्रगति ने तेज गति पकड़ रखी है, किंतु विकास की यह यात्रा निरे भौतिकवाद की ओर मुड़ चुकी है। आध्यात्मिक प्रगति को लगभग तिलांजलि दे दी गई है। एक व्यंग्यकार के शब्दों में इस यात्रा का नारा है—'Welcome body, good bye soul; Build body, supress the soul.'

हमारी युवा पीढ़ी निरंतर इस जीवन-पद्धति को स्वीकार करने के लिए प्रेरित हो रही है कि वर्तमान को भोगो, भविष्य की चिंता छोड़ दो। तात्कालिक लाभ के लिए मानव निर्मित साधनों द्वारा प्रकृति प्रदत्त संपदा का क्रूर दोहन किया जा रहा है। मानव का 'मूल्य' बढ़ रहा है, मानव-मूल्यों का मूल्य घट रहा है। संयुक्त परिवार तो टूट ही चुके हैं, परिवार भी टूट रहे हैं। विवाह की संस्था (The Institution of Marriage), जो समाज में नैतिकता का आधार है, क्षीण हो रही है। एक पुस्तक प्रकाशित हुई है—फेंटास्टिक वॉयेज (Fantastic Voyage)। वैज्ञानिक तथ्यों की नींव पर आधारित इस पुस्तक में लेखक द्वय रे कुर्जवैल तथा टैरी ग्रॉसमैन, एम.डी. ने उस समाज का खाका खींचा है, जिसके सदस्य हम शीघ्र ही होने जा रहे हैं। जो जीवन-पद्धति हम जिएँगे या जीने के लिए विवश होंगे, उससे यह पुस्तक हमारा बेबाक साक्षात्कार कराती है। हमारा ही भविष्य, ऐसा भविष्य, जिसका घटना अवश्यंभावी है। इस पुस्तक में परिवार की परिभाषा यह दी गई है—'like minded people living together' समान सोचवाले व्यक्तियों का साथ-साथ रहना, यही परिवार होगा। आवश्यक नहीं कि वे पुरुष और स्त्री हों, वे माता-पिता, पुत्र-पुत्री हों। उनका आपस में कोई रिश्ता होना आवश्यक नहीं है, केवल इतना पर्याप्त होगा कि उनकी सोच समान है। वे पुरुष पुरुष भी हो सकते हैं, स्त्री स्त्री भी हो सकती हैं। आयु के अंतर का कोई महत्त्व नहीं। जब तक उनकी सोच समान है, वे परिवार के सदस्य हैं। जिस दिन उनकी सोच में भिन्नता आ जाएगी, वे परिवार के सदस्य नहीं रहेंगे। उन व्यक्तियों के साथ रहने में आयु के अंतर की कोई प्रासंगिकता नहीं होगी और न ही संबंधों के स्थायित्व के लिए कोई स्थान। परिवार की

हमारी स्थापित मान्यता ही ध्वस्त होने जा रही है। रिश्तों का आधार दिमाग होगा, दिल नहीं। रिश्तों का बनना और बिगड़ना भावना (इमोशंस) के आधार पर नहीं, तर्क (लॉजिक) के आधार पर होगा। स्वाभाविक है कि रिश्तों में निर्णायक भूमिका 'मूल्यों' की नहीं, 'कीमत' की होगी। संबंधों में स्थायित्व अब शायद न रहे।

क्या इन समस्याओं से जूझने के लिए भारतीय चिंतन प्रासंगिक है? क्या भारतीय चिंतन समकालीन परिस्थितियों में सार्थक होगा? क्या भविष्य के लिए उसकी उपादेयता है?

मैंने एक विद्वान् से सुना है कि सिकंदर जब विश्व-विजय पर निकला तो वह अपने गुरु अरस्तु से आशीर्वाद लेने गया। उसने अरस्तु से पूछा कि मैं विश्व-विजय करके लौटूँगा, आपके लिए क्या उपहार लेकर आऊँ? अरस्तु ने कहा, सिकंदर, तुम अपनी यात्रा में भारत भी जाओगे, भारत की पाँच वस्तुएँ ऐसी हैं, जिनकी विश्व में कोई तुलना नहीं है। ये हैं गंगा, गीता, गायत्री, गौ और गुरु। इनमें से एक भी यदि ला सको तो मेरे लिए लेते आना।

भारत का धर्म, संस्कृति और चिंतन इन सबका जन्म वेदों से हुआ है। यह मान्यता है कि जब मानवता की रचना नहीं हुई थी, तब भी वेदों की रचना हो चुकी थी। वेदों में वही है, जो ईश्वर ने स्वयं कहा है। यह धर्म आधारित मान्यता है, विश्वास है। जिन्हें धर्म में रुचि नहीं है, वे भी मानते हैं कि वेदों में जो लिखा गया है, वह ज्ञान में उत्कृष्टता की पराकाष्ठा है। वेद विज्ञानसम्मत हैं। हमारे पुराणों ने विशुद्ध ज्ञान और विज्ञान से अर्जित उपलब्धियों को अध्यात्म में परिवर्तित किया। अपेक्षाकृत अर्वाचीन ग्रंथ रामायण में वेद-पुराण, श्रुति और स्मृति ऐसे अनेक शास्त्रों का निचोड़ है।

हमारे दो ग्रंथ सार्वभौम हैं, हर घर में पाए जाते हैं। वे हैं रामायण और गीता। एक विद्वान् के अनुसार रामायण प्रयोग का ग्रंथ है और गीता योग का ग्रंथ है। रामायण में मानव-मूल्यों और आदर्शों की श्रेष्ठतम अनुकरणीय प्रस्तुति है। गीता का जन्म अर्जुन के विषाद से हुआ है। विषाद दु:ख से परे कोई अनुभूति है। भारतीय चिंतन सुख और दु:ख से ऊपर उठकर आनंद की सर्जना करता है। कदाचित् विषाद आनंद का विपर्यय हो सकता है। गीता के द्वारा भगवान् कृष्ण ने भारतीय दर्शन को ज्ञान, कर्म और भक्ति (अर्थात् सात्त्विक प्रेम) में विभक्त कर तीनों में संतुलन बैठाया। तीनों ही मार्ग योग के मार्ग हैं; नैतिकता और आध्यात्मिकता के क्षेत्र में मौलिक एवं आधारभूत हैं। संत विनोबा भावे ने महाभारत और रामायण को 'राष्ट्रीय ग्रंथ' कहा है। वे कहते हैं, ''गीता का और मेरा संबंध तर्क से परे है। मेरा शरीर माँ के दूध पर जितना पला है, उससे कहीं अधिक मेरे हृदय और बुद्धि गीता के दूध से पोषित हुए हैं।'' वे कहते हैं कि रामायण एक मधुर नीति काव्य है और महाभारत एक व्यापक समाजशास्त्र।

रामायण और श्रीमद्भागवत (गीता जिसका अंग है), ये भारतीय चिंतन के दो किनारे हैं। रामायण का संदेश है कि जो राम ने किया, वह करो। रामायण में राम बोले बहुत कम हैं। राम के रूप में उन्होंने स्वयं को श्रवणीय के स्थान पर अनुकरणीय रूप में प्रस्तुत किया

है। श्रीमद्‍भागवत में कृष्ण ने जो लीला की है, उसे सांसारिक अर्थों में अनुकरणीय नहीं कहा जा सकता। उनकी लीला एक गहन रहस्य है, जिसे बहुत साधना के उपरांत ही समझा जा सकता है। किंतु कृष्ण के रूप में वे मुखर हुए हैं। उन्होंने जो कहा है, वह आदर्श संदेश है और करणीय है। इन दो अवतारों में भी भारतीय चिंतन की श्रेष्ठ विधाएँ लक्षित होती हैं। राम अवतार में लक्ष्मण ने राम का अनुज बनकर उनकी सेवा की। राम ने छोटे भाई का भी उपकार माना और कहा, अगले अवतार में तुम बड़े भाई बनना और मैं छोटा रहूँगा, ताकि छोटा बनकर मैं तुम्हारी सेवा कर सकूँ और इस अवतार में जो उपकार तुमने मुझ पर किया है, उसका प्रतिदान कर सकूँ। कृष्ण अवतार में लक्ष्मण बलराम बने हैं। भारतीय चिंतन यह कहता है कि अपने से छोटा भी सेवा करे, जोकि उसका कर्तव्य है तो उसका भी उपकार मानो और उस उपकार का भी प्रतिदान करो।

भारतीय चिंतन में पाप और पुण्य की सर्जना भी है और इन्हें परिभाषित किया गया है। धर्म से परे हटकर विशुद्ध समाजशास्त्रीय दृष्टिकोण से परखा जाए तो भारतीय चिंतन में समाहित पाप और पुण्य की अवधारणा केवल एक आचार संहिता है, विधि और निषेध, (Do's and dont's) 'यह करो और यह न करो' को सूचीबद्ध करती है। पाप और पुण्य की ये परिभाषाएँ केवल वैचारिक बुद्धिवाद अथवा कपोल कल्पना या पाखंड नहीं हैं। पाप और पुण्य की ये परिभाषाएँ भारतीय चिंतन में रचे-पगे व्यक्ति के व्यक्तित्व का अंश बनकर उसकी अंतरात्मा में पैठ जाती हैं। सजा का प्रावधान होते हुए भी कानून का पालन कराने में कठिनाइयाँ आती हैं। कानून से भी अधिक प्रभावशाली कोई है तो वह है अंतरात्मा की आवाज। अकेले में व्यक्ति कानून का उल्लंघन करने से नहीं डरता। जहाँ उसे कोई देख नहीं रहा होता है, वहाँ पालन करने के लिए और उल्लंघन न करने के लिए कोई विवश करता है तो वह है उसकी अंतरात्मा की आवाज और पाप-पुण्य की अवधारणा, कर्म का सिद्धांत। जैसा करोगे, वैसा भरोगे। हमने पुनर्जन्म के सिद्धांत को स्वीकार किया है और यह व्यवस्था की है कि इस जन्म का कर्म और अकर्म अगले जीवन का रूप निर्धारित करेगा। यह प्रेरणा भी है, वर्जना भी।

पर्यावरण और प्रदूषण की समस्याएँ हैं। करोड़ों रुपए उपाय और प्रचार-प्रसार पर व्यय करके भी इन समस्याओं का समाधान निकाले जाने में सफलता नहीं मिल रही है। हम विनाश की ओर बढ़ते चले जा रहे हैं।

भारतीय चिंतन में प्रदूषण का निषेध और पर्यावरण की रक्षा को धर्म का अंग बनाकर अद्भुत व्यवस्था की गई। पृथ्वी, जल, वृक्ष, वायु, प्रकाश और अग्नि; ऊर्जा का स्रोत सभी को देवतुल्य स्थान देकर उन्हें पूजनीय बना दिया गया। भारतीय चिंतन ने यह व्यवस्था दी कि 'क्षिति, जल, पावक, गगन, समीरा', ये पंच महाभूत हैं, जिनसे शरीर की रचना होती है। यहीं से मनुष्य का शरीर बनता है और अंत में इन्हीं में विसर्जित होकर विलीन हो जाता है। हमने माना कि जहाँ से आना है और जहाँ जाकर मिल जाना है, उन्हें शुद्ध और पवित्र रखो, उनका आदर करो, उनकी पूजा करो। उन्हें प्रदूषित कर अपवित्र न करो। इसमें हमारा हित है, परहित भी।

भारतीय मनीषा में जाति-पाँति, छुआछूत आदि के लिए कोई स्थान है ही नहीं। दो-तीन उदाहरण पर्याप्त होंगे। संत रैदास चर्मकार थे। वे उपानह बनाते हुए भजन करते रहते थे। उनके पिता ने उन्हें घर से इसलिए निकाल दिया कि वे साधु-संतों के जूते बनाकर उनसे पैसे नहीं लेते थे, जिसके कारण धंधे में घाटा होता था। वे ऐसे पहुँचे हुए वियोगी थे कि एक बार किसी ने उन्हें पारस पत्थर दिया, जिसका प्रयोग वे करते तो उन्हें जीविकोपार्जन के लिए परिश्रम करने की आवश्यकता ही न रहती। किंतु संत रैदास ने पारस अपनी झोंपड़ी की छत की घास में छुपाकर रख दिया। उसका उपयोग ही नहीं किया। मीराबाई ने उन्हीं रैदास को अपना गुरु बनाया। मीराबाई तो क्षत्राणी थीं, उन्हें किसी ब्राह्मण गुरु का अभाव नहीं था, किंतु केवल गुणों से प्रभावित होकर उन्होंने एक तथाकथित निम्न जाति के रैदास को अपना गुरु चुना। भगवान् राम क्षत्रिय थे। शबरी जाति की भीलनी थी। राम ने न केवल शबरी के पैर छुए, बल्कि उसके चखे हुए अर्थात् झूठे बेर प्रेम से खाए। केवट, निषाद और इसी प्रकार के अनेक वनीय जाति के व्यक्ति, जिन्हें हम आज आदिवासी कहते हैं, उन्हें गले से लगाया, उनका आतिथ्य स्वीकार किया और उनके साथ मैत्री स्थापित कर उन्हें अपने भाई के समान माना। भारतीय वाङ्मय में ऐसे अनेक प्रसंग उपलब्ध हैं, जिनसे इस निष्कर्ष की पुष्टि मिलती है कि अनेक ऋषि-मुनि, साधक, सिद्ध और संत जिन्हें हम पूज्य मानते हैं और जिनके चित्र और मूर्तियाँ आज भी घरों व मंदिरों में आदरपूर्वक स्थापित होते हैं, आवश्यक नहीं कि वे ब्राह्मण या किसी उच्च जाति के ही हों, केवल विद्वत्ता, सिद्धियों और गुणों के आधार पर वे समाज का सम्मान पाने के अधिकारी माने गए हैं। हमारे चिंतन में जाति-पाँति के लिए कोई स्थान है ही नहीं। हम तो कहते हैं—जाति-पाँति पूछे नहिं कोई, हरि को भजे सो हरि का होई।

भारतीय चिंतन के दो ध्येय हैं—संपूर्ण विश्व का कल्याण और व्यक्तित्व का उदारीकरण। हमारे चिंतन का ध्येय बहुत सुंदर शब्दों में जयशंकर प्रसाद ने 'कामायनी' में लिखा है—'औरो को हँसते देखो मनु हँसो और सुख पाओ, अपने सुख को विस्तृत कर औरों को सुखी बनाओ।'

हमारे शास्त्रों में अनेक मंत्र हैं, सूत्र हैं, श्लोक हैं, जो भारतीय चिंतन को मूर्त रूप में दिग्दर्शित करते हैं। भारतीय वैदांतिक दर्शन का अद्वैतवाद, जहाँ एक ओर जात-पाँत और छुआछूत की विचारधारा की उन जड़ों को काटता है, जो संकीर्ण मस्तिष्कों की उपज हैं, वसुधैव कुटुम्बकम् (Universal Brotherhood) की अत्यंत उदार दृष्टि देता है। 'वसुधैव कुटुम्बकम्' का उद्घोष भारत ने ही विश्व के सन्मुख किया। हमारी जीवन-पद्धति कहती है—सर्वे भवन्तु सुखिनः, सर्वे सन्तु निरामया। हिंसा का कोई स्थान हमारे चिंतन में है ही नहीं। इसलिए महावीर ने उद्घोष किया—अहिंसा परमो धर्मः और वे महावीर से भगवान् महावीर हो गए। हम द्वार पर आए व्यक्ति को, भले ही वह अपरिचित हो, अतिथि मानते हैं और हमारा अपरिचय ऐसे अतिथि को देव तुल्य सम्मान देने में कोई

बाधा उत्पन्न नहीं करता। अतिथि देवो भव:। हम भूखे रहकर भी अतिथि को भोजन कराने में विश्वास रखते हैं। हमारा चिंतन भूखे को रोटी देने तक ही सीमित नहीं है। हम कबूतर को दाना, चींटी को आटा, गाय को ग्रास देने की भी व्यवस्था करते हैं और इस व्यवस्था को अपनी दिनचर्या में समाहित करते हैं। सड़क चलते प्यासे के लिए प्याऊ, भूखे या अंकिचन के लिए धर्मादा और निराश्रित के लिए धर्मशाला स्थापित करते हैं। हमारे चिंतन में नारी आदरणीय ही नहीं पूजनीय है। यत्र नार्यस्तु पूज्यन्ते रमन्ते तत्र देवता:। हमारी मान्यता है कि जहाँ नारी की पूजा होती है, वहाँ देवता निवास करते हैं। सनातन धर्म के अनुसार यज्ञ, पूजा, तीर्थयात्रा या कोई भी धार्मिक या सामाजिक कार्य करो, उसका फल पति को तब तक नहीं मिलता, जब तक कि उसकी पत्नी, जिसे अर्धांगिनी कहा जाता है, उसके साथ न हो। 'जैंडर जस्टिस' (Gender justice) के इससे गहरे बीज कहाँ मिलेंगे! न केवल हम कहते हैं, विश्वास करते हैं और अपने आचरण में प्रयोग करते हैं। विश्वभर को संदेश देते हैं हमारी इस प्रार्थना के माध्यम से—असतो मा सद्गमय। तमसो मा ज्योतिर्गमय। मृत्योर्मा अमृतगमय। असत् से सत् की ओर, अंधकार से प्रकाश की ओर, मृत्यु से अमृत की ओर, मनुष्य की यात्रा अनवरत चलती रहे। ऐसी प्रार्थना और ऐसा सशक्त संदेश भारतीय चिंतन के अतिरिक्त विश्व के किसी अन्य चिंतन में मिलता ही नहीं है।

समूचे विश्व में निरंतर ऐसी घटनाएँ बढ़ रही हैं, जो स्वस्थ समाज के लिए घातक हैं। इससे भी बड़ी विसंगति यह है कि समाज न तो इन घटनाओं का मुखर विरोध कर रहा है और न ही घटनाओं की रोकथाम के लिए गंभीर विचार-विमर्श। छुटपुट विरोध यदि कहीं दृष्टिगोचर होता भी है तो नारों या जुलूस की शक्ल में। सतही विचारों और सनसनीखेज तात्कालिक बयानों के बीच विवेक अनुपस्थित दिखलाई पड़ता है। हम सभी जानते हैं कि विवेकपूर्ण विचार-मंथन से गूढ़तम समस्याओं का भी निदान तलाशा जा सकता है, कम-से-कम एक सार्थक पहल तो की ही जा सकती है।

भारतीय होने का अर्थ है—भारत से जुड़े होना। भारतीय होना केवल पारिभाषिक नाम नहीं है, भारतीय होने से जुड़ा है भारत का वंशज होने की पहचान, भारत माँ की संतान होने का अभिमान, भारतभूमि की मिट्टी से इस शरीर की रचना हुई है, इसका अहसास, भारतवर्ष की सीमाओं की रक्षा करने का उत्तरदायित्व और भारत का होने के नाते इसके संपन्न साहित्य, उदात्त दर्शन और गहन चिंतन से लगाव। भारत कभी विश्वगुरु रहा है। आध्यात्मिक उन्नयन में न कोई हमारा जोड़ रहा है और न कोई सानी। यह भारतीयता ही है भारतीय चिंतन की देन। चिंतन विचारों को आकार देता है, उन्हें निरूपित और प्रतिपादित करने की प्रक्रिया को चैतन्य करता है। चिंतन की प्रक्रिया बुद्धिजन्य है। स्वाभाविक है कि चिंतन का मुख्य स्रोत होता है साहित्य-प्राचीन और अर्वाचीन। अन्य घटक जो चिंतन को प्रभावित करते हैं, वे हैं हमारी ऐतिहासिक पृष्ठभूमि, हमारा परिवेश और हमारी परंपराओं के पोषक तत्त्व।

भारतीय चिंतन से मेल न खानेवाली शक्तियों ने वर्षों तक भारत पर शासन किया है, उसी समय में हमारे चिंतन में प्रदूषण प्रविष्ट हुआ है, जिसके दुष्प्रभावों से हम मुक्त नहीं हो पा रहे हैं।

हाल ही में दो अद्‌भुत शोध ग्रंथ देखने में आए हैं। इन्हें देखकर न केवल ताजगी मिली है, संचित ज्ञान में नवीनता का स्पर्श हुआ है, बल्कि आत्मविश्वास भी समृद्ध हुआ हमारे अपने चिंतन के प्रति। 'विश्व की काल यात्रा'; प्रकाशक, अखिल भारतीय इतिहास संकलन योजना, नई दिल्ली, डॉ. वासुदेव पोदार द्वारा रचित ग्रंथ है, लगभग 25 वर्ष एकनिष्ठ लगन और शोध का परिणाम। इसमें भारतीय ऋषि प्रज्ञा का विज्ञान-चिंतन लिपिबद्ध है। लेखक के शब्दों में—'विश्व की काल यात्रा' आनंदघन महासभा की आनंद यात्रा का इतिहास है। विज्ञान के क्षेत्र में पश्चिम जहाँ अभी शोध कर रहा है, वहाँ हमारी ऋषि प्रज्ञा हजारों वर्ष पूर्व पहुँच चुकी थी। विज्ञान के लिए जो आज रहस्यमय और अचिंत्य है, वही ऋषि प्रज्ञा के समक्ष अति सहज बन गया। शोध पद्धति में पश्चिम छह हजार वर्ष से पीछे नहीं जा पाया। भारतीय चिंतन अपनी खोज वहाँ तक ले गया, जहाँ और जिस बिंदु से सृष्टि की रचना प्रारंभ हुई थी। आदिग्रंथों में उल्लिखित ऋषि प्रज्ञा, ब्रह्मांड में घटित घटनाओं की काल गणना, पल के अनेक खंड कर उनमें सुनिश्चित गणना का आधिकारिक उल्लेख करती है। डॉ. पोदार के निष्कर्ष सरल भाषा में कहा जाए तो यह है कि विज्ञान आज त्वरित गति के साथ ऋषि चिंतन के अति निकट आ रहा है। इसका अर्थ यह है कि आधुनिक विज्ञान जहाँ आज पहुँचने का प्रयास कर रहा है, वहाँ हम सैकड़ों-हजारों वर्ष पूर्व पहुँच चुके थे। Pride of India-A Glimpse into India's Scietific Heritage (प्रकाशक संस्कृत भारतीय, नई दिल्ली) ने हमारी अनेक भ्रांतियाँ ध्वस्त की हैं। यह ग्रंथ हमारा आत्मविश्वास जाग्रत् करता है कि भारत न केवल दर्शनशास्त्र में बल्कि भौतिक विज्ञानों में भी समृद्ध ज्ञानी रहा है। संस्कृत किसी धर्म विशेष की भाषा नहीं है; यह संपूर्ण विज्ञान सम्मत भाषा है, आदि भाषा है एवं सभी भाषाओं की जननी है। सनातन धर्म-ग्रंथ केवल कर्मकांड या दर्शनशास्त्र मात्र नहीं है; आधुनिक विज्ञान के अनेक विषयों पर, जिसमें गणित भी सम्मिलित है, भारतवर्ष में तब खोज हो चुकी थी, जब पाश्चात्य चिंतन प्रारंभ भी नहीं हुआ था और इसका उल्लेख हमारे पौराणिक तथा वैदिक ग्रंथों में मिलता है। यही खोज श्रुतियों और उपनिषदों में भी मिलती रही है।

भारतीय चिंतन चिर प्रासंगिक है, उपादेय है, सनातन है। वह पुरातन भी है, अत्याधुनिक भी। देश से विश्व तक, व्यक्ति से समाज तक और एकाकी से बहुआयामी तक, सभी शंकाओं और समस्याओं का समाधान भारतीय चिंतन में है। इसलिए भारतीय चिंतन समयातीत है, उसकी उपयोगिता स्थानातीत है।

कालबोध की रक्षा का प्रश्न

डॉ. मुरली मनोहर जोशी

डॉ. मुरली मनोहर जोशी प्रयाग विश्वविद्यालय में भौतिक विज्ञान के प्रोफेसर रहे। प्रकांड विद्वान् तथा संस्कृति-पुरुष, भारतीय धर्म, दर्शन, संस्कृति के प्रबल पक्षधर। भारतीय धर्म, दर्शन एवं विज्ञान के प्रखर प्रवक्ता हैं। केंद्रीय मानव संसाधन विकास मंत्री के रूप में शिक्षा को भारतीय दृष्टि देने के लिए अनेक ठोस प्रयास किए। वर्तमान में लोकसभा सांसद हैं।

अंतर्राष्ट्रीय स्तर पर कार्यरत एक भारतीय विशेषज्ञ ने मुझे लिखे पत्र में चीन में हो रहे तेज आर्थिक विकास के बारे में अपने विचार व्यक्त करते हुए कहा कि चीन की इस आश्चर्यजनक आर्थिक प्रगति का रहस्य है, उसकी विदेशी विशेषज्ञों की सहायता के बिना अपनी प्रकृति एवं आवश्यकता के अनुरूप आर्थिक नीतियों का निर्धारण एवं प्रयोग करना। उन्होंने अत्यंत व्यथित हृदय से यह प्रश्न भी पूछा था कि भारत ऐसा क्यों नहीं कर सकता और भारत का अपने सामाजिक, आर्थिक, सांस्कृतिक परिवेश के आलोक में प्रगति की नीतियों के विकास एवं अवलंबन का समय कहीं हाथ से निकला तो नहीं जा रहा? विश्व के यथार्थ के संदर्भ में भारतीय बुद्धिजीवियों में कर्मचेतना के अभाव पर भी उन्होंने गहरी चिंता पत्र में प्रगट की थी।

भारतीय मानस की अवधारणा

जो लोग चीन की प्रगति का कुछ निकटता से अध्ययन करते रहे हैं, वे जानते हैं कि वहाँ के मानस में माओ के देहांत के बाद 1978 में एक स्पष्ट परिवर्तन दृष्टिगोचर हुआ। माओ ने चीन में आर्थिक विकास का स्तालिनवादी मॉडल चलाया था। यह मॉडल चीन की आर्थिक आवश्यकताओं के अनुरूप तो था ही नहीं, चीन के सामाजिक, आर्थिक एवं सांस्कृतिक परिवेश के भी अनुकूल नहीं था। अत: चीन ने इस मॉडल को नकार दिया और निर्णय किया कि यदि आर्थिक दृष्टि से प्रगति समझकर उनकी प्रकृति, प्रतिभा एवं आवश्यकताओं के अनुसार नीतियाँ बनानी होंगी। उन्होंने स्तालिनवादी रास्ता छोड़कर अपना रास्ता ढूँढ़ लिया और उनके सकल घरेलू उत्पाद की वृद्धि दर बारह प्रतिशत प्रतिवर्ष पहुँची, जो आगामी वर्षों में भी इसी के आस-पास रहेगी।

भारतीय विशेषज्ञों के लिए यह एक चुनौती भी है और अवसर भी। अवसर इस बात का है कि वे अपनी प्रतिभा का राष्ट्र निर्माण के लिए उपयोग करें एवं विश्व स्तर पर अपनी कर्म-चेतना को प्रकट करें और चुनौती यह है कि वे भारतीय मानस और राष्ट्र की चिति को समझकर मात्र विदेशी विशेषज्ञों पर निर्भर न रहकर अपने देश की प्रगति के मार्ग प्रशस्त करके दिखाएँ। प्रश्न यह है कि जिन्हें आज भारत में विशेषज्ञ या बुद्धिजीवी माना जाता है, उनकी दृष्टि में भारतीय मानस की क्या अवधारणा है?

किसी भी राष्ट्र के मानस का निर्माण एक दिन में नहीं हुआ करता। राष्ट्र की मानसिकता, उसकी सांस्कृतिक यात्रा की फलश्रुति है। जीवन को, परिवेश को, विश्व के घटनाचक्र को समझने एवं उससे जुड़े प्रश्नों का उत्तर प्राप्त करने की दृष्टि इसी मानसिकता में से उपजती है। राष्ट्र की अपनी पहचान, उसकी संस्थाएँ, उसके जीवन मूल्य—सबकुछ इसी मानस के साथ जुड़े रहते हैं। राष्ट्र की चेतना और मानसिकता में गहन संबंध होता है। उसकी प्रकृति, मेधा, प्रतिभा, जीवनशक्ति, जिजीविषा—सब इन दोनों का ही प्रतिफल हुआ करते हैं। किसी राष्ट्र से संवाद उसकी मानसिकता के अनुकूल भाषा में ही हो सकता है। जो भाषा, जो प्रतीक, जो उपक्रम उस राष्ट्र के मानस को स्पर्श करते हैं, स्पंदित करते हैं, वही उसकी हृदयतंत्री के तार झंकृत कर सकते हैं। अत: राष्ट्रचेतना और राष्ट्रमानस को बिना समझे कोई कितना भी बड़ा विद्वान् क्यों न हो, वह लोकमानस में कोई स्फुरण पैदा नहीं कर सकता।

यह सहज अपेक्षा थी कि स्वाधीनता के पश्चात् भारतीय बुद्धिजीवी एवं राजनेता लोकमानस एवं लोक-चेतना के उत्सव एवं मर्म को समझकर देश के प्रगति पथ का निर्माण करेंगे, पर वैसा हुआ नहीं। क्योंकि वे यह जानते ही नहीं थे कि जब भारतवासी अपने सामाजिक, सांस्कृतिक, राजनीतिक एवं आर्थिक जीवन को अपनी प्रतिभा एवं वरीयताओं के अनुसार संचालित करने के लिए स्वाधीन थे, तब वे किस प्रकार की जीवनदृष्टि रखते थे ? यह कितनी दुर्भाग्यपूर्ण स्थिति है कि अत्यंत सुशिक्षित कहलाने वाले भी स्वाधीन भारत को भारतीय दृष्टि से न देखकर पश्चिमी उपनिवेशवादी दृष्टि से ही देखने का यत्न कर रहे हैं। इस दृष्टिकोण के कारण उनका कालबोध गड़बड़ा गया है। स्पष्ट एवं सही कालबोध के अभाव में राष्ट्र की पहचान भी विस्मृत होने लगती है। आज के भारत की अधिकांश समस्याओं का मूल इसी में छिपा है।

इक्कीसवीं शताब्दी कहने का अर्थ है कि हमारा कालबोध मात्र दो हजार वर्ष पुराना है। इतिहास को हमने संकुचित कर दिया। इसका एक सहज परिणाम यह होता है कि ईसा पश्चात् का इतिहास तो व्यवस्थित है, सूत्रबद्ध है और ईसापूर्व इतिहास का एक अलग काल है, जिसको सिद्ध करना होगा। उसकी घटनाएँ तब ही सार्थक मानी जाएँगी, जब ईसा पश्चात् की जीवनदृष्टि से उनका तालमेल बैठेगा। इस दृष्टि से उपनिषद्, वेद, वेदांत, न्याय, मीमांसा, वैशेषिक, रामायण, महाभारत, महावीर स्वामी, महात्मा बुद्ध—सब पर लग जाता है प्रश्नचिह्न और उनका अस्तित्व सिद्ध करने का दायित्व हमारा हो जाता है।

नए भारत का अभ्युदय

आजकल एक प्रश्न बहुचर्चित रहता है कि वर्तमान शताब्दी में विश्व और भारत कैसे होंगे ? कहा जाता है कि हम इक्कीसवीं सदी के दूसरे दशक में हैं और नई शताब्दी में कुछ नयापन अवश्य होना चाहिए। इस चर्चा का प्राण है—कालबोध। अर्थात् जिस विश्व की हम चर्चा कर रहे हैं उसके क्रिया-कलाप, सामाजिक, आर्थिक संस्थाओं के विकास सबके आयुष्य का मापन आज से दो हजार वर्ष पूर्व के संदर्भ बिंदु से किया जा रहा है। पश्चिम की दुनिया में ईश्वरपुत्र ईसा मसीह का आविर्भाव उनके कालबोध का सर्वाधिक महत्त्वपूर्ण संदर्भ बिंदु है। ईसा के उपदेशों और जीवन चरित्र ने पश्चिम की आस्थाओं को आकार दिया। पश्चिम के सामाजिक, सांस्कृतिक जीवन के निर्माण में ईसाई मजहब की भूमिका सर्वाधिक महत्त्वपूर्ण रही। उन देशों की राजनीतिक, आर्थिक संस्थाओं की पृष्ठभूमि में काम करनेवाली मानसिकता, मूल अवधारणाओं एवं जीवनदृष्टि का विकास जिन मूल्यों पर आधारित रहा, उनका उत्सव ईसाइयत में मिलेगा। यहाँ तक कि रूस के राष्ट्रपति गोर्बाचोव ने जब रूस में पेरेस्त्रोइका की बात की, तब उन्होंने भी यही कहा था कि रूस तो यूरोपीय परिवार (पश्चिमी यूरोप) का ही अंग है, क्योंकि रूस में भी ईसाई मत उतना ही पुराना और प्रभावी रहा है, जितना कि शेष यूरोप में। संक्षेप में, मार्क्सवाद पर आधारित सामाजिक-आर्थिक संस्थाओं की विफलता के बाद रूसी मानसिकता और चेतना को अपने मूल रूप में अभिव्यक्त करनेवाला तत्त्व ईसाई मत ही था। अत: उन्हें पश्चिमी यूरोप की सामाजिक-आर्थिक संस्थाओं को अंगीकार करने में कोई ज्यादा कठिनाई नहीं होगी।

दूसरी ओर, कम्युनिस्ट रूस के प्रभाव से मुक्त होने पर मंगोलिया ने अपनी लोकचेतना और लोकमानस को प्रगट किया 'नागार्जुन' के माध्यम से। मंगोलिया का कालबोध और सांस्कृतिक यात्रा का पर्व इस प्रकार भगवान् बुद्ध और उनके उपदेशों से प्रारंभ होता है। मार्क्सवाद पर आधारित संस्थाओं की विफलता के पश्चात् मंगोलिया को अपने पुनर्निर्माण के लिए जिस ऊर्जा की आवश्कता थी, उसे लोकमानस में प्रवाहित करने के लिए उसने बौद्ध दर्शन का आश्रय लिया। लोकचेतना एवं कालबोध का यह गहन मनोवैज्ञानिक संबंध समझे बिना राष्ट्र की सृजनात्मक शक्ति का प्रजागरण नहीं हुआ करता। स्वाधीनता प्राप्ति के पश्चात् भारत के सामने भी यही समस्या थी। नए भारत के अभ्युदय के लिए जिस लोकचेतना की आवश्यकता थी, उसका आह्वान करने के लिए जिस लोकमानस को स्पर्श करना था, उचित कालबोध के अभाव में वह जाग्रत् नहीं हो सकी। आइए, इसकी कारण मीमांसा कर ली जाए।

इक्कीसवीं सदी का मतलब

बहुत दूर जाने की आवश्यकता नहीं। आजादी के बाद बने भारत के प्रथम प्रधानमंत्री पंडित जवाहरलाल नेहरू ने राष्ट्रीय स्वयंसेवक संघ की आलोचना करते हुए बार-बार यह कहा था कि "ये लोग हिंदुस्तान को सोलहवीं सदी में ढकेलना चाहते हैं।" इतना ही नहीं, महात्मा गांधी ने जब उन्हें अपना उत्तराधिकारी घोषित किया, तब जो पत्र-व्यवहार उन दोनों में हुआ था, उससे पता चलता है कि दोनों के कालबोध भिन्न थे। महात्मा गांधी भारतीय मानस को जिन तत्त्वों से निर्मित समझते थे, नेहरूजी उनको दकियानूसपन कहकर परिभाषित करते थे और इसी तरह राजीव गांधी के जमाने में बहुत शोर मचाया जाता था—हिंदुस्तान को इक्कीसवीं सदी में ले जाना है, इक्कीसवीं सदी आ रही है, तैयारी करो। हिंदुस्तान को 'मॉडर्नाइज' करो वगैरह-वगैरह। तो इन दोनों का कालबोध वही रहा, जो पश्चिम का है। इसका सीधा अर्थ है कि पश्चिम जीवन प्रणाली, उसकी सामाजिक-आर्थिक संस्थाएँ, उसकी जीवन दृष्टि—सब यथावत् अंगीकार कर लो। इससे यह भी तात्पर्य निकलता है कि भारत को, विश्व को पश्चिम की दृष्टि से

देखो-समझो—इसकी समस्याओं का निदान वहीं की पद्धति में पढ़ो अर्थात् विदेशी विशेषज्ञों को बुलाओ, उनसे सीखो और उनके रास्ते पर चलो। फिर तो भारत की अपनी अलग पहचान का, अपनी लोकचेतना का, अपने मानस का कोई अर्थ नहीं रह जाएगा। क्या ऐसी मानसिकता से हम विश्व रंगमंच पर विश्व को नेतृत्व करने का दावा करना चाहते हैं ?

कालबोध का परिचय

हाँ, अगर सारे भारतवासी एक बार यह निश्चित कर लेते कि भारत को केवल पश्चिम की आँखों से ही देखना-समझना है तो उनका मात्र उपनिवेश बनकर रहने में समाधान हो जाता। लेकिन स्वाधीनता संग्राम ने जिस लोकमानस का निर्माण किया था, जिस राष्ट्र चेतना को जाग्रत् किया था, वह भारत को इस उपनिवेशवादी दृष्टि से देखने के विरुद्ध थी। फिर तो हमें स्वाधीनता की लड़ाई लड़ने की कोई आवश्यकता ही नहीं थी। वस्तुत: राजनीतिक स्वाधीनता का महासमर भारत के अपने कालबोध से उपजा था। उसका संदर्भ बिंदु ईसा के आविर्भाव से जुड़ा नहीं था। हमारी स्वाधीनता की अवधारणा मात्र संवैधानिक कल्पना नहीं थी, वह एक उच्च आध्यात्मिक अधिष्ठान पर खड़ी थी। आप कहेंगे, यह कैसी पागलपन की बात कर रहे हो ? हाँ, यह एक पागलपन ही है, आजकल इसे प्रलाप ही कहते हैं। जब कभी कोई भारत के अपने कालबोध की बात करता है, तो आज भी छद्‌म बुद्धिजीवी उसे पागल ही कहेंगे। सवाल है कि भारत की सांस्कृतिक यात्रा का प्रारंभ कब हुआ ? इसके उत्तर में ही हमारे कालबोध का सच्चा परिचय मिल जाएगा।

भले ही आज भारत का अंग्रेजी पढ़ा-लिखा व्यक्ति इक्कीसवीं सदी में जी रहा हो, पर भारत के आम आदमी से पूछिएगा तो वह कहेगा कि घोर कलियुग आ गया है। उसका कालबोध शताब्दियों में नहीं, युगों में है। वैसे तो अपने निजी जीवन में अंग्रेजीदां भी युगों में ही काल मापता है, पर उसे पता नहीं चलता। जब घर में कोई मंगलकार्य होता है तो पंडितजी संकल्प पढ़ते हैं। उसी संकल्प को यदि कोई समझने की चेष्टा करे तो हमारा कालबोध कितना विस्तृत है, झट पता चल जाएगा। संकल्प शुरू होता है—ब्राह्मणो द्वितीय परार्ध श्री

श्वेतवाराह कल्पे, सप्तमे वैववस्वत मन्वन्तरे, अष्टाविंशतितमे कलियुगे, कलिप्रथम चरणे, बौद्धावतारे...इत्यादि। यह सकला हमारे प्रत्येक पर्व, उत्सव, संस्कार, सबको शुरू करते समय पढ़ा जाता है। इस संकल्प के अनुसार, हमारा संदर्भ बिंदु ब्राह्मणो द्वितीय परार्ध का श्वेतवाराह कल्प है, जब वाराह ने पृथ्वी को जल से बाहर निकाला। चलो, उतना पुराना समय कौन गिने? थोड़ा कम कर लें तो जब मनु ने प्रलय के बाद पुनः सृष्टि की वहाँ से शुरू करें तो वैवस्वत मन्वन्तर को संदर्भ मान लें। अब अगर वह भी कुछ लंबा प्रतीत होता है तो फिर अट्‌ठाईसवें सतयुग से ही प्रारंभ कर दें, तब भी हमारा कालबोध लाखों वर्ष पुराना है। इस प्रकार हमने मानव की सांस्कृतिक यात्रा का संदर्भ बिंदु सृष्टि के प्रारंभ से ही माना है और उस यात्रा में आज हमारी क्या स्थिति है, उसका हम नित्य स्मरण करते हैं। तो कहाँ दो हजार वर्ष पुराना कालबोध और कहाँ सृष्टि के प्रारंभ से उपजा कालबोध, तो हमें स्वयं को समझने की चेष्टा करनी चाहिए। यदि अट्‌ठाईसवाँ सतयुग भी बहुत अधिक लगता हो तो फिर कलि संवत् को ही देख लें, यह इसलिए भी क्योंकि सामान्य नागरिक की अवधारणा है कि हम कलियुग में रह रहे हैं। तब भी पाँच हजार वर्ष से अधिक पुराना हमारा युगीन कालबोध है।

युगबोध का अर्थ

युगबोध का एक अर्थ है कि भारत युगों में समय की अवधारणा करता है। पश्चिम सदियों में सोचता-समझता है और भारत युगों में साँस लेता है। नित्य प्रति का संकल्प पाठ व्यक्ति को सृष्टि से जोड़ता है और सृष्टि को परमेष्ठी से। इक्कीसवीं शताब्दी कहने का अर्थ है कि हमारा कालबोध मात्र दो हजार वर्ष पुराना है। इतिहास को हमने संकुचित कर दिया। इसका एक सहज परिणाम यह होता है कि ईसा पश्चात् का इतिहास तो व्यवस्थित है, सूत्रबद्ध है, किंतु ईसा पूर्व का इतिहास एक पृथक् काल है, जिसको सिद्ध करना होगा। उसकी घटनाएँ तब ही सार्थक मानी जाएँगी, जब ईसा पश्चात् की जीवनदृष्टि से उनका तालमेल बैठेगा। स्वाभाविक है कि इस दृष्टि से उपनिषद् वेद, वेदांत, न्याय, मीमांसा, विशेषत रामायण, महाभारत, महावीर स्वामी, महात्मा बुद्ध—सब पर लग जाता है प्रश्नचिह्न और उनका अस्तित्व सिद्ध करने का दायित्व हमारा हो जाता है। इस दृष्टि से वेद गड़रियों के गीत बन जाते हैं और मर्यादा पुरुषोत्तम श्रीराम एवं लीला पुरुषोत्तम श्रीकृष्ण बन जाते हैं मिथक। इस दृष्टि में बाबर यथार्थ है, क्योंकि वह ईसा पश्चात् है और राम का तो अस्तित्व ही संदेहास्पद हो जाता है। इस कालबोध का साहित्य मिल्टन, शेक्सपियर का साहित्य है—वाल्मीकि एवं वेद-व्यास का नहीं। इस दृष्टि की पाठ्य-पुस्तकों में गणेश सांप्रदायिक हैं और गधा सेकुलर। वैदिक गणित सर्वथा त्याज्य है और संस्कृत तो है मृत भाषा। एक प्रकार से जो कुछ भारत की अस्मिता के सबल तत्त्व हैं, वह सब इस कालबोध द्वारा नकार दिए जाते हैं। इसीलिए हिंदू को कहा जाता है 'सांप्रदायिक' और हमारी सारी परंपरा एवं संस्कृति को किया जाता है तिरस्कृत।

यही कारण है कि भारत का अंग्रेजी पढ़ा-लिखा तथाकथित बुद्धिजीवी कभी-कभी अयोध्या के प्रकरण पर भारतीय मानस के सर्वथा विपरीत प्रतिक्रिया व्यक्त करता है। अंग्रेजी समाचार-पत्रों की बड़ी खेप ने विवादास्पद ढाँचे के टूटने को शर्मनाक घटना लिखा। उन्होंने इसे भारत के जनतंत्र एवं पंथनिरपेक्ष संविधान के लिए संकट के रूप में व्याख्यायित किया। कुछ ने तो उस घटना के परिणामस्वरूप देश के टूटने-बिखरने की संभावना पर आँसू भी बहाए, पर भारतीय भाषाओं के अधिसंख्य समाचार-पत्रों की प्रतिक्रिया तो ऐसी नहीं थी और सामान्य भारतीय नागरिक ने भी उस घटना को इतिहास के प्रवाह के रूप में ही देखा। कारण बहुत स्पष्ट है, जिनका कालबोध युग-परंपरा से जुड़ा था, उनके लिए श्रीराम भारत का यथार्थ हैं और बाबर था आक्रामक। युगाब्द से जुड़े भारतीय मानस में यदि कलियुग सत्य है

तो त्रेता भी सत्य है—बुद्ध का आविर्भाव सत्य है तो श्रीराम का जन्म भी सच है। पर जिसका कालबोध ईस्वी सन् से जुड़ा है, उसमें न कलियुग है न द्वापर, त्रेता का तो प्रश्न ही नहीं। उसके लिए राम हैं मिथक, पर बाबर है इतिहास का सत्य। इसलिए एक राममंदिर की स्थापना के लिए संघर्ष करता है तो दूसरा अंग्रेजीयत और पश्चिमी रहन-सहन को आधुनिक मानकर उसे बचाने के लिए प्रपंच करता है। कालबोध और लोकमानस के गहन संबंध का यह एक ज्वलंत उदाहरण है। एक रामराज्य को भारतीय अस्मिता का लक्ष्य निरूपित करता है तो दूसरा उसे दकियानूसी कहकर हँसी उड़ाता है।

विदेशी 'मॉडलों' से समाधान का फल

यही कारण है कि तथा कथित अंग्रेजी संस्कारों में पले-बढ़े भारतीय विशेषज्ञ भारतीय समस्याओं का समाधान विदेशी मॉडलों की सहायता से करना चाहते हैं। वे भारत को यूरोपीय विद्वानों की नजर से देखते हैं। अत: वे भारत को एक राष्ट्र नहीं मानते। कैसे मान सकते हैं? उन्हें भारत की विविधता में एकता का अनुभव ही नहीं होता। वे यहाँ आर्यों को आक्रमणकारी मानते हैं और हिंदू को संप्रदाय। उनका न आर्यभट्ट से परिचय है और न ही वेदांग नक्षत्र विद्या से। वे न तो पृथूदक स्वामी को जानते हैं और न ही भारद्वाज संहिता को? उन्हें यह पता ही नहीं कि स्वाधीन एवं प्राचीन भारत में आर्थिक चिंतन भी था या नहीं। उन्हें भारत के अंतरराष्ट्रीय व्यापार, समुन्नत प्रौद्योगिकी एवं विश्वविश्रुत सदाचार का कोई ज्ञान नहीं। उनका भारत से परिचय दो-तीन हजार वर्ष से अधिक नहीं। वे वैवस्वत मन्वन्तर से प्रारंभ होने वाले मानव इतिहास के ध्वजवाहक नहीं, वे ईस्वी सन् के बाद उपजी पश्चिम की विकास यात्रा की चकाचौंध से दिग्भ्रमित पथिक मात्र हैं। वे जब भारत के असली रूप को जानते और समझते ही नहीं तो उसके मानस को क्या समझेंगे और कैसे करेंगे संवाद अपने देश से? वे भारतीय सामाजार्थिक-सांस्कृतिक परिवेश को समझे बिना 'भारतीय मॉडल' का आविष्कार कैसे कर सकेंगे?

स्वतंत्रता का तात्पर्य

भारतीय स्वाधीनता संग्राम के बारे में भी कुछ चिंतन आवश्यक है। पश्चिम में स्वतंत्रता एक राजनीतिक परिकल्पना है। वहाँ स्वतंत्रता का अर्थ राजतंत्र की स्वेच्छा से संचालन की व्यवस्था है।

युगाब्द से जुड़े भारतीय मानस में यदि कलियुग सत्य है तो त्रेता भी सत्य है, बुद्ध महावीर का आविर्भाव सत्य है तो श्रीराम का जन्म भी सच है। पर जिसका कालबोध ईस्वी सन् से जुड़ा है, उसमें न कलियुग है, न द्वापर। त्रेता का तो प्रश्न ही नहीं, उनके लिए राम हैं मिथक, पर बाबर है का इतिहास का सत्य।

पर हमारी स्वतंत्रता की अवधारणा राजनीति से नहीं उपजी। हमारा कालबोध हमें उपनिषदों से जोड़ता है। उपनिषद् कहते हैं, ''सर्वं खल्विदं ब्रह्म, अहम् ब्रह्मास्मि, तत्त्वमसि।'' अब यदि यह सारा ब्रह्म है और मैं ही ब्रह्म हूँ, तू भी वही है। तब मनुष्य किसी के अधीन कैसे रह सकता है? मनुष्य ही क्यों? पशु, पक्षी, कीट, पतंग, वनस्पति—सभी तो ब्रह्म हैं। अत: उनकी संप्रभुता का उत्सव किसी संविधान में नहीं है। वह तो स्वयंसिद्ध है। ब्रह्म तो स्वतंत्र एवं स्वाधीन है। अत: प्रत्येक प्राणी की अपनी एक स्वतंत्र सत्ता है। वह अपने अस्तित्व में स्वाधीनता का अनुभव सदा करता रहता है। लोकमान्य तिलक ने उद्घोष किया था 'स्वाधीनता मेरा जन्मसिद्ध अधिकार है। मैं उसे लेकर ही रहूँगा।' इसीलिए उनका, डॉ. हेडगेवार का, ऋषि अरविंद का—सबका लक्ष्य था पूर्ण स्वाधीनता। पर जिनका कालबोध आंग्ल महाप्रभुओं के संपर्क से बिगड़ गया था, वे केवल सुधारों से संतुष्ट हो जाते थे। जब हम अंग्रेजों की उत्तराधिकारी सरकार के रूप में स्वतंत्रता का आगमन स्वीकार कर लेते हैं, तब हम उस उपनिवेशवादी सरकार की स्थगित परंपराओं को, संस्थाओं को कैसे अस्वीकार कर सकते हैं? भारतीय

शासनतंत्र की यही सबसे बड़ी त्रासदी है। प्रत्येक भारतवासी, जिसका नाता वेद और उपनिषदों से है, वह स्वाधीनता राजनीतिक कारणों से नहीं चाहता। स्वाधीनता उसका स्वयंसिद्ध अधिकार है। स्वातंत्र्य उसकी आत्मा की अभिव्यक्ति है। समाज या राष्ट्र की चेतना को अवरुद्ध करनेवाला कोई तंत्र उसे कदापि स्वीकार नहीं होता।

मानवीय अधिकारों की आज बहुत डिमडिम बजाई जा रही है। कहा जा रहा है कि विश्व ने मानवाधिकार चार्टर पर हस्ताक्षर करके मानवमात्र को सांस्कृतिक, राजनीतिक अधिकार दिए हैं। यह वे लोग कहते हैं, जिनका काल संदर्भ मात्र दो हजार वर्ष पुराना है, उसके पूर्व अशोक ने धौली शिलालेख में ही कहा था कि मेरे राज्य में अदालती निर्णय से कोई दंडित नहीं होगा। पर भारत ने तो प्राणीमात्र को जीवित रहने का अधिकार दिया। अपनी अभिरुचि एवं आस्था के अनुसार पूजा एवं उपासना का अधिकार प्रत्येक व्यक्ति के लिए मान्य किया। जब वैदिक ऋषि ने गाया था—''एकं सद् विप्रा बहुधा वदन्ति'' तब हमने जनतंत्र और पंथनिरपेक्षता का सिद्धांत आध्यात्मिक स्तर पर स्वीकार किया था। वह राजाज्ञा नहीं थी, वह था एक विश्व यथार्थ का साक्षात्कार और उसकी सहज स्वीकृति। यही अंतर है कालबोध का।

भारत में इन बुद्धिजीवियों का राष्ट्र के मानस एवं चेतना से किस कदर कटाव हो चुका है, इसका उदाहरण श्री धर्मपाल ने अपने एक लेख में दिया था। नब्बे के दशक में इंदिरा गांधी स्मारक ट्रस्ट ने भारत की पहचान से संबंधित कुछ मौलिक प्रश्नों पर विचारार्थ एक अंतरराष्ट्रीय सम्मेलन का आयोजन किया था। उस सम्मेलन में एक यूरोपीय विद्वान् ने भारत को पहचान के संकट से उबरने का एकमात्र मार्ग भारत का बड़े पैमाने पर ईसाईकरण बताया था। हाँ, इस उपाय की वकालत तो भारत में अंग्रेज अपने शासन के दिनों में करते ही रहे थे। भारत का आधुनिकीकरण करने के नाम पर उसका पश्चिमीकरण करने का यत्न तो बहुत वर्षों से किया जा रहा है। भारत के गौरवशाली अतीत की स्मृतियों को सदा के लिए नष्ट करने का षड्यंत्र काफी दिनों से रचा गया है। श्री धर्मपाल के शब्दों में, भारत के पश्चिमीकरण का यह अंधाधुंध प्रयत्न जिससे भारत सरकार भी बहुत ज्यादा भिन्न नहीं थी।

यदि भारत को सबको साथ लेकर विकास करना है और विश्व का नेतृत्व करना है तो उसे अपना कालबोध ठीक करना होगा। कोई राष्ट्र, कोई समुदाय अपने अतीत से कटकर अपना भविष्य नहीं सुधार सकता और न ही अपनी प्रकृति के अनुसार प्रगति कर सकता है। भारत के बुद्धिजीवी जब तक विश्व इतिहास का संदर्भ बिंदु ईस्वी सन् मानते रहेंगे, वे अपनी गौरवशाली परंपराओं से अनभिज्ञ रहेंगे, अपने विशाल ज्ञान भंडार से सर्वथा अपरिचित बने रहेंगे और विश्व रंगमंच पर निष्क्रिय एवं पिछलग्गू बने रहेंगे और वे अपनी समस्याओं का निदान कहीं बाहर खोजते रहेंगे तो भारत इसी तरह बेरोजगार, बीमार और कर्जदार बना रहेगा। भारत को न्यूयॉर्क, लंदन, बॉन, टोक्यो में बैठकर समझने से काम नहीं चलेगा—भारत को भारत की दृष्टि से देखना होगा। वह कालजयी दृष्टि स्पष्ट एवं यथार्थ कालबोध से ही प्राप्त हो सकती है। आज भारत एक अभूतपूर्व सांस्कृतिक संक्रांति के दौर से गुजर रहा है। इक्कीसवीं शताब्दी के तीसरे दशक में प्रवेश करने की तैयारी करने से पहले उसे समझना होगा, और जानना होगा कि हम इक्कीस सौ नहीं, बल्कि शत सहस्त्र वर्षों पुरानी गौरवमयी परंपराओं के ध्वजवाहक रहे हैं, जिसने मानवता को सदैव एक नई दिशा दी है। भारतीय मानस एवं कालबोध के इस यक्षप्रश्न के उत्तर में ही भारत का भविष्य कैसा बनेगा, विगत तीन वर्ष की घटना ने जिस कालबोध का स्मरण कराया है, वही उज्ज्वल भविष्य का दीपस्तंभ है।

—'पाञ्चजन्य' से साभार

भारतीय जीवन में सनातन की खोज

डॉ. विद्यानिवास मिश्र

पद्म विभूषण स्व. पं. विद्यानिवास मिश्र हिंदी और संस्कृत के अग्रणी विद्वान्, प्रख्यात निबंधकार, भाषाविद् और चिंतक थे। 'नवभारत टाइम्स' के प्रधान संपादक, 'इनसाइक्लोपीडिया ऑफ हिंदुइज्म' के प्रधान संपादक (भारत), 'साहित्य अमृत' (मासिक) के संस्थापक संपादक और इंदिरा गांधी राष्ट्रीय कला केंद्र, दिल्ली तथा वेद-पुराण शोध संस्थान, नैमिषारण्य के मानद सलाहकार रहे।

हिंदु धर्म वर्तमानजीवी धर्म है, वह सत्य और ऋत का गठबंधन है। यह मनुष्य के स्वभाव में है कि वह अतीत, वर्तमान और भविष्य में एक साथ जिए बिना रह नहीं सकता। अतीत से जुड़ने के पीछे पलायन का भाव चाहे किसी दूसरी मानव-जाति में मिलता हो, पर भारत में अतीत से जुड़ने का अर्थ वर्तमान की संभावना का विस्तार होता है, वर्तमान से पलायन नहीं। इसी प्रकार भावी सुख (यूटोपिया) की कल्पना किन्हीं-किन्हीं विचार-दर्शनों में और मजहबों में वर्तमान की प्रेरक भले ही हो, किंतु हिंदू जीवन-दृष्टि अनागत सुख की कल्पना में वर्तमान को विस्मृत नहीं करती। वह अनागत को वर्तमान की संतति या फैलाव की दिशा के रूप में ही स्वीकार करती है। वर्तमान केवल अतीत के सनातन शाश्वत मूल्य को भविष्यत् की यात्रा के पाथेय के रूप में सौंपनेवाला एक माध्यम है, किंतु एकमात्र माध्यम होने के कारण दोनों से अधिक महत्त्वपूर्ण है।

इस दृष्टि से जब हम हिंदू ज्ञान-विज्ञान की उपलब्धियों पर विचार करते हैं तो सबसे पहले ज्ञान-विज्ञान को सही चौखटा देनेवाली उस समय के मनुष्य की विश्व-दृष्टि की ओर हमारा ध्यान जाता है। प्राचीन भूमध्य-सागरीय लोगों की विश्व-दृष्टि से हिंदू विश्व-दृष्टि में एक मौलिक भेद है। पहली दृष्टि में प्रकृति या प्रकृति की शक्तियाँ मनुष्य से अलग हैं और इसीलिए इन दोनों में स्पर्धा है। मनुष्य के मन में प्रकृति को जीतने की बात आती है और प्रकृति की शक्तियों के प्रतिरूप देवता इस विजय-यात्रा में इसीलिए बाधा पहुँचाते हैं। इसके ठीक विपरीत हिंदू विश्व-दृष्टि मनुष्य और प्रकृति—दोनों को अविलग देखती है—बाहर से जो सूर्य का प्रकाश है, वही भीतर बुद्धि का प्रकाश है, बाहर जो अंधकार है, वही भीतर का भय है, बाहर जो तृण और वृक्ष में ऊपर उठने की प्रक्रिया है, वही भीतर की उमंग है। इसीलिए मनुष्य और देवता में स्पर्धा नहीं है, सहकार-भाव है। मनुष्य देवता को प्रभावित करता है, देवता मनुष्य को। भारतीय ज्ञान-विज्ञान का सबसे पहला केंद्र वैदिक यज्ञ-संस्था है और यह संस्था मनुष्य और देवता, आभ्यंतर और बाह्य, व्यक्त और अव्यक्त, चर और अचर—इन युग्मों को, संपृक्त मिथुनों को एक-दूसरे के लिए अपेक्षी बनानेवाली विधि है। इसलिए जहाँ पश्चिमी

चिंतन मनुष्य को केंद्र में रखता है, मनुष्य की अप्रतिहत बुद्धि को केंद्र में रखता है, प्रकृति पर मनुष्य की विजय को मनुष्य का पुरुषार्थ मानता है तथा पूरी सृष्टि को मनुष्य का उपभोग्य मानता है, वहाँ भारतीय हिंदू चिंतन कोई एक केंद्र देखता ही नहीं। उसका विश्व बहुकेंद्रिक है। मनुष्य के लिए देवता केंद्र है, देवता के लिए मनुष्य, वहाँ प्रकृति पर विजय नहीं, प्रकृति से सामंजस्य और समग्र अस्तित्व में परम सामंजस्य स्थापित करना ही मानव-जीवन का परम लक्ष्य है, समस्त भूतों के ऋण की परिशुद्धि ही परम पुरुषार्थ है, वहाँ न कोई निरपेक्ष रूप में भोग्य है, न निरपेक्ष रूप में भोक्ता। या तो मनुष्य सहभोक्ता है या सभी सहभोक्ता हों, इसके लिए अपने को अर्पित करनेवाला भोज्य है। वह अस भी है, अवाद भी है (अंत खानेवाला भी है)।

इस हिंदू विश्व-दृष्टि के आलोक में ही भारतीय ज्ञान-विज्ञान की उपलब्धि और उस उपलब्धि की सनातन मूल्यवत्ता की बात की जा सकती है। हिंदू धर्म के बारे में बात करने का मतलब होता है—इसकी बौद्धिक उपलब्धि और इसके ज्ञान-विज्ञान के मूल प्रयोजन की बात करना। भारतीय ज्ञान-विज्ञान का उद्देश्य वस्तुओं की पहचान मात्र नहीं है। उसका उद्देश्य समस्त वस्तुओं की पहचान करके उनमें उनकी प्रतीयमान सत्ताओं को अलग-अलग वर्गीकृत करके उनमें एक अव्यय भाव—एक न खुलनेवाला भाव—तलाशना है। जो ज्ञान-विज्ञान इस तलाश को अपने ध्येय के रूप में स्वीकार नहीं करता, वह अधूरा माना जाता है, वह पूर्ण नहीं माना जाता। परंतु इसका अर्थ यह नहीं कि इसका खंडित या अधूरा ज्ञान उपेक्षणीय है। वराहमिहिर ने 'वृहत्संहिता' के आरंभ में यवन, अर्थात् ग्रीक ज्योतिर्वेत्ताओं के प्रति सम्मान प्रदर्शित करते हुए कहा कि "वे लोग भी महर्षियों की तरह पूज्य हैं, क्योंकि ज्ञान कैसा भी हो, पवित्र होता है, न हि ज्ञानेन सदृशं पवित्रमिह विद्यते।" हिंदू-दृष्टि अधूरे ज्ञान को अपने बड़े चौखटे में जोड़ने पर केवल बल देती है, वह उसको तिरस्कृत नहीं करती। इसी दृष्टि के कारण भारत ने शिल्प, कला, ज्ञान, विज्ञान—सभी क्षेत्रों में बाहर से लेने में संकोच नहीं किया, पर देते समय यह ध्यान अवश्य रखा कि जिसको दिया जाए, उसको अपने से बड़ा मान कर दिया जाए, छोटा मान कर नहीं। जावा,

कंबोज, मध्य एशिया, कोरिया और जापान को भारत ने दिया, पर इन दोनों की निजी प्रतिमा को बड़प्पन देते हुए दिया, उस प्रतिमा की भंगिमाओं को आत्मसात् करते हुए अपनी इयत्ता उन्हें सौंपी।

प्राय: कहा जाता है कि केवल दर्शन, ललित-कला और साहित्य के क्षेत्र में ही भारत की कुछ महत्त्वपूर्ण देन है, उसमें भारतीय दर्शन धर्म से उलझा हुआ है, उसके ऊपर दु:ख का भूत चढ़ा हुआ है। भारतीय साहित्य और कला जहाँ धर्म से उलझे नहीं हैं, वहाँ मनुष्य को गरिमा को व्यक्त करने में समर्थ नहीं है, क्योंकि वे केवल सुखमय विलास का ही चित्र प्रस्तुत करते हैं। ऐसा कहनेवाले यह नहीं सोचते कि धर्म हमारे यहाँ व्यापक अर्थ में गृहीत है। वह न कोई विश्वास है, न एक निश्चित आचरण-संहिता। वह दोनों को अर्थ प्रदान करनेवाला जीवन का स्वभाव-सिद्ध व्यापार है। इसीलिए हिंदू के लिए धर्म साहित्य, कला, दर्शन से या साहित्य, कला या दर्शन धर्म से कोई विलग वस्तु को ही नहीं सकते। अधर्म भी धर्म का निषेध या विरोध नहीं, धर्म की जड़ता ही अधर्म है। धर्म का ठहराव ही अधर्म है और इसलिए धर्म की गतिशीलता समस्त दर्शनों, साहित्यों और कलाओं पर छाई हुई है। न तो भारतीय दर्शन दु:खवादी है और न भारतीय साहित्य सुखवादी। भारतीय दर्शन दु:ख की बात वास्तविक सुख की तलाश के लिए प्रेरक बिंदु के रूप में करता है और भारतीय साहित्य सुखमय परिणति को दु:ख के विनाश के रूप में नहीं, बल्कि दु:ख के अभिघातक गुण के विनाश के रूप में स्वीकार करता है। ग्रीक ट्रेजेडी में जिस प्रकार का करुण-बोध है, वह करुण-बोध मनुष्य की विवशता को द्योतित करनेवाला है, मनुष्य की विवशता पर आधारित है। 'महाभारत' जैसे ग्रंथ में जो कुरण-बोध है, वह मनुष्य के भीतर छोटे और बड़े धर्म के बीच छिड़नेवाले संघर्ष पर आधारित है। ग्रीक ट्रेजेडी में पतन की गरिमा है, क्योंकि पतन कुछ नियत कारणों से होता है। परंतु भारतीय काव्य में परिणति पतन की गरिमा में नहीं, पतन की उपेक्षा करनेवाली निस्संगता की गरिमा में और उससे अधिक निस्संग व्यक्ति की परदुख कातरता में है। ओदिपोस के चरित्र में युधिष्ठिर के चरित्र में यही अंतर है। ओदिपोस देवताओं के विरुद्ध आक्रोश करता है, युधिष्ठिर स्वर्ग-प्रवेश करने के लिए देवताओं के सामने अपनी शर्त रखते हैं।

बहुत से पश्चिमी आलोचक संस्कृत काव्य को घोर शृंगार का ऐंद्रिय विलास का काव्य मानते हैं, क्योंकि वे यह समझ ही नहीं सकते कि ऐंद्रिय विलास भी ओछा नहीं, यदि वह एक बड़ी, एक-दूसरे के पर्युत्सुक होनेवाली प्रक्रिया का अंग है—

मधुद्विरेफः कुसुमैकपात्रे पपौ मियां स्वामनुवर्तमानः।
शृंगेण व स्पर्शनिमीलिताक्षीं मृगीमकण्डूयत कृष्णसारः॥

भौंरे ने कुसुम का रस प्रिया को पिलाकर ही पिया। मृग ने अपने सींग के स्पर्श मात्र से आखें मूँदकर विश्वस्त बैठी हुई मृगी को खुजलाया। इश सहज आत्मदानी और विश्वासोत्पादक प्रेम-व्यापार को शृंगार के सहकारी के रूप में स्वीकार किया जाता है तो वह शृंगार केवल इंद्रियों की तुष्टि नहीं, न केवल व्यक्ति की परितुष्टि है। वह समस्त चित्त की रागाकुलता को उमड़ाकर सृष्टि के संपूर्ण उद्वेलन के साथ व्यक्ति के उद्वेलन को जोड़कर बिछुड़े हुए अंशों के एकीकरण की प्रक्रिया है। संस्कृत-काव्य में राजा के दरबार का ऐश्वर्य विलास है, पर तपोवन की शांति से, तपोवन के विश्वास से छोटा होकर ही। भारतीय कविता को निरंतर वन ने, वन की सहज और बीहड़ प्रकृति ने एक ऐसा परिपार्श्व दिया है, जिससे उसमें वर्णित प्रेम और उसकी चेष्टाएँ महिमान्वित हो गई हैं।

हिंदू धर्म की दूसरी गहरी छाप भारतीय कला में मिलती है। यहाँ यह उल्लेखनीय है कि इस दृष्टि से बौद्ध और जैन मत अलग नहीं हैं। भारतीय कला में भी जिन लोगों को केवल अलंकरण दिखता है या एक ही आकृति की पुनरावृत्ति दिखती है, अयथार्थता दिखती है, उन्हें यह

नहीं दिखता कि साधारण अनुपात से अलग जाकर आकृतियों की रचना इस उद्देश्य से है कि जिस रूप में वस्तु दृष्ट है, जिस मात्रा में दृश्य में द्रष्टा है, उसी रूप में और उसी मात्रा में उस वस्तु का शाश्वत महत्त्व है, क्योंकि वही उसका आंतरिक यथार्थ है। काव्य और कला—दोनों में अभिप्रायों की पुनरावृत्ति, सौंदर्य-रूढ़ियों की पुनरावृत्ति, विशेषणों की पुनरावृत्ति, ऋतुचक्र की पुनरावृत्ति इस उद्देश्य से नहीं है कि पाठक या दर्शक ऊबे या उद्विग्न हो, ठीक उल्टे इस उद्देश्य से है कि आवृत्ति के माध्यम से अनेक भंगिमाओं में दृश्यमान भाव की एकता की अनुस्मृति नष्ट न होने पाए, खंड रूप में प्रतिभा समान सत्ताओं की अखंडता दृष्टि से ओझल न होने पाए। नूतनताओं का अनुष्णधान, भारतीय कला-दृष्टि में व्यक्ति-वैशिष्ट्य में नहीं, व्यक्ति-व्यापार-वैशिष्ट्य में है। महाभारत और रामायण के पात्रों को लेकर जाने कितने नाटक लिखे गए हैं, कितनी शिल्प रचनाएँ हुई है, किंतु पात्र वे ही बार-बार आने पर भी प्रस्तुति में नवीनता है। उन पात्रों की प्रस्तुति अलग-अलग उद्देश्य से उनकी अनुवर्तमानता के द्वारा की जाती है। इसलिए राम-रावण, कृष्ण-कंस तो नहीं बदलते और उसी रूप में प्रस्तुत होते हैं, जिस रूप में वाल्मीकि और व्यास में हुए, पर उनका होना नया होता रहता है। सिद्ध या इतिहासबद्ध पुरुष के रूप में उनकी भूमिकाएँ भारतीय दृष्टि में बहुत छोटी हैं, भारतीय साहित्य और कला-दृष्टि ऐतिहासिक भूमिका का बहुत सीमित उपयोग करती है। वह न उसका प्रत्याख्यान ही करती है, न उसके विरोध में कोई अनैतिहासिक या स्वप्निल भूमिका प्रस्तुत करती है, वह केवल इन दोनों प्रकार की खंडित भूमिकाओं से निरपेक्ष रहनेवाली, देश और काल का अतिक्रमण करने की संभावना रखनेवाली लीला-व्यापारमय भूमिका की सृष्टि करती है।

रामकृष्ण की ऐतिहासिक भूमिका छोटी, नित्यलीला के रूप में उसकी भूमिका बड़ी है, बुद्ध की शाक्य-मुनि के रूप में भूमिका छोटी, बोधिसत्व की श्रृंखला के रूप में बड़ी है। इसलिए प्राचीन भारतीय साहित्य-कला की उपलब्धि का मूल्यांकन करते समय हिंदू मूल्य बोध का यह पक्ष ध्यान में रखना आवश्यक हो जाता है।

भारतीय वैज्ञानिक उपलब्धि पर विचार करते समय

भी यह बात स्पष्ट दिखती है कि इस विज्ञान का उद्देश्य प्रकृति को जीतना नहीं है, बल्कि मनुष्य और प्रकृति को एक परस्पराकांक्षी युग्म के रूप में स्थापित करना है और सृष्टि-चक्र को पथच्युत होने से रोकना है। प्राचीन भारतीय जीवन में यह नहीं था कि आखेट वर्जित हो, पशुवध न होता हो, किंतु वह था कि प्रजनन की ऋतुओं में आखेट वर्जित किया जाता था, जिससे सृष्टि का संतुलन बिगड़ने न पाए। पेड़ से लकड़ी तोड़ी जाती थी, लेकिन नई शाखा छिनगाना पाप समझा जाता था। कृषि-विकास के साथ-साथ वृक्षारोपण और पशु-संवर्धन को महत्त्व देने के पीछे भी यही प्रयोजन था कि कोई भी विकास अपने आप में पूरा नहीं है। बहुत सूक्ष्म पर्यवेक्षण के बाद प्राचीन भारतीयों आयुर्वेद और ज्योतिष का ज्ञान विकसित किया और इन दोनों प्रायौगिक विज्ञान के क्षेत्रों में उन्होंने धर्म-दृष्टि खोने नहीं दी। यही नहीं, उन्होंने आयुर्वेद को ज्योतिष से जोड़ा और ब्राह्य दृश्य या प्रत्यक्ष विद्याओं को अप्रत्यक्ष विद्या—अध्यात्म विद्या—से जोड़ा, जिससे भले ही किसी खंडित दृष्टि वाले व्यक्ति को अपटपटा लगे कि नक्षत्र विशेष या ऋतु विशेष में औषधि उखाड़ने में कौन सा वैज्ञानिक महत्त्व है, पर उसके पीछे एक अखंड दृष्टि है—इसे आज नहीं तो कल जरूर आंका जाएगा। पश्चिम के प्रसिद्ध भारतीय तत्त्ववेता हाइनरिखत्सिमर ने हिंदू चिकित्सा नामक ग्रंथ में ठीक ही लिखा है कि हिंदू चिकित्सा-पद्धति मन और शरीर के भेद को स्वीकार नहीं करती और केवल शरीर के स्वास्थ्य-लाभ तक सीमित भी नहीं रहती है, वह वस्तुत: शरीर के माध्यम से जीवन के आनंद की पूर्णता प्राप्त करने की विधि प्रस्तुत करती है। इसलिए आयुर्वेद में शरीर, रति, हेतु, व्याधि, कर्म, कार्य, काल, कर्ता (वैद्य), करण और विधिविनिश्चय—इन दसों का महत्त्व है और यह चिकित्सा-पद्धति इसीलिए आयुर्वेद कही जाती है कि वह जीवन-तत्त्व को परिपूर्णता दिलाने के लिए है, वह मनुष्य के बाहरी शरीर की ही चिकित्सा नहीं, मनुष्य के अंतर्वर्ती प्राण की भी चिकित्सा है। यही कारण है कि आयुर्वेद की भित्ति सांख्य की त्रिगुणात्मक सृष्टि-योजना है। यह योजना ऊपर से देखने पर बहुत अस्पष्ट और बाह्य वस्तु निरीक्षण से अप्रमाणित जान पड़ती है, परंतु इसका आधार शरीर की स्थूल रचना नहीं, शरीर की सूक्ष्म रचना है। इसलिए आयुर्वेद को अच्छी तरह समझने के लिए योग-साधना के अनुसार शरीर में शक्ति-प्रवाह के रूप में स्थित चक्र-शृंखला को समझना आवश्यक हो जाता है। इस शृंखला की कल्पना भी वस्तुत: विराट् विश्व के व्यष्टि शरीर में सूक्ष्म रूप में अवस्थित होने पर आधारित है। इस प्रकार आयुर्वेद का ज्ञान भी आधुनिक अर्थ में विज्ञान भले न माना जाए, पर अनुभव की व्यापकता और गहराई की दृष्टि से यह अधिक पूर्ण विज्ञान सिद्ध हो सकता है, यदि इस पद्धति को माननेवाले इसके संपूर्ण परिप्रेक्ष्य में अपने अनुसार के आधार पर इसे निरंतर प्रति-संस्कृत करते हुए आगे बढ़ाएँगे।

ज्योतिष विद्या के प्रसंग में भी यही बात लागू है कि वह केवल काल-गणना या दिग्गणना नहीं है। वह सृष्टि-विद्या भी है और वह खंडकाल के परिणामों के माध्यम से अखंडकाल की साधना करनेवाली विद्या भी है। यह आकस्मिक नहीं है कि हिंदू ज्योतिष में निरयण गणना को सायण गणना की अपेक्षा अधिक महत्त्व दिया गया है। निरयण गणना सृष्टि के आरंभ को बिंदु मानकर चलती है और इसीलिए यह स्थापना करती है कि मनुष्य का जन्म निरवधि-काल और सावधिकाल के मिलन बिंदु पर होता है। एक ओर वह जीवन की अनंत यात्रा के पड़ावों की शृंखला के रूप में आता है, और दूसरी ओर उसकी एक खंडकालिक इयत्ता भी रहती है, जो उसी के प्रारब्ध, संचित और क्रियप्रमाण कर्मों के द्वारा नियंत्रित रहती है। हिंदू ज्योतिर्विद्या का प्रारंभ सौर-मंडल की कल्पना से नहीं, नक्षत्र मंडल की कल्पना से हुआ। इसी से इस विद्या में प्रारंभ में ही पृथ्वी केंद्रिक विचारधारा परिपोषित न

होकर ब्रह्मांड की एकता देखनेवाली विचारधारा परिपोषित हुई। भले ही हिंदू ज्योतिर्विद्या की बहुत सी उपलब्धियाँ आधुनिक खगोल विद्या और खगोल भौतिकी के सामने बच्चों की क्रीड़ा लगें, पर यदि सूक्ष्मता से विचार किया जाए तो प्राचीन हिंदू ज्योतिष की व्यापक दृष्टि आज के गणितज्ञों के लिए भी स्पृहा की वस्तु है, क्योंकि पश्चिम का गणितज्ञ या खलोगवेत्ता आज भी मनुष्य केंद्रिक विश्व-दृष्टि से इतना बँधा हुआ रहा है कि वह ब्रह्मांड की लयबद्धता के बारे में शंकालु बना हुआ है। इधर जरूर हाइजेनबर्ग और आइंस्टाइन के चिंतन ने व्यापक दृष्टि देकर पश्चिम को विज्ञान के अंधविश्वास से मुक्त किया है।

विज्ञान के जिन क्षेत्रों में प्राचीन हिंदू उपलब्धियाँ दिखती हैं, उनमें कृषि, भवन-निर्माण, नगर-निर्माण, धातु-विद्या, रसायन, नौका-निर्माण और वस्तु-निर्माण प्रमुख हैं। चावल, गवा, कपास की फसलें तथा आम, नीबू, सुपारी, नारियल जैसे फलवाले वृक्षों के विकास में भारत का महत्त्वपूर्ण योगदान है। वस्तुत: कलम के आरोपण के द्वारा धान और आम का विकास भारत की निजी उपलब्धि है। भारत में कृषि, उद्यान और गोपालन—तीनों अंत: संबद्ध हैं। हिंदू शासन-तंत्र ने इनको स्वतंत्र विकास करने के अवसर भी दिए थे। हजारों वर्षों तक ग्राम स्तर पर स्वराज्य भारत में अक्षुण्ण बना रहा। भवन-निर्माण, नगर-निर्माण और धातु-विद्या का विकास अवश्य अवरुद्ध हुआ, उसके भी दो मुख्य कारण थे। एक तो इन विद्याओं के पीछे जो देश-काल की आध्यात्मिक अवधारणा हिंदू मानस में थी, वह लुप्त हो गई और उसके साथ-साथ रचना की प्रेरक शक्ति-धर्म का व्यापक बोध लुप्त हो गया। दूसरे यह कि भौतिक समृद्धि के अवसरों का वितरण विषम हो गया, शासन का केंद्रीयकरण बढ़ गया और सत्ता की लोलुपता के कारण हिंदू जीवन-दृष्टि में समग्र रूप से जो सौंदर्य-बोध दिखता रहा, वह क्षीण होने लगा। एकांगी आध्यात्मिकता का प्रसार हुआ। अब इसके कारण भौतिक सुख-

सुविधाओं के लिए सामाजिक दायित्व में ह्रास आया और इसी कारण धीरे-धीरे शिल्पी, धातुकार, कारीगर बेरोजगार होते गए—और आज इस प्रायोजिक विधाओं पर एक तो पुस्तकें कम मिलती हैं, जो मिलती भी हैं, उन्हें समझना कठिन हो गया है, क्योंकि प्रयोग की परंपरा बीच में बहुत दिनों तक विच्छिन्न हो गई थी। एलुरा में किस प्रकार एक पहाड़ में ऊपर से नीचे की ओर पत्थर काट-काटकर रचना हुई, किस प्रकार सौ हाथ से ज्यादा लंबी-चौड़ी-मोटी शिला केवल एक दीवार पर टिकाई गई, किन द्रव्यों से दिल्ली के लौह-स्तंभ के पॉलिश का निर्माण हुआ है कि उसकी चमक अब तक बनी हुई, जिस प्रकार की नगर की रचना और सामाजिक सुविधाओं का विन्यास मोहनजोदड़ो से मिलता है, वह क्रम कैसे टूट गया—इन प्रश्न का उत्तर आज भी नहीं मिलता।

हिंदू धर्म दुनिया में फैले, दूसरों को आलोक दे, इसकी चिंता न करके हम केवल यह चिंता कर सके कि हम इससे क्यों नहीं आलोकित हो रहे हैं, हम क्यों दूसरों का मुँह जोह रहे हैं कि वे हिंदू धर्म की तारीफ करें तो हम अपनी पीठ ठोकें, हम क्यों सतही और कभी-कभी द्वेष या आत्महीनता से प्रेरित आलोचनाओं से घबराकर अपने धर्म से उदासीन बने हुए हैं, हम क्यों नहीं अपने हाथ से अपनी कुल्हाड़ी से अपने निरंतर परिवर्तनशील धर्म की सूखी डालें काटने के लिए कदम बढ़ाते हैं, दूसरों द्वारा काटी गई फल-फूल से लदी डाल के सूखे हुए रूप को धर्म मानकर क्यों कुंठित हैं—इसी भाव को उकसाने के लिए यह छोटा-सा संकल्प मैंने लिया। स्वर्गीय संपूर्णानंदजी (जिन्हें मैं 'बाबूजी' ही कहता था) ने एक बार जयपुर में बड़ी देर तक बात की और कहा कि यह बात तो समझ में आती है कि आदमी अपने धर्म में जो उसके विवेक के अनुसार अग्राह्य हो उसका परित्याग करे, जिन्हें जड़ रूढ़ि मानता है, उन्हें निर्मम होकर तोड़े और जिसे ग्राह्य समझता है उसका वरण करे, उसका और विकास करे, पर यह बात बिल्कुल बेतुकी और साथ ही खतरनाक लगती है कि आदमी अपनी चली गई राह से तटस्थ हो जाए, किनारा कर ले और दूसरा कोई उस राह के बारे में जो भी कहे, उसका न प्रतिरोध कर सके, न उसे परख सके। स्वर्गीय बाबूजी ने मुझसे कहा कि आज पढ़ा-लिखा हिंदू, अपने को हिंदू कहने से भी कतराता है। इस स्थिति की भयावहता को दूर करने के लिए कुछ करना चाहिए। उनकी आज्ञा पालन करने के उत्साह ने मुझे नए सिरे से सोचने के लिए प्रेरित किया। इसके साथ ही मेरे स्वर्गीय गुरुदेव पं. क्षेत्रेशचंद्र चट्टोपाध्याय ने अपने ऋषिकल्प जीवन से हिंदू धर्म के तपोमय आचारण और स्वाधीन चिंतन का प्रतिमान उपस्थित किया। मेरे पूज्य पिताजी स्वर्गीय पं. प्रसिद्धनारायण मिश्र और मेरे पूज्य पितृव्य स्वर्गीय पं. मुनिवर मिश्र ने अपनी अप्रतिहत आस्तिकता का संस्पर्श दिया। गाँव में पैदा होने के आकस्मिक सुयोग ने मुझे अनपढ़ स्त्रियों के कंठ से उतरे गीतों में सृष्टिमात्र के लिए मनुष्य-चित्त की व्याकुलता की अभिव्यक्ति देखने की शक्ति दी और हिंदी भाषा की निष्ठा ने 'आँखिन देखी' कहनेवाले संतों की ऋजुता और गहराई में अद्वितीय जीवन-साक्षात्कार की भाषा की छाँह दी। विदेश में कई बार जाने से बार-बार खराद पर चढ़ने का अवसर मिला। अनेक विदेशी (केवल ऐतिहासिक और भौगोलिक परिभाषाओं से विदेशी) बंधुओं की हिंदू धर्म जिज्ञासा ने आत्मनिरीक्षण के लिए विवश किया और उसी के अनुसार मैं कुछ अनुभव करने लगा हूँ।

मैं इस नक्शे के अनुसार नया कुछ खोज पाया हूँ, इसके बारे में कम-से-कम मुझे कोई मुगालता नहीं है, न इसके बारे में मुगालता है कि इसके उस सुख के कुछ छींटे मुझे भिगो गए हैं, जो सुख अपने प्राचुर्य और अपने परिप्लाव के कारण उपनिषदों में आ कहा गया है (अल्प में रहना सुख का स्वभाव नहीं, उसका स्वभाव ही है बहुलता, प्रचुरता, सर्वता)।

(हिंदू धर्म : जीवन में सनातन की खोज)

मूल्य बोध और गीता कुछ वादी-संवादी सुरों के साथ

रमेशचंद्र शाह

भारतीय संस्कृति तथा मनीषा के अध्येता श्री रमेशचंद्र शाह हिंदी के वरिष्ठ कवि, कथाकार हैं। 'गोबर गणेश', 'किस्सा गुलाम', 'आखिरी दिन' जैसे उपन्यास एवं नदी भागती आई, हरिश्चंद्र आओ जैसी अनूठी कृतियों के रचियता श्री रमेश चंद्र अपने विचारों और विद्वत्ता पूर्ण लेखों से समाज में समादृत हैं। आपकी अनेक रचनाओं का अन्य भाषाओं में अनुवाद हो चुका है।

अनुभव के अंत:प्रमाण के बिना किसी भी विषय पर वाणी की ऊर्जा का अपव्यय ही लगता है। यह मात्र एक संयोग ही था, हालाँकि संयोग भी अकारण घटित नहीं होते कि अपने लड़कपन के आरंभिक वर्षों में ही मेरा गीता से कुछ ऐसा नाता जुड़ गया, जो मात्र आनुष्ठानिक धार्मिक चर्या, यहाँ तक कि विद्वत्चर्या से भी अलग और ऊपर एक अनिवार्य आस्तित्विक लगाव ही कहा जा सकता है। मेरी चेतना में अभी तक अंतर्नाद की तरह वह श्लोक ज्यों-का-त्यों स्पंदित हो रहा है…जो मेरे कानों में उस दिन अनायास ही पड़ गया था। उस वक्त मेरी उम्र मुश्किल से बारह वर्ष रही होगी। श्लोक का अर्थ मेरी समझ से बाहर था। मैं तो खेलने जा रहा था और अचानक उस नाद ने मुझे जहाँ का तहाँ कीलित कर दिया था। मैं कोई विद्याव्यसनी अथवा अभिजात संस्कार-समृद्ध परिवार में नहीं, अपितु निहायत निम्न मध्यमवर्गीय अतिसामान्य दुकानदारी से जीविका चलानेवाले परिवार में उत्पन्न हुआ था। मेरे पिता भी पढ़े-लिखे नहीं थे, किंतु उन्हें एक तो संगीत और दूसरे साधु-संतों की सोहबत का गहरा चस्का था। कभी भी कोई साधु घर आ जाते। ऐसे ही एक साधु ने, जो मुश्किल से महीने में एक बार हमारे घर आते रहे होंगे—मुझे गीता पढ़ने और जब भी वे आएँ, उसमें से दस श्लोक उन्हें कंठाग्र करके सुनाने को कहा था। बहुत संभव है, जिस पहली बार सुने श्लोक के नाद-माधुर्य से मंत्रमुग्ध होने की घटना का जिक्र मैंने अभी-अभी किया, वह मैंने उन्हीं के मुख से सुना हो। एक साधु थे, जो कोई पाँचेक वर्ष अल्मोड़ा में रहे होंगे। तब मुझे बिल्कुल पता नहीं था वे कौन हैं। बहुत बाद में कोई चालीस बरस बाद एक किताब मेरे हाथ लगी और उसे खोलते ही उसके लेखक के चित्र पर दृष्टि पड़ी तो मैं विस्मय-विमूढ़ रह गया। वे ऋषितुल्य अनिर्वाण थे—'वेद मीमांसा' के लेखक और 'गीता का बुद्धियोग' के भी, जो मुझे मेरे मायावती आश्रम में अपने प्रवास के दौरान पढ़ने मिली थी। मेरे जैसे लाखों साधनहीन लड़कों की तरह मुझे भी भारतीय वाङ्मय से परिचित कराने का श्रेय 'कल्याण' के विशेषांकों को ही जाता है। एकमात्र पत्रिका, जो हमारी पहुँच के भीतर थी; और जिसमें अपने अबोध किंतु उत्साह-उमंग-उत्कंठा से भरे-पूरे लड़कपन में मैं इस तरह सुध-बुध खोकर

डूबा रहता था, जिस तरह कि खेल-कूद में या गाने-बजाने में या कहानी-उपन्यास में।

इस निहायत ही निजी क्षेपक के लिए आप मुझे क्षमा करेंगे और कैसे आरंभ करूँ—मेरी समझ में नहीं आता। वह श्लोक क्या था, यह भी उतना महत्त्वपूर्ण शायद नहीं है जितना वह संयोग और वह नाद-सौंदर्य, जिसने मुझे जहाँ का तहाँ सम्मोहित कीलित कर दिया था।

अहमात्मा गुडाकेश, सर्वभूताशयस्थितः
अहमादिश्चमध्यंच, भूतानामन्त एव च।

इस घटना के आस-पास की ही एक और घटना याद आती है। 'हितोपदेश' का वह आरंभिक श्लोक, जिसमें कहा गया है कि मनुष्य को विद्या और अर्थ के पीछे तो ऐसे पड़ना चाहिए जैसे वह अजर-अमर हो, किंतु धर्म का पालन ऐसे करना चाहिए, जैसे अगले ही क्षण मौत झपट्टा मारकर उसे दबोच लेनेवाली हो। बरसों बाद जब मैंने प्रसिद्ध यूनानी विचारक अरिस्टोटल का 'एथिक्स' पढ़ा तो यह देखकर मेरे विस्मय का ठिकाना नहीं रहा कि उसने 'हितोपदेश' वाली बात ही अक्षरशः दुहराई है, मगर सिर्फ आधी। मृत्यु और धर्म वाली शेष आधी बात उससे एकदम ही छूट गई। आज कोई मुझसे पूछे कि वह कौन सी एक विशेषता है भारतीय संस्कृति और सभ्यता की, जो उसे विश्व की अन्यान्य श्रेष्ठ सभ्यताओं से अलग अपना वैशिष्ट्य और विलक्षणत्व प्रदान करती है, तो मैं कहूँगा मृत्यु का निरातंक, अकुंठ और सहज स्वीकार। मुझे लगता है, यूनानी सभ्यता इस मामले में हमसे बहुत अलग रही। आज के इस समारोह के केंद्र में मूल्यों की चिंता और मुझे भाई मनोज जी के सुझाने पर अकस्मात् यह प्रेरणा हुई कि मैं गीता से अपने संबंध को ही प्रस्थान-बिंदु बनाकर चलूँ—यह जाँचने-परखने के लिए कि क्या आज जिस भयानक आपाधापी, मूल्यांधता और मूल्यमूढ़ता के दौर से हम गुजर रहे हैं, उससे जूझने और उबरने में गीता क्या हमारी कुछ मदद कर सकती है? मुझे लगता है, अवश्य कर सकती है, यदि हम अपने परंपरा-प्राप्त ज्ञान को आज के वैज्ञानिक युग की और खुद हमारी भी संशयग्रस्त चेतना को पकड़ने वाले जीवंत भाषा में नए सिरे से स्वायत्त करें। इसके लिए हमें एक ओर तो ठेठ बीसवीं सदी में सक्रिय रहे महान् भारतीय योगियों और तत्त्वदर्शियों के पास जाना होगा, और दूसरी ओर विदेश में भी इसी दौरान प्रकट हुए और हमें एकदम हमारे आज

के युग-संसार की भाषा में संवाद करनेवाले कुछ ऐसे समानधर्माओं के अनुभव से भी लाभ उठाने को तत्पर रहना होगा, जो यों तो बिल्कुल स्वतंत्र खोजी है, किंतु गहरे कहीं भारत से भावित भी और गीता आदि ग्रंथों में उल्लिखित अंतर्दृष्टियों का स्मरण और नया अर्थोन्मेष भी हमारे अंत:करण में जगानेवाले—मित्रों, मृत्यु के अकुंठ स्वीकार से ही सच्चा जीवन-दर्शन उपजता है। वही हमें मोहासक्तियों की दलदल से उबारकर जीवन के वास्तविक अर्थ और उद्देश्य को खोजने और पाने की प्रेरणा देता है। पं. विद्यानिवास मिश्र की एक अत्यंत मार्मिक और मननीय पुस्तक का नाम ही है : 'हिंदू धर्म : जीवन में सनातन की खोज'। दरअसल, जीवन-मूल्यों से जुड़े प्रश्न और उत्तर सनातन-सार्वभौम होते हैं परंतु उन्हें बारंबार नए सिरे से उठाना-पूछना और कमाना अनिवार्य है। इस कारण कि पुराने उत्तर अभ्यास रूढ़ हो जाने के कारण हमें पकड़ते ही नहीं। उस तरह गुर्जियफ यही तो कहता है—

The questions have to be asked again and again, because we become dulled to the old answers.

एक और उदाहरण देखिए—कर्म सिद्धांत और पुनर्जन्म के विश्वास अपने में यूँ निराधार नहीं, किंतु पुरुषार्थ-चिंतन के अभाव में उनका इकतरफा अनुसरण हमें आत्मतुष्ट, भाग्यवादी, कर्महीन बना देता है। गुर्जियफ सरीखा इसी बीसवीं सदी का एक महान् कर्मयोगी हमारी इस आत्मतुष्टि को बुरी तरह झँझोड़ देता है। कहता है—

"पुनर्जन्म बहुत थोड़े से मनुष्यों को ही मिलता है—अत्यंत विकसित मानवों को यानी सच्चे साधकों को। अधिकांश को 'एसेंस' तो समग्र मानवता के विकास के लिए खाद-पानी बनने में ही खप जाता है। मृत्यु के क्षण में हम अपना जीवन वापस प्रकृति को सौंप देते हैं, किंतु हमारे भीतर ही वह संभावना भी निहित है कि हम अपनी जीवन-शक्ति का एक अंश आगे के विकास के लिए सहेज सकें। कुछ ही गिने-चुने व्यक्ति ऐसा पुरुषार्थ करने में समर्थ हो पाते हैं।"

इस प्रकार आर्मेनिया में उत्पन्न तथा मॉस्को एवं तदनंतर पेरिस को अपनी कर्मभूमि बनाकर विख्यात हुआ यह हमारा आत्मीय ममेतर गुर्जियफ हमें अपनी गीता की ही आवाज को नितांत हमारे अपने अनुभव की आवाज में सुनवा देता है। तुरंत हमारे भीतर गीता के छठे अध्याय में अर्जुन द्वारा उठाई गई शंका और श्रीकृष्ण द्वारा प्रस्तुत उसका समाधान संगीत की तरह गूँजने लगता है : अर्जुन की शंका यह थी कि यदि दुर्घटना-दुर्योगवश साधक की साधना बीच में ही खंडित हो जाए, तो उसका क्या होगा? वह तो दोनों जहान से गया। इस पर कृष्ण कहते हैं, 'पार्थ, सत्कर्म कभी व्यर्थ नहीं जाता। ऐसा योग भ्रष्ट साधक अगले जन्म में बेहतर परिवेश पाएगा और पिछले जन्म की कमाई उसके खाते में पहले से जुड़ी रहेगी।'

तत्र तं बुद्धिसंयोगं लभते पौर्वदैहिकम्।
यतते च ततो भूयः संसिद्धौ कुरूनन्दन॥

तो गीता जिसे 'साधना' कहती है और गुर्जियफ जिसे 'वर्क' कहता है, उसी के बूते हमारी आध्यात्मिक प्रगति संभव होती है। तभी हमारी जीवन-यात्रा का भी वास्तविक अर्थ और मूल्य सिद्ध होता है। जीवन-वृक्ष ही कालक्रमानुसार बीज उपजाता है—ऐसे पुरुषार्थी मानवों का, जो सर्वोच्च मूल्यों का प्रत्यक्षपाठ खुद बनकर दिखाते हैं। 'ईगो' यानी हमारी सीमित 'अहंकार विमूढ़ात्मक' मानसिकता सिर्फ अपने लिए जीना जानती है, जगत्-जीवन के लिए नहीं। जबकि सच्चे पुरुषार्थ (अर्थात् जीवन-मूल्य) के साधक जैसा कि 'भागवत' में कहा गया है—'सबकी जड़ों को सींचने' का काम स्वभावत: करते हैं : **'सर्वस्यमूल निषेचनं'**। तो जैसा कि हमने गुर्जियफ के यहाँ देखा और गीता के हवाले से भी देखा—वे ही जीवात्माएँ सार्थक और प्रगतिशील

पुनर्जन्म की अधिकारिणी हो सकती हैं और होती हैं, जिनमें आत्मदान की क्षमता होती है। पुनर्जन्म उन्हें इसलिए मिलता है कि उन्होंने अपने में निहित प्राणशक्ति और मूल्य-चेतना को साधनापूर्वक सघन-एकाग्र किया होता है। मूल्य चिंता तत्त्वज्ञान पर आधारित हो, तो ही वह सफल और चरितार्थ हो सकती है और तत्त्व-ज्ञान का या दर्शन का उद्देश्य है—जीवन मात्र की पारदर्शी समझ और तदनुकूल पुरुषार्थ। यह समझ कोई वंशानुगत विशेषाधिकार नहीं है, न रूढ़िगत विश्वास। उसे कमाना पड़ता है—अनवरत साधना से, बार-बार खुद से पूछते हुए कि 'मैं कौन हूँ, क्या हूँ, क्यों हूँ।'

अगर मुझसे कहा जाए कि गीता का सिर्फ एक श्लोक बताओ, जिसने तुम्हें सबसे ज्यादा आलोक और सहारा दिया अपने जीवन में, तो मैं निम्न दो श्लोक उचारना चाहूँगा।

उद्धरेदात्मनाऽत्मानं नात्मानमवसादयेत्।
आत्मैव आत्मनो बन्धुरात्मैव आत्मैव रिपुरात्मनः॥
बन्धुरात्मात्मनस्तस्य येनात्मैवात्मना जितः।
अनात्मनस्तु शत्रुत्वे वर्तेतात्मैव शत्रुवत्॥

—गीता 6/5

अर्थात् आत्मा का उद्धार आत्मा से ही संभव है। इसलिए हर हालत में मनुष्य को अपनी इस 'आत्मा' को अवसादग्रस्त होने से बचाना चाहिए। इसलिए कि मनुष्य स्वयं ही अपना सबसे बड़ा बंधु है और सबसे बड़ा शत्रु भी, किंतु यह 'आत्मा' कोई सेंत-मेंत में मिल गई वस्तु नहीं है। उसकी संभावना भर हमारे भीतर बीज रूप में निहित होती है, जिसे हमें खुद अपने प्रयत्न से सींचना-पल्लवित-पुष्पित करना होता है अन्यथा हम आत्मवान् कभी हो ही नहीं सकेंगे। ज्यादातर देहात्मबुद्धि लोग देह को ही आत्मा समझकर जीते चले जाते हैं। ज्यादा-से-ज्यादा वे कुछ रूढ़ियाँ पालकर खुद को इस भ्रम में डाले रहते हैं कि हम तो अजर-अमर आत्मा हैं ही। उसके लिए हमें कुछ नहीं करना है। प्रश्न यह है कि 'आत्मा' का अर्थ क्या है? क्या हम एक सुनिश्चित संकेंद्रित एकाग्र 'मैं' ही तरह जीते हैं? यह हमारा बिखरा-बिखरा पल-पल बदलते रहनेवाला ढुलमुल अराजक 'मैं' क्या कभी भी हमारा वास्तविक 'मैं, हो पाता है? आत्मा तो एक और अखंड होनी चाहिए जबकि हम तो हमेशा अनेक हुए रहते हैं। तब फिर हम आत्मा कैसे हुए? इस कदर बिखरे-बिखरे अपने आप में अनेक।

आप सभी को वह प्रसिद्ध रूपक स्मरण होगा—'आत्मनं रथिनं विद्धि' वाला। यह महाभारत को केंद्रवर्ती रूपक है। गीता के गायक श्रीकृष्ण स्वयं सारथी का दायित्व सँभाले हुए हैं और उसी हैसियत से एक समग्र-संपूर्ण जीवन-दर्शन और मूल्य-दर्शन प्रस्तुत कर रहे हैं। आप सभी को वह श्लोक रटा होगा। कठोपनिषद् में भी है, किंतु क्या हम उसके जीवंत सच को महसूस करते हैं, यथावत्? मैं खुद अपनी बात करूँ तो मुझे उसका मर्म तब समझ में आया, जब गुर्जियफ के यहाँ उसी को एक नई अर्जेंसी के साथ और नए मुहावरे में एकदम आँख सामने की हकीकत की तरह नए सिरे से प्रत्यक्ष किया। गुर्जियफ जो दृष्टांत देता है, वह 'हैकनी कोच' यानी ताँगे का है—गीतोक्त रथ का ही समतुल्य। शरीर ताँगा है : शरीर यानी शरीर के आठों संस्थान। दूसरा हिस्सा इस ताँगे का हमारी जो आदिम प्रवृत्तियाँ और मनोवेग हैं—हमारा भावावेगात्मक पक्ष, वह उस ताँगे में जुता घोड़ा है। तीसरा अंग सारथी है, जिसे हम 'बुद्धि' कहते हैं। और चौथा रथ पर सवार जो पैसेंजर है, वही वह निरंतर बदलते रहनेवाली अस्थिर, चलायमान चीज है, जिसे हम 'मैं' कहने के आदी हैं। पर यह 'मैं' तो हर परिस्थिति, हर मूड के अनुसार बदलता रहता है। पैसेंजर की तरह। ऐसा 'मैं' हमारा असली 'मैं' कैसे हुआ? हम 'आत्मा' कैसे हुए? हम तो 'अनात्म' ही रहे।

तो, गुर्जियफ का कहना है कि आधुनिक मनुष्य की सबसे बड़ी कमजोरी या त्रासदी इसी चौथे हिस्से को लेकर है, क्योंकि यह उसका असली 'मैं' कभी होता ही

नहीं। वास्तविक असली 'मैं' तो हमेशा नदारद ही रहता है। परंतु इसमें वह यह भी जोड़ना नहीं भूलता कि ताँगे के बाकी तीनों हिस्सों की हालत भी खस्ता ही है। ताँगे की देख-रेख ठीक से होती नहीं; न इसे कभी नई सड़कों की जरूरत के मुताबिक और वैसे भी रोजाना रूटीन की तरह तेल पिलाकर चिकना किया जाता है न बेचारे घोड़े को ही ढंग की खुराक नसीब हो पाती है। वह मरियल ही रहा आता है। अर्थात्, ताँगे के सारे अवयव आपस में मिलकर सुसंबद्ध ढंग से काम करते ही नहीं कभी भी।

ऐसे ताँगे के ऐसे पैसेंजर से हम मूल्य-संगत जीवन जीने की आशा कैसे करें? विडंबना देखिए कि समस्त जीव-जगत् में मनुष्य ही एकमात्र ऐसा प्राणी है, जो चैतन्यपूर्वक अपने संकल्प से सम्यक् कर्म करने की योग्यता रखता है और इसीलिए आत्म-प्रतिष्ठित, आत्मवान्, मूल्यवान् एकाग्र व्यक्तित्व प्राप्त कर सकता है किंतु उसकी त्रासदी यही है कि वह एक और अखंड तो कभी होता ही नहीं। सारे समय वह बिखरा-बिखरा, अस्थिर चलायमान बना रहता है। तिसपर, आधुनिक सभ्यता इस कदर एकांगी बुद्धिवाद और तज्जन्य आत्मतुष्टि और मूल्यमूढ़ता से ग्रस्त है कि उसका वशवर्ती मनुष्य वास्तव में कुछ कर ही नहीं सकता अपनी समग्र सत्ता से चाहे वह खामख्वाह सबकुछ कर सकने के अहंकार से भरा क्यों न हो। इसी विडंबना के इलाज के लिए गुर्जियफ ने अपनी विलक्षण साधना पद्धति (वर्क) विकसित करने के अलावा एक संस्थान भी पेरिस में खोला, जिसका नाम ही उसने रखा था— 'इंस्टीट्यूट फॉर दि हार्मोनियस डेवलपमेंट ऑफ मैन'।

यहाँ एक बात ध्यातव्य है कि आत्मा की बात करने का अर्थ देह और मन और मस्तिष्क का महत्त्व कहीं से भी कम करना नहीं है, बल्कि उन्हें उनकी सही जगह महत्त्व देना है। मैंने आरंभ में ही आधुनिक ऋषि अनिर्वाण का उल्लेख किया था। उनकी एक पुस्तक है, जिसका नाम है 'लेटर्स फ्रॉम ए बाउल'। उसका पहला ही वाक्य है—''ऑल स्पिरिचुअल एक्सपीरियेंसेज हैव

कोरेस्पौडिंग सेंसेशंस।'' कृपया ध्यान दें कि गीता, जैसा कि श्यामाचरण लाहिड़ी महाशय ने भी कहा है, ''एक पूर्णांग योग शास्त्र है'' और योग ही सारे मूल्यों का असंदिग्ध स्रोत और अंत:प्रमाण है। 'शरीरमाद्यं खलु धर्मसाधनम्' हमारे यहाँ यों ही नहीं कहा गया। गुर्जियफ की सच्ची उत्तराधिकारिणी मदान सॉल्जमन क्या कहती हैं इस बारे में—जरा ध्यान देकर सुनें—उन्हीं के शब्दों में—

The real thing is the real 'I', which is independent of the body. But the body is necessary for manifesting the higher energy. The conscious response or attention, which comes from the 'me' which is personal serves as a thread for connecting the 'I' and the 'me'. The 'I' is not personal. I can awaken me and serve the earth. The earth as a whole has need of more conscious energy.

अर्थात् पृथ्वी को जरूरत है इस उच्चतम चैतन्य ऊर्जा की, जिसकी तरंगों को पृथ्वी तक पहुँचाने का एकमात्र माध्यम मनुष्य है। क्या यह मूल्य की दृष्टि से भी सर्वोच्च जीवन मूल्य नहीं? हमारे भारतीय वाङ्मय में नर-नारायण संबंध की जो कथाएँ हैं, वे प्रकारांतर से इसी मूल्य और इसी रहस्य को अभिव्यक्त करनेवाली हैं—यह सत्य मानो ठीक इस तरह पहली बार समझ में आ रहा है। यह भी कि गीता स्वयं नर-नारायण संबंधों का ही काव्य है। अधिकांशत: तो हमारा 'मैं' इस असली 'मैं' यानी उच्चतर ऊर्जा से कटा ही रहता है। थोड़ा ध्यान देकर अपनी रोजाना की पल-प्रतिपल की हरकतों को देखें तो पता चलता है कि हम किस कदर निहायत मशीनी ढंग से उन्हीं-उन्हीं बातों-विचारों-हरकतों को दुहराते रहते हैं और इसी गलतफहमी में जीते चले जाते हैं कि हम स्वतंत्र कर्ता हैं जबकि कड़वी हकीकत यह है कि हम वास्तव में कुछ नहीं कर रहे होते, बल्कि हमारे जड़ीभूत संस्कारों की शृंखला ही यंत्रवत् हमसे सबकुछ करवा रही होती है। हम 'क्रिया' में नहीं, मात्र 'प्रतिक्रिया' में जीते चले आ रहे हैं। हम चेतन नहीं, जड़ हैं। 'यंत्रारूढ़ानि मायया'—गीता की शब्दावली में।

'उत्सीदेयुरिमे लोका: न कुर्याम् कर्म चेदहं'—गीता में श्रीकृष्ण कहते हैं कि 'ममैवांशो जीवलोके जीवभूत: सनातन:', तब यदि नर नारायण का ही अंश है तो वह इस पृथ्वी को धारण किए रहनेवाले नारायण के कर्म का सहज सहयोगी है। उसका दायित्व भी पृथ्वी के प्रति उतना ही बड़ा है।

असल समस्या तो यही है—इसी शरीर में घर बनाकर डटी हुई आदतों की गुलामी की, जिससे रिहाई तब तक नामुमकिन है, जब तक हम उसके बरक्स उच्चतर ऊर्जा के आवाहन और अवतरण की प्रक्रिया से नहीं जुड़ते। हम बड़ी आसानी से देवासुर-संग्राम और अमृत-मंथन की कथाओं को पौराणिक गल्प मानकर छुट्टी पा जाते हैं। पर क्या हम जानते हैं जीते हैं, उसके जीवंत मर्म को? वह मर्म, जिसे गुर्जियफ जैसे लोगों ने हमें सीधे दो-टूक आज के समय की नई भाषा में पहचनवाया है। गुर्जियफ जिसे 'चेतना-मार्ग' कहता है, उसी को हमारे यहाँ श्री अरविंद ने 'दि ऐडवेंचर ऑफ कांशसनेस' कहा है—अपने एकदम नए और सर्वथा स्वतंत्र साधना-पथ की खोज द्वारा। यहाँ पर यह कह देना भी मुझे आवश्यक जान पड़ता है कि यों तो गीता के सैकड़ों भाष्य हुए हैं : हर युग में मानव ने उसे नए सिरे से व्याख्यायित करने की जरूरत महसूस की, किंतु दो-तीन भाष्य ऐसे हैं, जिन्हें पढ़ना गीता के मर्म में प्रवेश करने के लिए अनिवार्य है—उनमें एक तो श्री अरविंद का 'ऐस्सेज ऑन गीता' ही है। श्री अरविंद भी गुर्जियफ की तरह समग्र जीवन के रूपांतरण पर जोर देते हैं, पर वह बिना उच्चतर ऊर्जा की सहायता के संभव ही नहीं। वही उच्चतर ऊर्जा (जिसे इसी बीसवीं सदी के भारत में प्रकट

हुए महायोगी विशुद्धानंद परमहंस 'महाशक्ति' और 'माँ' के नाम से पुकारते हैं—वही महाशक्ति तो हमारे असली 'मैं', यानी आत्मा का स्रोत है)। ''बिना माँ की सहायता के, उनके जीवंत स्पर्श के तुम एक पग भी आगे नहीं बढ़ सकते''—विशुद्धानंद कहते हैं, पर यह भाषा हम बुद्धिजीवियों को पकड़ती नहीं—बिना महाशक्ति के स्पर्श की साक्षात् अनुभूति के। तो लीजिए, गुर्जियफ की पट्टशिष्या मदाम सॉल्जमन की भाषा में समझिए इस बात को। मदाम कहती हैं—

Without relationship with the higher energy, life has no meaning. Higher Energy is your permanent self; but you have no connection with that.

आखिर क्यों हैं हम इतने बिखरे हुए? इसीलिए न कि हम अपने स्वरूप में कायम रह ही नहीं पाते। स्वरूप-विस्मृति में ही जीते हैं हम, स्वरूप-स्मृति में नहीं। ऐसे में सचमुच टिकाऊ और कारगर मूल्य-चेतना आएगी कहाँ से? गुर्जियफ इसी का इलाज बताता है—'रिमेंबर योरसेल्फ ऑलवेज एंड ऐवरीव्हेर'। याद करिए, अपनी गीता भी तो यही कहती है : 'तस्मात् सर्वेषु कालेषु मामनुस्मर युध्य च' का और भला क्या अर्थ है? इसी जगह पर हमें श्रीअनिर्वाण द्वारा रेखांकित और मात्र ध्यान द्वारा उपलभ्य 'सेंसेशन' की मूल्यवत्ता को हृदयंगम करना होगा। गुर्जियफ की उत्तराधिकारिणी मदाम सॉल्जमन के शब्दों में, ''इट इज नैसेसरी टू मेंटेन अ कॉन्टैक्ट बिटवीन द माइंड ऐंड द बॉडी, दैट इज अ सेंसेशन। दैट परमिट्स ऐन ओपनिंग फॉर दि इनर्जी व्हिच कम्स फ्रॉम दि हेड। व्हाइल वन इज इन रिलेशनशिप विद दैट इनर्जी, देयर इज फ्रीडम। अदरवाइज देयर इज ऑलवेज सम फियर।''

यह कथन हमें एक ओर जहाँ गीता में वर्णित ध्यानयोग के मर्म में सीधा प्रवेश देता है, वहीं वह मेरे दिमाग में कब से जमी महात्मा मंगतराम की इस मर्मोक्ति से भी अनायास जुड़ जाता है कि ''जो साधना विहीन होके सिर्फ किताबें पढ़-पढ़कर अभय प्राप्त करना चाहते हैं, वे कायर हैं और अपना समय व्यर्थ ही गँवा देते हैं।''

संस्कृत की प्रसिद्ध उक्ति है—'अतिपरिचयादवज्ञा'। 'ध्यान' को ही ले लीजिए। यह शब्द हमें इस कदर अतिपरिचित और रटा हुआ है कि हम बड़ी आसानी से इस भ्रांति में गर्क हो रहते हैं कि हमें ध्यान योग के बारे में सब पता है। दरअसल, हमारी जानकारी महज सुनी-सुनाई और किताबी होती है। उस पर अतिपरिचय और रूढ़ि की धूल जमी रहती है। वास्तविक और अनुभवजन्य नहीं होती वह। गुर्जियफ इसे सीधे दो टूक ढंग से 'अटेंशन' नाम देता है, उस पर जमी धूल को झाड़-पोंछने के लिए। ध्यान क्यों सबसे मूल्यवान जरूरत है, मनुष्य की इस तथ्य को हमारी खोपड़ी में धँसाने के लिए जो भाषा चाहिए—गुर्जियफ उसी का इस्तेमाल करते हुए कहता है कि "बस एक यह ध्यान भर ही हमारी सामर्थ्य की पहुँच में है। बाकी सब हमारे काबू से बाहर है। हमें अपने मस्तक और शेष शरीर के बीच 'कनेक्शन' चाहिए। इसके लिए देह और मस्तिष्क को ऊर्जा-तरंगों के समान स्पंदन से जोड़ना होता है।" गुर्जियफ को इस खोज का श्रेय जाता है कि उसने मनुष्य के तीनों आयामों की एकीकृत ऊर्जा से काम लेने का तरीका खोज निकाला—भाविक, बौद्धिक और दैहिक आयामों को समान महत्त्व देते हुए। तभी गीता के बुद्धियोग, कर्मयोग और भक्तियोग के समन्वय की बात सचमुच हमारे सिर पर चढ़कर बोलेगी। जब तक हम अपनी इस स्वरूप-विस्मृति की विडंबना को और अर्जुन गीता के अंत में जिसे 'नष्टो मोहः स्मृतिर्लब्धा' कहता है, उस 'स्मृति' को यथातथ्य हृदयंगम करके जीना नहीं सीखते, तब तक हमारा मूल्य-विमर्श हमारे समस्त व्यक्तिगत और सामूहिक जीवन का कायाकल्प नहीं कर सकता। हमें याद रखना होगा कि 'आत्मा' यानी 'सेल्फ', 'ईगो' यानी अहंकार से नितांत सूक्ष्म और भिन्न वस्तु है। गांधीजी की 'आश्रम भजनावली' की पहली ही प्रार्थना है, "प्रातः स्मरामि हृदि संस्फरदात्मतत्त्वं/सच्चित्सुखं परमहंस गतिं तुरीयम्।" पर, क्या हम उसे समझते हैं? गुर्जियफ की तरह पूछें तो सही हम अपने आपसे कि "मैं क्यों अस्तित्व में आया?" उसका उत्तर है—'इट्स अ विश टू बी'—अर्थात् होने की अभिलाषा के कारण। क्या यह यों ही है कि 'ओल्ड टेस्टामंट' और 'न्यू टेस्टामेंट'—दोनों ही धर्मग्रंथों में परमेश्वर का सबसे पवित्र नाम 'आइ ऐम' ही बताया गया है? अभी हाल तक हमारे बीच विद्यमान निसर्गदत्त महाराज का तो यह मूलमंत्र ही था—'मैं हूँ'। 'आइ ऐम'। इसका अर्थ यही न हुआ कि आत्म-ज्ञान के बिना सच्चा परमात्म विज्ञान और धर्मविज्ञान भी संभव नहीं। क्या श्री अनिर्वाण और क्या मदाम सॉल्जमन—दोनों ने जिस एक ही बात को रेखांकित किया है, वह यह है कि 'सत्य के असीम विस्तार को किसी एक रूपाकार से नहीं बाँधा जा सकता। उन्हीं के शब्दों में—'दि बिविल्डरिंग ऐरे ऑफ गॉड्स, फिलांसफीज ऐंड माइथालॉजीज इन इंडिया प्वाइंट्स टू दिस'। यह सर्वसमावेशी 'अनेकता' ही हमारी शक्ति है, जो समूचे विश्व में भारतीय सत्यता को अप्रतिम बनाती है, परंतु इस शक्ति का स्रोत क्या है? निश्चय ही अद्वैत सत्य का तात्त्विक और यौगिक साक्षात्कार ही ऐसी चकरा देनेवाली अनेकता और विविधता को धारण करने का सामर्थ्य प्रदान करता है। इसमें भारी संदेह है कि हमारे अधिकांश बुद्धिजीवी इस सच्चाई को सचमुच स्वायत्त कर पाते हैं। हमारा निकट इतिहास ही साक्षी है कि कितना अनर्थ किया है तमाम साम्राज्यवादी धर्म-संस्थाओं ने और खुद हमारे परप्रत्ययनेय, औपनिवेशिक जेहनियत के मारे बुद्धिजीवियों ने हमारी इस सबसे गहरी सांस्कृतिक मूल्यदृष्टि का। इस अनर्थ से उबरना और उबारना ही फिलहाल हमारी सबसे बड़ी चुनौती है, जिसे स्वीकार किए बिना हम स्वयं अपने समस्त और देश के पुनर्निर्माण के लिए अनिवार्य मूल्य-चेतना का विकास नहीं कर सकेंगे। "व्यवसायात्मिका बुद्धिः एकेव कुरूनंद/बहुशाखा ह्यनन्ताश्चबुद्धयो व्यवसायिनाम्।" जैसाकि स्वयं गीता घोषित करती है। अस्तु—.......मतिविस्तरेण...।

भारतीय चिंतन

मानव का समग्र विवेचन करता है

कैलाशचंद्र पंत

देश के अग्रणी विचारक, लेखक तथा भारतीय मनीषा के मूर्धन्य विद्वान् श्री कैलाश चंद्र पंत मध्य प्रदेश राष्ट्रभाषा प्रचार समिति के संचालक मंत्री एवं वहाँ से प्रकाशित मासिक पत्रिका 'अक्षरा' के संपादक हैं। अनेक सम्मान एवं पुरस्कारों से सम्मानित श्री पंत की गणना देश के शीर्षस्थ विचारकों एवं साहित्यकारों में होती है।

भारतीय संस्कृति की यह विशेषता है कि वह चिंतन और सूक्ष्म अनुभूतियों पर आधारित है। उस चिंतन में मात्र विचार नहीं, तप के द्वारा अनुभूतिजन्य सत्य का उद्‍घाटन भी है। विचार में तो बुद्धि के साथ इंद्रियों का भी सम्मिश्रण हो जाता है। लेकिन तपस्या में मन, बुद्धि और इंद्रियों के परे जाकर सत्य का अनुभव प्राप्त करना होता है। हमारी संस्कृति ऋषियों की तपस्या से संचालित होकर विस्तार पाती रही। जैसा सभी जानते हैं कि ऋषिगण जन-कोलाहल से दूर वनांचलों के बीच प्रकृति के सान्निध्य में आश्रम बनाकर रहते थे। सर्वप्रथम भारतीय ऋषि ने मानव के अस्तित्व को पहचानने की कोशिश की। उसने प्रश्न किया, ''मैं कौन हूँ? कहाँ से आया? कहाँ जाऊँगा?'' जिस तरह लौकिक जीवन में प्रत्यक्ष अनुभव करते हैं कि मनुष्य अपनी योग्यता, सामर्थ्य को समझने के बाद ही अपना जीवन क्रम निर्धारित करता है। अपनी शारीरिक शक्ति का आकलन करने के बाद ही कोई पहलवान किसी अन्य को चुनौती देता है और किसी की चुनौती स्वीकार करता है। यही बात व्यवसाय के चयन अथवा अध्ययन के विषयों में भी सत्य है। जब लौकिक जीवन में हमें अपने को पहिचानने की जरूरत पड़ती है तो समझा जा सकता है कि हमारे पूर्वज ऋषियों ने सभ्यता के आदिकाल में ही मानव की जीवन यात्रा की प्राथमिक तैयारी किस प्रकार के चिंतन से की। उन्होंने मनुष्य होने का अर्थ खोजा और उस अर्थ को सार्थक परिणामों तक पहुँचाने का रास्ता बताया। इस यात्रा का कैसा सहज निरूपण भारतीय मनीषा ने किया है—

असतो मा सद्‍गमय।
तमसो मा ज्योतिर्गमय
मृत्योर्मा अमृतंगमय॥

मनुष्य को जान लेने के बाद जीवन यात्रा पर आगे बढ़ने से पूर्व निर्धारित करना होता है कि मंजिल कहाँ है और वहाँ तक किस मार्ग से पहुँचा जा सकता है? पहले चिंतन किया गया कि सत्य क्या और मिथ्या क्या? इसके साथ ही 'ऋत' तत्त्व की अवधारणा सामने आई। जीव और ब्रह्म को लेकर लंबा विमर्श चला और उसी में से माया की कल्पना की गई।

आधुनिक विद्वान् डार्विन के विकासवाद के सिद्धांत के बाद मानव की उत्पति के रहस्य को खोज लेने का दावा करते आए हैं। लेकिन भारतीय चिंतन परंपरा ने तो रूपक बनाकर जन-जन तक दशावतार की कथा हजारों वर्ष पूर्व ही पहुँचा दी थी। मत्स्यावतार से बुद्धावतार की कथा क्या कहती है? मनुष्य ही नहीं, सृष्टि के विकास गाथा कहती है यह कहानी। इसके साथ ही मानव के पहचान की खोज में प्रत्यक्ष दिखाई देनेवाले शरीर को ही नहीं देखा, बल्कि उसके भीतर का जो अदृश्य तत्त्व है—मन, बुद्धि और उससे आगे जाकर चेतना का विचार भी किया। ये तीनों तत्त्व अदृश्य हैं। सत्य की खोज करते हुए समझ में आया कि सत्य वही नहीं है जो इंद्रियों से प्रत्यक्ष दिखता है—वह उससे परे है। तभी तो ऋत को शुभ से जोड़ा गया। इस शुभता की दिशा में प्रस्थान ही असद् से सद् की यात्रा है।

चिंतन कर रहे मनीषी जानते थे कि सिद्ध करना पड़ेगा कि प्रत्यक्ष दिखनेवाला ही सत्य नहीं होता और उसे देखने के लिए इंद्रिय, मन और बुद्धि को शांत करना होता है, उससे नाता तोड़ना होता है। संसार नहीं छोड़ना पड़ता बल्कि आत्मवत् हो जाना पड़ता है। इस अनुभव से ऋषियों ने पाया कि ध्यान योग के क्षणों में उस अखंड चेतना की अनुभूति होती है, जो सर्वत्र है। मनुष्य इसी चेतना का अंश है। लौकिक दृष्टि से जो भेद हम देख रहे हैं, अंतर्दृष्टि इसे अविभाज्य, अखंड सश्रा के रूप में अनुभूत कर रही है। इस बात को समझाने के लिए कितना सुंदर रूपक खड़ा किया—

ऊर्ध्वमूलोऽवाक्शाख एशोऽश्वत्थः सनातनः।
तदेव शुक्रं तद्ब्रह्म तदेवामृत मुच्यते॥

पीपल का वृक्ष ब्रह्म का प्रतीक है जिसकी जड़ें ऊपर की ओर हैं और डालियाँ तथा पत्तियाँ नीचे की ओर हैं। प्रत्यक्ष जीवन में तो ऐसा दिखाई नहीं देता लेकिन सरोवर के शांत जल पर किनारे के वृक्ष का प्रतिबिंब उल्टा ही होगा। इंद्रियजन्य ज्ञान केवल प्रतिबिंब है इसलिए सत्य से भिन्न है। प्रतिबिंब सत्य हो नहीं सकता। जिस ऋत की बात कही जाती है वह धर्म का समानर्थक ही था। इस ऋत पर भारतीय मनीषा का आग्रह सदा प्रबल रहा। सत्य की खोज में इतना गहरा विमर्श भारतीय चिंतन धारा की महत्त्वपूर्ण उपलब्धि कही जा सकती है। यही है 'असद्' से 'सद्' की ओर यात्रा।

इस यात्रा की निष्पति उस ज्ञान से होती है जो 'सद्' की खोज में मिलता है। वह ज्ञान क्या है? सृष्टि का एक नियामक है। पूरी सृष्टि में उसी का विस्तार है। उससे पृथक् कुछ भी नहीं। यह एकात्मता ही तो अद्वैत दर्शन

प्रतिपादित करता है। उसी की पुष्टि इस मंत्र में व्यक्त होती है—

ॐ पूर्णमदः पूर्णमिदम् पूर्णात पूर्णमुदच्यते।
पूर्णस्य पूर्णमादाय पूर्णमेवावशिष्यते॥

परमात्मा के जगत् में कुछ घटाया-बढ़ाया नहीं जा सकता। वह सब तरह से पूर्ण है। परमात्मा की पूर्णता की इससे अच्छी काव्यमयी अभिव्यक्ति नहीं हो सकती। इसी पूर्णता के स्वरूप को जान लेना और प्राप्त कर लेना मानव-जीवन का प्रेय और श्रेय माना गया है।

असद और सद् का भेद समझ लेने के बाद प्रार्थना की दूसरी पंक्ति है 'तमसो मा ज्योतिर्गमय।' इंद्रियजन्य अज्ञान से ज्ञान तक पहुँचना उस ज्योतिर्मयी चेतना का स्वरूप प्राप्त कर लेना है, जो सृष्टि के कण-कण को गतिशील रखती है।

जब मनुष्य को इस तत्त्व का सम्यक ज्ञान हो जाता है और उसे भली-भाँति आत्मसात् कर लेता है तो वह जीवन की क्षणभंगुरता और मृत्यु के वास्तविक अर्थ को समझ लेता है। मृत्यु से अभय हो जाना ही अमरता है। तमस से मुक्ति होने के बाद ही तो अमरता प्राप्त की जा सकती है। गीता में स्पष्ट निर्देश है कि केवल शरीर नष्ट होता है। उसे चेतनामय रखनेवाली आत्मा को न जलाया जा सकता है और न वह नष्ट होती है। उसी आत्म तत्त्व की पहिचान ही 'मृत्योर्माऽमृतंगमय' है।

इस एक श्लोक से समझा जा सकता है कि भारतीय चिंतन में मनुष्य को कितनी पूर्णता से परिभाषित किया गया है। जीवन और मृत्यु के बीच मनुष्य जिस स्वप्नलोक में भटकता है, उससे उबरने को प्रेरित करनेवाली भारतीय मनीषा किस प्रकार सिद्ध करती है कि मनुष्य केवल एक सामाजिक पशु नहीं है। वह अपने विवेक के द्वारा जीवन को उच्चतर सोपानों पर अवस्थित करने की क्षमता भी रखता है।

यदि मानव आलोक के इस पथ का अनुकरण करेगा तो उसे परमात्मा की पूर्णता भी समझ में आ जाएगी।

उसकी पूर्णता को जगत् के कण-कण में व्याप्ति से समझा जा सकता है। हम जब यह मान लेते हैं कि वह सर्वत्र व्याप्त है तो यह आश्चर्यजनक लगेगा कि जहाँ उसकी व्याप्ति हैं वहाँ गति है और वह सबकुछ पल-पल में बदल रहा है। अर्थात् जगत् अस्थिर है पर जिसके सहारे वह टिका है वह स्थिर है। जो स्थिर है वही सत्य है।

अब चिंतन के मनोवैज्ञानिक पक्ष को भी देख लें। मनुष्य स्वार्थ, लोभ, मोह के वशीभूत होकर अस्थिर जगत् की वस्तुओं पर अपना अधिकार जताने लगता है। इस अधिकार भाव के कारण ही समाज में परस्पर-कलह और संघर्ष होते हैं। इसी वृत्ति का विस्तार हम वर्ग-संघर्ष तथा राष्ट्रों के बीच संघर्ष में होते देख सकते हैं। इसके लिए 'ईशावास्योपनिषद्' में रास्ता सुझाया गया है—

ईशावास्यमिदं सर्वं यत्किंचजगत्यांजगत।
तेन त्यक्तेन भुंजिथा मा गृधः कस्यस्विद्धनम॥

इस विश्व में जो कुछ स्थावर-जंगम है, वह ईशत्व द्वारा आच्छादित है। इसलिए इसका उपयोग त्याग की

भावना सर्वोपरि रखते हुए करें। किसी अन्य के धन के प्रति गिद्ध दृष्टि मत रखो। त्यागपूर्ण भोग करने का यह संदेश अपनी आवश्यकता के अनुरूप भोग की अनुमति देता है, लेकिन त्यागपूर्ण भोग की बात कहता है। भोग की वर्जना नहीं की गई लेकिन लोभ पर अंकुश लगाने को कहा जा रहा है। मनुष्य मात्र में यह वृत्ति आ सके तो क्या वह संसार ज्यादा आनंददायी नहीं होगा? त्याग की महत्ता भारतीय संस्कृति और चिंतन का सबल पक्ष है। जिस भगवा रंग या भगवा वस्त्र की बात की जाती है, वही भारतीय संस्कृति के गौरव-प्रतीक त्याग की पहिचान है। इस संस्कृति को तपस्वी जीवन जीनेवाले गेरुवा वस्त्रधारियों ने ऐसी दृढ़ आधारशिला पर खड़ा किया है कि अनेक आक्रमणों के बावजूद उसकी नींव अडिग है। समाज में आज जो विकृतियाँ दिखाई देती हैं उनका बुनियादी कारण समाज द्वारा उस रास्ते को छोड़ देना है जो ऋषियों ने बताया था। कितनी मनोवैज्ञानिक विश्लेषण-क्षमता का परिचय भारतीय ऋषि देते हैं।

जीवन की यह सार्थकता पाना प्रत्येक मनुष्य के लिए सरल भी नहीं है और संभव भी नहीं। इसके लिए स्वच्छंद जीवन पर कुछ प्रतिबंध लगाकर संयमपूर्ण जीवन के कुछ नियम तय किए गए।

इन्हें ही जीवन मूल्य कहा जाता है, जो संस्कारों द्वारा हृदयंगम कराए गए। इन मूल्यों को धर्म के व्यापक दायरे में स्थित किया गया अर्थात् हिंदुओं में धर्म एक आचरण शास्त्र है, जिसमें नैतिकता की राष्ट्रीय अभिव्यक्ति होती है। इससे स्पष्ट है कि भारत में धर्म उस अर्थ में नहीं लिया जाता जिसमें 'रिलीजन' या 'मजहब' को समझा जाता है। योगी स्वामी राम ने लिखा है, ''धर्म एक व्यापक शब्द है। कुछ विद्वानों का मत है कि कर्म, धर्म का एक अंग है, किंतु सात्त्विक कर्म ही धर्म के अंग है, यह धारणा भी भ्रांत है। वास्तव में 'कर्म ब्रह्मोद भवं सिद्धि' एक उच्च सिद्धांत है। जैसे जीव के ऊपर दया करना धर्म है, जैसे परमार्थ पथ पर मनुष्य अपने प्राणों तक की आहुति दे देता है और इसे अपना धर्म मानता है, उसी प्रकार देश, जाति और राष्ट्र की रक्षा के लिए आपत्तिकाल में लड़ना भी धर्म है। उच्च और श्रेष्ठ धर्म यह है कि हम ईश्वरार्पण बुद्धि से निःस्वार्थ होकर मानव समाज के लिए कर्तव्य पालन करते रहें। हमारा समग्र जीवन धर्म है और धर्म को ही जीवन बना लेना चाहिए।''

उपर्युक्त वाक्यांशों में गीता की निष्काम कर्म और 'सर्वधर्माणि परित्यज्य मामेकं शरणं ब्रज' वाला दर्शन ही तो प्रतिपादित किया गया है।

इस तरह मनुष्य को उसकी आदिम वृत्तियों और प्राकृत वासनाओं से मुक्त करने का प्रयास हमारे सांस्कृतिक चिंतन का महत्त्वपूर्ण पक्ष है। धर्म के विस्तृत स्वरूप को समझने के लिए उन दस लक्षणों की चर्चा करना प्रासंगिक होगा जिनका निदर्शन हमारे शास्त्रकारों ने किया है—

धृतिः क्षमा दमो अस्तेयं शौचं इन्द्रिय निग्रहः।
धीर्विद्या सत्यं अक्रोधो दशकं धर्म लक्षणम्॥

अब ये लक्षण किसी विशेष मनुष्य, समाज या राष्ट्र के लिए अभिहित नहीं हैं। ये गुण आ जाने पर कोई भी व्यक्ति उन्नत शिखरों तक पहुँच सकता है। वैसे भी धर्म को लेकर तो अनेक व्याख्याएँ और उसके स्वरूप का विशद विश्लेषण भारत में होता रहा। महाभारतकार वेद व्यास ने बताया, ''धर्म का रहस्य सुनो और सुनकर हृदय में धारण करो। जिसे अपने लिए बुरा समझो उसे दूसरों के लिए न करो।'' कितने संक्षेप में हमें धर्म का पालन करने की कसौटी सौंप दी। गोस्वामी तुलसीदासजी ने भी तो लिखा है—

परहित सरिस धरम नहि भाई।
परपीड़ा सम नहि अधमाई॥

इन सारे उदाहरणों से इस बात की ओर संकेत कर रहा हूँ कि भारत की मनीषा यह समझती थी कि मनुष्य की कुछ प्राकृत वासनाएँ और वृत्तियाँ इसे शुभ के पथ पर आगे बढ़ने से रोकती हैं। उनका परिहार किए बिना व्यक्ति का मानसिक विकास संभव नहीं है क्योंकि आध्यात्मिक विकास के लिए मानसिक विकास आवश्यक शर्त है। शरीर और बुद्धि के विकास के उपरांत भी मनुष्य आदिम संस्कारों से मुक्त नहीं हो पाता। मन में वासनाएँ उसे भटकाती हैं। इसलिए धर्म का अनुशासन लागू किया। भारतीय समाज के बहुत बड़े तबके को इस ढंग से संस्कारित कर दिया कि वह आध्यात्मिक उन्नयन की ओर प्रवृत्त हुआ। तभी तो हम यह कहने की स्थिति में हैं कि भारत एक अध्यात्मवादी देश है। क्या यह आश्चर्यजनक नहीं है कि प्रकृति के संरक्षण का संस्कार भारतीय जनता के रक्त में प्रवाहित होता है? करोड़ों लोग, जिन्हें कुछ कर्मों की वैज्ञानिकता की न समझ है और न जानकारी, आज भी वृक्षों की पूजा नियमित करते हैं, घर-आँगन में तुलसी का बिरवा लगाना जरूरी समझते हैं, नदियों में मल त्याग पाप समझते हैं, सूर्य को जल चढ़ाते हैं, गाय के लिए, भीख माँगनेवाले के लिए रोटी बनाते हैं, बिना स्नान भोजन नहीं करते। यह कैसे संभव हुआ? इन संस्कारों को धर्म के साथ जोड़कर वृहत् समाज को लोक शिक्षण दे दिया गया था। इसी तरह के संस्कारों को स्वास्थ्य के नियमों में देख सकते हैं। भोजन को ऋतुओं से जोड़कर देख सकते हैं। प्रयास यह किया गया कि मनुष्य को प्रकृति के साथ संतुलन बैठाना आ सके। एक स्वस्थ मनुष्य ही स्वस्थ विचार कर सकता है।

आधुनिकता के नाम पर मनुष्य जिस दिशा की ओर बढ़ रहा है उसमें उसके आग्रह शरीर सुख पर केंद्रित हैं। यह शरीर को सबकुछ मान लेने से मनुष्य समाज आदिम प्रवृत्तियों की ओर बढ़ रहा है। बढ़ती हुई हिंसा, स्वार्थलोलुपता, चारित्रिक पतन तो प्रत्यक्ष दिखाई दे रहा है। लेकिन स्वार्थ-केंद्रित मानव यह भूल रहा है कि सभ्यता के प्रारंभिक चरणों में मानव ने समूह, कबीले और समाज के साथ संगति बैठाने का प्रयास किया था। सभ्यता के विकास के अध्येता उस घटना को महत्त्वपूर्ण उपलब्धि मानते हैं जब मनुष्य ने समाज का संगठन किया था। सहभागिता और सहिष्णुता तभी तो सीखी थी। लेकिन आधुनिकता ने मनुष्य को परिवार से भी उच्छेदित कर दिया, समाज की तो बात ही छोड़ दीजिए। भौतिकता के आग्रहों ने उसे पूरा समय व्यस्त रहने को विवश कर दिया है। क्लबों में बिताए जानेवाले समय को सामजिक संलिप्तता कहने की मूर्खता शायद ही कोई करे। इस एकाकीपन से वह मात्र शरीर रह जाएगा। शरीर की देखभाल और इसकी आवश्यकताओं की पूर्ति ही इसका एकमात्र लक्ष्य रह गया है। अर्थात् मानव सभ्यता एक बार पुनः उसी बिंदु पर पहुँच जाएगी, जहाँ से सभ्यता की यात्रा प्रारंभ की थी। इसे प्रगति कहेंगे या दुर्गति?

भारतीय चिंतन और इससे प्रसूत संस्कृति मनुष्य को पूरे प्राणीमात्र से जोड़ने का साधन बताती है। 'एक से अनेक' हो जाने का भाव पैदा करती है। सबमें वह एकत्व देखती है इसलिए समरसता, सद्भावना और सहयोग का भाव जगाती है। वह मानव का समग्र विवेचन करती है और इसमें निहित अपार शक्तियों को जगाने के साधन प्रकट करती है। यहाँ चिंतन केवल विचारों की जुगाली नहीं रहा, इसे व्यवहार में और कर्म में व्यवहृत किया गया। योग और तंत्र साधना के द्वारा कोषों, चक्रों का अनुसंधान किया गया और तब इस पर ग्रंथ लिखे गए। आवश्यकता इस बात की है कि हम अपने चिंतन को लेकर गर्व का अनुभव करें। प्रगतिशील विचार हमारा है, इस बात पर आत्मविश्वास से बात करना सीखें। देहवादी चिंतन, जिसे भौतिकतावादी कहा जाता है, अपने अंतर्विरोध से ग्रस्त है। उस अंतर्विरोध को उजागर करें। भारतीय चिंतन मनुष्य को नर से नारायण बन जाने की शक्ति प्रदान करनेवाला है यही मानव का विकास और उसकी प्रगति है।

वर्तमान में भारत की सनातन संस्कृति तथा मूल्यों की प्रासंगिकता

प्रो. रामेश्वर मिश्र पंकज

प्रसिद्ध दार्शनिक, इतिहासविद्, समाज विज्ञानी एवं उपन्यासकार इहितासविद्। 'कैंपबेल पुरस्कार' से सम्मानित। विभिन्न पत्र-पत्रिकाओं में समसामायिक विषयों पर आलेख प्रकाशित। अनेक राष्ट्रीय दैनिक एवं साप्ताहिक पत्र-पत्रिकाओं के नियमित स्तंभकार। विगत 35 वर्षों से विद्या साधना एवं शोध कार्य को समर्पित। म.प्र. शासन की नीति समिति के सदस्य।

वर्तमान में क्या प्रासंगिक है, यह प्रश्न स्वयं में सामाजिक या वैश्विक संदर्भवाला है। आध्यात्मिक संदर्भ में तो जो सनातन है, वह सनातन है। अतीत, वर्तमान, भविष्य—सभी के लिए प्रासंगिक। अत: वैश्विक संदर्भ में ही विचार करणीय है।

विश्व अनादिकाल से गतिशील, परिवर्तनशील, यथासमय वृद्धि, क्षय, पुनर्भव की परंपरा में प्रवहमान भव-सागर है। भव-सागर, यानी निंरतर रचा जा रहा और बदल रहा संसार। यह भूत-सागर नहीं है कि एक बार किसी ने बना दी सृष्टि, फिर वह यथावत् है। नहीं, हम अपने-अपने स्तर पर इसके एक अंश को, चाहे वह क्षुद्रतम हो, नित्य रचते और सँवारते या बिगाड़ते-मिटाते हैं। यह सब एक विराट् मर्यादा-चक्र के भीतर। क्योंकि अधिक की शक्ति एक मनुष्य में तो क्या, पृथ्वी के समस्त मनुष्यों में मिलकर समवेत रूप में भी नहीं है।

अब प्रश्न मूल्यों की प्रासंगिकता का। 'मूल्य' शब्द इस अर्थ में न तो हमारे शास्त्रों में है, न विश्व में कहीं और था। सत्तर-अस्सी वर्ष पूर्व यह उच्चारित हुआ और 40 वर्षों से विश्व में व्यापक है। यह 'वैल्यू' का अनुवाद है। इसके समतुल्य भारतीय शब्द 'यम' और 'नियम' हैं। जिनमें से अहिंसा, सत्य, अस्तेय, ब्रह्मचर्य या इंद्रिय-मन बुद्धि का संयम एवं श्रेयस के लिए प्रयोग तथा अपरिग्रह यानी वस्तु-रति का अभाव। ये पाँच सार्वभौम यम या मूल्य हैं। पवित्रता, संतोष, तप, आत्म-ज्ञान की साधना एवं भगवद् भक्ति—ये पाँच सार्वभौम नियम हैं। अत: इनकी प्रासंगिकता सदा है।

वर्तमान से तात्पर्य वर्तमान वैश्विक एवं राष्ट्रीय परिवेश एवं संदर्भ से है। विगत एक हजार से कुछ अधिक वर्षों से विश्व में दो एकपंथवादी समूहों ने विश्व-विजय की अभिलाषा से जो कुछ किया, उसके क्रम में दो महायुद्ध यूरोपीय गुटों एवं उनके गैर-यूरोपीय साथियों ने लड़े, जिनमें जो पक्ष जीता, उसका भी महाविनाश हुआ। संसार में अपना फैलाव विजेता पक्ष को भी सिकोड़ना पड़ा। वैसे, विजयी पक्ष की विजय का मुख्य कारण भारतीय सेनाएँ थीं। इस दृष्टि से देखें तो सनातन भारतीय संस्कृति का सर्वाधिक प्रासंगिक मूल्य है, 'धर्ममय वीरता', जिससे विजयी पक्ष का जीवन बचा, सर्वनाश बचा।

संसार में मय, इंका, एजटेक, घना जैसी अत्यंत श्रेष्ठ एवं धर्ममय सभ्यताएँ 400 वर्ष पूर्व तक थीं। पारसीक, मिस्र एवं बौद्ध सभ्यताएँ थीं। दोनों एकपंथवादियों ने इन्हें क्रूरतापूर्वक नष्ट किया। दोनों ने भारत पर भी निरंतर चोटें कीं। भारत बचा रहा, तो धर्ममय वीरता के कारण। उदारता, शांति, प्रेम, मैत्री, समता, करुणा, न्याय और समृद्धि तो मय, इंका आदि में भी शिखर पर थी। यह स्वयं एकपंथवादियों ने वर्णन किया है। अत: भारत की विशेषता शांति, प्रेम, मैत्री, करुणा के साथ ही धर्ममय वीरता है। सब गुण होते, वीरता न होती तो हम भी मय, पारसीक, इंका जनों की तरह समाप्त हो जाते। अत: सर्वोपरि प्रासंगिक मूल्य है—धर्ममय वीरता की साधना। जिन गुणों के बावजूद मय, इंका आदि समाज हार गए, वे ही गुण हिंदू यानी भारतीय संस्कृति में भी यूरोपीय ईसाई लोग बहुतायत से दिखाने या प्रचारित करने लगे। जिस अद्वितीय वीरता के कारण भारत बचा, उस गुण का कोई अस्तित्व भी भारत में था, इसे दबाया-छिपाया गया। गांधीजी इसमें अंग्रेजों के परम सहायक सिद्ध हुए।

इसके साथ ही, महायुद्धों से जर्जर ख्रीस्त-संस्कृति एवं यूरोपीय जनों ने जहाँ तक हो, युद्धों से बचने और युद्ध के लक्ष्यों को शांतिपूर्ण उपायों से प्राप्त करने की नीति अपनाई। संयुक्त राष्ट्र संघ, अंतरराष्ट्रीय न्यायालय सहित अनेक वैश्विक संगठन उसी का परिणाम हैं। पर इनके वैचारिक आधारों को भी श्रेष्ठता प्रदान करने की शक्ति भारतीय संस्कृति में ही है। कैसे? यह समझना आवश्यक है।

भारतीय संस्कृति सहिष्णुता एवं उदारता तक सीमित नहीं हो जाती। वह दूसरों पर तरस दिखाने के लिए 'पिटी' और 'चैरिटी' की बात नहीं करती। वह अधिक व्यापक और गहरी दृष्टि देती है। 'सहिष्णुता' नहीं, समता। समता का अर्थ है—सम-दृष्टि, सार्वभौम कसौटियाँ। 'तरस' नहीं 'पिटी' नहीं, करुणा। पूर्व कर्मों की प्रेरणा, जो अभावों को यज्ञीय-चक्रवाली प्रक्रिया से पूर्ण करते रहें। मानवाधिकार मात्र पर्याप्त नहीं, सर्वव्यापी चैतन्य सत्ता की अखंडता और अनन्यता की गहरी आध्यात्मिक संवेदना एवं अनुभूति आवश्यक है। ये हैं वे प्रासंगिक मूल्य, जो भारतीय संस्कृति प्रस्तुत करती है। इसे समझने के लिए भारतीय संस्कृति की विश्व-दृष्टि एवं विश्व-विद्या को समझना होगा।

भारतीय विश्व-दृष्टि या विश्व-विद्या

भारतीय विश्व-दृष्टि यह है कि एक परम सत्ता सृष्टि में सर्वत्र ओत-प्रोत है। वही सृष्टि का मूल या प्रथम

हेतु है। 'तैत्तिरीय उपनिषद्' का प्रसिद्ध निरूपण है—'यतो वा इमानि भूतानि जायन्ते, येन जातानि जीवन्ति, यत् प्रयंत्यभिसंविषन्ति, तद् विजिज्ञासस्व। तद् ब्रह्म इति।'

(जिससे (यत:) समस्त व्यक्त रूप (इमानि भूतानि) उत्पन्न हुए हैं (जायन्ते), जिससे और जिसमें (येन) वे सब उत्पन्न सृष्टि-रूप (जातानि) जीते हैं (जीवन्ति), जिसमें वे पुन: लौटकर समा जाते हैं (प्रयन्त्यभिसंविषन्ति), उसकी ही जिज्ञासा करणीय है। वह ब्रह्म है। इति।) उसी प्रकार 'छान्दोग्य उपनिषद्' का सुप्रसिद्ध निरूपण है—'सर्वं खल्विदं ब्रह्म तज्जलानिति शान्त उपासीत।' (निश्चय ही (खलु) यह (इदं) सब (सर्वं) ब्रह्म ही है। उसी से सबकुछ उत्पन्न, उसी में सबका पुन: लय, उसी में स्थिति काल में सबकी चेष्टा है। शांत चित्त होकर उसी की उपासना करणीय है (शांत उपासीत)।

इस प्रकार ब्रह्म ही आदि जनक या प्रजापति या स्रष्टा है। वही पालक, विष्णु, कृष्ण (गति का हेतु एवं प्रेरक) तथा राम (सर्वत्र रमा हुआ) है, वही सबका लय-कर्ता महाकालेश्वर रुद्र शिव है। उस ब्रह्म की साधना ही सत्य, ऋत एवं धर्म की साधना है, क्योंकि वही सत्य है। वही सर्वव्यापी व्यवस्थापक एवं धारणकर्ता नियम है, तत्त्व है।

स्पष्ट है कि सर्वत्र व्याप्त, प्रकाशित, सर्वेश्वर ब्रह्म का किसी भी रूप में निषेध असत्य है, अनृत है, अधर्म है। अत: किसी देश-विदेश मात्र में विराजकर शासन कर रहे तथा किसी व्यक्ति-विशेष मात्र के माध्यम से उपदेश या प्रकाश या संदेश दे रहे किसी आराध्य देव की धारणा, कल्पना, प्रचार एवं उस पर रचित अनुशासन की स्थापना सनातन धर्म की दृष्टि में असत्य है, अनृत है, अधर्म है। इसीलिए किसी आइडियालॉजी, थियॉलॉजी और मजहब को सब पर लादने की इच्छा, चेष्टा एवं कर्म पाप है, झूठ है, तमस है, हिंसा है।

जैसी कि 'ऋग्वेद' की वाणी है, 'जो कुछ अस्तित्व में आ चुका है और जो कुछ आनेवाला है, वह नामरूपातीत पुरुष है—सहस्त्रशीर्ष, सहस्त्राक्ष, सहस्त्रपाद। समस्त चिन्मय देवसत्ताएँ उसी का अंश हैं। उस पुरुष से विराट् उत्पन्न हुआ, विराट् से हिरण्यगर्भ। हिरण्यगर्भ के समक्ष देवसश्राओं ने आदियज्ञ किया। यज्ञ से ही देवताओं ने यज्ञ का यजन किया। उसी से प्रथम धर्म प्रकट हुए। यह विराट् पुरुष सत् और असत् जैसे भेदों से भी परे है (अत: एक या अनेक जैसे भेद की वहाँ कल्पना ही मूढ़ता है), सर्वत्र उसका ही महद् यक्ष है। उसी एक मूल तत्त्व को विद्वान् (मूढ़ नहीं) अभीष्ट संकेत के लिए विविध प्रकार से कहते हैं (उस परम तत्त्व को न जानकर किसी एक देव की चर्चा तमस है)। वे विराट् पुरुष सर्वत्र ओत-प्रोत हैं।'

प्रत्येक पुर (पिंड) में वही विराजमान हैं, इसीलिए उन्हें पुरुष (पुरुष यानी नर या नारी आदि नहीं) कहा है। वही एकमेवाद्वितीय है। वह है (अस्ति इति)। किसी द्वितीय का वह विरोधी या विद्वेषी, ईर्ष्यालु या प्रतिशोध लेने वाला (ख्रीस्तादि मत) नहीं है क्योंकि द्वितीय कुछ है ही नहीं। वह स्कंभ है (सबका आश्रय एवं आधार) 'स्कंभं तं ब्रूहि' (अथर्ववेद)।

वही सविता (सविता वा देवानां प्रसविता, जो समस्त चिन्मय देवताओं का मूल है, वह चेतना-सूर्य), सोम (सर्वश्रेष्ठ आनंद तत्त्व) एवं प्रजापति है। प्रजापति

के तप से सृष्टि व्यक्त होती है। वह उत्पन्न नहीं की जाती। केवल अव्यक्त से व्यक्त होती है। सृष्टि अनादि है, अजा है। प्रजापति के तप से ही वेद व्यक्त हुए। वेद अनादि सृष्टि के साथ-साथ आरंभ से ही हैं, अतः वेद अनादि हैं। तप से ही यज्ञ का सृजन हुआ। यज्ञ से समस्त काम्य पदार्थ प्राप्त होते हैं।

समृद्धि, संपत्ति और आनंद

इस प्रकार सत्य, ऋतु, धर्म एवं यज्ञ—ये चार भारतीय पुरुषार्थ चिंतन के मूल आधार हैं। इसी प्रकार भारतीय पुरुषार्थ-चिंतन के मूल लक्ष्य हैं—समृद्धि, संपत्ति और आनंद। समृद्धि का शास्त्रीय अर्थ है—पूर्णता। जो वस्तुएँ और संसाधन व्यक्ति, परिवार, समूह, समाज या राष्ट्र की अपूर्णता को दूर करें, उन वस्तुओं को प्राप्त करना और उन्हें अर्जित कर उन पर स्वामित्व प्राप्त करना ही समृद्ध होना है। जिन वस्तुओं को प्राप्त कर या अर्जित कर इस प्रकार समृद्ध हुआ जाता है, वे सभी वस्तुएँ संपत्ति हैं। वस्तुतः किसी कर्म को संपादित करने के लिए अपेक्षित साधन ही संपत्ति हैं।

इस प्रकार संपत्ति संबंधी अवधारणा इस पर निर्भर है कि कोई व्यक्ति, परिवार, समूह, समाज या राष्ट्र किन कर्मों के संपादन को श्रेयस्कर, उचित और वांछित मानता है, धर्ममय और श्रेष्ठ मानता है तथा सुखकारक और आनंदप्रद मानता है। वैसे कर्मों को करने के लिए अपेक्षित साधन ही संपत्ति हैं। इस प्रकार पूर्णता और सुख तथा समृद्धि और आनंद की धारणा ही संपत्ति संबंधी धारणाओं का आधार है।

एकपंथवादी पंथों में संपत्ति की धारणा अलग है। वहाँ माना जाता है कि उनमें से हर एक के विशेष प्रवर्तक को परमेश्वर ने यह उपहार दिया है कि तुम्हारे अनुयायी को दुनिया की सभी चीजें भेंट दी जा रही हैं, वे उनकी असीमित विलासिता के लिए हैं। वे उन्हें मनमाना भोगें, बस, इबादत या 'प्रेयर' का वह तरीका अपनाएँ, जो तुम उन्हें बता रहे हो।

मानव-जीवन के चार पुरुषार्थ

मानव-जीवन के चार पुरुषार्थ हैं—धर्म, अर्थ, काम एवं मोक्ष। इनमें से तीन लोक-जीवन में साध्य पुरुषार्थ हैं यानी वे सामाजिक पुरुषार्थ हैं, लौकिक पुरुषार्थ हैं। चौथा पुरुषार्थ निजि है, अलौकिक है। वह परम पुरुषार्थ है।

परम का अर्थ यहाँ 'मूल' या 'मुख्य' से नहीं है, अपितु 'सर्वोच्च' एवं 'सबसे परे' से है। मोक्ष सामाजिक जीवन का लक्ष्य नहीं है। जीवन के लक्ष्यों को जिसके ज्ञान से अधिप्रमाणित किया जाता है, जो समस्त जीवन-लक्ष्यों के यथार्थ को और परमार्थ को प्रकाशित करता है, वह है परम पुरुषार्थ। अतः जिस प्रकार प्रत्येक व्यक्ति किसी भी एक कार्य या व्यवसाय में सर्वोच्च नहीं हो सकता। यद्यपि सिद्धांततः प्रत्येक व्यक्ति को सर्वोच्च होने का प्रयास करने का अधिकार भी है और कर्तव्य भी हो सकता है, उसी प्रकार सर्वोच्च या परम पुरुषार्थ मोक्ष प्रत्येक व्यक्ति द्वारा प्राप्त नहीं किया जा सकता, यद्यपि वह प्रत्येक द्वारा प्राप्य है। मोक्ष, मनुष्य का सामान्य धर्म नहीं है। वह परम धर्म है, विशिष्ट धर्म है।

'मनुस्मृति' ने स्पष्ट कहा है कि सभी मनुष्यों के लिए तीन पुरुषार्थ हैं—धर्म, अर्थ, एवं काम। वस्तुतः मोक्ष मनुष्यों का सामान्य धर्म या सर्वसामान्य लक्ष्य कभी भी नहीं माना गया है। 'मनुस्मृति' स्पष्ट कहती है—

धर्मार्थौ उच्यते श्रेय, कामार्थौ धर्म एव च।
अर्थ एवैह वा श्रेय:, त्रिवर्ग इति तु स्थिति: ॥

(कुछ का मत है कि धर्म एवं अर्थ की साधना श्रेयस्कर है, कुछ के अनुसार काम और अर्थ की तथा कुछ के मत से केवल धर्म की। इस विषय में सम्यक् स्थिति यह है कि धर्म, अर्थ एवं काम—ये तीनों ही (त्रिवर्ग) श्रेयस्कर हैं।)

मनु ने स्पष्ट कहा है कि तीनों ऋणों (देव ऋण, ऋषि ऋण और पितृ ऋण) से मुक्त होकर ही मन को मोक्ष में निविष्ट करे (ऋणानि त्रीणि अपाकृत्य मनो मोक्षे निवेषयेत)।

ऋण चुकाए बिना जो मोक्षार्थी होता है, वह अधोलोकों में जाता है (अनपाकृत्य मोक्षं तु सेवमानो व्रजति अध:)। जो भी द्विज वेदों का अध्ययन किए बिना, पुत्रोत्पत्ति किए बिना एवं यज्ञ-संपादन किए बिना मोक्ष की इच्छा करता है, वह अधोगति को प्राप्त होता है। स्पष्ट है कि जिनके मन किसी भी सामान्य गृहस्थी की आकांक्षा से मुक्त हैं, केवल वे ही जन्म-जन्मांतर के अपने उन्नत संस्कारों के फलस्वरूप सीधे मोक्ष-साधना में प्रवृत्त हो सकने के अधिकारी हैं। मनु ने ही स्पष्ट किया है, 'सर्वस्व दक्षिणा देकर, संन्यस्त होकर, समस्त प्राणियों को अभय देकर जो घर से निकलकर प्रव्रज्या करता है, उस ब्रह्मवादी को तेजोमय लोक प्राप्त होते हैं।'

'बृहदारण्यक उपनिषद्' ने स्पष्ट किया है कि वेदाध्ययन, यज्ञ, दान, तप एवं उपासना के उपरांत ही व्यक्ति परम सत्य के ज्ञान के लिए पात्र बन सकता है। ऐसा व्यक्ति पापविजयी हो चुकता है, रजोगुण से रहित हो चुकता है, संशयशून्य हो चुकता है। शांत एवं दांत (इंद्रिय जयी) हो चुकता है। परम ब्रह्म से स्वयं की एवं संसार की अभिन्नता की उसे अनुभूति होने लगती है। यह है मोक्ष-साधना की पात्रता। स्पष्टत: यह सामान्य धर्म यानी सर्वसाधारण द्वारा पालनीय धर्म नहीं है। अर्थ, काम एवं धर्म सामान्य धर्म हैं यानी मानव-मात्र का स्वभाव है कि वह स्वत: ही काम, अर्थ तथा धर्म-कर्तव्य के किसी-न-किसी रूप में रत रहता है, प्रवृत्त रहता है—सम्यक् रूप में अथवा असम्यक् रूप में।

धर्म, अर्थ एवं काम

इस प्रकार त्रिवर्ग ही सामान्यत: धर्म है। मोक्ष-धर्म अति विशिष्ट धर्म है। वह समस्त पुरुषार्थों की निवृत्ति है, समाप्ति है। यहाँ 'धर्म' के अर्थों का सदा स्मरण आवश्यक है। जो जिसका सहज स्वभाव एवं सहज कर्तव्य है, वह उसका धर्म। जो समस्त मानवों द्वारा

करणीय कर्तव्य हैं, वे हैं सामासिक धर्म या सामान्य धर्म। फिर, अपनी विशेष स्थिति के अनुरूप करणीय कर्तव्य हैं—अपना विशेष धर्म या स्वधर्म। इस प्रकार धर्म का एक व्यापक अर्थ है और एक विशिष्ट। व्यापक अर्थ में जो कुछ भी कर्तव्य है, वह सब धर्म ही है। अत: काम एवं अर्थ भी जहाँ तक करणीय है, वहाँ तक वे धर्म ही हैं। इसीलिए धर्ममय काम एवं धर्ममय अर्थ ही साध्य हैं। गीता में भगवान् कृष्ण ने कहा है, '**धर्माविरुद्धो भूतेषु कामोस्मि भरतर्षभ**'। प्राणियों में धर्म का अविरोधी काम मैं स्वयं हूँ।

यज्ञ : स्वरूप एवं अर्थ

भारतीय दृष्टि को समझने के लिए धर्म, अर्थ, काम एवं मोक्ष के साथ सृष्टि-चक्र (यज्ञ) को समझना भी आवश्यक है।

'ऋग्वेद' में यज्ञ को 'भुवनस्य नाभि:' कहा है। पुरुषसूक्त में कहा है, 'सर्वहुत यज्ञ से ही वेदों तथा समस्त पदार्थों की उत्पत्ति हुई। ब्राह्मण ग्रंथों में से अधिकांश में यज्ञों का सही स्वरूप विस्तार से वर्णित है। ऐतरेय ब्राह्मण, शतपथ ब्राह्मण जैसे प्राचीन ब्राह्मण ग्रंथों में यह वर्णन विस्तार और गहराई तथा स्पष्टता से देखा जा सकता है। उनमें यज्ञ की व्याख्या बहुत ही साफ-साफ की गई है।

यज्ञ का अर्थ 'सैक्रिफाइस' नहीं, विराट् आनंदोत्सव

इस संदर्भ में एक महत्त्वपूर्ण भ्रम यह है कि अंग्रेजी में यज्ञ का अनुवाद 'सैक्रिफाइस' किया जाता है और लोग इसे सही माने हुए हैं। यज्ञ का अर्थ 'सैक्रिफाइस' या 'उत्सर्ग' कतई नहीं है। वैदिक संहिताओं में यज्ञ का उत्सर्गमूलक अर्थ संभव ही नहीं है। वहाँ यज्ञ का अर्थ है—विराट् आंदोत्सव, जो कि जीवन-यात्रा है, जीवन-लीला है, जीवन है। इसमें संघर्ष, संधि, विराम, पीड़ा, विजय, पराजय, समृद्धि, द्वंद्व, द्वंद्व-मुक्ति, उत्कर्ष, अपकर्ष, घात-प्रतिघात—सभी समाहित हैं। द्वंद्व का अर्थ सरल द्वंद्वात्मकता नहीं। दो परस्पर विरोधी प्रवृत्तियों में सीधा संघर्ष है, यह दृष्टि वैदिक ओर सनातन धर्म में अमान्य है। शैतान और भगवान् जैसा कोई विभाजन यहाँ नहीं है। भारतीय चिंतन में शैतानियतन के किसी सुस्थिर रूप की कोई मान्यता नहीं है। इसलिए यहाँ सदा आग्रह रहा है—सतत् सजगता, अप्रमाद, निरंतर प्रदीप्त विवेक के प्रति। मनुष्य को स्वतंत्रता प्राप्त है, क्योंकि यह ऋत और सत्य के अनुशासन में रहे। वह कर्म करने में जितना स्वतंत्र है, कर्मफल भोगने में उतना ही परतंत्र। कर्मफल व्यक्ति का अधिकार नहीं है, वह फल है। वह कर्मफल के प्रति जिज्ञासा और अभीप्सा रख सकता है, पर फल का स्वरूप सृष्टि की विराट् शक्तियों के अनुशासन से निश्चित होता है। उन शक्तियों की विराट् क्रियाशीलता

की संज्ञा यज्ञ है। संपूर्ण जीवन एक यज्ञ है। यह सृष्टि एक यज्ञ है। हमारा जीवन इसके समझने और इसमें भाग लेने का नाम है। इसीलिए सृष्टि के स्वरूप एवं रहस्य के ज्ञान की साधना ज्ञान-यज्ञ है और उसक्त मूल सत्त का सतत् जप करना जप यज्ञ है। भगवान् कहते हैं 'यज्ञानां जपयज्ञ: अस्मि'।

यज्ञ के मूल अर्थ में 'उत्सर्ग' का कोई प्रश्न ही नहीं। पूर्ण में पूर्ण का हवन क्या किसी वस्तु का उत्सर्ग हो सकता है? उत्सर्ग संभव ही कहाँ है? चरम अर्थों में मात्र भक्ति संभव है। ऐसा जीवन संभव है, उसकी साधना संभव है, जिसमें सुसंगति हो, समस्वरता हो, आनंद की झंकृति हो, आनंद की लय और नाद हो। अत: भक्ति-साधना ही यज्ञ-साधना है। भक्ति का अर्थ ही है—ज्ञान-साधना, सच्चिादानंद-बोध की साधना।

यह सृष्टि मात्र मानवीय शक्ति पर आश्रित नहीं है। मानवीय शक्ति सृष्टि-प्रक्रिया का एक अंश है। सृष्टि की शक्तियाँ इससे बहुत विराट् हैं, महत् हैं। वे देव-शक्तियाँ हैं। विश्व उन्हीं देव-शक्तियों की विसृष्टि है। अत: मनुष्य भी देव-शक्तियों की ही क्रिया और फल है। देव-शक्तियाँ ही असुर भी हैं। देवत्व और असुरत्व में कोई आत्यंतिक विभाजन अथवा विरोध नहीं है। ऋत और सत्य से अनुशासित-मर्यादित सामर्थ्य देवत्व है। यह सामर्थ्य जब, जहाँ मर्यादा का उल्लंघन करे तब, वहाँ वह असुरत्व है। शक्ति वही है, अनुशासन और प्रयोजन की भिन्नता से उसका चरित्र भिन्न हो जाता है।

वैदिक साहित्य में स्पष्ट वर्णन है कि देवता, ज्ञानी और शुभा वह शक्तियाँ हैं, इनका स्वरूप ज्योतिर्मय है। इन चेतना-ज्योतियों के, विराट् महाज्योति के, सविता-देवता के स्पंदन में ही सृष्टि का रहस्य अंतर्निहित है। ये शक्तियाँ ऋत-व्रत हैं। इनकी विराट् क्रिया (जिससे बोध अभिन्न) ही यज्ञ है। अत: यज्ञ बोध-साधना है, भक्ति है, आनंदोत्सव है, दिव्य लीला है, जीवन यात्रा है। स्वयंभू यज्ञ से ही चराचर जगत् की गति है। इस यज्ञ में सतत् हवन की क्रिया चलती रहती है। वह हवन उत्सर्ग नहीं है। किसका उत्सर्ग? किसके लिए उत्सर्ग? जिसका हवन हो रहा है, जिसके लिए हवन हो रहा है, जिसमें हवन हो रहा है, और जिससे या जिसके द्वारा हवन हो रहा है, वे सभी परस्पर अभिन्न हैं। उनमें कोई आत्यांतिक भेद नहीं। देव-शक्ति का सहज विधान ही यज्ञ है। यज्ञ का जो अर्थ आज किया जाता है, उस अर्थ में वैदिक युग, यज्ञ-युग नहीं था। उपनिषदों, महाभारत, पुराणों और मनुस्मृति का साक्ष्य है कि कृतयुग योग तथा तप-प्रधान था, त्रेतायुग ज्ञान-प्रधान और द्वापर यज्ञ-प्रधान। कलियुग को दान-प्रधान कहा जाता है। दान का वह अर्थ विस्तृत है और उसके संदर्भ में इस समय विश्व की समस्त सरकारें, चाहे वे राज्य-कल्याणवादी हों या राज्य-पूँजीवादी या मुक्त-पूँजीवादी, निकृष्ट दान की ही प्रचारक हैं। जब शासक वर्ग स्वयं को दाता तथा शासितों को गृहीता पात्र समझे, तब वह व्यवस्था निकृष्ट दानमूलक ही कहलाएगी। दूसरों को विकसित करो, वर्ग-भेद मिटाओ, गरीबी-बेरोजगारी हटाओ आदि समस्त संकल्प निकृष्ट दान-भावना की अभिव्यक्ति हैं, क्योंकि वे दाता और गृहीता के बीच भेद बुद्धि की उपज हैं। जब राजा सुशासन केवल स्वधर्म भाव से लोक-परंपरा का धर्ममय पालन करते हुए स्थापित करे, तब वह राजधर्म है और उत्कृष्ट दान-भावना उसका सहज अंग है। तब राजा और राज्यकर्ता स्वयं को शास्ता नहीं मानेगा। तब शास्ता तो केवल वीतराग सिद्ध पुरुष ही मान्य होंगे। स्वधर्म-पालन के स्तर पर सड़क साफ कर रहे सफाईकर्मी या पुजारी ब्राह्मण और राज्यकर्ता में तात्त्विक भेद नहीं है। प्रत्येक स्वधर्म-पालन कर रहा है और धर्म से अनुशासित है। केवल संसाधनों की मात्रा या राशि में भेद है।

सृष्टि-यज्ञ के इसी बोध के कारण भारतीय संस्कृति में धर्म-पालन, स्वधर्म-बोध, तेजस्विता तथा वीरता को सर्वोपरि महत्त्व प्राप्त है। अपनी या समुदाय की रक्षा

वीरता का अति आरंभिक स्तर है। उन्नत वीरता वह है, जो धर्म एवं यज्ञ की रक्षा के लिए हो। इसीलिए भारतीय संस्कृति में उन्हीं वीरों का गौरव-गान है, जिन्होंने धर्म रक्षा, यज्ञ रक्षा के लिए युद्ध किया। भगवान् राम, भगवान् कृष्ण, भगवान् बुद्ध, भगवान् महावीर—सभी की महिमा धर्म-चक्र प्रवर्त्तन एवं सृष्टि-चक्र अर्थात् यज्ञ-रक्षण के कारण है। धर्मोपदेष से धर्म-प्रसार होता है। धर्मयुद्ध से धर्म की रक्षा होती है।

अधर्म का विनाश और धर्म की रक्षा सर्वोपरि मूल्य है। भारत इसी शक्ति से बचा है अन्यथा शांति, उदारता, प्रेम, करुणा तो सभी श्रेष्ठ सभ्यताओं एवं समाजों में समादृत हैं। पर केवल उतने से न इंका, मय, एजटेक सभ्यताएँ बचीं, न ही बौद्ध सभ्यताएँ वहाँ बचीं, जहाँ वीरता नहीं थी। तिब्बत नया उदाहरण है। सृष्टि-चक्र को बाधित, विकृत, विरूपित, विशृंखलित करनेवाली शक्तियों एवं प्रवृत्तियों के विरुद्ध युद्ध की वीरता ही सर्वोपरि मूल्य है।

दूसरी सभ्यताओं का विनाश, दूसरे समुदायों का विनाश, पर्यावरण का विनाश, अन्यों के संसाधनों को छीनना और नष्ट करना—ये सब विकृतियाँ हैं, पाप हैं, अधर्म है। इनके विरुद्ध वीरता ही सर्वोपरि है। वह वीरता केवल सशस्त्र युद्ध नहीं होती। धर्मवीर, दानवीर, युद्धवीर आदि सभी प्रकार की वीरताएँ महत्त्वपूर्ण हैं। भगवान् महावीर धर्मवीर ही तो हैं। भगवान् बुद्ध भी धर्मवीर हैं। सुशासन, न्याय एवं सुव्यवस्था स्थापित करनेवाला राज्यकर्ता धर्मवीर है।

वीरता का, विशेषत: धर्मवीरता, दानवीरता, न्याय वीरता और पाप की शक्तियों के विनाश की योजना बनानेवाली नीति-वीरता का ही आज सर्वोपरि महत्त्व है। यह मूल्य सर्वाधिक प्रासंगिक है क्योंकि सत्य, अहिंसा, संयम, अस्तेय और जीवन—ये वीरता द्वारा ही रक्षित रह सकते हैं। इन सनातन मूल्यों की रक्षा का पुरुषार्थ ही वीरता है। यही भारतीय संस्कृति का सर्वाधिक प्रासंगिक मूल्य है।

नारी विमर्श की जय यात्रा
नकोशी से जयश्री तक

विश्वनाथ सचदेव

सुप्रसिद्ध मासिक 'नवनीत' के संपादक श्री विश्वनाथ सचदेव ने अंग्रेजी साहित्य से एम.ए. किया। सन् 1962 से ही पत्रकारिता से जुड़े आपने टाइम्स ऑफ इंडिया, नवभारत टाइम्स, धर्मयुग का भी संपादन किया। आपने 6 पुस्तकों का प्रकाशन, 5 पुस्तकों का संपादन किया। राष्ट्रीय स्तर के 9 पुरस्कारों से सम्मानित रेडियो, टी.वी. पर 30 वर्षों से प्रसारण।

(एक)
सफर एक सीढ़ी का

नारी-स्वातंत्र्य या नारी-मुक्ति की बात करना एक फैशन बन गया है। कभी मनु का नाम लेकर और कभी पुरुष के अहं की दुहाई देकर सदियों से नारी के शोषित होने की बात कही जाती है। कहा जाता है कि अब नारी को शोषण के इस चक्र से बाहर निकलना है।

लेकिन सवाल उठता है—कैसे?

पहला उत्तर है—विद्रोह!

विद्रोह परंपराओं के खिलाफ, विद्रोह सामाजिक व्यवस्थाओं के खिलाफ। पश्चिम की नारी ने संघर्ष का नारा दिया। कहा गया कि हम पुरुष से कम नहीं हैं, अब तक हुए शोषण-दमन के विरोध में खड़ी हैं।

यह नारी-मुक्ति आंदोलन की शुरुआत थी।

हम पुरुष के बराबर नहीं, पुरुष से एक कदम आगे हैं, यह इस आंदोलन का आधार था।

इसमें कोई शक नहीं कि यह संघर्ष एक सही मुद्दे को लेकर शुरू हुआ था। पूर्व और पश्चिम, दोनों जगह सदियों से नारी को द्वितीय श्रेणी का ही दर्जा मिला। सिद्धांत में भले ही उसे देवी या महादेवी कहा गया हो, व्यवहार में वह पैर की जूती ही समझी जाती रही। इस स्थिति के खिलाफ कभी-न-कभी आवाज उठनी ही थी। आवाज उठी। उसका असर भी पड़ा। पर उतना नहीं, जितना पड़ना चाहिए था।

आखिर क्यों?

इस क्यों का उत्तर यह है कि प्रतिस्पर्धा की जिद में नारी-मुक्ति और समानता की बात तो करने लगी, पर मैं पुरुष के बराबर हूँ, इस स्थिति को ही उसने आदर्श मान लिया। जबकि जरूरत इससे कहीं ऊपर के लक्ष्य की थी। नारी का पुरुष के बराबर होना कोई आदर्श स्थिति नहीं है। आदर्श स्थिति तो यह है कि नारी को नारी के रूप में अपेक्षित सम्मान मिले।

इसके लिए नारी को सिर्फ ऊपर की दहलीज तक चढ़ने की हिम्मत और ताकत जुटानी होगी। एक सीढ़ी ऊपर, और यह एक सीढ़ी सारी स्थिति को बदलने के लिए काफी है। नीचे की सीढ़ी पर खड़े होकर हाथ फैलाने का जमाना खत्म हो चुका, यह नारी-स्वातंत्र्य या

नारी-मुक्ति की बात करनेवाले अच्छी तरह समझते हैं। अधिकार माँगना और अधिकार लेना, इन दोनों स्थितियों का अंतर भी उन्हें अच्छी तरह पता है। पर माँगने, लेने और छीनने से बेहतर भी एक स्थिति होती है—देने की स्थिति। आज की नारी को इस देने की स्थिति में आना है। यह कुछ देने की स्थिति में आना ही सही समानता होगी।

नारी पुरुष से माँगती ही रही—कभी आश्रय, कभी स्नेह, कभी प्यार-दुलार—यह उसे छोटा बनाना है। ऐसा नहीं कि आश्रय या स्नेह या प्यार या दुलार व्यक्ति को छोटा बनानेवाली चीजें हैं, जिस मनोवृत्ति से इन्हें माँगा जाता है, वह छोटा बनाती है।

इसीलिए जिस सीढ़ी पर आज नारी खड़ी है, उससे अगली सीढ़ी पर चढ़ने की जरूरत है, ताकि हाथ फैले नहीं, कुछ दें।

समानता के बड़े-बड़े नारे और संघर्ष की बातें बहुत ज्यादा अर्थवान नहीं लगते। अर्थवान यदि कुछ है तो अपने आपको इस काबिल बनाना कि सामनेवाले को देखने के लिए आँख ऊपर उठानी पड़े। हकीकत है कि व्यक्ति तब तक बड़ा नहीं बन सकता या बड़ा नहीं होता, जब तक वह खुद को बड़ा न समझने लगे। इस समझ के लिए किसी दूसरे को छोटा बनाने की जरूरत नहीं पड़ती, न ही इसके लिए किसी से कुछ छीनने की जरूरत होती है। इसके लिए अपने भीतर कुछ ऐसा पैदा करना पड़ता है, जो आत्मविश्वास दे।

लड़ाई इसी 'कुछ' को प्राप्त करने की है। और यह 'कुछ' ऐसा है, जिसे सहज ही परिभाषित करना आसान नहीं। यह 'कुछ' हर एक का अपना-अपना सच हुआ करता है। अपना-अपना सच, अर्थात् स्वयं को तौलने

का सामर्थ्य। स्वयं को समझने की कूवत। जब तक इस सच से साक्षात्कार नहीं हो जाता, आंदोलनों और नारों का कुछ मतलब नहीं निकलेगा। समानता के लिए जो संघर्ष नारी को करना है, उसका कुरुक्षेत्र उसका अपना मन है। पहले इस मन को बड़ा और मजबूत करना होगा। इस मन को यह समझाना होगा कि तू कमजोर नहीं है। तू छोटा भी नहीं है। तेरा विस्तार सागर जितना है। तेरी ऊँचाई आकाश जितनी है। और यह तभी हो पाएगा, जब नारी एक सीढ़ी ऊपर खड़ी हो—अगले पायदान पर। तब वे सब छोटे हो जाएँगे, जो उसके पास इस पायदान पर खड़े हों। तभी मुक्ति होगी। पर यह अगली सीढ़ी नारी को खुद चढ़नी पड़ेगी। अपनी ताकत पर। किसी हाथ के साथ के सहारे से नहीं।

(दो)

पाप के लबादे से मुक्ति चाहिए

"तुम पढ़ोगी?"

"नहीं, औरतों को पाप लगता है पढ़ने से।"

"मर्द को नहीं लगता?"

"न, मर्द को नहीं लगता।"

"मैं तो पढ़ती हूँ, मुझे पाप लगेगा?"

"सहर की औरत को पाप नहीं लगता, गाँव की औरत को पाप लगता है।"

यह संवाद अमृता प्रीतम की बहुचर्चित कहानी 'जंगली बूटी' के हैं। नौकरानी और मालकिन की बातचीत है यह। भोली-भाली नौकरानी ने बड़ी ईमानदारी से अपनी बात कही है, जो समाज में फैली रूढ़ियों को उजागर करती है। इस बातचीत के दो हिस्से हैं, एक तो यह कि पाप औरत को लगता है, मर्द को नहीं और दूसरा पाप शहर की औरत को नहीं लगता, गाँव की औरत को लगता है। नौकरानी यानी अँगूरी की पाप-पुण्य की परिभाषा क्या है, यह तो नहीं पता, पर इस बातचीत से इतना जरूर पता चलता है कि मर्द और औरत के बीच दूरी के आयाम अनेक हैं।

इक्कीसवीं सदी में जीनेवाला हमारा रूढ़िवादी समाज पाप और पुण्य के तटों पर किस तरह दकियानूसी है, उसका एहसास अकसर हो जाता है। सौ साल पहले महात्मा फुले ने देश में स्त्री शिक्षा की अलख जगाई थी—अँगूरी के मानस में आज भी यह बात घर किए बैठी है, 'पढ़ना पाप है।' रामचंद्र को पत्नी की प्रतिमा रखकर यज्ञ करना पड़ा था, फिर भी पुरुष को पाप नहीं लगता, ऐसी मान्यता हमारे साथ जुड़ी हुई है। समानता के सारे दावों और आश्वासनों के बावजूद अंतर की एक दीवार से हम छुटकारा नहीं पा सके हैं। सच तो यह कि पाप और पुण्य की कल्पना के साथ जुड़ा अंतर हमारे मानस में कुछ इस कदर समाया हुआ है कि उससे छुटकारा पाने की इच्छाशक्ति को भी जाग्रत् नहीं किया जा रहा।

इसमें कोई संदेह नहीं कि आज औरत की वह स्थिति नहीं है, जो कल थी। ऐसा भी नहीं है कि मान्याताएँ न बदल रही हों, पर पाप एवं पुण्य की परिकल्पनाओं से जुड़े अंतर को मिटाने के लिए जिस तैयारी और व्यूह रचना की जरूरत है, अभी उसका अभाव ही दिख रहा है। देश में पुरुष की तुलना में स्त्री-शिक्षा का प्रतिशत आज भी आधा है। पाप की बात भले ही न होती हो, पर हमारे समाज में स्त्री-शिक्षा की निरर्थकता की बात तो आज भी होती है। गाँवों की बात छोड़ दीजिए, पढ़ा-लिखा माने जानेवाले शहरी समाज में भी यह वाक्य अकसर सुना जा सकता है कि पढ़-लिखकर भी क्या होगा, करना तो चूल्हा-चौका ही है। ऐसी ही बीमार सोच ने अँगूरी को समझाया होगा, 'औरत का पढ़ना पाप है।'

वस्तुत: पाप की इस बेबुनियाद समझ से छुटकारा पाने के लिए शिक्षा की जरूरत है। किस मानसिकता ने अँगूरी को यह मानने के लिए मजबूर किया होगा कि पाप मर्द को नहीं, औरत को लगता है या पाप शहरी औरतों

को नहीं, गाँव की औरतों को लगता है। यह मानसिकता जो भी है, जैसी भी है, गलत है। शिक्षा यदि जरूरी है तो इस मानसिकता को बदलने के लिए।

ऑस्ट्रेलिया की एक दंतकथा है, जिसमें कहा गया है कि एक जमाने में आग का रहस्य सिर्फ सात औरतों को मालूम था, इसलिए आग के सभी लाभ वही उठाती थीं। उन्होंने आग को अपनी छड़ियों के सिरों में सँभालकर रखा हुआ था। बस्ती में एक कौवा-आदमी था, हमेशा इस फिराक में रहता था कि किसी-न-किसी तरह औरतों से आग का रहस्य छीन ले। उसने एक तरकीब सोची। एक गड्ढा खोदकर उसमें बहुत सारे साँप डाल दिए और ऊपर से गड्ढा ढक दिया। फिर वह औरतों के पास गया और बोला कि एक जगह खजाना गड़ा हुआ है, वे चाहें तो अपनी छड़ियों खोद लें। औरतें उसके साथ चल दीं। जहाँ उसने बताया, वहाँ अपनी छड़ियों से खोदने लगीं तो ढेरों साँप निकल आए। छड़ियों से कुछ साँप तो उन्होंने मारे, पर साँप इतने ज्यादा थे कि वे घबराकर जंगल की तरफ भागीं। इस भाग-दौड़ में उनकी छड़ियों के सिरे खुल गए और आग की चिनगारियाँ गिरती गईं। कौवा-आदमी तो इसी के इंतजार में था। उसने उन चिनगारियों को इकट्ठा किया और बस्ती में आकर राजा बन बैठा।

कहानी और भी आगे चलती है, पर मेरी बात का रिश्ता इतने ही अंश से है। कौवा-आदमी ने औरतों को धोखा देकर उनसे आग छीन ली। जिस ईर्ष्या ने आदमी को आग छीनने के लिए उकसाया, उसी ने आदमी को पाप और पुण्य की परिकल्पना करने के लिए भी प्रोत्साहित किया। उसी के चलते औरत का पढ़ना-लिखना पाप बन गया। पर इस कहानी को सुनाने का यह मतलब कतई नहीं है कि औरत के साथ होनेवाले भेदभाव के लिए सिर्फ आदमी को ही दोष देकर इतिश्री समझ ली जाए। पुरुष-प्रधान समाज व्यवस्था में आदमी को औरत से आग छीनने का अधिकार या वापस लेने की आवश्यकता खत्म नहीं हो जाती। यह काम रूढ़ियों और खोखली परंपराओं से उबरने से ही हो सकता है, उबरने की कोशिश स्वयं उसको करनी है, जो डूब रहा है। नए जमाने की नई रोशनी तिनके का सहारा जरूर साबित हो सकती है, पर तिनका पकड़ने के लिए हाथ का आगे बढ़ना जरूरी है। जरूरी है कि अँगूरी इस जरूरत को महसूस करे कि पाप और पुण्य का जो लबादा उसे ओढ़ाया गया है, उसे उतारना है।

(तीन)
आठवाँ फेरा

पुणे के हवेली तालुका का एक गाँव है—नरहे। यह वहीं का दृश्य है। नरहे और आस-पास के गाँवों के लोग जुटे हैं। अवसर नामकरण संस्कार का है। पर नामकरण किसी बच्चे का नहीं, चालीस वर्षीया सरपंच का है। देखा जाए तो नामकरण भी नहीं है, पुनर्नामकरण कहा जाना चाहिए इसे। जब इस सरपंच का जन्म हुआ था तो जयश्री नाम दिया गया था, पर इस नाम से शायद ही कभी पुकारा गया हो। घरवाले, गाँववाले, सब उसे 'नकोशी' के नाम से पुकारते थे। घर के आठ बच्चों में नकोशी का चौथा नंबर था, वह घर की चौथी बेटी थी। कुल मिलाकर सात बेटियों के बाद आठवाँ बेटा हुआ था—कुलदीपक, वंश-बेल को आगे बढ़ानेवाला!

बेटी तो पराए घर चली जाती है और उसे पराए घर भेजना भी कौन सा आसान होता है हमारे यहाँ? दहेज जुटाते-जुटाते पिता की उम्र खप जाती है। इसलिए हमारे समाज में बेटियों का स्वागत भी नहीं होता। अब स्थितियाँ बदलने की बात जरूर होती है, पर देश में बेटों और बेटियों के अनुपात का अंतर स्पष्ट बता रहा है कि बेटियाँ कुल मिलाकर अब भी अनचाही संतानें ही होती हैं। इसीलिए जयश्री को हमेशा 'नकोशी' कहकर पुकारा गया। मराठी के इस शब्द का अर्थ होता है—अनचाहा या

अनचाही। नरहे गाँव के उस आयोजन में चालीस वर्षीया सरपंच अपनी यही पीड़ा व्यक्त कर रही थी कि उसे हमेशा नकोशी के नाम से पुकारा-पहचाना गया—

"मैं बरसों तक इसी नाम के साथ जीती रही हूँ। मेरे माता-पिता बेटा चाहते थे और मैं उनकी चौथी संतान थी। गाँववाले मुझे अकसर चिढ़ाया करते थे, 'नको नको म्हणतात, कशाला जगतात।' इन शब्दों का अर्थ होता है—'और नहीं, फिर तुम क्यों जी रही हो?' परिवार में मेरे बाद तीन और 'नकोशियों' के जन्म के बाद ही मेरा इकलौता भाई जनमा था।"

जयश्री अकेली नहीं है, जिसे नकोशी नाम दिया गया। बेटियों के प्रति उपेक्षा का यह भाव देश में सब तरफ देखा जा सकता है। राजस्थान में एक महिला का नाम सुना था 'धापू'। इसका अर्थ होता है—धाप गए, बस बहुत हो गया! वह महिला जिंदगी भर इस नाम और एहसास के साथ जीती रही कि माँ-बाप को उसकी जरूरत नहीं थी। वह माँ-बाप के लिए बोझ थी। कल्पना की जा सकती है, क्या कभी उसके मन में यह नहीं आया होगा कि वह अवांछित क्यों है? तब कैसा लगा होगा उसे? अपने बारे में, परिवार के बारे में, समाज के बारे में क्या सोचा होगा उसने?

हो सकता है, शायद कभी कुछ न सोचा हो। एक सहज स्वीकृति से इस बोझ को जीवन भर ढोती रही हो। लेकिन नरहे गाँव की नकोशी को यह बोझ स्वीकार्य नहीं था। उसने सोचा और निर्णय किया कि वह यह बोझ और नहीं ढोएगी। बेटियों को अनचाहा समझने की मानसिकता के खिलाफ उसने विद्रोह किया—वह नकोशी से जयश्री बन गई। महत्त्वपूर्ण यह भी है कि उसने यह काम चुपचाप नहीं किया। एक भव्य समारोह में हुआ यह। इस समारोह का आयोजन पुणे जिला परिषद् और पंचायत समिति ने किया था। समारोह में जब जयश्री नकोशी की मानसिकता का बोझ ढोने की अपनी कहानी सुना रही थी तो वहाँ उपस्थित बहुत सी आँखें नम थीं। जब यह पूछा गया कि क्या कोई और महिला भी अपना नाम बदलना चाहती है तो वहाँ उपस्थित पच्चीस 'नकोशियों' ने हाथ खड़ा करके समाज की इस मानसिकता को बदलने के अभियान का हिस्सा बनने की इच्छा जताई।

एक नकोशी का जयश्री बनना और पच्चीस नकोशियों की जयश्री बनने की तमन्ना हमारे समाज की बीमार मानसिकता और उसके इलाज दोनों की कहानी है। यह विडंबना ही है कि जिस देश में महिला राष्ट्रपति रह चुकी हो, बरसों तक सत्तारूढ़ दल की अध्यक्ष महिला हो, लोकसभा की अध्यक्ष और विपक्ष नेता महिला हो, जहाँ तीन बड़े राज्यों की मुख्यमंत्री महिलाएँ

हों, जहाँ न्यायपालिका और कार्यपालिका में महिलाएँ महत्त्वपूर्ण स्थानों पर कार्य कर रही हों, जहाँ एक महिला तीन बार प्रधानमंत्री चुनी जाकर कुल 14 वर्ष शासन कर चुकी हो, उस देश का समाज नकोशी की मानसिकता के साथ जी रहा है !

इसी बीमार मानसिकता का परिणाम है कि इक्कीसवीं सदी में भी हमारे समाज में बेटे और बेटियों में अंतर किया जाता है। यह सही है कि शिक्षा के प्रचार-प्रसार और सामाजिक जागृति के विभिन्न कार्यक्रमों के चलते परिवर्तन आ रहा है। लेकिन यह परिवर्तन कितना धीमा और सतही है, इसका उदाहरण जनसंख्या से जुड़े वे आँकड़े हैं, जो हमारी समूची प्रगति को अँगूठा दिखा रहे हैं।

जागरूकता और सुधारों के सारे दावों के बाद स्थिति यह है कि आज देश में हर 1,000 लड़कों की तुलना में 914 लड़कियाँ हैं। लिंग-परिक्षण कानूनन अपराध है, लेकिन यह अपराध धड़ल्ले से हो रहा है और भ्रूण-हत्याएँ भी। विडंबना तो यह है कि पढ़ा-लिखा समाज भी इस मानसिकता से उबर नहीं पा रहा।

ऐसी स्थिति में किसी 'नकोशी' का 'जयश्री' बनना एक सुखद संकेत है और नामांतर-समारोह में पच्चीस 'नकोशियों' का हाथ खड़ा करके यह कहना कि वे भी अपना नाम बदलना चाहती हैं, इस बात का भी संकेत है कि भीतर-ही-भीतर वह असंतोष पनप रहा है, जो बदलाव लाया करता है। पर बदलाव की यह प्रक्रिया बहुत धीमी है, तेज होनी चाहिए।

सरपंच जयश्री ने जिस समारोह में अपना नाम बदला था, उसमें 'तू आम्हाला हवीस' का नारा भी लग रहा था। मराठी के इन शब्दों का अर्थ होता है, 'हम सब तुम्हें चाहते हैं', अर्थात् हमें तुम्हारी जरूरत है। 'कशाला जगतात' से 'हवीस' तक की यह यात्रा उसी बदलाव की कथा है, जो हमारे समाज की आवश्यकता है। यह बदलाव उस सोच में आना जरूरी है, जिसके चलते बेटियों को बेटों से कमतर आँका जाता है, उन्हें बोझ माना जाता है।

बदलाव अपने आप नहीं आता, लाना पड़ता है। समाज की मानसिकता में बदलाव की यह लड़ाई कई-कई मोरचों पर एक साथ लड़नी पड़ती है। नकोशी के उस नामातंर-समारोह में एक महिला डॉक्टर भी थीं, जो पिछले कई साल से महिला-जागृति के अभियान में शामिल हैं। उन्होंने समारोह में बताया कि वे और उनके सहयोगी गाँवों-कस्बों में विवाह-समारोहों में जाते हैं और वर-वधू को सात के बजाय आठ फेरे लेने को कहते हैं—यह आठवाँ फेरा इस संकल्प का है कि हम अपने जीवन में बेटी का स्वागत करेंगे।

एक महिला सरपंच द्वारा अपना नाम बदलने की प्रेरणा के पीछे ऐसे ही किसी आठवें फेरे का संकल्प रहा होगा। आज इस आठवें फेरे के महत्त्व को समझने-समझाने की जरूरत है। कुल मिलाकर 'नकोशी' से 'जयश्री' तक की यह यात्रा हमारी सामाजिक सोच और वैयक्तिक मान्यताओं में बदलाव की यात्रा है।

मगर यह बदलाव बाहर से नहीं आ सकता, इसकी प्रेरणा भीतर से उमड़नी चाहिए। लेकिन भीतर आलोड़न हो, इसके लिए हर 'नकोशी' को यह एहसास कराना जरूरी है कि उसके साथ ज्यादती हुई है, अन्याय हुआ है। तब वह न्याय के लिए लड़ेगी। वह आह्वान करेगी उन सबका, जो स्वयं को जागरूक और प्रगतिशील समझते हैं, वे बदलाव के इस अभियान में शामिल हों। तब काफिला बनेगा।

मंजिल नजदीक नहीं आती, मंजिल तक जाना पड़ता है। इस जाने के लिए जो कोशिशें हो सकती हैं, उनमें एक सार्थक कोशिश का उदाहरण महाराष्ट्र की 'नकोशी' ने प्रस्तुत की है। यह नाम नहीं, मानसिकता बदलने का उदाहरण है। इस बदलाव को गति देने और मंजिल तक पहुँचाने की आवश्यकता है।

एकात्म मानववाद अर्थात् पूर्ण मानव की कल्पना

दीनदयाल उपाध्याय

पं. दीनदयाल उपाध्याय का जन्म 25 सितंबर, 1916 ई. को हुआ था। भारतीय दृष्टि के प्रखर चिंतक-विचारक एकात्म मानवदर्शन के प्रणेता पं. दीनदयाल उपाध्याय ने अपने परिपक्व चिंतनपरक विचारों से समाजोत्थान की कल्पना की, 'अंत्योदय' का सूत्र दिया। उनका संपूर्ण वांङ्मय पंद्रह खंडों में प्रकाशित हो चुका है।

आज स्वतंत्रता-प्राप्ति के 17 वर्ष उपरांत भी भारत के सामने एक महत्त्वपूर्ण प्रश्न बना हुआ है कि संपूर्ण जीवन की रचनात्मक दृष्टि से कौन सी दिशा ली जाए? इस संबंध में सामान्यतया लोग सोचने के लिए तैयार नहीं हैं। वे तो तात्कालिक प्रश्नों का ही विचार करते हैं। कभी आर्थिक प्रश्नों को लेकर उनको सुलझाने का प्रयत्न होता है और कभी राजनीतिक अथवा सामाजिक प्रश्नों को सुलझाने के प्रयत्न किए जाते हैं। किंतु मूल दिशा का पता न होने के कारण ये जितने प्रयत्न होते हैं, न तो उनमें पूरा उत्साह रहता है न उनमें आनंद का अनुभव ही होता है और न उनके द्वारा जैसी सफलता मिलनी चाहिए, वैसी सफलता भी मिल पाती है।

आधुनिक बनाम पुरातन

देश की दिशा के संबंध में विचार करनेवालों में दो प्रकार के लोग हैं। एक तो वे हैं, जो भारत की हजारों वर्षों से चली आने वाली प्रगति की दिशा पराधीन होने पर जहाँ वह रुक गया, वहाँ से उसे आगे बढ़ाना चाहिए—यह विचार लेकर चलते हैं। दूसरी ओर वे लोग हैं, जो कि भारत की उस पुरानी वस्तु का भिन्न-भिन्न कारणों से (काल के कारण से या मूलत: उस अवस्था को अयोग्य मानकर) उसके संबंध में विचार करने को तैयार नहीं। इसके विपरीत, पश्चिम में जो आंदोलन हुए, राजनीतिक और आर्थिक क्षेत्रों में जो विचार-सारणियाँ जनमीं, उनको ही वे प्रगति की दिशा समझकर उन संपूर्ण विचारधाराओं और आंदोलनों को भारत के ऊपर आरोपित करने का प्रयत्न करते हैं। भारत उन्हीं का किसी-न-किसी प्रकार से प्रतिबिंब बने, इसी विचार को लेकर वे चलते हैं। ये दोनों ही प्रकार के विचार सत्य नहीं हैं किंतु उनको पूर्णत: अमान्य करके भी चलना ठीक नहीं होगा। कारण—उनमें सत्यांश अवश्य है।

जो यह विचार करते हैं कि जहाँ हम रुक गए थे, वहीं लौटकर पुन: चलना आरंभ करें, वे यह भूल जाते हैं कि लौटकर चलना वांछनीय हो या न हो, असंभव अवश्य है, क्योंकि समय की गति को पीछे नहीं ले जाया जा सकता।

पुराना छूट नहीं सकता

हजार वर्षों में जो कुछ हमने किया है, वह विवशता में हमें मिला हो या प्रयासपूर्वक हमने प्राप्त किया हो,

उसमें से हर वस्तु को हटा करके नहीं चल सकते। साथ ही, इस काल में हमने स्वयं भी कुछ-न-कुछ अपने जीवन में निर्माण किया है। जो नई परिस्थितियाँ पैदा हुईं, जो नई चुनौतियाँ आईं, उनमें हम सदैव वैरागी (Passive Agent) रूप में निष्क्रिय होकर नहीं बैठे। बाहरवालों ने जो कुछ किया, हम केवल उसका प्रतिकार ही नहीं करते रहे। हमने भी परिस्थितियों के अनुसार अपने जीवन को ढालने का प्रयत्न किया। इसलिए उस सब जीवन को भुलाकर तो चल नहीं सकते।

विदेशी विचार सार्वलौकिक नहीं

इसी प्रकार, जो लोग जिन्होंने विदेशी जीवन तथा विचारों को भारत की प्रगति का आधार बनाकर चला है, वे भी यह भूल जाते हैं कि ये विदेशी विचार एक परिस्थिति विशेष तथा प्रवृत्ति-विशेष की उपज हैं। ये सार्वलौकिक नहीं हैं। उन पर 'पश्चिमी देशों की राष्ट्रीयता, प्रकृति और संस्कृति' की छाप है। साथ ही, वहाँ के ये बहुत से विचार अब पुराने पड़ चुके हैं। कार्ल मार्क्स का सिद्धांत देश और काल—दोनों ही दृष्टियों से इतना बदल चुका है कि आज हम मार्क्सवादी विश्लेषण को तोते की तरह रटकर आँख मूँदकर भारत पर लागू करें तो वह वैज्ञानिक अथवा विवेकपूर्ण दृष्टिकोण नहीं कहा जाएगा। वह रूढ़िवादिता होगी। जो अपने देश की रूढ़ियों को मिटाकर सुधारने का दावा करें, वे विदेश की रूढ़ियों के दास बन जाएँ, यह तो आश्चर्य का विषय होगा।

अपना देश : अपनी परिस्थितियाँ

प्रत्येक देश की अपनी ऐतिहासिक, सामाजिक और आर्थिक परिस्थिति होती है और उस समय उस देश के जो भी नेता और विचारक होते हैं, वे उस परिस्थिति में से देश को आगे बढ़ाने की दृष्टि से मार्ग निर्धारित करते हैं। अपनी समस्याओं के समाधान के लिए जो हल उन्होंने सुझाए, वे उसी प्रकार, भिन्न परिस्थितियों में रहनेवाले समाज पर पूरी तरह लागू हो जाएँ, यह विचार करना गलत है।

एक सामान्य उदाहरण लें। विश्व भर में मनुष्यों के शरीर के अंगों की क्रिया समान होते हुए भी जो औषधि इंग्लैंड में कारगर होती है, वह भारत में भी उपयोगी सिद्ध होगी, यह निर्विवाद नहीं कहा जा सकता। रोगों का संबंध जलवायु, आचार-विचार, खानपान तथा वंश-परंपरा से रहता है। ऊपर से देखने पर रोग एक सा दिखाई देने पर भी उसकी औषधि सब मनुष्यों के लिए एक नहीं हो सकती। सब रोगों और सब मनुष्यों के लिए एक ही औषधि का नारा लगाने वाले नीम-हकीम हो सकते हैं, चिकित्सक नहीं। आयुर्वेद में सिद्धांत बताया है—'यद्देशस्य यो जन्तुः तद्देश्य तस्योषधम्'। इसलिए बाहर की जितनी भी बातें हैं, उनको हम उसी प्रकार से लेकर अपने देश में चलें, यह तो समीचीन नहीं होगा। उसके द्वारा हम कभी प्रगति नहीं कर सकेंगे।

किंतु दूसरी बात का भी विचार करना होगा कि ये जितनी भी बातें विश्व में हुई हैं, ये सब की सब ऐसी नहीं कि उनका संबंध केवल देश विशेष के साथ ही हो। वहाँ भी मानव रहते हैं और मानव के चिंतन और क्रियाओं में

से जो वस्तु पैदा होती है, उसका शेष मानवों के साथ भी संबंध रह सकता है। इसलिए मानव के ज्ञान में जो कुछ अर्जित है, उससे हम बिलकुल आँख बंद करके चलें, यह भी बुद्धिमत्ता की बात नहीं होगी। उसमें से सत्य को हमें स्वीकार और असत्य को छोड़ना पड़ेगा। उसका भी अपनी परिस्थिति के अनुसार परिष्कार करना होगा। संक्षेप में, यह कह सकते हैं कि जहाँ तक शाश्वत सिद्धांतों तथा स्थायी सत्यों का संबंध है, हम संपूर्ण मानव के ज्ञान और उपलब्धियों का संकलित विचार करें। इन तत्त्वों में जो हमारा है, उसे युगानुकूल और जो बाहर का है, उसे देशानुकूल ढालकर हम आगे चलने का विचार करें।

आदर्शों का संघर्ष

पश्चिम की राजनीति अभी तक राष्ट्रीयता, प्रजातंत्र, समता या समाजवाद के आदर्शों को मानकर चली है। विश्व शांति के लिए भी बीच-बीच में प्रयत्न हुए हैं तथा विश्व-एकता के आदर्श की कल्पना भी लोगों ने की है—इन उद्देश्यों की प्राप्ति के साधन के रूप में लीग ऑफ नेशंस तथा दूसरे युद्ध के बाद संयुक्त राष्ट्र संघ को जन्म दिया गया। विभिन्न कारणों से ये सफल नहीं हुए। फिर भी, ये उस दिशा में प्रयास तो हैं ही।

परंतु ये सभी आदर्श व्यवहार में अधूरे तथा विभिन्न समस्याओं को जन्म देने वाले सिद्ध हुए हैं। राष्ट्रीयता दूसरे देशों की राष्ट्रीयता से टकराकर उनके लिए घातक बन जाती है तथा विश्व शांति को नष्ट करती है। साथ ही, विश्व शांति को यदि यथास्थिति का पर्याय मान लिया जाए तो बहुत से राष्ट्र स्वतंत्र हो ही नहीं पाएँगे।

विश्व की एकता और राष्ट्रीयता में भी टकराव आता है। कुछ लोग विश्व-एकता के लिए राष्ट्रीयता को नष्ट करने की बात कहते हैं तो दूसरे विश्व-एकता को स्वप्न जगत् की बात बताकर अपने राष्ट्र के स्वार्थों को ही सर्वाधिक महत्त्व देते हैं। दोनों का मेल कैसे बिठाया जाए, इस प्रकार की समस्या प्रजातंत्र और समाजवाद के बीच भी उपस्थित होती है।

प्रजातंत्र में व्यक्ति-स्वातंत्र्य तो है, परंतु उसका विकास पूँजीवादी व्यवस्था के साथ शोषण और केंद्रीयकरण के साधन के रूप में हुआ। शोषण मिटाने के लिए समाजवाद लाया गया, परंतु उसने व्यक्ति की स्वतंत्रता और गरिमा को ही नष्ट कर दिया। आज विश्व किंकर्तव्यविमूढ़ है। उसे मार्ग नहीं दिख रहा कि वह कहाँ जाए? पश्चिम आज इस अवस्था में नहीं कि वह निर्विवाद रूप से आत्म-विश्वासपूर्वक कह सके 'नान्य: पन्था:'। वे स्वयं मार्ग टटोल रहे हैं, अत: उनका अंधानुकरण करने से तो 'अन्धेन नीयमाना यथान्धा:' की ही उक्ति चरितार्थ होगी। इस परिस्थिति में हमारी दृष्टि भारतीय संस्कृति की ओर जाती है। क्या यह विश्व की समस्या के समाधान में कुछ योगदान कर सकती है?

संस्कृति का विचार करें

राष्ट्रीय दृष्टि से तो हमें अपनी संस्कृति का विचार करना ही होगा, क्योंकि वह हमारी अपनी प्रकृति है। स्वराज्य का स्वसंस्कृति से घनिष्ठ संबंध रहता है। संस्कृति का विचार न रहा तो स्वराज की लड़ाई स्वार्थी और पदलोलुप लोगों की राजनीतिक लड़ाई मात्र बनकर रह जाएगी। स्वराज्य तभी साकार और सार्थक होगा, जब वह अपनी संस्कृति की अभिव्यक्ति का साधन बन सकेगा। इस अभिव्यक्ति में हमारा विकास भी होगा और हमें आनंद की अनुभूति भी होगी एवं विश्व शांति भी संभव होगी।

अत: आज राष्ट्रीय और मानवीय दृष्टियों से आवश्यक हो गया है कि हम भारतीय संस्कृति के तत्त्वों का विचार करें।

भारतीय संस्कृति—एकात्मवादी

भारतीय संस्कृति की पहली विशेषता यह है कि वह संपूर्ण जीवन का, संपूर्ण सृष्टि का संकलित विचार करती है। उसका दृष्टिकोण एकात्मवादी (Integrated) है। टुकड़े-टुकड़े में विचार करना विशेषज्ञ की दृष्टि से ठीक

हो सकता है, परंतु व्यावहारिक दृष्टि से उपयुक्त नहीं। पश्चिम की समस्या का मुख्य कारण उनका जीवन के संबंध में खंडशः विचार करना तथा फिर उन सबको थेगली लगाकर जोड़ने का प्रयत्न है।

हम यह तो स्वीकार करते हैं कि जीवन में अनेकता अर्थात् विविधता है, किंतु उसके मूल में निहित एकता को खोज निकालने का हमने सदैव प्रयत्न किया है। यह प्रयत्न पूर्णतः वैज्ञानिक है। विज्ञानवेत्ता का प्रयत्न रहता है कि वह जगत् में दिखनेवाली अव्यवस्था में से व्यवस्था ढूँढ़ निकाले, उनके नियमों का पता लगाए, तदनुसार व्यवहार के नियम बनाए। रसायनशास्त्रियों ने संपूर्ण भौतिक जगत् में से कुछ आधारभूत तत्त्व (Elements) ढूँढ़ निकाले और बताया कि सभी वस्तुएँ उनसे भी आगे गईं। उसने इन तत्त्वों के मूल में निहित शक्ति अर्थात् चेतना को ढूँढ़ निकाला। संपूर्ण जगत् में चेतना का अस्तित्व है।

दार्शनिक भी मूलतः वैज्ञानिक ही होते हैं। पश्चिम के दार्शनिक द्वैत तक पहुँचे। हीगेल ने थीसिस, एंटीथीसिस तथा सिनथीसिस का सिद्धांत रखा, जिसका आधार लेकर कार्ल मार्क्स ने अपना इतिहास और अर्थशास्त्र विश्लेषण प्रस्तुत किया।

डार्विन ने 'मात्स्यन्याय' को ही जीवन का आधार माना। किंतु हमने संपूर्ण जीवन और उसकी मूलभूत एकता का दर्शन किया है। जो द्वैतवादी रहे, उन्होंने भी प्रकृति और पुरुष को एक-दूसरे का विरोधी अथवा परस्पर संघर्षशील न मानकर पूरक ही माना है। जीवन की विविधता अंतर्भूत एकता का आविष्कार है और इसलिए उनमें परस्परानुकूलता तथा परस्पर पूरकता है। बीज की एकता ही पेड़ के मूल, तना, शाखा, पत्ते, फूल और फल की विविध रूपों में प्रकट होती है। इन सबके रंग, रूप तथा कुछ-न-कुछ मात्रा में गुण में भी अंतर होता है। फिर भी, उनके पास बीज के साथ के एकत्व के संबंध को हम सहज ही पहचान सकते हैं।

परस्पर संघर्ष—विकृति का द्योतक

'विविधता में एकता' अथवा एकता का विविध रूपों में व्यक्तीकरण ही भारतीय संस्कृति का केंद्रस्थ विचार है। यदि इस तथ्य को हमने हृदयंगम कर लिया तो फिर विभिन्न सत्ताओं के बीच संघर्ष नहीं रहेगा। यदि संघर्ष है तो वह प्रकृति का अथवा संस्कृति का द्योतक नहीं, विकृति का द्योतक है। जिस मात्स्यन्याय या जीवन-संघर्ष को पश्चिम के लोगों ने ढूँढ़ निकाला, उसका ज्ञान हमारे दार्शनिकों को था। मानव-जीवन में काम, क्रोध आदि षड्विकारों को भी हमने स्वीकार किया है, किंतु इन सब प्रवृत्तियों को अपनी संस्कृति अथवा शिष्ट व्यवहार का आधार नहीं बनाया। समाज में चोर और डाकू होते हैं। उनसे अपनी और समाज की रक्षा भी करनी चाहिए। किंतु उनको हम अनुकरणीय अथवा मानव-व्यवहार की आधारभूत प्रवृत्तियों का प्रतिनिधि मानकर नहीं चल सकते। 'जिसकी लाठी उसकी भैंस' (Survival of the fittest) जंगल का विधान है। मानव की सभ्यता का विकास इस विधान को मानकर नहीं, बल्कि यह विधान न चल पाए—इस व्यवस्था के कारण ही हुआ है। आगे भी यदि बढ़ना हो तो हमें इस इतिहास को ध्यान में रखकर ही चलना होगा।

सृष्टि में जैसे संघर्ष दिखता है, वैसे ही सहयोग भी दृष्टिगोचर होता है। वनस्पति और प्राणी, दोनों एक-दूसरे की आवश्यकता को पूरा करते हुए ही जीवित रहते हैं। हमें ऑक्सीजन वनस्पतियों से मिलती है तथा वनस्पतियों के लिए आवश्यक कार्बन डाइऑक्साइड प्राणि जगत् से प्राप्त होती है। इस परस्पर-पूरकता के कारण ही संसार चल रहा है।

संसार में एकता का दर्शन कर, उसके विविध रूपों के बीच परस्पर-पूरकता को पहचान कर, उनमें परस्पर अनुकूलता का विकास करना तथा उसका संस्कार करना ही संस्कृति तथा उसके प्रतिकूल बनाना विकृति है। संस्कृति प्रकृति की अवहेलना नहीं करती, उसकी ओर

दुर्लक्ष्य नहीं करती, बल्कि प्रकृति में जो भावसृष्टि है, उनको बढ़ावा देकर दूसरी प्रकृतियों की बाधा को रोकना ही संस्कृति है।

एक छोटा सा उदाहरण लें। भाई-भाई का संबंध, माता-पुत्र का संबंध, पिता-पुत्र का संबंध, भाई-बहन का संबंध—ये प्रकृति की देन हैं। ये संबंध जैसे मनुष्यों में होते हैं, वैसे पशुओं में भी होते हैं। जैसे एक माँ के दो बेटे भाई हैं, वैसे एक गाय के दो बछड़े भाई होंगे। परंतु अंतर कहाँ होता है ? बेचारा पशु उस प्रकृति के संबंध को भूल जाता है। उस आधार के ऊपर अपने बाकी संबंधों का निर्माण नहीं कर पाता, किंतु मानव इस बात को याद रखता है और याद रखकर उसके आधार पर अपने जीवन के व्यवहार की दिशा निश्चित करता है। इस विचार से वह अपने पारस्परिक संबंधों का निर्माण करने का प्रयत्न करता है। मानव-मूल्यों तथा उसकी निष्ठाओं का निर्धारण इसी आधार पर होता है। अच्छे और बुरे के संबंध में उसकी जो धारणाएँ निर्मित होती हैं, वे इसी आधार पर निर्मित होती हैं। देखने को तो जीवन में भाई-भाई के बीच प्रेम और वैर—दोनों ही मिलते हैं, किंतु हम प्रेम को अच्छा मानते हैं। बंधु-भाव का विस्तार हमारा लक्ष्य रहता है। इसके विपरीत, वैर अभीष्ट नहीं समझा जाता। वैर को मानव-व्यवहार का आधार बनाकर यदि इतिहास का विश्लेषण किया जाए और फिर उसमें एक आदर्श जीवन का स्वप्न देखा जाए तो यह आश्चर्य की ही बात होगी।

माँ बच्चों का पालन-पोषण करती है। बच्चे के लिए माँ का प्रेम सबसे बड़ा समझा जाता है। इसको आधार बनाकर ही हम जीवन का निर्माण करनेवाले व्यवहार के नियम बना सकते हैं। कहीं माँ के इस प्रेम के विपरीत भी अनुभव आता है। बिल्ली के बारे में कहा जाता है कि प्रसव के बाद उसे इतनी भूख लगती है कि वह अपने बच्चे को भी खा जाती है। किंतु दूसरी ओर बँदरिया का बच्चा मर भी जाए, तो भी वह उसे चिपकाए

घूमती है। दोनों बातें देखने को मिलती हैं। अब प्रकृति के इन दो नियमों में से किस नियम को ढूँढ़कर हम जीवन का आधार बनाकर चलें ? हमारा निर्णय तो यही होगा कि जो जीवन के लिए सहायक और पोषक है, उसे ही हम आधार बनाएँ। इसके प्रतिकूल चलेंगे तो वह संस्कृति नहीं होगी। मनुष्य की प्रकृति में दोनों बाते हैं। मनुष्य की प्रकृति में क्रोध भी है, लोभ भी है और तपस्या भी है। ये सब मनुष्य के जीवन में हैं। यदि हम काम, क्रोध, मोह और लोभ को आधार बनाकर जीवन का विचार करें और कहें कि अंततः सब लोग क्रोधी होते हैं, हर एक को क्रोध आता है, पशु को भी क्रोध आता है, इसलिए वही जीवन का मानदंड होना चाहिए—क्रोध को ठीक मानकर तथा लोगों को क्रोध की सलाह देकर यदि हम व्यवस्थाएँ बनाएँ तो वे चल नहीं पाएँगी। अतः सर्वत्र कहा है कि क्रोध आने के बाद भी मनुष्य उसे रोक सकता है, उसका दमन कर सकता है और इसलिए हमें उसका दमन करना चाहिए। अतः 'दमन' हमारे जीवन का आधार हो सकता है, 'क्रोध' नहीं।

इस प्रकार जीवन के जो नियम होते हैं, उन्हीं नियमों को 'नीति शास्त्र के नियम' कहते हैं। ये नियम कोई तय नहीं करता यानी क्रोध आने पर हमें क्रोध को प्रकट नहीं करना चाहिए, बल्कि शांत रहना चाहिए, क्रोध को पी जाना चाहिए, ऐसे जो नियम बनाए हैं, ये 'नीति-शास्त्र के नियम' हैं। अंग्रेजी में इन्हें एथिक्स (Ethics) कहते हैं। ये नियम किसी ने बनाए नहीं हैं, ये तो ढूँढ़े जाते हैं। जैसे, यह नियम है कि यदि हम किसी पत्थर को फेंक दें तो वह नीचे गिर पड़ेगा। इसको 'गुरुत्वाकर्षण का नियम' कहते हैं। गुरुत्वाकर्षण का नियम न्यूटन ने बनाया नहीं है, उन्होंने इस नियम को ढूँढ़ा। उसी प्रकार से मानव-संबंधों के भी कुछ नियम हैं। गुस्सा आए तो उस गुस्से को दबाओ, यह मानव के लाभ का काम है। नीतिशास्त्र के ये नियम ढूँढ़े हुए नियम हैं। एक-दूसरे के साथ झूठ मत बोलो, जैसा देखा है वैसा बोलो—यह 'सत्य' है। इसका लाभ हमें हर घड़ी अनुभव में आता है। हमको जो जैसा हो वैसा ही बोलें तो अच्छा लगता है। यदि हमने एक बात देखी और दूसरी बोली, हर स्थान पर हम झूठ बोलते रहे तो हमको भी बुरा लगेगा। बोलनेवाले को भी बुरा लगेगा और सुननेवाले को भी बुरा लगेगा, और फिर जीवन चल ही नहीं पाएगा। बड़ी कठिनाई हो जाएगी।

सूरज निकला और हमने देखा कि सूरज निकला है। घर में किसी व्यक्ति ने पूछा कि सूरज निकल आया क्या? अब यदि हमने उसको झूठ बोल दिया कि नहीं निकला या बाहर वर्षा हो रही या बादल साफ हैं? और हमने कहा कि बादल बिलकुल साफ है, वर्षा नहीं हो रही है। हमारी बात मानकर जब वह बाहर निकलता है तो सहसा भीग जाता है इस स्थिति में सोचें कि उसके-हमारे संबंध कैसे होंगे? इस प्रकार क्या जगत् चल सकेगा?

यही नियम हमारे धर्म

सत्य का, जो नियम है, उसे ढूँढ़कर निकाला गया। इस प्रकार से ढूँढ़कर निकाले हुए जो नियम हैं, उनको ही हमारे यहाँ 'धर्म' कहा है। मानव जीवन को स्थिर रखनेवाले, मानव-जीवन की धारणा करनेवाले (मैं इस समय मानवता की बात कर रहा हूँ, वैसे तो धर्म का संबंध सब के साथ आता है, संपूर्ण सृष्टि के साथ भी आएगा) जितने नियम हैं, वे सब धर्म हैं। उस धर्म का आधार लेकर हम संपूर्ण जीवन का विचार करें।

व्यक्ति के सुख का विचार

संपूर्ण समाज या सृष्टि का ही नहीं, व्यक्ति का भी हमने एकात्म एवं संकलित विचार किया है। सामान्यत: तो व्यक्ति का विचार उसके शरीर मात्र के साथ किया जाता है। शरीर-सुख को ही लोग सुख समझते हैं, किंतु हम जानते हैं कि मन में चिंता रही तो शरीर सुख नहीं पाता। प्रत्येक व्यक्ति शरीर का सुख चाहता है, किंतु किसी को कारागार में डाल दिया जाए और बहुत अच्छा खाने को दिया जाए तो उसे सुख होगा क्या? आनंद होगा क्या?

पुराना उदाहरण है कि भगवान् कृष्ण जब कौरवों के यहाँ संधि करने के लिए गए तो दुर्योधन ने उनको बुलाया और कहा, "महाराज, हमारे यहाँ भोजन के लिए आइए।" भगवान् कृष्ण दुर्योधन के घर भोजन करने नहीं गए, किंतु विदुर के यहाँ गए। जब विदुर के यहाँ पहुँचे तो वहाँ हालत ऐसी हो गई कि विदुर की पत्नी ने अत्यधिक आनंद के मारे केले के छिलके छील-छीलकर भगवान् कृष्ण को परोस दिए और गूदा फेंकती गई। भगवान् कृष्ण भी उन छिलकों को आनंदपूर्वक खाते रहे। इसलिए लोग कहते हैं—भाई! सम्मान और स्नेह के साथ यदि रूखी रोटी भी मिल जाए तो बहुत अच्छा लगता है, परंतु अपमान के साथ मेवा भी मिले तो उसे छोड़ना चाहिए। अत: मन के सुख का भी विचार करना पड़ता है।

इसी प्रकार बुद्धि का भी सुख है। इसके सुख का विचार करना पड़ता है, क्योंकि यदि मन का सुख हुआ भी और आपको बड़े प्रेम से रखा भी गया तथा आपको खाने-पीने को भी प्रचुर मात्रा में दिया, परंतु यदि मस्तिष्क में कोई उलझन बैठी रही तो वैसी हालत होती है जैसे पागल की हो जाती है। पागल का क्या होता? उसे

खाने को पर्याप्त मिलता है, हृष्ट-पुष्ट भी हो जाता है, अन्य भी सुविधाएँ होती हैं, परंतु मस्तिष्क की उलझन के कारण बुद्धि का सुख प्राप्त नहीं होता। बुद्धि में भी तो शांति चाहिए। इन बातों का हमें विचार करना पड़ेगा।

मानव की राजनीतिक आकांक्षा व तृप्ति

मनुष्य मन, बुद्धि, आत्मा तथा शरीर—इन चारों का समुच्चय है। हम उसको टुकड़ों में बाँटकर विचार नहीं कर सकते। आज पश्चिम में जो कष्ट पैदा हुए हैं, उनका कारण यह है कि उन्होंने मनुष्य के एक-एक भाग का विचार अलग-अलग किया। प्रजातंत्र का आंदोलन चला तो उनहोंने मनुष्य को कहा, 'मैन इज ए पॉलिटिकल ऐनिमल' अर्थात् मनुष्य एक राजनीतिक जीव है और इसलिए इसकी राजनीतिक आकांक्षा की तृप्ति होनी चाहिए। एक राजा बन करके बैठे और शेष लोग राजा नहीं हों, ऐसा क्यों ? राजा सबको बनना चाहिए। इसलिए राजा बनने की आकांक्षा की पूर्ति के लिए उन्होंने सबको 'वोट' देने का अधिकार दिया। प्रजातंत्र में यह अधिकार तो मिल गया, परंतु अन्य जो अधिकार थे, वे कम हो गए। उन्होंने कहा कि वोट देने का तो सबको अधिकार है, पेट भरे या न भरे। परंतु यदि खाने को नहीं मिला तो ? तब लोगों से कहा गया कि तुम चिंता क्यों करते हो ? मतदान का अधिकार तो तुम्हें है ही। तुम राजा हो। राजा बनकर बैठे रहो। राज तुम्हारा है तो लोगों ने कहा, 'बाबा! इस राज से हमें क्या करना है, यदि खाने को ही नहीं मिल रहा ? पेट को रोटी नहीं मिल रही तो हमें यह राज नहीं चाहिए। हमें तो पहले रोटी चाहिए।' कार्ल मार्क्स आए और उन्होंने कहा—'हाँ, रोटी सबसे प्रथम वस्तु है। राज्य तो केवल रोटीवालों का समर्थक होता है। अतः रोटी के लिए लड़ो।' उन्होंने मनुष्य को रोटीमय बना दिया। पर जो लोग कार्ल मार्क्स के मार्ग पर चले, उन्हें वहाँ यह अनुभव हुआ कि राज तो हाथ से गया ही, रोटी भी नहीं मिली। किंतु दूसरी ओर अमरीका है, वहाँ रोटी

मनुष्य का पूर्ण विचार नहीं कर पाए। हमारी संस्कृति में इस बात का पूरा विचार किया गया है। इसलिए हमने कहा है कि मानव की प्रगति का अर्थ शरीर, मन, बुद्धि व आत्मा—इन चारों की प्रगति है। बहुत बार लोग समझते हैं और इस बात का प्रचार भी किया गया है कि भारतीय संस्कृति तो केवल आत्मा का विचार करती है, शेष के बारे में वह विचार नहीं करती।

यह असत्य है। आत्मा का विचार अवश्य करते हैं, किंतु यह सत्य नहीं है कि हम शरीर, मन और बुद्धि का विचार नहीं करते। अन्य लोगों ने तो केवल शरीर का विचार किया है। इसलिए आत्मा का विचार हमारी विशेषता हो गई। कालांतर में इस विशेषता में लोगों में एकांतिकता का भ्रम पैदा कर दिया।

भी है, राज भी है, इस पर भी सुख और शांति नहीं। जितनी आत्महत्याएँ अमेरिका में होती हैं और जितने लोग वहाँ मानसिक रोगों के शिकार रहते हैं, जितने लोग वहाँ पर निद्रौषध (ट्रैंक्विलाइजर) खा-खाकर सोने का प्रयत्न करते हैं, उतना विश्व में और कहीं नहीं होता। लोग कहते हैं—'यह क्या समस्या खड़ी हो गई? रोटी मिल गई, राज्य मिल गया, पर नींद उड़ गई।'

अब वे कहते हैं—'बाबा, नींद लाओ। किसी प्रकार से नींद लाओ।' अब वहाँ नींद बड़ी वस्तु बन गई है और नींद भी आ गई तो तृष्णा उन्हें पीड़ित कर रही है।

शरीर, मन, बुद्धि और आत्मा की प्रगति

विचारकों को लग रहा है कि उनकी जीवन-पद्धति में कहीं-न-कहीं कोई मौलिक त्रुटि अवश्य है, जिससे समृद्धि के बाद भी वे सुखी नहीं। कारण यह है कि वे

जिसका विवाह नहीं हुआ, वह केवल माँ से प्रेम करता है तथा विवाह के बाद माँ तथा पत्नी—दोनों के प्रति दायित्व को निभाता है। अब इस व्यक्ति से कोई कहे कि उसने माँ से प्रेम करना छोड़ दिया तो यह असत्य होगा। पत्नी भी, जब तक पुत्र नहीं होता, केवल पति से प्रेम करती है, बाद में पति और पुत्र—दोनों से प्रेम करती है। इस अवस्था में कभी-कभी अज्ञानवश पति पत्नी पर यह आरोप लगा देता है कि वह तो अब उसकी चिंता ही नहीं करती। किंतु यह आरोप सही नहीं होता। यदि सही है तो पत्नी अपने कर्तव्य से विमुख हो गई है।

हमारी आवश्यकताएँ—चारों पुरुषार्थ

इसी प्रकार हम आत्मा की चिंता करते हुए शरीर को नहीं भूलते। 'उपनिषद्' में तो स्पष्ट शब्दों में कहा है कि

'नाऽयमात्मा बलहीनेन लभ्यः'—दुर्बल (व्यक्ति) आत्मा का साक्षात्कार नहीं कर सकता। इसी प्रकार की सूक्ति है कि 'शरीरमाद्यं खलु धर्मसाधनम्'—अर्थात् शरीर धर्म का प्रथम साधन है। दूसरे लोगों से हमारा यही अंतर है कि उन्होंने शरीर को साध्य माना है, परंतु हमने उसे साधन समझा है। इस नाते से हमने शरीर का विचार किया है। जितनी भौतिक आवश्यकताएँ हैं, उनकी पूर्ति का महत्त्व हमने माना है, परंतु उन्हें सर्वस्व नहीं माना। मनुष्य के शरीर, मन, बुद्धि और आत्मा की आवश्यकताओं की पूर्ति, उसकी विविध कामनाओं, इच्छाओं तथा ऐषणाओं की संतुष्टि और उसके सर्वांगीण विकास की दृष्टि से व्यक्ति के सामने कर्तव्य रूप में हमारे यहाँ चतुर्विध पुरुषार्थ की कल्पना रखी गई है। धर्म, अर्थ, काम और मोक्ष—चार पुरुषार्थ हैं। पुरुषार्थ का अर्थ उन कामों से है, जिनसे पुरुषत्व सार्थक हो। धर्म, अर्थ, काम और मोक्ष की कामना मनुष्य में स्वाभाविक होती है और उनके पालन से उसको आनंद प्राप्त होता है। इन पुरुषार्थों का भी हमने संकलित विचार किया है। यद्यपि मोक्ष को परम पुरुषार्थ माना है, तो भी अकेले उसके लिए प्रयत्न करने से मनुष्य का कल्याण नहीं हो सकता। वास्तव में, अन्य पुरुषार्थों की अवहेलना करनेवाला कभी मोक्ष का अधिकारी नहीं हो सकता। इसके विपरीत, शेष पुरुषार्थों को लोक-संग्रह के विचार से, निष्काम भाव से करनेवाला व्यक्ति कर्म बंधन से मुक्त होकर मोक्ष का अधिकारी होगा।

अर्थ के अंतर्गत आज की परिभाषा के अनुसार राजनीति और अर्थनीति का समावेश होता है। पुरानी परिभाषा में 'दंडनीति और वार्त्ता' अर्थ के अंतर्गत आती है। काम का संबंध मानव की विभिन्न कामनाओं की पूर्ति से है। धर्म में उन सभी नियमों, व्यवस्थाओं, आचरण-संहिताओं तथा मूलभूत सिद्धांतों का अंतर्भाव होता है, जिनसे अर्थ, काम और मोक्ष की सिद्धि हो।

इस प्रकार धर्म आधारभूत पुरुषार्थ है, किंतु फिर भी तीनों अन्योन्याश्रित तथा एक-दूसरे के पूरक और पोषक हैं। धर्म से अर्थ की सिद्धि होती है। यदि व्यापार भी करना हो तो मनुष्य को सदाचरण, संयम, त्याग, तपस्या, अक्रोध, क्षमा, धृति, सत्य आदि धर्म के लक्षणों का निर्वाह करना पड़ेगा। बिना इन गुणों के पैसा नहीं कमाया जा सकता। साधन के रूप में तो धर्म को मानना ही पड़ेगा। अमेरिका वालों ने कहा, 'व्यापार के मामले में सत्यनिष्ठा सर्वश्रेष्ठ नीति है (Honesty is the best business Policy),' यूरोप के लोगों ने कहा—'सत्यनिष्ठा सर्वश्रेष्ठ नीति है। (Honesty is the best Policy)।' हमारा उनसे एक कदम आगे चलकर कहता है कि 'सत्यनिष्ठा नीति नहीं अपितु सिद्धांत है।' (Honesty is not a Policy but principle), अर्थात् धर्म में हमारा विश्वास केवल उसकी साधनता के कारण नहीं अपितु स्वयं है। राज्य का आधार भी हमने धर्म को माना है। अकेली दंडनीति राज्य को चला नहीं सकती। समाज में धर्म न हो तो राज्य नहीं टिक सकेगा। काम पुरुषार्थ भी धर्म के सहारे ही सधता है। भोजन उपलब्ध होने के उपरांत कब, कहाँ, कितना, कैसा और कैसे उसका उपयोग हो, यह तो धर्म ही निश्चित करेगा। अन्यथा रोगी ने यदि स्वस्थ व्यक्ति का भोजन किया और स्वस्थ ने रोगी का तो दोनों का ही अकल्याण होगा। मनुष्य की मनमानी को रोकने, उसके स्वैराचरण पर लगाम लगाने तथा प्रेय पीछे श्रेय को न भूलने देने में धर्म ही सहायक होता है। अतः हमारे यहाँ धर्म का विशेष महत्त्व है।

धर्म महत्त्वपूर्ण है, परंतु यह भी नहीं भूलना चाहिए कि अर्थ के अभाव में धर्म नहीं टिक पाता। एक सुभाषित है—'बुभुक्षितः किं न करोति पापम्, क्षीणाः नराः निष्करुणाः भवन्ति,' भूखा सब पाप कर सकता है। विश्वामित्र जैसे ऋषि ने भी भूख से पीड़ित होकर शरीर धारण करने के लिए चांडाल के घर

में चोरी करके कुत्ते का जूठा मांस खाया था। अत: हमारे यहाँ आदेश है कि अर्थ का अभाव नहीं होने देना चाहिए, क्योंकि वह धर्म का द्योतक है। इसी प्रकार दंडनीति का अभाव अर्थात् अराजकता भी धर्म के लिए हानिकारक होती है। उसमें 'मात्स्यन्याय' काम करने लगता है। अत: राज्य की स्थापना धर्म के लिए अत्यंत आवश्यक है।

अर्थ द्वारा अनर्थ की संभावना

अर्थ के अभाव के समान ही अर्थ का प्रभाव भी धर्म का घातक होता है। प्रभाव का अभिप्राय आधिक्य मात्र नहीं है। जब व्यक्ति और समाज में अर्थ साधन न रहकर साध्य बन जाए तथा जीवन की सभी विभूतियाँ अर्थ से ही प्राप्त हों, तो वहाँ अर्थ का प्रभाव उत्पन्न हो जाता है और वह अर्थ संचय के लिए नानाविध पाप करता है। इसी प्रकार जिस व्यक्ति के पास अधिक धन हो, उसके विलासी बन जाने की संभावना बनी रहती है। जहाँ व्यक्ति को अर्थ के सदुपयोग का ज्ञान नहीं होता, वहाँ भी अर्थ का प्रभाव होता है। जहाँ 'गौण अर्थ' अर्थात् मुद्रा तथा उपभोक्ता वस्तुओं के लिए लगनेवाली उत्पादक वस्तुओं का आधिक्य हो, वहाँ भी अर्थ का प्रभाव होता है। इन सभी प्रकार के अर्थ के प्रभावों से बचना चाहिए। इसके लिए शिक्षा, संस्कार, दैवी संपदायुक्त व्यक्तियों का निर्माण तथा अर्थव्यवस्था का उपयुक्त ढाँचा आदि का सहारा लेना आवश्यक होता है।

दंडनीति

अर्थ के अंतर्गत दंडनीति भी आती है। उसका प्रभाव भी धर्म के लिए हानिकारक होता है। राजा को बताया जाता है कि उसे न 'क्षीणदंड' होना चाहिए और न 'उग्रदंड' होना चाहिए, अपितु 'मृदुदंड' होना चाहिए। यदि शासक दंडनीति का अत्यधिक सहारा लेता है तो प्रजा में विद्रोह की भावना पैदा हो जाती है। जब धर्मभाव के स्थान पर दंड ही प्रजा के आचरण का नियामक बन जाए तो दंडनीति का प्रभाव हो जाता है तथा धर्म का ह्रास होने लगता है। निरंकुश राजाओं के शासन में धर्म की ग्लानि का यह प्रमुख कारण है।

राज्य की निरंकुशता

राज्य जब सब प्रकार की विभूतियों को अपने अधीन कर लेता है, तब भी उसका प्रभाव पैदा होकर धर्म की हानि होती है। राज्य की शक्ति और क्षेत्र अमर्यादित हो गए तो संपूर्ण जनता राज्यमुखापेक्षी बन जाती है। वहाँ राज्य का प्रभाव हो जाता है। राज्य में कर्तव्य-भावना के स्थान पर आसक्ति पैदा हो जाती है। ये सब प्रभाव के लक्षण हैं। इन अवस्थाओं में धर्म को धक्का लगता है, अत: अर्थ का दोनों ही दृष्टि से प्रभाव नहीं होने देना चाहिए।

काम का भी इसी प्रकार विचार किया गया है। काम पुरुषार्थ की ओर किंचित् भी ध्यान दिया नहीं गया तो धर्म की हानि होगी। बिना भोजन के धर्म नहीं चल सकता। मन को संतोष देने वाली ललित कलाओं, यज्ञ-यागादि कर्मों की अवहेलना हुई तो धर्म का पालन करनेवाले संस्कार नहीं होंगे। मानव विकृत होगा तथा धर्म की हानि होगी। दूसरी ओर रोग के ग्लटन्स (Gluttons) की भाँति हम पेटू और विलासी बन गए अथवा ययाति की भाँति काम-मोहित होकर अपने सभी कर्तव्यों को भूल गए, तो भी धर्म की हानि होगी। अत: धर्म के अविरोधी काम पुरुषार्थ का अवश्य निर्वाह करना चाहिए।

इस प्रकार हमने व्यक्ति के जीवन का पूर्णता के साथ तथा संकलित विचार किया है। उसकी सभी भूखों को मिटाने की व्यवस्था की है किंतु यह ध्यान रखा है कि एक भूख को मिटाने के प्रयत्न में दूसरी भूख न पैदा कर दें अथवा दूसरे के मिटाने का मार्ग बंद न कर दें। इस हेतु चारों पुरुषार्थों का संकलित विचार हुआ है। यह पूर्ण मानव की, एकात्म मानव की कल्पना है, जो हमारा आराध्य तथा हमारी आराधना का साधन—दोनों ही है।

(23 अप्रैल, 1965)

जीवन का अर्थ

अर्थमय जीवन

अनुपम मिश्र

'देश का पर्यावरण' तथा 'आज भी खरे हैं तालाब' जैसी पुस्तकों के लेखक, प्रकृति पर्यावरण संरक्षण तथा जल प्रबंधन के लिए अपना पूरा जीवन लगा देने वाले पत्रकार, चिंतक श्री अनुपम मिश्र ख्याति प्राप्त पत्रिका 'गांधी मार्ग' पत्रिका के यशस्वी संपादक रहे हैं। अनेक राष्ट्रीय पुरस्कारों से सम्मानित श्री मिश्र कुशल वक्ता थे।

प्रसिद्ध इतिहासकार बिल ड्यूरां ने वर्ष 1930 में अर्थात् आज से 87 वर्ष पहले विश्व के सौ से अधिक प्रमुख व्यक्तियों को पत्र लिखकर पूछा था कि मैं एक प्रश्न का उत्तर खोज रहा हूँ। जिसे हमारी पीढ़ी पूछना तो चाहती है, किंतु उत्तर नहीं देना चाहती अथवा दे नहीं पा रही। मेरा प्रश्न है, जीवन का अर्थ या मूल्य क्या है? इस अत्यंत गंभीर प्रश्न का उत्तर श्री जवाहरलाल नेहरू ने अपने 20 अगस्त, 1931 को एक विशेष लेख द्वारा दिया था। किंतु आज के परिप्रेक्ष्य इस प्रश्न का बहुत ही सटीक उत्तर सुप्रसिद्ध पर्यावरणविद् एवं चिंतक श्री अनुपम मिश्र के इस व्याख्यान में मिलेगा, जो उन्होंने 4 जनवरी, 2016 को सेडिड में दिया था।

अकसर सभा-सम्मेलनों के प्रारंभ में एक दीपक जलाया जाता है। यह शायद प्रतीक है, अँधेरा दूर करने का। दीया जलाकर प्रकाश करने का। इसका एक अर्थ यह भी है कि अँधेरा कुछ ज्यादा ही होगा, हम सबके आस-पास। तो दीये से कुछ अँधेरा दूर होता होगा और शायद आपस में इस तरह से बैठने से, कुछ अच्छी बातचीत से, विचार-विमर्श से भी अँधेरा कुछ छँटता ही होगा। इससे मिलती-जुलती प्रथा ऐसी थी कि जब ऐसी कोई सभा-गोष्ठी होती, अतिथियों के स्वागत में मंच के सामने पहले से ही एक दीया जलाकर रख दिया जाता था।

विनोबा किसी जगह गए थे। उनके स्वागत में मंच पर एक दीया जलाकर रखा गया था। हवा चल रही थी। आयोजक बाती की लौ को टिकाए रखने की खूब कोशिश कर रहे थे। आस-पास खड़े रहकर अपनी हथेलियों की आड़ से दीये को जलाए रखने की कोशिश में लगे रहे। सबका ध्यान उसी तरफ था। अँधेरा जो भगाना था, पर दीया टिक नहीं पाया। वह बुझ ही गया।

विनोबा ने अपनी बातचीत इसी से शुरू की थी। उन्होंने कहा कि आस-पास की हवा जब शांत हो, तभी दीया जलता है। अगर हवा प्रतिकूल रही, जोरों से बहती रहे तो दीपक टिकता नहीं। फिर वे हवा से दीपक पर आए। उन्होंने कहा कि हवा शांत हो पर यदि दीपक में तेल कम पड़ा है तो भी वह टिक नहीं पाता। फिर विनोबा दीपक से मनुष्य पर आते हैं। तेल यानी चिकनाई। स्नेह भी इसी अर्थ में बना शब्द है। वे आगे कहते हैं कि जैसे

दीपक में तेल की, शांत हवा की जरूरत है, वैसे ही मनुष्य में भी, हम सबके भीतर भी स्नेह की जरूरत है। दीपक जलते रहने के लिए बाहर की हवा भी शांत होनी चाहिए और तेल भी होना चाहिए। उसी तरह समाज की रचना भी शांतिमय होनी चाहिए और हम सबमें भी स्नेह की मात्रा भरपूर होनी चाहिए। तब जलता रह पाता है हमारा यह दीया। जीवन का दीया भी।

आज हम जीवन का अर्थ जानने मिल बैठे हैं। जीवन तो हम सबका है ही और इस जीवन का अर्थ बताने की जिम्मेदारी मुझ अकेले पर छोड़ दी गई है। इसलिए सबसे पहले तो मुझे खुद अपनी पोल आप सबके सामने खोल देनी चाहिए''मुझे खुद जीवन का अर्थ नहीं मालूम।

पिछले कोई 200-300 बरसों से पूरी दुनिया में तेज हवा चल रही है। पहले भी हवा चलती रही होगी, पर तब पूरी दुनिया एक-दूसरे से बहुत दूर थी और कटी हुई भी थी। उस दुनिया में हवाएँ भी टुकड़ों में बँटी रही होंगी। जीवन तब भी कोई आसान न रहा होगा—एक बड़ी आबादी के लिए। फिर भी उतना कठिन और निरुद्देश्य भी नहीं रहा होगा, जितना कि वह आज बना दिखता है। इस दुनिया में हम कितने भी बड़े उद्देश्य को लेकर, लक्ष्य को लेकर दीया जलाते हैं, तेज हवा उसे टिकने नहीं देती। हम तरह-तरह से कोशिश करते हैं, उसे अपनी हथेलियों से बचाने की, पर यह हवा है कि हमारी सारी कोशिशों पर पानी फेरती है। शायद हमारे जीवन के दीये में पानी ही ज्यादा होता है, तेल नहीं। स्नेह की कमी होगी, इसलिए जीवन बाती चिड़चिड़-तिड़तिड़ ज्यादा करती है, एक-सी संयत होकर जल नहीं पाती। न हम अपना अँधेरा दूर कर पाते हैं, न दूसरे का।

हम पढ़-लिख गए कुछ लोगों को ही जीवन का अर्थ जानने की इच्छा है। हम ही कुछ हैं, जो मानते हैं कि अर्थमय जीवन कैसे जिएँ। लेकिन हम थोड़ा अपने भीतर झाँकें तो हममें ज्यादातर का जीवन एक तरह से कोल्हू के बैल जैसा ही बना दिया गया है। इसमें कितना हमारा हाथ है, कितना हाथ परिस्थितियों का है, मालूम नहीं, पर हम गोल-गोल घूमते रहते हैं।

कोल्हू कई तरह के हैं। महँगे हैं, कम घेरे के हैं, बड़े-बड़े घेरों के हैं, कई तरह के विचारों के हैं तो कई तरह के धर्मों के हैं। इनमें से हरेक अपने को बाकी बच्चों से श्रेष्ठ मानता है। सर्वोत्तम और उसी में अपना जीवन सफल सार्थक हो सकता है—ऐसा दावा करता है।

समाज का तना कमजोर होता जाता है, पर शाखाओं की संख्या बढ़ती जाती है। पेड़ वाली शाखाएँ। हर विचार, हर धर्म अपना झंडा लहराता है और दूसरे झंडों से ऊपर उठना चाहता है। हम कुछ विचारों को अच्छा मानते हैं, कुछ को घटिया। तो हमें लगता है हमारा विचार कैसे फैले। जीवन की सारी सार्थकता हमें अपने ही विचार को फैलाने में दिखने लगती। हिंसा को परिवर्तन का साधन बनाने वाले भी अपनी शाखाएँ बढ़ाते चलते हैं और यही प्रवृत्ति अहिंसा को मानने वालों में भी मिलती है। सबको अपना संगठन बढ़ाना है, बड़ा करना है। बजट बढ़ाना है,

कार्यकर्ता बढ़ाना है। कार्यक्रम, गतिविधियाँ बढ़ानी हैं। दिन दूनी, रात चौगुनी उन्नति करनी है—इसी में हमें जीवन सफल होता दिखने लगता है।

हमें अपने विचार की कमियाँ नहीं दिखतीं। आँख पर पट्टी बँधी रहती है। पर दूसरे विचारों की कमियाँ हमें एक्स-रे की तरह बेहद साफ दिखने लगती हैं। सारा जहान देखा हो या न देखा हो, हम कविता लिख जाते हैं, गीत गाते जाते हैं कि सारे जहाँ से अच्छा। विनोबा इस गीत में थोड़ा कुछ और जोड़कर एक बड़ी बात की तरफ इशारा कर देते हैं—सारे जहाँ से अच्छा 'क्योंकि' हिंदोस्ता हमारा। इस 'क्योंकि' को अपने जीवन से अलग करना बहुत ही कठिन काम है क्योंकि मेरा विचार, मेरा धर्म, मेरी संस्था, मेरा संगठन, मेरा समाज, मेरा देश, मेरा बेटा-बेटी। कहीं दामाद भी। संक्षेप में कहें, तो क्योंकि मेरा कोल्हू गोल-गोल घूमते रहने से कुछ परिणाम तो आते ही हैं। कुछ तेल निकल आता है। थोड़ी-बहुत खली भी मिलती है। बैल को अगले दिन घूमते रहने के लिए प्राय: ठीक-ठाक चारा मिल जाता है। ठीक न हो तो फिर असंतोष भी।

कहीं विनोबा ने कहा है कि वेदों में युद्ध का एक नाम 'मम सत्य' भी है। मेरा सच। बस, मेरा सत्य। इसमें युद्ध के न सही, विवादों के बीज तो छिपे रहते ही हैं। फिर और न जाने कब हमें हमारा यह इतना प्रिय सत्य अचानक अर्धसत्य लगने लग जाता है? तब उसे छोड़ हम एकदम उससे उल्टे किसी सत्य से जुड़ जाते हैं। अपने आस-पास टटोल कर देखें। छोटे से लेकर कई बड़े नाम विचारों की अदला-बदली में यहाँ से वहाँ घूमते मिल जाएँगे। यों यह कोई गलत बात भी नहीं है। जीवन यात्रा में एक विचार यात्रा भी चलती है। इसे अच्छे अर्थों में देखें तो यह मन का, दिमाग का खुलापन भी लगेगा। कल तक हम एक विचार को मानते थे। आज हमें उसकी कुछ सीमाएँ दिख गईं तो हमने उसे बिना मोह के छोड़ दिया। यह तो गुण ही कहलाएगा। कुछ बड़े अच्छे लोगों का जीवन बम बनाने से शुरू होता है पर बाद में उन्हें आध्यात्मिक ऊर्जा भी दिखाई देती है। लेकिन यदि यह गुण है तो दूसरे को भी ऐसी छूट, ऐसा अवसर देना होगा। वह तो हम देना नहीं चाहते। पहले किसी एक विचार से मित्रता और फिर उससे भिन्नता, उससे अलग होना हमें बस षड्यंत्र ही दिखता है।

इसलिए जीवन का अर्थ जानने के लिए यदि हम किसी एक विचार, एक धर्म, एक समाज, एक परंपरा में रहस्य खोजते रहे तो हम खुद तो कुछ संतोष शायद पा बैठें, पर इससे सबको अर्थमय जीवन जीने का रास्ता नहीं मिलने वाला। अच्छा जीवन, अगर अपने आप में साध्य या मंजिल बन जाए तो शायद हम उस तक पहुँच भी न पाएँ। इसमें भटकाव की बहुत गुंजाइश बनी रहेगी।

पिछले दौर में एक खास तरह की नई पढ़ाई से पढ़कर दो पीढ़ियाँ तो निकल ही चुकी हैं। इस पीढ़ी से ज्यादातर सदस्य बेंगलुरु, हैदराबाद, पुणे और बाहर संयुक्त राष्ट्र अमेरिका आदि में जा बसे हैं। यदि सार्थक जीवन का अर्थ बस केवल अर्थ यानी रुपया-पैसा है तो समाज के इस हिस्से के पास उसकी कोई कमी नहीं है। लेकिन जीवन का अर्थ उनके हाथ भी आसानी से नहीं लग पाता। उनके पैसे का एक भाग जीवन जीने की कला सीखने पर भी खर्च हो चला है। इस कला को सिखानेवाले भी कोई एक नहीं, अनेक लोग हैं। इनके कपड़ों के रंग भी शुद्ध सफेद से लेकर गेरुआ, भगवा—सब हैं। हजारों नहीं, लाखों लोग कहीं योग या योगा करते हैं, ध्यान लगाते हैं, जाप या चांटिंग करते हैं। यह धर्म की नई दुनिया भी है, धर्म का नया बाजार भी और धर्म का नया मॉल भी। इसमें डोसा, पराँठा कब से नहीं खाया—पूछने वाले गुरु भी हैं। समाज के काम से जुड़े लोगों को चेंज, बदलाव, परिवर्तन जैसे शब्दों में विशेष आकर्षण मिलता है। धर्म इस बाजार में भी 'चेंज' शब्द आ गया है—'यस, आई कैन चेंज' भी यहाँ चला है और अब 'न्यू' भी लग गया है इसमें।

और इसमें भी कोई संदेह नहीं कि इन सब कामों से हजारों लोगों को कुछ-न-कुछ लाभ भी हुआ ही है। उनका भटकता हुआ मन कुछ शांत हुआ होगा। तो, कलियुग में धर्मयुग का यह आवरण अच्छा ही मान लेते हैं। लेकिन धर्मयुग से मिलता-जुलता एक और शब्द है—युगधर्म। इस युग का मुख्य धर्म है, इस समय का मुख्य विचार है—विकास। हर चीज का विकास। संगठन का, देश का, शहरों का विकास, गाँवों का विकास, बाल विकास, महिला विकास। सब तरह के विचारों के झंडे इस विकास के झंडे में आकर समा जाते हैं। इस युगधर्म ने जीवन के अर्थ को भी प्रभावित किया है। हम सब चाहे जो भी काम करते हों, हम सब पर जाने-अनजाने इस विकास की छाया पड़ती ही है। यह अनायास, अकारण नहीं है कि एक बाबा हरिद्वार में फूड पार्क बनाते हैं और दूसरे बाबा अमेठी में इसी नाम से मिलते-जुलते नाम से नहीं, इसी नाम से फूड पार्क बनाते हैं। एक बाबा का फूड पार्क बन जाता है, पर अमेठी का फूड पार्क राजनीतिक पचड़ेबाजी में फँस जाता है। पर दोनों का मन एक ही है। विकास की इस दौड़ में हम सबको दौड़ना ही पड़ता है। इस चूहा-दौड़ में दौड़ना ही है। पीछे रहें या आगे, यह विचित्र दौड़ हमें चूहा तो बनाती है।

अर्थमय जीवन की चर्चा तो काफी गंभीर होनी चाहिए। हमारी यह चर्चाकोल्हू, बैल और चूहे जैसी

घटिया हो गई है तो आप सबसे क्षमा माँगते हुए मैं थोड़ा-सा लिफ्ट कर देता हूँ। इसे थोड़ा ऊपर उठाता हूँ। अभी हाल में ही 'लिफ्ट करा दे' के गायक को भारत की नागरिकता मिली है। उन्होंने बयान में कहा है कि यह उनके जीवन की सबसे बड़ी उपलब्धि है। अदनान सामी का जीवन सफल हो गया है, अर्थमय बन गया है उनका जीवन।

क्या सचमुच ऐसा है ? अर्थमय जीवन की ये हमारी अपनी छोटी-छोटी परिभाषाएँ हैं। भारत की इस मिली-मिलाई नागरिकता को तो कई लोग छोड़ यूरोप, अमेरिका, कैनेडा की नागरिकता पाने को आतुर हैं। फिर आज दुनिया में ऐसे लोगों की संख्या भी सबसे ज्यादा हो गई है, जिनकी कोई नागरिकता ही नहीं बच पाई है। युद्ध, गृह युद्ध और बहुत दूर के दादा देशों की दखलंदाजी से कुछ लाख लोग शरणार्थी बने इधर-से-उधर भटक रहे हैं। ऐसी दुनिया में सिर पर छत तो दूर की बात है, सिर पर एक आड़ और भरपेट नहीं। मुट्ठी भर अगला भोजन मिल जाए, उतना ही अर्थ रह जाता है उनके जीवन का। गांधीजी ने तो आजादी की लड़ाई के बीच में भी भूखे के भगवान् की कल्पना कर दिखाई थी। उसके सामने भगवान् भी रोटी के रूप में आने के अलावा कोई और रूप धारण कर ही नहीं सकता।

अर्थमय जीवन के इस रोटी-रूप को लेकर भी दुनिया भर में अनेक विचारकों, चिंतकों, क्रांतिकारियों ने कई तरह के शास्त्र रचे हैं, उन्हें अमल में उतारने के संगठन भी बनाए हैं। पर उन समाजों में भी जीवन का अर्थ एकदम साफ समझ में आ गया हो—इसका कोई पक्का रूप दिखता नहीं।

आज से कोई 25-30 बरस पहले हम लोग पानी, तालाब आदि पर कुछ काम कर रहे थे। उस विषय को समझने के लिए इधर-उधर जिज्ञासा में भटकते थे। राकेश दीवान तालाबों को समझने मध्य प्रदेश, महाराष्ट्र की सीमा पर बेतूल इलाके में घूम रहे थे। वहाँ उन्होंने एक राजा का किस्सा सुना।

राजाओं का प्राय: शासन करनेवालों का स्वभाव जरा अलग ही रहता है। सांसारिक राजा को न जाने क्या हुआ कि उन्हें अपने जीवन का अर्थ जानने की इच्छा हो गई। किसी सलाहकार ने उन्हें बता दिया कि बस ब्रह्म जान लो, सब अर्थ पता चल जाएगा। "तो तुम बता दो ब्रह्म के बारे में ?" राजा ने उससे कहा था। "यह तो बड़ा काम है राजा। हमें तो पता नहीं ब्रह्म का। पर इतना तो पक्का है कि ब्रह्म जान लो तो सब पता चल जाएगा।" कौन बताएगा ब्रह्म नाम की बला ? सलाह मिली कि राज्य के सारे ज्ञानियों को, संतों को, साधुओं को जमा करो। उनमें से कोई-न-कोई तो ज्ञान दे ही देगा, ब्रह्म बता ही देगा!

ब्रह्म जानने, जीवन का अर्थ जानने, राजा का जीवन अर्थमय बनाने के लिए विराट् आयोजन की तैयारियाँ शुरू हुईं। राज्य के ही नहीं, राज्य से बाहर के भी ज्ञानियों का न्योता भेजा गया। अब ये शासन करनेवालों की भी तो कुछ सनक होती है। ब्रह्मज्ञान बताने का नहीं, ब्रह्मज्ञान सुनने का तरीका क्या होगा—यह तय किया राजा ने। गोलमेज, राउंड टेबल कॉन्फ्रेंस नहीं। राजा ने कहा कि सम्मेलन स्थल पर मैं अपने भव्य सफेद घोड़े के साथ खड़ा रहूँगा। एक-एक कर ज्ञानी आएँगे। मैं रकाब पर एक पैर रखूँगा और घोड़े पर चढ़ूँगा। दूसरा पैर दूसरी तरफ की रकाब में जाएगा ही, बस इतनी ही देर में ज्ञानी को ब्रह्म के बारे में बताना होगा। नहीं बता पाया तो मैं अपनी एड़ी से घोड़े को इशारा करूँगा। घोड़ा फुर्र से उड़ जाएगा। जो इतने क्षणों में, इतने सेकंड में ब्रह्मज्ञान दे दे—उसे भारी इनाम। जो न बता पाए इतनी सी देर में, उसे कुछ सजा भी देने की बात थी। रकाब में पाँव, ब्रह्म दिखा—यह था नारा राजा का।

लंबा किस्सा थोड़े में समेटना हो तो यही बताया जा सकता है कि राजा का पाँव रकाब में जाता और घोड़ा फुर्र से उड़ जाता। राजा का जीवन अर्थमय कैसे बने, इस चक्कर में कई लोगों को कोड़े खाने पड़े। लेकिन फिर एक ज्ञानी आया। राजा ने पैर उठाया ही था कि उसने जोर

से कहा—''अकाल पड़ा है, तुझे ब्रह्म की पड़ी है।'' बस, राजा घोड़ा नहीं दौड़ा पाया। उतर गया नीचे। क्या पता, उसे ब्रह्म दिख गया होगा। फिर उस इलाके में राजा-प्रजा ने, इन ज्ञानियों ने, कोड़े खाने वालों ने भी मिलकर इतने सारे तालाब बनाए कि फिर वहाँ कभी ऐसा अकाल पड़ा नहीं।

इस तरह के किस्से जीवन का अर्थ जानने की अलग-अलग खिड़कियाँ खोलते हैं। इससे यह भी प्रश्न उठता है कि खुद अकेले ही जीवन का अर्थ जान लेना है या और भी कइयों को साथ लेकर इसे पाना है? अकेला ऊपर उठ जाना है या बहुतों के साथ थोड़ा सा ऊपर उठना है? फिर इस किस्से में एक परत समय की, काल की भी है। इस मीठे रहस्य को कुछ समय के लिए पाना है या बड़े लंबे समय के लिए?

अर्थ की खोज आप लगभग हर समाज में कुछ हजार साल पुराने शास्त्र के तरीके से करते हैं। शास्त्री के तरीके से करते हैं या एक मिस्त्री के तरीके से—यह भी सोचना पड़ेगा। फिर एक तरीका है सोचने का। 'सोचना' शब्द सरल लगे तो इसे कठिन बना लें, चिंतन करने का भी एक तरीका है। चिंतन से बात जीवन पर आती है।

यह जीवन अपने आप में क्या बला है? हमें कब पता चलता है कि हम जीवन जी रहे हैं? साँस तो हम जन्म से पहले ही लेने लगते हैं। हमारा, हमारा हृदय तो न जाने कब बन जाता है। जीव विज्ञान या शरीर विज्ञान की भी समझ जरूरी नहीं। जन्म के बाद एक दौर तो अबोध बने रहने का ही होता है। पर अबोध का 'अ' तो हट जाता है, बचपन में ही, बोध तो हाथ नहीं आता। लगता है, तीन अक्षर के इस शब्द अबोध का 'अ' हटते ही पूरे तीनों अक्षर हमारे हाथ से छूट जाते हैं।

न हम अबोध रहते हैं, न हमें बोध हो पाता है कि हम कौन हैं, कहाँ से आए हैं, कहाँ जाएँगे? हम भटकते रह जाते हैं। शिकायत करते रह जाते हैं, खुद अपने से। अपने दुश्मनों से छोड़िए, अपने मित्रों से, अपने समाज से और जिसे जालिम जमाना कहते हैं, उससे तो न जाने कितनी शिकायतें करते ही चले जाते हैं। हमारी पूरी जीवन-यात्रा, लगता है शिकायतों के ईंधन से चल पाती है। और फिर हमारी जीवन की यह गाड़ी इतना काला धुआँ छोड़ती है कि दूसरों के फेफड़े तो खराब होते ही हैं, खुद हमारे फेफड़े भी उससे बच नहीं पाते। जो पहले कहा है, वैसे कोल्हू के बैल हम बन जाते हैं। वही किस्सा पुराना है। फिर भी सजन झूठ बोलते रहते हैं, लड़कपन खेल में खोते रहते हैं, जवानी नींद भर सोते रहते हैं और बुढ़ापा देख रोते रहते हैं। कवि शैलेंद्र के ये बोल निकले तो बंबइया फिल्म से हैं, पर इनमें आपको दर्शन की लंबी परंपरा का निचोड़ दिखेगा।

पता नहीं कितने हजार बरस पहले एक ऋषि ने एक खास तरह की चटनी बनाई थी। उन दिनों ब्रांडनेम का जमाना नहीं था, फिर भी इस चटनी को, प्राश को उस ऋषि का ब्रांडनेम, ठप्पा मिल गया। आज उसे भले ही कोई भी बनाए, नाम तो उसे यही देना पड़ता है—च्यवनप्राश। पर हम यहाँ इस चटनी की चर्चा स्वास्थ्य वाले प्रसंग में नहीं कर रहे हैं। आयुर्वेद बताता है कि इस चटनी में पूरी 45 तरह की चीजें, जड़ी-बूटियाँ, अत्ते-पत्ते, गुड़, आँवला, फल-फूल आदि डाले जाते हैं।

मामूली किस्म की सर्दी-खाँसी आदि से बचने, शरीर की थोड़ी प्रतिरोधक क्षमता बढ़ाने वाली इस चटनी में 45 चीजें पड़ती हैं तो जरा सोचिए, हिसाब तो लगाइए कि एक भरा-पूरा जीवन अर्थमय बनाने में कितनी बातें जुड़ती हैं, घटती हैं, गुणा होती हैं, भाग होती हैं—सब जरा सोचें तो? सिर्फ अच्छी परिस्थितियाँ, अच्छी राय, संगतियाँ,अच्छा परिवेश, अच्छे अवसर ही नहीं, एक भरे-पूरे जीवन में विरोधी परिस्थितियाँ, विसंगतियाँ, जय-पराजय, मन की शांति और आस-पास का कोलाहल, हल्ला-गुल्ला, यानी नई भाषा में कहें तो जिंदाबाद-मुर्दाबाद सबका मिला-जुला रूप,आकार लेकर बनता है—हमारा जीवन।

कुछ हजार साल का इतिहास उठाकर देखें। महाभारत में एक पक्ष जीत जाता है। पर उस जय का परिणाम क्या है? युधिष्ठिर को उस जय से क्या मिलता है? वे कहते हैं, यह जय तो उस पराजय से भी बुरी है। जय-पराजय तो छोड़िए, मृत्यु तक से जीवन बनता है, अपना जीवन भी और आनेवाले दौर का जीवन भी। पर आज से 68 बरस पहले यानी सन् 1948 को जनवरी की तीस तारीख को एक जीवन अपनी मृत्यु से कितना अर्थमय बन गया था?

तो 45 चीजों से बनी एक साधारण चटनी, प्राश और यह हमारा जीवन। उस तराजू पर हम जीवन तोलें तो एक अंदाज लगेगा कि अपने जीवन को पौष्टिक, स्वादिष्ट या कहें सार्थक, अर्थमय बनाने में लाखों, करोड़ों चीजों को छानना, भूनना, कूटना, उबालना, घोंटना पड़ेगा। और कुछ नहीं तो पंचमहाभूतों की जरूरत पड़ेगी ही।

वापस लौटें अर्थमय जीवन जीने के लिए। ऐसा जीवन बनाने कि लिए कितनी चीजें चाहिए? कहाँ मिलेंगी, कैसे मिलेंगी, कितने दाम में मिलेंगी सबको? जीवन जी रहे सारे जीवों को यह सब एक दाम पर मिल पाएँगी? यह सब मिल गया तो सार्थक जीवन यात्रा की प्रामाणिकता क्या होगी? मामूली रेल-यात्रा, हवाई जहाज की यात्रा भी आज तो बिना आईडी प्रूफ, आधार कार्ड के आप कर नहीं सकते तो फिर एक सार्थक लंबी जीवन यात्रा क्या बिना आईडी के हो पाएगी?

तो 'क्या-क्या चाहिए' की लंबी सूची बनाने के पहले और बाजारू उत्पादन पर लौटें। च्यवनप्राश से यह जरा अलग चीज है। फ्रांस में सुगंध का बड़ा कारोबार करनेवाली एक कंपनी है—शनेल। बनाने को तो ये न जाने कितनी चीजें बनाती है, शायद एकाध करोड़ में बिकने वाली हाथ घड़ियाँ भी। पर इसकी सबसे ज्यादा प्रसिद्धि 'शनेल-5' नाम की एक सुगंध से हुई है। कोई तीन अंगुल की छोटी-सी खूबसूरत शीशी का दाम होता होगा—पाँच हजार रुपए।

दुनिया भर में शौकीन लोगों के बीच नाम कमाने वाली इस महँगी सुगंध में च्यवनप्राश की तरह ही निश्चित चीजें शामिल हैं। यह सब सामग्री फ्रांस के खेतों से लेकर दुनिया भर के वर्षा वनों, घने जंगलों से ली जाती है। लेकिन यदि किसी एक वर्ष इस सूची में से एक भी चीज उस मात्रा में न मिल पाए, उस गुणवत्ता की न हो तो उस बार शनैल-5 का उत्पादन रोक दिया जाता है। इतनी महँगी सुगंध की सार्थकता उस कम्पनी को दिखती नहीं। पर जीवन की सुगंध? प्रकृति जीवन की सार्थक सुगंध के साथ शनैल-5 जैसा काम करे तो शायद जीवन चले ही नहीं। किसी का भी जीवन ठप्प हो जाए।

जीवन को सार्थक बनाने में तो 'क्या-क्या चाहिए' के बदले 'क्या-क्या नहीं चाहिए' वाली सूची भी काम दे जाती हैं। आँखें नहीं, कान नहीं, मुँह नहीं, यानी अंधी, बहरी और गूँगी होने के बाद भी अमेरिका की हेलेन केलर ने न सिर्फ अपने जीवन को भरपूर अर्थ दिया, बल्कि उन्होंने आने वाले ऐसे लाखों लोगों को रास्ता भी दिखाया। उनकी सूक्तियाँ न जाने कितनों को कठिन दौर में, घोर निराशा में संबल और सहारा देती हैं। इसी तरह का एक और उदाहरण—लुई ब्रेल ने अपने बचपन में इस दुनिया को, उसके सब तरह से देखा था, पर फिर आँखों की रोशनी चली गई। घुप्प अँधेरा छा गया। उजाला देख लेने के बाद तो अँधेरा और भी ज्यादा काला हो जाता है।

लुई ब्रेल ने अपने अँधेरे में खुद उजाला बनाया। एक ऐसी लिपि, स्क्रिप्ट खोजी, जिसमें लिखी गई भाषा

नेत्रहीन भी पढ़ सकें। इतने बड़े काम के बाद भी उन्हें अपने जीते-जी कोई बहुत वाह-वाही नहीं, कहीं कोई प्यार नहीं मिला। लेकिन उनके सार्थक जीवन का महत्त्व उनकी मृत्यु के बाद फ्रांस को भी दिखा और फिर पूरी दुनिया को भी। आज न जाने कितनी भाषाएँ लुई ब्रेल की बनाई लिपि में लिखी जाती हैं, नेत्रहीनों द्वारा पढ़ी जाती हैं। हिंदी भी।

हेलन केलर, लुई ब्रेल और ऐसी न जाने कितनी विभूतियाँ हमें बताती हैं कि हमारे जीवन में चाहे जितनी चीजें कम हों—पैसा, प्यार, मान-सम्मान, अवसर, तरक्की—कोई भी चीज कम हो, न हो तो भी जीवन नहीं रुकता, जीवन रुकना नहीं चाहिए। आपद यानी संकट। तो ऐसा कोई जीवन नहीं, जिसमें कल या आज आपाद, आपत न आई हो, या कल न आए।

मेरे पिताजी कवि थे। उनकी एक बहुत छोटी सी कविता है जिसमें वे बताते हैं कि निरापद कोई नहीं है। न तुम, न वे, न मैं। किसी की भी जिंदगी दूध की धुली नहीं है। फिर अंत में वे लिखते हैं—दूध किसी का धोबी नहीं है! हम को खुद अपना धोबी बनना पड़ेगा, खुद अपनी जिंदगी खुद धोनी पड़ेगी—अगर हमें उस पर लगे दाग दिखने लगें। दूसरों के दाग तो हमें बराबर दिखेंगे ही। खैर, इस नई कविता से एक पुरानी कविता भजन तक चलें।

कबीर का एक सुंदर भजन है—''वह घर सबसे न्यारा।'' कुमार गंधर्वजी ने इसे और भी सुंदर बना दिया है, अपने स्वर से। इस घर से उस घर का परिचय है। भजन में बहुत सी ऐसी बातें, जो यहाँ इस जीवन में भरी पड़ी हैं, उस न्यारे घर में वे हैं नहीं। कबीर अपनी विशिष्ट शैली में बताते जाते हैं कि उस न्यारे घर में वेद भी नहीं है। इस जीवन में इस घर में तो वेद, गीता, गुरुग्रंथ, कुरआन, बाइबिल—सबकुछ है। और इसी सब को लकर तरह-तरह के झगड़े भी हैं, जो होने नहीं चाहिए, फिर भी होते ही रहते हैं। बंद ही नहीं हो पाते। उस न्यारे घर में न मूल है, न फूल, न बेल है न बीज। धर नहीं, अधर नहीं। न बाहर-भीतर जैसा कुछ है। न ज्ञान है न ध्यान है। वहाँ पाप भी नहीं है और सबसे बड़ी बात तो कबीर यह कह जाते हैं कि वहाँ पुण्य का पसारा भी नहीं है। हमारे जीवन में पुण्य का सचमुच बड़ा पसारा हो जाता है। यह दिखता तो बड़ा सार्थक है, पर प्राय: इसका पसारा इतना हो जाता है कि फिर हमें अपने पुण्य के आगे बाकी सब लोग पापी ही दिखते हैं। अपने जीवन की सार्थकता और शेष सारे जीवन की निरर्थकता। इस वृत्ति से मंत्रियों के मुखिया और देश के प्रधान भी नहीं बच पाते।

तो, उस न्यारे घर में यह सब नहीं है। वहाँ हम कब जाएँगे, जाएँगे भी कि नहीं, पता नहीं। पर इस घर में तो हम सब रह ही रहे हैं। थोड़ी-थोड़ी कोशिश करें तो कबीर के इस न्यारे घर के छप्पर से दो-चार तिनके तो हम अपने इस जीवन में ला ही सकते हैं। इसी भजन की एक पंक्ति में कबीर बताते हैं कि उस न्यारे घर में बिन ज्योति उजियारा है।

प्रारंभ में मैंने सभाओं में एक दीया जलाने की कुछ बातें की थीं। जहाँ जलाया जा सके, वहाँ लोग दीया जलाएँ ही। पर न जल पाए आज की तरह तो कबीर के उस न्यारे घर की याद करें। मुझे पूरा भरोसा है कि अर्थमय जीवन मे, जीवन के अर्थ को समझने की इस छोटी-सी कोशिश में आप सबकी उपस्थिति बिन ज्योति उजियारा कर देगी।

—'नवनीत' से साभार

भारतीय संविधान में संस्कृति एवं कला विमर्श महत्त्वपूर्ण अनुपस्थितियाँ

मनोज कुमार श्रीवास्तव

आई.ए.एस. लेखक तथा विचारक, संप्रति मध्य प्रदेश के संस्कृति विभाग के प्रमुख सचिव पद पर कार्यरत, भारत भवन के पदेन न्यासी, कई राष्ट्रीय तथा अंतरराष्ट्रीय मंचों पर भारतीय संस्कृति तथा सामाजिक परंपराओं पर शोधपूर्ण व्याख्यान। रामायण तथा राम साहित्य के विशेषज्ञ अनेक सम्मान तथा पुरुस्कारों से विभूषित साहित्यकार।

कोई भी संविधान अपने देश की सांस्कृतिक सत्ता की सबसे सुरक्षित रिपोजिटरी होता है। संस्कृति सदा ही अत्याज्य (unalienable) है और किसी आपातकाल में भी उसका निलंबन नहीं हो सकता। यदि संविधान किसी देश के लिए सहज है तो तभी जब वह उस देश के संस्कारों और ऐतिहासिक अनुभवों की निष्पत्ति है, न कि एक कृत्रिम रचना (artifice) या नकल (imposture)। जैसे हमें ऑर्गेनिक फूड चाहिए, जैसे हमें ऑर्गेनिक एग्रीकल्चर चाहिए वैसे ही हमें एक ऑर्गेनिक स्टेट भी चाहिए, जो अपनी संस्कृति में सहज प्रतिष्ठित हो।

वैसे सर्वश्रेष्ठ तो यही हुआ होता कि अपने संविधान को हमने अपनी ही परंपरा के पुनराविष्कार के आधार पर बनाया होता, लेकिन चलिए, हमने इतना उदार हृदय दिखाया कि अपने संविधान में ब्रिटेन के मॉडेल पर हमने अपने प्रधानमंत्री की पोजीशन तय की, लिखित संविधानत्व, मौलिक अधिकारों की व्यवस्था अमेरिका की तर्ज पर की, रूस से मौलिक कर्तव्यों की प्रेरणा ली, ऑस्ट्रेलिया से समवर्ती सूची की और प्रस्तावना की भाषा की भी, जापान से सुप्रीम कोर्ट के कार्यों व शक्तियों की, जर्मनी से आपातकाल में मौलिक अधिकारों के निलंबन की, कनाडा से राज्य और केंद्र के बीच अधिकारों के वितरण की व्यवस्था ली और आयरलैंड से नीति-निर्देशक तत्त्वों को लिया। जब इतने विस्तृत और विशद अध्ययन के आधार पर हमारा संविधान बना तो फिर कुछ महत्त्वपूर्ण अनुपस्थितियाँ कैसे रह गईं ?

संस्कृति और मौलिक अधिकार

संस्कृति को किसी वर्ग के मौलिक अधिकार की तरह देखने की नीति की अपनी सीमाएँ हैं, लेकिन अब तो लगता है कि इस बारे में भी जागरूकता की जरूरत है कि संविधान के भीतर उल्लिखित इस मौलिक अधिकार को रेखांकित किया जाए, जिसके अनुसार Any section of the citizens residing in the territory of india or any part there of having a distinct language, script or culture of its own shall have the right to conserve the same.

यह प्रावधान एक हद तक मानवाधिकारों की सार्वभौम उदघोषणा की उस कंडिका का प्रतिबिंबन है,

जिसके अनुसार Everyone has the right freely to participate in the cultural life of the community.

लेकिन नागरिकों के किसी भी वर्ग को मिला यह संरक्षणाधिकार ऐसा है कि अपनी चीज आप जानो, आप सँभालो, हमें मत परेशान करो। यदि हम दुनिया के दूसरे देशों के संविधान देखें तो यह दृष्टि ऐसी है, जहाँ राज्य को कोई proactive, promotive, positive और प्रगतिशील भूमिका निभाने की जगह सिर्फ प्रतीक्षा करनी है कि कोई वर्ग संस्कृति अनुरक्षण के अधिकार का प्रयोग करे। संस्कृति के मामले में राज्य के स्तर पर उद्यमिता की प्रकल्पना हमारे यहाँ नहीं है। राज्य की कोई stimulating भूमिका संस्कृति के मामले में क्यों गायब है? जर्मनी रिपब्लिक में भी कुछ ऐसी ही धारा थी, लेकिन वहाँ की संवैधानिक अदालत ने उसकी व्याख्या करते हुए कहा कि This clause not only stipulates a right for creative artists to protection from state interference but also mandates the State to preserve and promote culture and the arts. जर्मनी में तो राज्यों के भी संविधान होते हैं और बवेरिया, ब्रांडेनबर्ग और सैक्सनी राज्य के प्रमुखता लक्ष्यों में संस्कृति को शामिल करते हैं। बवेरिया के संविधान का अनुच्छेद (आर्टिकल) 3.1 बवेरिया को यों परिभाषित करता है—बवेरिया एक विधिक, सांस्कृतिक तथा सामाजिक राज्य है (Bavaria is a legal, cultural and social state), हम अपने देश के भीतर राज्य को एक सांस्कृतिक एवं सामाजिक उपस्थिति में नहीं देखते हैं। चलो, अंग्रेज नहीं देख सकते थे, क्योंकि वे इस समाज और संस्कृति को कभी अपना न सके और इसके बीच अपने को पराया ही महसूस करते रहे। इस कारण राज्य को सांस्कृतिक या सामाजिक इकाई के रूप में देखकर वे अपने होने की स्ट्रक्चरल वैलिडिटी को कभी संदिग्ध नहीं बना सकते थे। ग्रीस में भी संस्कृति के मामले में एक दुहरी एप्रोच है। आर्टिकल 16 में वहाँ right of all to art and culture है, लेकिन responsibility of the State to promote it के साथ। वहाँ आर्टिकल 24 में तो पूरे सांस्कृतिक पर्यावरण (स्मारक, परंपरागत क्षेत्रों और पर्यावरण के परंपरागत तत्त्वों सहित) का संरक्षण सभी का अधिकार और राज्य का दायित्व (ऑब्लिगेशन) है। पुर्तगाल में भी नागरिकों को आर्टिकल 78 में यह अधिकार दिया गया है कि Everyone has the right to cultural enjoyment and creativity, and the duty to preserve, protect and extend the cultural heritage. लेकिन उसी आर्टिकल में

यह भी कहा गया कि It is the duty of the state, in co-operation with all cultural agencies.

(a) to encourage and ensure access for all citizens to the means and mechanisms of cultural activity, and to correct present imbalances in this respect;

(b) to support initiatives to stimulate the broad variety and expression of individual and collective creativity, and a wider availability of cultural works and assets of quality;

(c) to promote the protection and increase respect for the cultural heritage, making it a vital element of the common cultural identity;

(d) to develop cultural relations with all peoples, particularly those that are Portuguese-speaking, and ensure the protection and promotion of Portuguese culture abroad; and

(e) to co-ordinate the policies for culture with other state policies.

ध्यान दें कि हमारी तरह सिर्फ conserve करने की बात अन्य देशों के संविधानों में नहीं है। वहाँ protect यानि संरक्षण और extend अर्थात् आगे बढ़ाने की भी बात है। हंगरी में sustain शब्द और जोड़ा गया है। हमारे यहाँ सिर्फ संविधान का आर्टिकल 49 यह प्रावधान करता है और वह भी Protection of monuments and places and objects of national importance के बारे में कि It shall be the obligation of the State to protect every monument or place or object of artistic or historic interests, declared by or under law made by Parliament to be of national importance, from spoliation, disfigurement, destruction, removal, disposal or export, as the case may be.

अब मेरी जिज्ञासा यह है कि इसमें law made by parliament कहकर राज्य विधानसभाओं को क्यों बाहर किया हुआ है? फिर of national importance का क्या अर्थ है? क्या राज्यस्तरीय महत्त्व का है तो उसकी चिंता नीति-निर्देशन तक के लिए आवश्यक नहीं?

संस्कृति को मात्र वर्गीय अधिकार की तरह देखना ही एक त्रासदी है लेकिन अभी तो वह भी गनीमत है। जर्मनी में Rhineland-Palantinate का संविधान अनुच्छेद 40 इसे वर्गीय नहीं बनाता। वह कहता है कि The whole people shall be given the opportunity to make use of the cultural goods of life. भारत में हम लोग इस बात पर आश्चर्य करते हैं कि आर्टिकल 29 का शीर्षक (हेडिंग) : अल्पसंख्यकों के हितों का संरक्षण (protection of interests of minorities)—क्यों है? क्या सिर्फ अल्पसंख्यकों के सांस्कृतिक अधिकारों का संरक्षण ही आशयित है? यदि नहीं तो इस शीर्षक (हेडिंग) को बदला जाना चाहिए, जो फालतू का संभ्रम पैदा करती है। यदि हाँ, तो फिर क्या कहा जाए? संस्कृति क्या सिर्फ अधिकार है भारत में और वह भी वर्गीय? उक्रेन के संविधान के आर्टिकल 66 में तो नागरिक के अधिकार से ज्यादा बाध्यता (आब्लिगेशन) पर जोर है—Everyone shall be obliged not harm nature or cultural heritage, and to compensate for any damage he/she inflicts. संविधान में ही क्षतिपूर्ति की व्यवस्था करनेवाला उक्रेन एक अनूठा देश है।

संस्कृति एक अधिकार मात्र से कहीं अधिक

इसकी तुलना में केन्या का संविधान संस्कृति को अधिकार मात्र न कहकर राष्ट्र का मूल आधार 'फाउंडेशन ऑफ द नेशन' और 'केन्या की जनता व राष्ट्र की संचित अभिव्यक्ति' कहता है। अल्बानिया के संविधान की धारा 3 में 'राष्ट्रीय अस्मिता और विरासत' को देश का एक आधार कहा गया है। हंगरी के संविधान में आर्टिकल P कहता है कि All...cultural assets shall form part of the nation's common heritage, and the State and every person shall be obliged to protect, sustain and preserve them for future generations. तब आप ही तय करें कि असल में फंडामेंटल क्या है ?

रोमानिया के संविधान का अनुच्छेद 33 कहता है कि The state must make sure that spiritual identity is preserved, national culture is supported, arts are stimulated, cultural legacy is protected and preserved, contemporary creativity is developed and Romania's cultural and artistic values are promoted throughout the world.

अंगोला में इसे नीति-निर्देशक तत्त्वों की तरह न बरता गया। वहाँ राज्य के fundamental tasks के रूप में एक नई और जबरदस्त अवधारणा अपनाई गई है। उसमें धारा 21(m) के तहत to promote historic, cultural and artistic heritage of the nation को राज्य का मौलिक कार्य कहा गया। धारा 79 में यह भी राज्य का मौलिक काम है कि The State shall promote access for all to literacy, education and culture. धारा 87(1) के अनुसार यह भी उसका काम है कि The State shall promote and encourage the conservation and appreciation of the historic, cultural and artistic heritage of the Angolan people.

आर्मीनिया के संविधान के अनुच्छेद 8.1 में तो आर्मीनियाई गणतंत्र के exclusive mission के रूप में development of the national culture and preservation of the national identity of the people of Armenia को स्वीकार किया गया है।

ब्राजील के संविधान में व्यवस्था है कि

The State shall ensure to all the full exercise of the cultural rights and access to the sources of national culture and shall support and foster the appreciation and diffusion of cultural expressions.

Paragraph-1—The State shall protect the expressions of popular, Indian and Afro-Brazilian cultures, as well as those of other groups participating in the national civilization process.

Paragraph-2—The law shall provide for the establishment of commemorative dates of high significance for the various national ethnic segments.

Article 216—The Brazilian cultural heritage consists of the assets of a material and immaterial nature, taken individually or as a whole, which bear reference to the identity, action and memory of the various groups that form the Brazilian society, therein included—

v. forms of expression;

w. ways of creating, making and living;

x. scientific, artistic and technological creations;

y. works, objects, documents, buildings and other spaces intended for artistic and cultural expressions;

z. urban complexes and sites of historical, natural, artistic, archaeological, paleontological, ecological and scientific value.

Paragraph-1—The Government shall, with the cooperation of the community, promote and protect the Brazilian cultural heritage, by means of inventories, registers, vigilance, monument protection decrees, expropriation and other forms of precaution and preservation.

Paragraph-3—The law shall establish incentives for the production and knowledge of cultural assets and values.

Article 216—[National System of Culture]

(0) The National System of Culture is organized under a collaboration regime, in a decentralized and participatory manner, and establishes a management process and joint promotion of democratic and permanent cultural public policies, negotiated among members of the Federation and society, aiming to promote human, social and economic development with full exercise of the cultural rights.

(1) The National System of Culture is based on national cultural policy and its

guidelines laid out in the national plan of culture, and adheres to the following principles—

I. diversity of cultural expressions;
II. universal access to cultural goods and services;
III. promoting the production, dissemination and circulation of knowledge and cultural goods;
IV. co-operation among federal entities, the acting public and private actors in the cultural area;
V. integration and interaction in implementing policies, programs, projects and actions taken;
VI. complementarity in the roles of cultural players;
VII. mainstreaming of cultural policies;
VIII. autonomy of the federated entities and civil society institutions;
IX. transparency and sharing of information;
X. democratization of decision-making processes with participation and social control;
XI. articulated and agreed decentralization of the management of resources and actions;
XII. progressive enlargement of the resources contained in public budgets for culture.

(2) The aims of the National System of Culture, in their respective spheres of the Federation, are the following—

I. manages organ culture;
II. advises cultural policy;
III. conferences culture;
IV. intergovernmental commissions;
V. cultivation plans;
VI. providing funding to culture;
VII. information systems and cultural indicators;
VIII. training programs in the area of culture, and
IX. sartorial systems of culture.

(3) federal law provides for the regulation of the National Culture System, as well as its relationship to other national systems and sectorial government policies.

(4) The States, the Federal District and the municipalities organize their respective culture systems in their laws.

यह ठीक है कि हमारे यहाँ सभी महान थे, लेकिन क्या वे इतने परफेक्ट थे कि संशोधन की गुंजाइश ही नहीं बची ?

भारतीय संविधान और राष्ट्रवाद

अपने संविधान की प्रस्तावना में राष्ट्रवाद का या राष्ट्र का उल्लेख तो गायब है और इन दिनों तो अपनी बुद्धिजीविता ही राष्ट्र/राष्ट्रवाद शब्दों का मखौल उड़ाकर ही सिद्ध होती है, लेकिन जब मैंने स्वयं रूसी फेडरेशन के संविधान की प्रस्तावना देखी तो उन्हें United by a common destiny on our land का, preserving the historic unity of the State का और honoring the memory of our ancestors who have passed on to us their love and respect for the Fatherland का उल्लेख करते पाया। रिपब्लिक आफ कोरिया की सांविधानिक प्रस्तावना में भी proud of a resplendent history and traditions dating from time immemorial के साथ having determined to consolidate national unity का उल्लेख पाया। The Republic of Cote D' Ivories की प्रस्तावना में भी Conscious of their national identity का उल्लेख देखा और क्रोएशिया की प्रस्तावना में तो नेशन कुछ ज्यादा ही भरा है—the millennial national identity of the Croatian nation and the continuity of its statehood, confirmed by the course of its entire historical experience in various political forms and by the perpetuation and development of the state–building idea grounded in the historical right of the Croatian nation to full sovereignty, has manifested itself—in [a long list of historical events beginning in the seventh century and including, most recently,...the victory of the Croatian nation and Croatia's defenders in the just, legitimate and defensive war of liberation, the Homeland War (1991-1995), wherein the Croatian nation demonstrated its resolve and readiness to establish and preserve the Republic of Croatia as an independent and autonomous, sovereign and democratic state. लिथुआनिया की प्रस्तावना में कहा गया है कि Lithuania is the State of Lithuanian nation which has preserved its spirit, native language, writing, and customs, embodying the innate right of the Nation to live and create freely in the land of their fathers and forefathers. स्लोवेनिया में प्रस्तावना कुछ यों राष्ट्रोल्लेख करती है—proceeding from...the fundamental and permanent right of the Slovene nation to self-determination; and from the historical fact that...we Slovenes have established our national identity and asserted our statehood. स्लोवाक गणतंत्र का संविधान national awareness और cultural identity को सपोर्ट करने के लिए प्रतिबद्धता दिखाता है। उक्रेन का संविधान आर्टिकल-11 में यों कहता है—The Constitution proclaims that the State provides the framework for the consolidation and development of the Ukrainian nation, it's historical awareness, traditions and culture. कैमरून की सांविधानिक प्रस्तावना क्यों है—Proud of our linguistic and cultural diversity, an enriching feature of our national identity, but profoundly aware of the imperative need to further consolidate our unity, solemnly declare that we constitute one and the same Nation, bound by the same destiny, and assert our firm determination to build the Cameroonian Fatherland on the basis of the ideals of fraternity, justice and progress; यूरोपीय यूनियन की संधि का आर्टिकल-4(2) भी राष्ट्रीय अस्मिता वाली clause रखता है—The Union shall respect the national identities of member nations, inherent in their fundamental structures. हमारे आदर्श पाकिस्तान, ईरान, ईराक, यूनाइटेड अरब अमीरात, यमन, ओमन, कतर आदि आदि देश तो हो नहीं सकते, जो इसलामी अस्मिता की ही राष्ट्रीय अस्मिता के रूप में प्रस्तावना करते हैं। न हम डेनमार्क या आइसलैंड की तरह Evangelical Lutheran Church को स्टेट चर्च घोषित करने या माल्टा की तरह Roman Catholic Apostolic Religion को राज्य का धर्म घोषित करने या लंका की तरह बौद्ध धर्म को संविधान में सर्वोच्च महत्त्व (foremost place) देने और यह कहने कि It shall be duty of the State to protect and foster the Buddha Sasana की नकल के लिए उतावले हैं। मैं तो सिर्फ राष्ट्रीयता/राष्ट्र/राष्ट्रवाद/राष्ट्रीय अस्मिता जैसे शब्दों के सरासर अनुल्लेख से चकित हूँ, जबकि हमारे यहाँ तो राष्ट्र की अवधारणा भी पश्चिमी 'नेशन' की तरह संकीर्ण भी नहीं है।

संविधान में पूर्वजों के प्रति कृतज्ञता

हमारे संविधान की प्रस्तावना में भारत की विरासत और पूर्वजों के प्रति कृतज्ञता का उल्लेख नहीं है, जबकि दुनिया के कई देशों में है।

रूस तक के संविधान की प्रस्तावना में है—honoring the memory of our ancestors who have passed on to us their love and respect for the Fatherland and faith in goodness and justice.

पापुआ न्यूगिनी तक की प्रस्तावना में है—WE, THE PEOPLE OF PAPUA NEW GUINEA—

— united in one nation
— pay homage to the memory of our ancestors—the source of our strength and origin of our combined heritage
— acknowledge the worthy customs and traditional wisdom of our people which have come down to us from generation to generation.

अंगोला तक के संविधान की प्रस्तावना में कहा गया—invoking the memory of our ancestors and calling upon the wisdom of our shared history, our centuries—old roots and the cultures that have enriched our unity, inspired by the lessons in African tradition—the essence of Angolan culture and identity.

तब क्या चीज थी जिसने हमें इस अभिव्यक्ति से रोका था ? क्या यही वह मानस नहीं है, जो आज भी बहुत विकृत तरीके से जब तब दिखने में आता है ?

भारतीय संविधान और स्वतंत्रता संघर्ष

यों ही मुझे भारतीय संविधान की प्रस्तावना का ध्यान आया तो यह भी ध्यान आया कि उसमें कहीं भी स्वतंत्रता संघर्ष का जिक्र नहीं है, जबकि उपनिवेशवाद से लड़कर स्वतंत्र हुए कई देश अपने संविधानों की preamble में ही उसे याद करते हैं। मसलन, अंगोला के संविधान की भूमिका-भाषा यों है Noting that the Constitution of the Republic of Angola is linked to, and a direct part of the long and enduring struggle of the Angolan people, first to resist colonial occupation, then to achieve the independence and the dignity of a sovereign state.

पीपुल्स डेमोक्रेटिक रिपब्लिक ऑफ अल्जीरिया के संविधान का पुरोवाक् भी ऐसी ही कृतज्ञ स्मरण करता है—The Algerian people have waged an unceasing armed, moral and political struggle against the invader and all his forms of oppression for more than a century following the aggression of 1830 against the Algerian State and the occupation of the country by French colonial forces.

On November 1, 1954, the National Liberation Front called for the mobilization of all the energies of the nation, since the battle for the independence had reached its final phase of realization.

The war of extermination waged by French imperialism was intensified and more than a million martyrs paid with their lives for the love of their country and liberty.

In March 1962, the Algerian people emerged victorious from the seven and half year's struggle waged by the National Liberation Front.

Upon recovering its sovereignty, after a hundred and thirty two years of colonial domination and feudal regime, Algeria has given itself new national political institutions.

कैमरून के संविधान की प्रस्तावना भी यही कहती है—Motives for writing constitution Jealous of our hard-won independence and resolved to preserve same; convinced that the salvation of Africa lies in forging ever-growing bonds of solidarity among African Peoples, affirm our desire to contribute to the advent of a united and free Africa, while maintaining peaceful and brotherly relations with the other nations of the World, in accordance with the principles enshrined in the Charter of the United Nations.

चीन ने तो एक वाक्य वाला फॉर्मूला न अपनाकर विस्तार से यह लिखने में भी संकोच नहीं किया कि China is one of the countries with the longest histories in the world. The people of all nationalities in China have jointly created a splendid culture and have a glorious revolutionary tradition.

Feudal China was gradually reduced after 1840 to a semi-colonial and semi-feudal country. The Chinese people waged wave upon wave of heroic struggles for national independence and liberation and for democracy and freedom. Great and earth-shaking historical changes have taken place in China in the 20th century. The Revolution of 1911, led by Dr. Sun Yat-sen, abolished the feudal monarchy and gave birth to the Republic of China. But the Chinese people had yet to fulfill their historical task of overthrowing imperialism and feudalism.

After waging hard, protracted and tortuous struggles, armed and otherwise, the Chinese people of all nationalities led by the Communist Party of China with Chairman Mao Zedong as its leader ultimately, in 1949, overthrew the rule of imperialism, feudalism and bureaucratic capitalism, won the great victory of the new-democratic revolution and founded the People's Republic of China. Thereupon, the Chinese people took state power into their own hands and became masters of the country.

रिपब्लिक ऑफ कोरिया ने भी यह पुण्य स्मरण किया—We, the people of Korea, proud of a resplendent history and traditions dating from time immemorial, upholding the cause of the Provisional Republic of Korea Government born of the March First Independence Movement of 1919 and the democratic ideals of the April Nineteenth Uprising of 1960 against injustice, having assumed the mission of democratic reform and peaceful unification of our homeland and having determined to consolidate national unity with justice, humanitarianism and brotherly love ऐसा कुछ हमारा संविधान अपनी भूमिका में क्यों नहीं कहता? नागरिकों के मौलिक कर्तव्यों में जरूर बाद में कहा गया कि यह नागरिक का कर्तव्य होगा कि to cherish and follow the

noble ideals which inspired our national struggle for freedom. हेनरी रॉलिंस ने कहा था कि यदि संविधान एक मूवी है तो प्रस्तावना उसका ट्रेलर। तो हमारे ट्रेलर में डिकॉलोनाइजेशन और लिबरेशन मूवमेंट की साभार संस्कृति से बचना संयोग था या साशय ?

भारतीय संविधान और कला

अमेरिकी संविधान में यों तो 27 संशोधन हो चुके हैं, लेकिन जो एक चीज उसमें शुरूसे बनी हुई है वह है—उसकी कला क्लॉज। उसे इतनी प्रमुखता दी गई थी कि संविधान निर्माताओं ने उसे पहले अनुच्छेद में रखा। आठवीं धारा में और उसे शासन की परिगणित (enumerated) शक्तियों में से माना, कांग्रेस की निहित (implied) शक्ति की तरह नहीं। इसके लिए जो शब्द प्रयोग किए गए वे थे—To promote the Progress of Science and useful Arts. हालाँकि कला को उपयोगितावादी नजरिये से देखने का खतरा useful शब्द में छुपा हुआ था, लेकिन मुझे तो Arts शब्द को Capitalized हुआ देखकर मजा आ गया। और एक शक्तिशाली क्रिया 'प्रमोट' और एक शक्तिशाली संज्ञा 'प्रोग्रेस' के प्रयोग ने इस आनंद में और वृद्धि की। संविधान के पहले अनुच्छेद में रखना इसे देश के अस्तित्व की बुनियादी प्रतिज्ञाओं में से एक मानना था। यह कला और विज्ञान को एक ही तुला पर रखना था। हमारे यहाँ तो कला का विद्यार्थी द्वितीय श्रेणी का नागरिक माना जाता है और कला संस्थानों को बहुत तदर्थ तरीके से चलाया जाता है। अमेरिकी क्रांति में जो पुनर्जागरण के विचारक थे, वे वैज्ञानिक होने के साथ कलाकार भी थे, चाहे बेंजामिन फ्रेंकलिन हों या थामस जेफरसन। सो, इस प्रावधान का परिणाम यह हुआ कि अभी जब कांग्रेस ने वहाँ बजट प्रस्तावों में National Endowment for the Arts and the Humanities की राशि काटने की कोशिश की तो लोगों ने इसी प्रावधान का हवाला दिया कि यह विलासिता उसे संविधानतः उपलब्ध नहीं है।

इटली के संविधान (1947) के नवें आर्टिकल में The Republic promotes the development of culture...and protects the historic and artistic heritage of the Nation कहना भी उसे एकदा आधारभूत प्राधान्य देना था। ये वही इटली है, जहाँ अभी 2012 में वहाँ के उद्योगपतियों ने एक Constituent Assembly for Culture की माँग की थी और जो संस्कृति और विकास के बीच रिश्तों में एक कोपर्निकन क्रांति इस संस्कृति-आधारित संविधान सभा में देखना चाहते थे।

बुल्गारिया का संविधान अपने आर्टिकल-23 में कहता है—The State shall establish conditions conducive to the free development of...the arts and shall assist that development. It shall organize the conservation of all national monuments of history and culture. वह हमारी तरह सिर्फ केंद्र सरकार द्वारा अधिसूचित स्मारकों के संरक्षण की बात नहीं करता।

क्रोएशिया का संविधान आर्टिकल-69 में राज्य के ऊपर यह आब्लिगेशन निर्मित करता है कि वह सांस्कृतिक और कलात्मक सृजनशीलता को प्रचोदित (stimulate) करे और उनका विकास करे। आर्टिकल-52 में items of special cultural and historic significance enjoy special protection of the State. फ्रांस का संविधान सभी बच्चों और बड़ों को equal access to culture की गारंटी (आर्टिकल-13) में देता है। स्पेन का संविधान कहता है कि संस्कृति सभी नागरिकों का अधिकार है (culture is the right of all citizens) और उसे मात्र अल्पसंख्यकों का अधिकार नहीं बनाता जैसे हमारे यहाँ है।

काश!

वैदिक ज्ञान का वैज्ञानिक दृष्टिकोण

डॉ. वासुदेवशरण अग्रवाल

प्रसिद्ध मनीषी, चिंतक-विचारक डॉ. वासुदेवशरण अग्रवाल ने अपने विशुद्ध लेखन से भारतीय ज्ञान, मेधा, परंपरा को समृद्ध किया। उनके द्वारा लिखी और संपादित कुछ प्रमुख पुस्तकें हैं—'उरु-ज्योतिः', 'कला और संस्कृति', 'कल्पवृक्ष', 'कादंबरी', 'पृथिवी-पुत्र', 'भारत की मौलिक एकता', 'भारत सावित्री', 'माता भूमि', राधाकुमुद मुखर्जीकृत 'हिंदू सभ्यता' का अनुवाद।

विश्व अनंतता के विषय में आज भी विज्ञान के विशिष्ट यंत्रों की सहायता से कितने ही नए तथ्यों की जानकारी दी गई है। इस विश्व का विस्तार कितना है? इसकी रचना का संभाव्य क्रम किस प्रकार का है? इसके भौतिक स्वरूप की रचना किन तत्त्वों से हुई है? इन भौतिक तत्त्वों के पीछे प्रवर्तन शक्ति तत्त्व क्या है और कैसे वह एक शक्ति अपने विशेषता से भूत-भौतिक पदार्थ, मनस्तत्त्व और जीवन—इन तीन रूपों में प्रकट हो रही है? इस सब प्रश्नों के समाधान का महान् प्रयत्न अर्वाचीन विज्ञान में पाया जाता है। विज्ञान की साक्षी मूल्यवान है। उसके मूल में मानव-जाति की ठोस बौद्धिक साधना छिपी है। जिस प्रकार बहुत से श्रमिक तीक्ष्ण कुदालियों से खोदते हुए भूमिस्थ जल को खोद निकालते हैं, वैसे ही सृष्टि के अनेक नियमों को बुद्धि की प्रखर रश्मियों से अर्वाचीन वैज्ञानिकों ने ढूँढ़ा है। आज लक्षानुलक्ष उत्कृष्ट मानव-मस्तिष्क विश्व-रहस्य की खोज में परिश्रम कर रहे हैं। उनके प्रयत्न सच्चाई से भरे हुए हैं। उनमें जो हार्दिक श्रम और तप है, उससे प्रभावित हुए बिना नहीं रहा जा सकता। वस्तुतः वैज्ञानिक के लिए सच्ची पूजा के दो पुष्प समर्पित करने योग्य हैं।

ऋषि कौन हैं?

जो व्यक्ति प्राचीन दर्शन की श्लाघा करते हुए अर्वाचीन विज्ञान को हेय मानते हों, उनका दृष्टिकोण अनुमोदनीय नहीं है। विज्ञान की भाषा नए युग के ज्ञान साधना की भाषा है। वैज्ञानिकों को 'सच्चा ऋषि' कहना चाहिए। सत्य की जिज्ञासा ऋषित्व का प्रथम और अंतिम

लक्षण है। सत्य का साक्षात् दर्शन जिसे हो, वह ऋषि है। 'ऋषिर्दर्शनात्' इस परिभाषा की आयु यद्यपि कई सहस्र वर्ष पुरानी है। फिर भी उसमें परिवर्तन का कोई कारण दिखाई नहीं पड़ता। भारतवर्ष के मनीषियों ने ज्ञान-साधना का जो आदर्श स्थिर किया था, वह आज भी मान्य है। विश्व-संबंधी ऊहापोह और तर्क-वितर्क आज की शैली में प्रत्यक्ष प्रयोग अर्थात् यंत्र-साध्य अनुभव का विषय बन गए हैं। किंतु सत्य को स्वयं पहचानने, सत्य का आविष्कार करने, विश्व के नियमों के पीछे सत्य का स्वयं दर्शन करने के आदर्श में पहले की अपेक्षा इस समय तनिक भी परिवर्तन नहीं हुआ है। अतएव यह कहना तथ्य का अपलाप न होगा कि ऋषि वैज्ञानिक थे और वैज्ञानिक ऋषि हैं। विश्व के मूल में जो ज्ञान और बल की क्रिया है, उसको समझने का लक्ष्य दोनों के सामने था। ऋषियों की एक दूसरी परिभाषा यास्क ने इस प्रकार दी है **'साक्षात्कृतधर्माण ऋषयः'**—जिसने धर्म का साक्षात्कार या स्वयं अनुभव किया हो, वह ऋषि है। वस्तुतः ऋषिदर्शनात् सूत्र की यही व्याख्या है। इस व्याख्या में धर्म शब्द का क्या तात्पर्य है? आरंभ में ही यह स्पष्ट कर देना चाहिए कि मत, संप्रदाय या पंथ या पर्यायवाची जो धर्म शब्द है, उससे यहाँ दूर का प्रयोजन नहीं। धर्म उन नियमों की संज्ञा है, जिससे यह सृष्टि-प्रक्रिया गतिशील है। धारणाद् धर्मः—अर्थात् धारणात्मक तत्त्व का वाचक धर्म शब्द है। यह तो प्रत्यक्ष ही विदित होता है कि इस विचाली और क्षण-क्षण परिवर्तनशील विश्व के मूल में कोई ध्रुव तत्त्व अवश्य है। यदि ध्रुव प्रतिष्ठात्मक धरातल न हो तो विश्व का गत्यात्मक क्षणिक भाव कदापि संभव नहीं हो सकता। जितनी गति है, उसके लिए स्थिर आधार चाहिए। यदि ध्रुव में केंद्र न हो तो चंचल परिधि की कल्पना हो ही नहीं सकती। परिधि में ह्रास और वृद्धि की संभावना है, केंद्र में नहीं। केंद्र ही वह ध्रुव बिंदु है, जो परिधि का नियामक है। वही अंतर्यामी तत्त्व है। अंतर्यामी उसे कहते हैं, जो अंतर में रहता हुआ बाहरी स्वरूप का नियमन करता है। जो

अंतर है, उसे ही प्राचीन परिभाषा में और कई नामों से पुकारते थे, जैसे—गुहा, हृदय, नाभि उक्थ। उसे आज की भाषा में 'केंद्र' कहते हैं। केंद्र या हृदय प्रतिष्ठा तत्त्व का नाम है। जो क्षणिक है, वही काल प्रसारित है, वही गत्यात्मक और परिवर्तनशील होता है। उसके लिए स्थित नित्य धरातल आवश्यक है। स्थिति और गति की समष्टि ही विश्व है। विश्व का बाह्य रूप गति के आश्रित देश और काल में सदा परिवर्तनशील है।

गति और स्थिति

किंतु क्षण-क्षण घटित होनेवाले परिवर्तनों के मूल्य में एक और अपरिवर्तनीय अवयव तत्त्व अवश्य है। वस्तुतः जो स्थिति है, वह गति-भाव को प्राप्त करती है। प्राचीन दार्शनिक परिभाषा के अनुसार, स्थित-तत्त्व का नाम 'आकाश' और गति-तत्त्व का नाम 'वायु' है। स्थिति और गति—दोनों ही साक्षेप भाव है, किंतु एक-दूसरे के अविनाभूत है। कोरी गति स्थिति के बिना कभी नहीं रह सकती। सौ मील प्रति घंटे की गति और सहस्र मील प्रति घंटे की गति में क्या अंतर है? उन दोनों का अंतर यही है कि पहली गति में दूसरी की अपेक्षा स्थिति-भाव अधिक है। ऐसे ही, दस सहस्र मील प्रति घंटे की गति सहस्र मीलवाली गति से इस बात में भिन्न है कि पहली के गर्भ में स्थित-भाव कम है, दूसरे में अधिक है। तो वस्तुत स्थिति और गति—दोनों की कल्पना सापेक्ष तारतम्य पर आश्रित है। इस प्रकार का प्रकाश और अंधकार, शीत और ऊष्ण भी तारतम्य के अधीन है। यह संसार इस प्रकार द्विविरुद्ध भावों से भरा हुआ है। विज्ञान और दर्शन—दोनों ही इस मौलिक तत्त्व को अपने-अपने ढंग से स्वीकार करते हैं। यहाँ तक कि नीले और लाल वर्णों का द्वंद्व भी वास्तविक नहीं है, केवल सूर्य-रश्मियाँ तारतम्य के अधीन हैं। जो रश्मियाँ लंबाई में अधिक है वह लोहित वर्ण की ह्रस्व और दीर्घ ये स्वयं भी क्या अंतिम सत्य है? इनका भेद केवल मन से माना हुआ एक तारतम्य है। ऊपर-नीचे, पहले-पीछे, पूर्व-पश्चिम, पर-अपर, गुरु-लघु, आदि द्वंद्वात्मक भेद केवल भाँति सिद्ध हैं सत्ता-सिद्ध नहीं, अर्थात् वे केवल इस रूप में जाने जाते हैं या दिखाई पड़ते हैं, वास्तविक नहीं है। विज्ञान की भाषा में वह सापेक्ष है, दर्शन की भाषा में प्रतीति मात्र है। वैदिक प्रतीक या पुराण की भाषा में वे ऐसे यक्ष हैं, जिनका रूप आकाश में दूर तक फैला हुआ भारी-भरकम दिखाई देता है, पर जिनके पीछे तथ्य कुछ नहीं है। ऐसे पदार्थों को वैदिक भाषा में 'अभ्व' कहते हैं। जो हर कर भी कुछ न हो, उसे 'अभ्व' कहते हैं '**नामरूपे ह वै महती अश्वे महती यक्षे**' (शतपथ)—नाम और रूप—ये दोनों बड़े अश्व और बड़े यक्ष हैं।

प्रवर्तन शक्ति

आज यह विज्ञान का सत्य है कि नाम और रूप में ही विश्व है। विज्ञान बताता है की वस्तुएँ जैसी दिखाई पड़ रही हैं, वस्तुतः वे वैसी नहीं हैं। पौधे के मूल में कोई शक्ति है, जो भौतिक परमाणुओं को पकड़कर अपने वश में कर लेती है और उन्हें अपने संस्थान में ढालकर रूप का

निर्माण कर देती है। उसी से क्रमशः पौधे का रूप बनता है, उसी से क्रमशः पुष्प का रूप बनता है और उसी से क्रमशः फल का रूप बनता है। पौधा, पुष्प और फल वस्तुतः कहीं कुछ नहीं है—एक शक्ति की प्रक्रिया के विकास मात्र हैं, जिसमें स्वयं न कहीं रूप है और न कोई परिणाम, भार आदि की उपाधि। जब रूप का वास्तविक अस्तित्व नहीं है, तब नाम का अस्तित्व कहीं हो सकता है? वृक्ष, पुष्प और फल—ये भिन्न नाम कुछ नहीं है, वाणी के विकार-मात्र हैं। वायु के घात-प्रत्याघात से उत्पन्न कुछ अक्षर और शब्द हैं, जिन्हें मानवीय बुद्धि ने किसी क्रम से सजा दिया है। वस्तुतः उन अक्षरों और उनसे बने हुए शब्दों में सब नामों का अंतर्भाव कहीं है? वाक् के क्षेत्र में बैखरी के धरातल पर जो उत्पत्ति विनाश या क्षणिकता का नियम हम देखते हैं, वही क्षणिक विचाली वस्तुओं के लिए भी अनुभव में आता है।

किंतु इन क्षणिक परिवर्तनों के मूल में इनकी प्रवर्तक कोई शक्ति अवश्य है। उस शक्ति-तत्त्व का स्वरूप क्या है? इस विषय में आज विज्ञान की स्थिति डांवांडोल है। जिसे हमने कुछ काल पूर्व दुष्प्रधर्ष भूत भौतिक द्रव्यों के रूप में पकड़कर रखा था, आज उसकी वह दृढता विश्लेषण की आग से पिघलकर विलीन हो रही है। प्रकृति के विधायक जो मौलिक तत्त्व समझे जाते थे, पहले उन्होंने परमाणु के हाथों आत्मसमर्पण किया। फलतः बानवे तत्त्वों का दृश्यभेद मौलिक न रह गया। पुनः परमाणुओं की पृथक् सत्ता को भी आघात लगा। अलग-अलग तत्त्वों के अलग-अलग परमाणु किसी प्रातिस्विक विशेषता के कारण निज-निज रूप को लिये हुए न थे। उनका आपेक्षिक भेद उनके विद्युदणुओं (इलेक्ट्रॉन) की संख्या पर निर्भर है। विज्ञान की इस तपन से परमाणुओं का भेद भी पिघल गया। अब तो यह निश्चित है कि वस्तु, न द्रव्य, न अणु, न परमाणु, न विद्युदणु—इनमें से कोई भी सत्यसिद्ध नहीं है। ये सब प्रतीति-मात्र हैं। इनके मूल में केवल एक शक्ति है, जिसे भौतिक कहते और मानते हुए भय लगता है और नितांत अभौतिक कहें तो भी नहीं बनता।

उलझन की अवस्था

यह एक उलझन की अवस्था है। ज्ञात होता है कि सृष्टि के मूल में पदे-पदे उलझन है। कुछ दूर तक तो मार्ग सम-धरातल पर दिखाई पड़ता है, किंतु एक द्वार ऐसा मिल जाता है, जो किसी ओहार या परदे से ढका है। उसे उठाकर भीतर झाँकने पर प्रलोभन मन में आते ही उलझन का अनुभव होने लगता है। यह भी सही, वह भी सही, यह भी नहीं, वह भी नहीं, कुछ इस प्रकार की दुविधा में फँस जाना पड़ता है। दर्शन की भाषा में कहें तो सत् भी नहीं, असत् भी नहीं, मृत्यु भी नहीं, अमृत भी नहीं, दूर भी नहीं, निकट भी नहीं, कैप भी नहीं, स्थिरता भी नहीं, चल भी नहीं, अचल भी नहीं, गति भी नहीं, स्थिति भी नहीं। विज्ञान की भाषा में कहें तो मैटर भी नहीं, एनर्जी भी नहीं, क्वांटम भी नहीं, कंटिन्यूटी भी नहीं। फिर है तो क्या है? क्या आदि से अंत तक यह एक उलझन ही है?

घबराया हुआ मन जिसे उलझन कहता, समाहित मन उसे ही गुहा-निहित रहस्य कहकर प्रख्यात करता है। उलझन ही को 'प्रहेलिका' कहते हैं। विश्व सदा से पहेली हैं—दर्शन के लिए भी, विज्ञान के लिए भी दर्शन के समाधान जैसे इस बुझौवल को न बूझ सके, वैसे विज्ञान चामत्कारिक आविष्कार भी इसका बाल बांका न कर सके। जैसे इंद्र ने किसी समय कहा था—'**मम लोमापि न मीयते**'—मेरा एक रोआँ भी किसी से सीमित नहीं किया जा सकता। इंद्र ही विश्व की प्रज्ञा समष्टि है, उनके एक रोएँ की थाह भी क्या किसी को मिल सकती है? यदि ऐसा हो तब तो पहले पहले अनबूझ नहीं रह जाएगी। जो सप्रश्न है, वह सदा प्रश्न ही बना रहेगा, यह ध्रुव सिद्धांत है। इस सप्रश्न से जूझनेवाले आज अनेक हैं। लाखों वैज्ञानिक अपने ज्ञान की आहुति इस प्रश्न के खुले हुए मुँह में रात-दिन डाल रहे हैं, पर प्रश्न का मुँह बंद नहीं हो पाता। वह तो जैसे सुरसा के मुँह की भाँति और बढ़ता जाता है।

कहते हैं कि जनक की सभा में कोई ऐसा धनुष था, जिसे उठाने के लिए दस सहस्र राजा एक साथ लग गए थे, फिर भी वह टस-से-मस नहीं हुआ। विश्व का रहस्य ही वह शिव-धनुष है, जिसे चढ़ाना बौद्धिक प्रयत्नों की संख्या पर निर्भर नहीं है। विद्वान् मेटरलिंक इस प्रश्न की दुरूहता के विषय में दूसरे ही ढंग से सोचने लगते हैं—"मैं अपने शत्रु के लिए भी यह न चाहूँगा कि उसे किसी ऐसे विश्व में रहना पड़े, जिसके एक परमाणु का भी पूरा रहस्य जान लिया गया हो।"

यदि यहाँ शंका और निराशा, संधि और दुराशा का क्षेत्र फैला हुआ है तो मानव क्या करे? बुद्धि ही उसका सच्चा मित्र है। क्या अपनी उस विज्ञानात्मा शक्ति के विषय में हमें हताश हो जाना चाहिए? इस प्रश्न का उत्तर शीघ्रता में नहीं दिया जा सकता और न हल्केपन से ही कोई कुछ कर सकता है। 'हाँ' और 'नहीं' दोनों दृष्टिकोण ठीक हैं। जिस व्यक्ति ने पूर्व युग में कभी इस प्रश्न से लोहा लिया था, उसका कहना है, "कौन सचमुच जानता है, और कौन यहाँ कर सकता है, कैसे यह सृष्टि जन्मी, कैसे कहाँ से आई? कौन जाने कैसे हुआ, जो इसका साक्षी कोई नहीं उसने इस बनाया हो या उसने भी न बनाया हो, वह उसे जानता हो या संभव है, वह भी नहीं जानता है (ऋग्वेद नासदीय सूक्त मंत्र, 7, 8)। कैसे विलक्षण उद्गार हैं? कितने साहस भरे शब्द है? झिझकते हुए इन वाक्यों के पीछे निडर चिंतन-शक्ति है? विश्व के निर्माता को भी उसके बनाए विश्व के विषय में एक बार अनजान को टीम में रखने के लिए जिस दिन का और मानवता श्रद्धा की आवश्यकता है, उसकी कल्पना करना कठिन है। वस्तुत: नकारात्मक और निराकरण समिति नहीं है। यह तो सच कुछ करने के बाद भी मानव रचना का वर्ष फल है, जो फिर और कहने और सोचने की संवेग प्रगत प्रकट करता है और देश और काल की मर्यादा को कुछ नहीं होता, जो श्रद्धा में हृदय की उम्मीदों कि आगे प्रसारित करता है। संकोचन और प्रसारण का नाम ही प्राण है। प्राणात्मक चिंतन वही है, जो अपने केंद्र में सिमट कर नहीं जाता, बल्कि अपने दिव्य संकेतों को उत्सुक्त रूप से चारों ओर भेज कर प्रतिज्ञा करता है कि उत्तर में कहीं से कुछ नए प्राप्त हों।

प्रज्ञावाद

मानव प्रज्ञाशील प्राणी है। प्रज्ञा उसकी महती शक्ति है। प्रज्ञावाद अनुसंधान की युक्ति है। वैज्ञानिक अन्वेषण की वही मूलभूत शैली है। क्या वैज्ञानिक और क्या दार्शनिक, विश्व के रहस्य में दोनों ही प्रज्ञा या तर्क का आश्रय लेते हैं। प्रमाण और अनुमान की ही संज्ञा तर्कपरायण चिंतन है। दोनों के साथ शब्द-प्रधान प्रामाणिक चिंतन को भी मानना ही पड़ता है। ऋषियों के शब्द हों या वैज्ञानिकों के, दोनों में अंतर कहीं है? अपने-अपने क्षेत्र में दोनों है। ऋषियों के शब्द हों या वैज्ञानिकों के, दोनों में अंतर कहीं है? अपने-अपने क्षेत्र में दोनों ही की अनिवार्य आवश्यकता है, किंतु दोनों के शब्दों की मर्यादा है। जिज्ञासु का अपना अनुभव प्रमाण होता है। जिस शब्द को पुराने और नए अनुभव का बल नहीं है, वह शब्द-प्रमाण थोथा है। विज्ञान के पोथे हों या धर्म के, दोनों विश्वात्मक सत्य की कसौटी पर खरे उतरने चाहिए। उन्हें

बार-बार कसा जाएगा। कसौटी उनके लिए भय का कारण नहीं। वही तो उन्हें खरा कंचन सिद्ध करने का न्यूनतम अनिवार्य साधन है।

विश्व में अंतर्निहित जो विरोध या द्विविरुद्ध भावों का अस्तित्व है, वह व्यवहार पक्ष में तथ्य है और रहेगा किंतु परमार्थ पक्ष में उन विरोधों का परिहार होने लगता है। व्यवहार पक्ष में अपने-अपने केंद्र हैं। बल की ग्रंथियों से केंद्रों का निर्माण होता है। जब बल की ग्रंथियों का विमोक होने लगता है, तब एकमात्र रस की साम्य अवस्था या शांत स्थिति का अनुभव होता है। उसमें खिंचाव या तनाव नहीं रहता। बल की अवस्था केंद्रस्थ बुद्धि की चेष्टा है किंतु इसके ठीक विपरीत हृदय की श्रद्धा समय रस तत्त्व के साथ तन्मय होने की स्थिति है। जब हम समग्र वस्तु में से एक-एक खंड बुद्धि या श्रम द्वारा अपने लिए अलग पकड़ना चाहते हैं, तब उसके लिए प्रयत्न या बल चाहिए। वह बल की ग्रंथि खंड-भाव उत्पन्न करती है। उसमें अणु-महत्, ह्रस्व-दीर्घ, पर-अपर आदि के द्वंद्व तत्काल प्रविष्ट हो जाते हैं। किंतु जिस क्षण हम हृदय की बल-ग्रंथि को हटा लेते हैं, उसी क्षण के द्वंद्वात्मक भेद या खंड-भाव मिलने लगते हैं और समग्र भाव के साथ हमारा तादात्म्य होने लगता है। खंड-भाव को 'बल' और समग्र भाव को 'रस' कहते हैं। बल से तनाव और रस से आनंद की उपलब्धि होती है। खंड-भाव का क्षेत्र संसार है। रस-भाव का क्षेत्र वह है, जो संसार नहीं है। जो संसार नहीं है, वही विश्वातीत अविकृत तत्त्व ब्रह्म है।

विज्ञान की शैली

वस्तुत: जिसे व्यवहार और परमार्थ—इन दो रूपों में देखा जाता है, वह भी एक ही मूल अविकृत तत्त्व की दो रूपों में कल्पना है। जैसे एक ही मूलभूल शक्ति अविकृत शक्ति के रूप में भी रहती है और वही अपने भीतर से विकारी वस्तुओं को जन्म देती है। जैसे विज्ञान के प्रयोगात्मक उपायों से हम देखते और जानते हैं, वैसे ही एक अविकृत ब्रह्म तत्त्व स्वयं अविकृत रहता हुआ अपने भी भीतर और अपनी ही शक्ति से अनेक विकारी मूर्त्त रूपों को उत्पन्न कर रहा है। अमूर्त्त और मूर्त्त दोनों—उसी ब्रह्म के रूप हैं। उसे ही अनिरुक्त और निरुक्त भी कहते हैं। निरुक्त या मूर्त्त रूप को ही भूत या विश्व या प्रजा कहा जाता है। विश्व, भूत या प्रजा का जो अधिपति है, वही प्रजापति है। भूतों के द्वारा ही प्रजापति की पहचान संभव है। 'भूतेषु भूतेषु विचित्य धीरा:' यही ऋषि दर्शन की शैली है और यही विज्ञान की शैली है।

अणु-वीक्षण और दूर-वीक्षण से हम निकटस्थ या दूरस्थ भूतों का अनुसधान करते हैं। प्रत्येक की रचना और संस्थान को जानने का प्रयत्न करते हैं। वृक्ष के एक-एक तृण और पर्ण में विज्ञान की दृष्टि उसके मूल शक्ति-तत्त्व का अन्वेषण कर रही है। जो सामने है, वह प्रकट है, उसे 'यथा' कहा जाता है। इस यथा का मूल कहीं कुछ है, जो अप्रकट है, रहस्यमय है, गुहा-निहित है, उसे 'तथा' कहा जाता है। यथा का निर्माण उस तथा से हुआ है। जो सामने है, वह एतत् है, जो दूर है वह तत् है। 'एतद्वै तद्' यही ऋषियों का सत्यात्मक अनुभव था। वैज्ञानिक का समाश्रय भी यही नियम है। एक बिंदु पर जो नियम है, वह एतत् है। जो महान् विश्वासात्मक है, वह तत् है। उसे ही महानात्मा, महत्त्व, महद् ब्रह्म कहा जाता है। वह अखंड या समग्र (यूनिवर्सल) है। उसमें कला या खंड का भाव नहीं, अतएव वह निष्कल है। जहाँ एक व्यक्ति या केंद्र की अभिव्यक्ति है, वह खंडात्मक या कलात्मक भाव है। समस्त कलाओं या खंडों की समष्टि अवश्य कहीं होनी चाहिए, वही महत्त्व है। वही विश्व के खंडात्मक भावों का प्रभव-स्थान या योनि है। प्रजापति की शक्ति उस महत् या अखंड भाव को किसी एक केंद्र में गर्भित करती या सक्रिय बना देती है। वही विश्व का आविर्भाव या विकास है। 'मम योनिर्महद् ब्रह्म तस्मिन् गर्भ दधाम्यहम्' यह वाक्य विश्व के इसी नियम का परिचायक है। व्यक्त विश्व और महत्—दोनों का जहाँ पर्यवसान है, उसे भारतीय दर्शन की भाषा में 'अव्यक्त' कहा जाता है। वह

निर्विशेष है। मानवीय बुद्धि उसके विषय में कुछ कह नहीं सकती, सोच नहीं सकती।

विज्ञान और दर्शन का सहयोग

इस प्रकार विज्ञान और दर्शन—दोनों विश्व की पहेली से निपट रहे हैं। दोनों का बूझना सच्चा है, क्योंकि दोनों के पीछे बुद्धि-परायण सत्य के नियम की साख है। विज्ञान भयावह नहीं, जैसे दर्शन बुद्धि का निष्फल कुतूहल नहीं। मानव अपनी नवोदित शक्ति का उपयोग किस रूप में करता है, यह प्रश्न भिन्न है, यद्यपि नैतिक दृष्टिकोण से महत्त्वपूर्ण है। विज्ञान और दर्शन—दोनों का ही सदुपयोग मानवीय कल्याण के लिए करना विहित है, यही नीतिशास्त्र की मर्यादा है। किंतु मानव कर्म करने में स्वतंत्र है। जैसे कल्याण के लिए, वैसे विनाश के लिए भी मार्ग खुला रखा गया है। वस्तुत: अंतिम उद्देश्य की दृष्टि से विज्ञान के उपयोग का प्रश्न गौण है, क्योंकि प्रकृति का सच्चा शिशु मानव अन्यथा व्यवहार करे, इसकी कल्पना अधिकांश में नहीं करनी चाहिए। जीवन के सब व्यापार विश्व व्यापारों की भाँति छंद और मर्यादा से सीमित हैं। प्राकृतिक रूप में मानव को अपने छंद के अनुसार ही प्रवृत्त होना चाहिए। अंततोगत्वा विज्ञान का महान् फल विज्ञान ही है। 'विविध ज्ञानं विज्ञानम्, एक ज्ञानं ज्ञानम्'—एक से बहुत की ओर गति ज्ञान है। विज्ञान और ज्ञान की प्रक्रिया का रस विकास और संकोच उन नियमों का अनुभव कर लेने में ही है। शेष तो सब आनुषंगिक फल है। विज्ञान से उसी अमृत फल की प्राप्ति होती है, जिसकी ज्ञान से। केंद्र से परिधि और परिधि से केंद्र की ओर की गति के नियम को और आगति को जो जानता है, वही ज्ञान और विज्ञान—दोनों को संतुलित रूप से जानता है। जिस प्रकार संकोचन और प्रसारण—दोनों एक ही गतितत्त्व के दो रूप हैं, वैसे ज्ञान और विज्ञान भी एक ही प्रज्ञा के द्विविध व्यापार हैं। जीवन के लिए ये दोनों आवश्यक हैं। दोनों के समन्वय और संतुलन से अमृत-तत्त्व की प्राप्ति का मार्ग सिद्ध होता है।

'नम ऋषिभ्य: पूर्वेभ्य: ' इस प्रणामांजलि में ऋषि के लिए जो प्रणाम भाव है, उसका भागधेय विज्ञानान्वेषी मनीषी के लिए भी अक्षुण्ण है, यदि वह शक्ति-तत्त्व विषयक अपनी अनुसंधना-भावना में सत्य परायण है।

राष्ट्रीय सांस्कृतिक नीति

आज की आवश्यकता

प्रो. सूर्यप्रसाद दीक्षित

प्रख्यात चिंतक व विचारक, पूर्व प्रोफेसर एवं अध्यक्ष, हिंदी एवं आधुनिक भाषा विभाग, लखनऊ विश्वविद्यालय, उत्तर प्रदेश। लगभग दो दर्जन पुस्तकों के लेखक, उत्तर प्रदेश हिंदी संस्थान के 'साहित्य भूषण' सम्मान से सम्मानित, साहित्य अकादमी के पूर्व सदस्य। विभिन्न साहित्यिक, सांस्कृतिक संस्थाओं से आप संबद्ध हैं। अनेक पत्र-पत्रिकाओं में आपके लेख प्रकाशित।

राष्ट्रीय संस्कृति से तात्पर्य—राष्ट्र की एक संस्कार संपन्न जीवनचर्या। राष्ट्रीयता और संस्कृति परस्पर पूरक तत्त्व हैं। राष्ट्र की परिकल्पना भौमिक सत्ता, जनजीवन और संस्कृति के आधार पर की गई है। सत्ता, जनजीवन और संस्कृति को जनजीवन के समग्र मूल्यों तथा पारस्परिक संस्कारों की समष्टि कहा गया है। वस्तुतः एक परिधि में व्याप्त सांस्कृतिक एकता ही राष्ट्र का रूप गठन करती है। यद्यपि यूरोपीय राष्ट्रवाद के प्रभाववश आज राष्ट्रीयता को मुख्यतः राजनीतिक अवधारणाओं से जोड़ दिया गया है, फिर भी 'राष्ट्रीयता' के लिए संस्कृति की उपादेयता अभी निःशेष नहीं हुई है। राष्ट्रीय संस्कृति स्वयं में एक प्रक्रिया है, जिसमें एक राजनीतिक व्यवस्था के अंतर्गत विद्यमान जन-समुदाय, भाषा-साहित्य, कला, अध्यात्म-दर्शन, अर्थतंत्र, इतिहास आदि सारे तत्त्वों का समाहार हो जाता है।

राष्ट्रीय संस्कृति के इसी मानक पर भारतीय संस्कृति का स्वरूप भी निर्धारित किया जा सकता है। यद्यपि किसी भी देश की कोई भी जीवित संस्कृति आद्यत मौलिक नहीं रहती, बल्कि वह विभिन्न संस्कृतियों से अनेकानेक तत्त्व ग्रहण करती रहती है, फिर भी इतिहास के लंबे दौर में उसका एक निजी रूप बन ही जाता है। उदाहरणार्थ, भारतीय संस्कृति पर आर्य, द्रविड़, शक, हूण, ब्राह्मण, रोमण पारसी, यूनानी, अंग्रेजी, अमेरिकन आदि कई संस्कृतियों का प्रभाव पड़ा है, किंतु उसका यथासमय समुचित रूपांतरण करके एक भारतीय संस्कृति का नामकरण हुआ है। यह संस्कृति स्वयं में उदारमना रही है, इसलिए इसने समय-समय पर अनेक समकालीन संस्कृतियों के मूलभूत तत्त्वों, जैसे—यूनानी व फारसी चिकित्सा प्रणाली, कला, ज्योतिष, दर्शन, यूरोप, अमरिका के शासनतंत्र, उद्योग, विज्ञान आदि को आत्मसात् किया है, इसीलिए चार्वाक् जैसे अवज्ञामूलक मत एवं कई विदेशी, विधर्मी आक्रांताओं के दर्शन को भी स्वीकृति मिली है। यह संस्कृति मुख्यतः अतीत, धर्मा तथा सर्वग्राही है, और मूलतः इसे ग्रामीण व्यवस्था में केंद्रित कहा जा सकता है। इसमें धर्म का प्रायः नैतिक तथा मानवतावादी पक्ष प्रोद्भासित हुआ है। तात्पर्य यह है कि भारतीय संस्कृति का एक नितांत निजी अस्तित्व रहा है, जिसे समसामयिक संदर्भ में राष्ट्रीय स्तर पर पुनर्गठित करने की आवश्यकता है।

भारत की राष्ट्रीय संस्कृति की नीति निर्धारित करते हुए संस्कृति के उक्त समस्त व्यावहारिक पक्षों का सन्निवेश करना होगा। संस्कृति में चूँकि दर्शन, अध्यात्म, कला, साहित्य, राजनीति, अर्थव्यवस्था, इतिहास भूसत्ता, लोकजीवन आदि सारे तत्त्वों का सहज समाहार हो जाता है, इसीलिए राष्ट्रव्यापी संस्कृति में इन सबका समुचित समावेश करना होगा। उदाहरणार्थ भारतीय कला को लें। हमें राष्ट्रस्तरीय संस्कृति हेतु कला का एक राष्ट्रव्यापी स्वरूप बनाना होगा, जिससे वास्तुकला के अंतर्गत अजंता, एलोरा, एलीफैंटा, कोणार्क, खजुराहो, भीलवाड़ा, मीनाक्षी, रामेश्वरम् भरहुत, साँची, सारनाथ, नालंदा, देवगढ़, गिरनार, कालिंजर, ताजमहल, लालकिला, भाखरा नांगल आदि का विधिवत् विश्लेषण किया जा सके और इस प्रकार सिंधु संस्कृति से लेकर गुप्तकाल, राजपूत काल, मुगल काल आदि की मूर्तिकला, स्थापत्य कला, चित्रकला इत्यादि का विस्तृत विवेचन हो, भरत-नाट्यम् कथकलि, मणिपुर, कथक, ओड़िसी, कुचपुड़ी, नौटंकी, भांगड़ा, भवाई, जात्रा, गरवा आदि नाट्य तथा नृत्यकलाओं का दिग्दर्शन हो, विविध भाषाओं एवं भावों की फिल्मों का प्रचलन हो, विभिन्न संगीत कलाओं के मध्य एक भारतीय संगीत का स्वरूप निर्धारित हो और भारतीय कला एक विशिष्ट अर्थ में अपना राष्ट्रीय रूप लेकर प्रकट हो। भारतीय साहित्य का स्वरूप-निर्धारण भी इसी दृष्टि से किया जा सकता है। राष्ट्रीय संस्कृति के लिए भारत की स्वीकृत भाषाओं के राष्ट्र स्तरीय कवियों, लेखकों—वाल्मीकि, कालिदास, तुलसी, रवींद्र, गालिब, नानक, सुबह्मण्यम भारती, कंबन, केशवसुत विनायक, वल्लतोल, शंकरदेव आदि का तथा उनकी कालजयी रचनाओं का समाकलन करना होगा, ताकि भारतीय साहित्य का सर्वोत्तम अंश निश्चित हो जाए और वह राष्ट्रीय संस्कृति के गठन में अपना पूरा योग दे। यह भारतीय सांस्कृतिक की एक स्वरता लोक साहित्य में

विशेषत: अंतर्व्याप्त है। इस लोक संस्कृति के संरक्षण द्वारा भारतीयता का नीति-निर्धारण किया जा सकता है।

राष्ट्रीय संस्कृति के आध्यात्मिक और दार्शनिक पक्ष का स्वरूप-निर्धारण इस संदर्भ में सबसे जटिल प्रश्न है। चूँकि इसका संबंध दलगत रानीति के कारण जातीय उन्माद से जुड़ गया है और चूँकि धर्मनिरपेक्ष राष्ट्र का कोई राष्ट्रीय धर्म बन नहीं सकता, इसलिए आज धर्म के मानवतावादी नैतिक पक्ष को ही प्रश्रय देना होगा। भारत में प्रचलित विभिन्न धर्मों-संप्रदायों, जैसे—हिंदू, इस्लाम, जैन, बौद्ध, सिख, ईसाई, पारसी आदि के प्रमुख नैतिक सिद्धांतों (अर्थात् आचार पक्ष) का समन्वय और सुसंयोजन कर लिया जाए तो इसकी एक राष्ट्रस्तरीय आचार संहिता बनाई जा सकती है। भारतीय संस्कृति हेतु इस राष्ट्रीय सौहार्द को बढ़ाना होगा। राष्ट्रीय चरित्र की यही माँग है। इस राष्ट्रीय चारित्र्य (नेशनल एथिक्स) द्वारा ही कानूनी दबाव और अतिवादी नियमन के प्रतिक्रियावाद से उत्पन्न होनेवाली अपराधवृत्ति को अनुशासित किया जा सकता है।

इस प्रकार का आचारशास्त्र सांप्रदायिक कर्मकांड से सर्वथा भिन्न होगा और इसके आधार पर लोकपरक तथा सहिष्णु धर्म की स्थापना होगी। वस्तुत: धर्म का प्रजातंत्रीकरण करनेवाले इन प्रयासों, जैसे—सूफीमत, वैष्णवमत, संतपरंपरा आदि के द्वारा भारतीय समाज के शोषित-उपेक्षित वर्ग का भरसक उद्धार हुआ है। धर्म के ऐसे कई जनवादी स्वरूप हैं, जिन्हें सम्यक् राष्ट्रीय संरक्षण मिलना चाहिए। इन सबके नैतिक मूल्यों का सर्वसंकलन करते एक राष्ट्रीय नैतिकता का स्वरूप संगठित हो सकता है। इतिहास ऐसे प्रयासों का साक्षी है। मौर्य काल के सर्वधर्म समन्वय 'दारा' कृत 'मजमाउल बहरीन', अकबर द्वारा स्थापित 'दीन-ए-इलाही' आदि का समन्वयवाद सर्वविदित है। इसी प्रकार सिख धर्म, आर्य समाज, ब्रह्मसमाज, थियोसाफिकल सोसाइटी आदि का सुधारवादी तथा सर्वसमन्वयात्मक दृष्टिकोण किसी-न-किसी रूप में ग्राह्य है। इस दृष्टि से धर्म, जाति, संप्रदाय आदि के उल्लेख वर्जित हो जाने चाहिए। संस्थाओं तथा सेनाओं के नाम से जुड़े सांप्रदायिकता

सूचक शब्दों में परिवर्तन होना चाहिए और योजनाबद्ध रूप से जातीयता को निर्मूल कर देना चाहिए, जिससे प्रतिक्रियात्मक विस्फोट न हो।

राष्ट्रीय संस्कृति के उद्देश्य से एक राष्ट्रीय दर्शन की रूपरेखा भी निश्चित करनी होगी। संप्रति, भारतीय दर्शन का तात्पर्य षट्दर्शन तथा भारत में प्राप्य अन्य विविध दर्शनों के समुदाय से निकाला जाता है। ये सब तो राष्ट्रीय दर्शन के अंग हैं ही, पर आवश्यक यह है कि विभिन्न मतवादों के बीच कुछ ऐसे सर्व-सामान्य तत्त्वों की खोज की जाए, जिसे एक विशिष्ट भारतीय दर्शन कहा जा सके।

सामाजिक व्यवस्था के अंतर्गत भी एक भारतीयता का सूत्र स्थापित किया जा सकता है। यद्यपि हमारी लोकप्रथाओं में बड़ी भिन्नता है, फिर भी इनमें बहुत कुछ रागात्मक साम्य भी हैं, जैसे—जन्म, विवाह आदि आयोजनों के पीछे मांगलिकता का सहभाव है और अंत्येष्टि को किसी-न-किसी रूप में निष्ट या अवांछनीय माना जा रहा है। ऐसे ही कई रीति-रिवाज हैं, जो न्यूनाधिक परिवर्तन के बावजूद सर्वत्र व्याप्त हैं। उदाहरणार्थ विभिन्न ऋतुओं और पर्वों के उपलक्ष्य में जो उल्लास व्यक्त किया जाता है, वह आयोजन की भिन्नता के होते हुए भी भावना से समनुरूप है, अतः इन सबको राष्ट्रीय स्तर पर सुसंगठित करना उपयोगी है; जैसे—बंगाल की 'पूजा', दक्षिण के 'ओणम, केरल के कोंकण, राजस्थान के 'गणगौर', महाराष्ट्र के 'गणपतिपूजन', मिथिला के 'सरस्वती पूजन', ओड़ीसा की 'रथयात्रा', ब्रज की 'जन्माष्टमी', होली, रासलीला, अवध की रामलीला आदि के उत्कृष्ट रूपों का वृत्तचित्रों द्वारा सर्वत्र प्रदर्शन करके उन्हें राष्ट्रव्यापी बनाया जा सकता है। इसी प्रकार खानपान, परिधान तथा रहन-

सहन की विविधताओं से सर्वश्रेष्ठ तत्त्वों का चयन करके संग्रहालयों में रखना होगा।

व्यावहारिक जीवन में यह सार्वदेशीययता क्रमश: बढ़ती जा रही है। बंगाल, मद्रास, गुजरात, राजस्थान आदि सुदूर राज्यों के कई परिधान तथा व्यंजन राष्ट्रव्यापी हो गए हैं। इन्हें शासन द्वारा निरंतर प्रोत्साहित करना इस दृष्टि से श्रेयस्कर है। सांस्कृतिक विनिमय की यह व्यवस्था प्रशासन द्वारा की जानी चाहिए, ताकि हम सुदूर क्षेत्रों की विशिष्टताओं से अनभिज्ञ न रहें। एक-दूसरे के प्रति समादर का भाव व्यक्त करें और इस प्रकार राष्ट्रीय सांस्कृतिक चेतना की पृष्ठभूमि सुदृढ हो सके। सांस्कृतिक ऐक्य के लिए अंतर्जातीय एवं अंतर्देशीय-प्रदेशीय विवाहों को प्रोत्साहित करना समीचीन होगा। तात्पर्य यह है कि एक राष्ट्रीय जीवन को गतिशील करना होगा।

सांस्कृतिक समन्वय के लिए समूचे राष्ट्र भी भौमिक इकाई का परिचय प्राप्त करना आवश्यक है। प्राचीन भारत में तो तीर्थयात्राओं द्वारा यह उद्देश्य बहुत हद तक पूरा हो जाता था, किंतु आज देश-दर्शन के लिए भारत भ्रमण या पर्यटनवृत्ति को भरसक सुविधाएँ देकर प्रोत्साहित करना हितकर होगा। इसे कुछ नगरों, आकर्षक प्राकृतिक स्थानों और विशिष्ट सैलानियों तक ही सीमित नहीं रखा जाना चाहिए, बल्कि कुछ ऐसे राज्यस्तीय प्रयत्न करने चाहिए, जिससे महानगरों तथा पहाड़ी आरामगाहों के साथ-साथ हम सुदूर लोकांचलों का परिभ्रमण करें और राष्ट्र के भूगोल से आत्मैक्य अनुभव करें। इस ध्येय से प्रत्येक कर्मचारी का अनिवार्य स्थानांतरण, विद्यार्थियों और अन्य कार्यकर्ताओं के शिष्ट मंडलों की अधिकाधिक व्यवस्था, भारत दीपांतर में सांस्कृतिक अभियान और विदेश जानेवाले भारतीयों को भारतीयता का ज्ञान करणीय है।

राष्ट्रीय प्रशासन की दृष्टि से राजनैतिक इकाई को और सुदृढ करना हितेय होगा। मूलभूत अधिकारों की रक्षा करते हुए भी हमें विघटन को रोकने के लिए क्षेत्रीयता पर कड़ा नियंत्रण लागू करना होगा। अतएव राष्ट्रीय सांस्कृतिक संगठन के लिए उन राजनैतिक दलों की मान्यता समाप्त कर देनी चाहिए, जो एक जाति या एक क्षेत्र तक ही सीमित हैं और जो एक राष्ट्र की धारणा के लिए सचेष्ट नहीं है। अस्तु, अधिक संशोधनवादी रुख न अपनाकर अर्थात् काशी-बनारस का वाराणसी नामांतर करने की प्रवृत्ति को अधिक बढ़ावा न देकर इस देश को यथावत् स्वीकार करना होगा। अत्यधिक संस्कृतीकरण प्रतिक्रिया को अवसर देगा, जबकि देश और काल की आवश्यकता है—सांस्कृतिक समन्वय। हमारे राष्ट्रीय जीवन में विघटन भी आए हैं और पुनर्जागरण भी, पर कुल मिलाकर हमारी एक देशीयता अक्षुण्ण रही है। यदि एक भाषा का समाधान निकल आए तो यह सांस्कृतिक सह-संबंध अपेक्षाकृत और सुचारू रूप से स्थापित किया जा सकता है। अस्तु, एक राष्ट्रभाषा यथाशीघ्र घटित की जानी चाहिए। क्षेत्रीय भाषाओं का अनिवार्य पठन-पाठन, प्रकाशन तथा विनिमय द्वारा पूर्ण संरक्षण मिलना चाहिए और सारी शिक्षा का अविलंब, एकस्तरीय देशीरूप स्थिर कर राष्ट्रीयकरण करना चाहिए। संप्रति अर्थतंत्र में जो राष्ट्रीयकरण की प्रक्रिया अर्थतंत्र अर्थात् कुछ व्यापारों या उद्योगों के क्षेत्र में आरंभ हुई है, उसे प्रत्येक राष्ट्र स्तरीय उद्योग तक विकसित करना होगा।

भारतीय संस्कृति का यह स्वरूप-निर्धारण निस्संदेह एक कठिन क्रिया है, किंतु एक निश्चित शुभाशंसा द्वारा इसे घटित करना असंभव नहीं है। एतदर्थ उदारचेता अवश्य बनना होगा। यही भारतीयता का मूलाधार है, शेष कर्मकांड है। यद्यपि अनुपात की दृष्टि से गत दो शताब्दियों से हमारा विलायतीकरण तथा अमेरिकीकरण अधिक हुआ है, फिर भी हमारी सांस्कृतिक चेतना निर्मूल नहीं हुई है। हाँ, उसके पुनर्गठन की आवश्यकता है। अंत में, यह स्वीकार्य है कि एक राष्ट्रीय सांस्कृतिक नीति निर्धारित करना आज की आपातकालिक आवश्यकता है।

भारतीय कला मूल्यों की उजली इबारत

नर्मदा प्रसाद उपाध्याय

सुप्रसिद्ध साहित्यकार एवं लेखक, भारतीय चित्रकला परंपरा सहित ललित निबंध-लेखन के लिए बहुचर्चित। भारतीय कला एवं लोक-परंपरा के अध्येता। 'नरेश मेहता स्मृति वाङ्मय सम्मान', 'वागीश्वरी पुरस्कार', 'कलाभूषण सम्मान' सहित अनेक प्रतिष्ठित सम्मानों से अलंकृत। संप्रति सदस्य, वाणिज्यिक कर अपील बोर्ड, शिमेगर लीडर फेलोशिप, जर्मनी।

अनेक संज्ञाएँ ऐसी होती हैं, जिनकी व्यंजना अछोर और बहुकोणीय होती है। इस दृष्टि से 'मूल्य' नामक संज्ञा की व्यंजना की परिधि भी व्यापक है। इस परिधि के अंतर्गत हमारे वे संस्कार आते हैं, जिन्होंने हमारे कृतित्व को गढ़ा है। यही संस्कार हमारे जीवन-मूल्य हैं। आज के संदर्भ में, जबकि उत्तर आधुनिकता ने चिंतन और विमर्श सहित हमारे कृतित्व को गहरे प्रभावित किया है तथा हमारे संस्कारों को विस्थापित करने का प्रयास किया है, तब यह विचारणीय है कि क्या हमारे वे जीवन-मूल्य कहीं विलुप्त हो जाएँगे, जिन्होंने हमारी अस्मिता को गढ़ा और जो हमारे पूर्वजों के द्वारा हमें सौंपी गई अनमोल धरोहर है?

इसलिए हमारे कृतित्व से जुड़े प्रत्येक अनुशासन के संबंध में विचार किया जाना नितांत प्रासंगिक है। इस संबंध में जब विचार करता हूँ, तो मुझे लगता है कि ये जीवन-मूल्य, जो हमारी धरोहर हैं, वे अपने अस्तित्व में इतने शाश्वत हैं कि उनका विलुप्त होना संभव नहीं है। इसलिए कि इस उत्तरआधुनिकता की जो देन है, वह मूल्य हैं ही नहीं। वे अपने आप में इतने अस्थिर हैं कि वे हमारी नई पीढ़ी के लिए क्षणिक रूप से भले ग्राह्य प्रतीत हों, किंतु अंततः इस ग्रहणशीलता को समाप्त हो जाना है और स्थायी रूप से उन्हीं मूल्यों को जीवंत बने रहना है, जो हमारे संस्कारों की देन हैं। इस दृष्टि से हमारे जीवन के एक महत्त्वपूर्ण अनुशासन के रूप में भारतीय कला के परिप्रेक्ष्य में विचार किया जाना प्रासंगिक होगा।

भारतीय मनीषा ने पूरी पृथ्वी को कुटुंब माना। 'वसुधैव कुटुंबकम्' की यह अवधारणा भारत की उदार चेतना का सच्चा प्रतिनिधित्व करती है। साथ ही, अपने राष्ट्र के प्रति एकनिष्ठ समर्पण का भी गान करती है।

'श्रीमद्‌भागवत पुराण' में भारत के प्रति एकनिष्ठ समर्पण के पीछे निहित भाव को इस तरह व्यक्त किया गया है जिसमें देवता भी भारत में जन्म लेने के लिए तरसते हैं, भागवतकार कहता है—

अहो अमीषां किमकारि शोभनं
प्रसन्न एषां स्विदुत स्वयं हरिरू।
यैर्जन्म लब्धं नृषु भारताजिरे
मुकुंदसेवौपयिकं स्पृहा हि नरू॥

यह तथ्य एक ऐसे राष्ट्र की अस्मिता का आख्यान

करता है, जिसकी आधारशिला 'वसुधैव कुटुंबकम्' की है। यहाँ भूगोल प्रासंगिक नहीं रह गया है, प्रासंगिक है तो वह मानुष भाव, जो बिना किसी भेद के प्रत्येक को अपने कुटुंब में सम्मिलित करता है। समग्रता का यही भाव हमारा सबसे महत्त्वपूर्ण जीवन-मूल्य है, जो भारतीय कला का कभी न थमनेवाला स्पंदन है। ऋग्वेद में इसी उदारवादी दृष्टि को आदिऋषि ने अपनी ऋचा में गाया है—

यो वो वृताभ्यो अकृणोद लोकम् (4/17/176)

अर्थात्, जिसने अपने आपको घेरों से बाहर करके खुले स्थान की राहत दी। घेरों से बाहर बने रहने का यही संस्कार भारतीय लोकमानस की उदारता का मूल स्वर बना और घेरों में बँधे रहने की संकीर्णता उजास के अबाध आगमन में कभी बाधा नहीं बनी। यही कारण है कि भारतीय कला में सौंदर्य को भी बड़े विस्तृत फलक पर परिभाषित किया गया है।

ऋग्वेद में पेशसु, च्री, आप्सस, हश, प्रिय, भद्र, भंड, चारुप्रिय, रूप, कल्याण, शुभ, चित्र, क्ष, अद्भुत आदि शब्द सुंदर को परिभाषित करने के लिए प्रयुक्त हुए हैं। इसलिए कल्पना की जा सकती है कि किस उदारवादी दृष्टि से हमारे पुरखों ने सौंदर्य को देखा था। इस उदारवादी कलादृष्टि के तीन मौलिक तत्त्व थे, जो उसे परिभाषित करते थे। पहला तत्त्व था—रस, दूसरा था—समग्रता और तीसरा था—आसक्ति में अनासक्ति के चरम को छूने का भाव। इन तीनों के समन्वय से ही इस दृष्टि का निर्माण होता था।

जहाँ तक रस का प्रश्न है, वह अपनी परंपरा की जड़ों से ग्रहण किया जाता था। 'रसो वै सः' इस दृष्टि का उद्घोष था। यह रस उस राग से जनमा था, जो शाश्वत रूप से हमारी अस्मिता में विद्यमान है। समग्रता सौष्ठव की थी। बल देह के सुसंहत होने पर था, यूनानी कला की तरह उसके बलिष्ठ होने पर नहीं और आसक्ति में अनासक्ति के चरम को छूने का भाव वास्तव में हमारे जीवन की सार्थकता को परिभाषित करता था। इसीलिए प्रख्यात संस्कृतिविद् डॉ. विद्यानिवास मिश्र ने कहा, "भारतीय कला की अवधारणा में केंद्र पर बल नहीं है, बल्कि केंद्र की परिधि में आनेवाले उस समस्त संसार पर है, जो अपने आपमें विश्व का लघु रूप है।"

भारतीय कला का अर्थ है खंड, लेकिन वह ऐसा खंड है, जिसके बिना संपूर्ण अधूरा ही रहता है। वह संपूर्ण को मापने का पैमाना है। भारतीय कला का स्वभाव बंधनहीनता का स्वभाव है। उसकी विषय-वस्तु किसी इतिहास की सीमा या जातीय आधार पर बँधी हुई नहीं है। उसके बिना जीवन अपने सहज छंद को नहीं पहचान सकता। भारतीय कला में रस और राग अपरिहार्य हैं और वे लोकमंगल से सीधे जुड़े हुए हैं। भारतीय कला न तो धार्मिक है और न ही धर्मनिरपेक्ष। इसलिए कि वह कभी द्वैत में नहीं पड़ती।

हमारी कलादृष्टि के महान् आख्याता हैं—डॉ. आनंदकुमार स्वामी, जिन्होंने कहा था कि कला चिर नवीन है और यह नवीनता बनाने में नहीं, नवीन बने रहने

में है। नया गढ़ना आसान है, लेकिन इसे सँवारे रखना, इसे सदैव नया बनाए रखना दुष्कर है। इसलिए हमारी कला दृष्टि सदैव नवीन बनी रहे, यही यत्न किया जाना चाहिए।

जैसा कि पूर्व में उल्लेख किया गया है, भारतीय कला का मूल स्वर समग्रता का है। इसीलिए भारत में कला के नाम व्यक्ति पर नहीं हैं। वे अशोक, पुष्यमित्र या चंद्रगुप्त के नाम पर नहीं हैं। वे मौर्य हैं, गुप्त हैं, शुग और कुषाण हैं। इस कला में कलाकार का नाम आवश्यक नहीं रहता। इसलिए कि वह पूरे युग के उल्लास, विश्वास, उत्सव और संघर्ष की अभिव्यक्ति होती है और यही कारण है कि उसमें नवीनता स्वमेव निरंतर जनमती रहती है।

भारतीय कलाकार की दृष्टि एकांगी नहीं है, वह निजता के तिरोहण की दृष्टि है। समूचे लोक के सुख-दु:ख को स्वीकार कर, उसे अभिव्यक्त करने की दृष्टि है और इससे आगे जाकर भारतीय कलाकार यह भी देखता है कि उसे जहाँ-जहाँ रिक्तता दिखाई दे, खालीपन हो, उसे वह भरता रहे। भरने की इसी आकांक्षा का पर्याय कलादर्शन है। इसी आकांक्षा के कारण भारतीय कलाकार का स्वभाव स्वाधीन है। भारतीय कला में हूबहूपन पर कोई बल नहीं दिया गया है, उसे वर्तनी मात्र नहीं माना गया है। सच्चे स्वरूप का जो विमर्श करा दे, वही सच्ची कला है।

भारतीय कला के वैराट्य में धर्म और साहित्य भी समाए हुए हैं। विज्ञान और प्रज्ञा उससे पृथक् नहीं हैं, बल्कि भारतीय परिप्रेक्ष्य में विज्ञान और प्रज्ञा की संभावना की परिणति सहज होना है।

भारतीय कला के अनुशासनों में, फिर चाहे वह संगीत, गायन या वादन हो, एक प्रकार की रागाकुलता है। इस रागाकुलता का अर्थ है कि आपकी आसक्ति प्रेम में हो, प्रिय में नहीं। ऐसी आसक्ति हो कि प्रेम ही स्वभाव बन जाए। प्रिय में कहीं निजता है, जबकि प्रेम सबके लिए है। भारतीय कला का मूल स्वर वैयक्तिकता से मुक्त होने का है। उसका प्रयोजन कदापि उपयोगितावादी नहीं है। भारतीय कला जो भी सृजन कराती है, वह समाधि-सृजन है। इस सृजन के करते समय प्रत्येक प्रकार की निजता, आग्रह से मुक्त होना ही इस सृजन की परिणति है और यही भाव मिट्टी में प्राणों की प्रतिष्ठा कर देता है, पत्थर बोलते हुए प्रतीत होते हैं तथा रंग और रेखाओं से वाचाल रूप को रच दिया जाता है।

भारतीय कला का भाव यह है कि यदि कमल का फूल बनाया जाए तो वह केवल एक वानस्पतिक उपादान न हो, बल्कि यह प्रतीत हो कि यह सृष्टि ही कमल है। यह वही नीलकमल है, जिससे श्री का बिंब बन जाता है। जो कुछ भी कला सृजित करे, वह व्यंजक हो, केवल आकार के रूप में उसकी प्रतीति न हो।

भारतीय कला की अवधारणा को अभिव्यक्त करनेवाले हमारे प्राचीन और अर्वाचीन ग्रंथों में अनेक उद्धरण हैं, जिनका उल्लेख करना अत्यंत विस्तार का

विषय होगा। लेकिन यदि संक्षेप में कहा जाए, तो हम यह कह सकते हैं कि भारतीय कला की दृष्टि पूरी तरह ऐसी देशज दृष्टि है, जो पूरी तरह किसी भी प्रकार की औपनिवेशिक संकीर्णता को अस्वीकार करती है और उसे मामूली-से-मामूली आदमी से जोड़ते हुए वास्तविक सौंदर्य का आख्यान करती है। नाट्य-शास्त्रकार भरत ने यही स्थापित किया था कि भारतीय चेतना अनुपात को गौण मानती है और केवल रस को ग्रहण करती है तथा सौंदर्य को रहस्यात्मक नहीं रहने देती अपितु उसे साधारण व्यक्ति और लोकमंगल से सीधे-सीधे जोड़ती है। इसी अवधारणा को डॉ. आनंदकुमार स्वामी ने बड़े सलीके से कह दिया। उन्होंने कहा, ''कला आदर्श सौंदर्य का वक्तव्य है।'' और आदर्श सौंदर्य क्या है, इसे माघ ने समझाया, यह कहकर कि, ''जो स्थिर नहीं बल्कि परिवर्तनशील है, **क्षणे क्षणे यन्नवत्तामुमैति तदेव रूपं रमणीय ताया:।**''

भारतीय चित्रांकन परंपरा की यदि बात करें, तो इस परंपरा से भी यह तथ्य उजागर होता है कि यह सीधे-सीधे भारतीय कला-अवधारणा के इसी उदारवादी दृष्टिकोण से जुड़ी हुई थी। यदि अजंता को ही लें, तो वहाँ के भित्तिचित्र अपने समय के लोक का प्रतिनिधित्व करते हैं तथा यदि खजुराहो के अँकनों पर विचार करें तो ज्ञात होता है कि वे अभिप्रायों से भरपूर हैं। अजंता के भित्तिचित्रों में भिक्षुक, ब्राह्मण, सैनिक, राजपरिवार, प्रतिहार और निरीह सेवक से लेकर शांत, तपस्वी साधु के वेश में धूर्त और कुलांगना को तो दर्शाया ही गया है, साथ ही प्रेम, लज्जा, हर्ष, हास्य, शोक, आश्चर्य और उत्साह जैसे भावों को भी व्यक्त किया गया है।

भारतीय चित्रांकन परंपरा की विभिन्न शैलियों की विशिष्टताओं पर यदि विचार किया जाए तो मध्यकाल की लघुचित्र परंपरा में भी अपने समय का रूपायन दिखाई देता है। पहाड़ और राजस्थान की विभिन्न शैलियों में इस समय की लोकदृष्टि के दर्शन किए जा सकते हैं, जो निजस्व को त्यागकर समग्रता की दृष्टि है। उदाहरणस्वरूप, यदि भागवत के दशम स्कंध की कृष्ण-लीलाओं पर ही विचार करें तो यह ज्ञात होगा कि राजस्थान और पहाड़ की तमाम शैलियों में कृष्ण-लीला के सर्वाधिक मनभावन अंकन हुए हैं। कृष्ण-लीला के इन मनभावन अंकनों में कृष्ण उस जीवन-मूल्य के प्रतिनिधि बन गए हैं, जिसका सामर्थ्य वत्सल भाव से भरपूर है और 'गीतगोविंदम' के अंकनों में फिर वे चाहे काँगड़ा कलम के हों या मेवाड़ शैली के, राधा के रूप ने ऐसा अनुपम विस्तार पाया है कि वह रूप से रस में परिणत हो गया और ऐसा लगा, जैसे राधांकन ही सौंदर्य का अंकन है।

भारतीय कला योग पर बल देती है। योग के वास्तव में दो अर्थ हैं। एक है—जुड़ना, व्यक्ति के चित्त का समाज के चित्त से, व्यक्ति का निर्व्यक्ति से, देह का विदेह से और कला का सहृदय भाव से। योग का दूसरा अर्थ है, अपने चित्त की वृत्तियों को खींचकर अपने अंदर

लाना और फिर उनके माध्यम से न केवल स्वयं को, बल्कि अपने आस-पास के पूरे परिवेश को आलोकित करना। ऐसा करने में दृश्य गौण हो जाता है और दृष्टि प्रमुख हो जाती है। दृश्य तो भेद कर सकता है, लेकिन दृष्टि भेद नहीं करती। उसका क्षेत्रफल अनंत होता है। इसीलिए भारतीय कला दृश्य की नहीं, बल्कि दृष्टि की आख्याता है।

भारतीय कला साधारणीकरण पर जोर देती है और यह साधारणीकरण खंडित नहीं करता, बल्कि खंड को अखंड से जोड़ देता है। यह कला उस शक्ति और शिव की आराधक है, जो साधना और तपश्चर्या के पर्याय हैं तथा इसीलिए वे सृजन की आत्मा है। कला शक्ति और शिव को एक रूप में बाँधती है। कला, शक्ति और शिव के परस्पर संबंध को लेकर हमारे यहाँ नई काव्यमय कल्पनाएँ, प्रतीक और ध्यान निर्मित हुए हैं। चंद्रमा के सोलहवें अंश को भी कला कहते हैं तथा चंद्रमा की पहली कला; जिसे 'अमृता' कहा गया है, वह शिव के भाल पर विराजती है। इसीलिए कला शिवत्व का प्रतिनिधित्व करती है। वह शिव की क्रियाशक्ति है।

कला के संबंध में किए गए उक्त संक्षिप्त विवेचन से यह स्पष्ट होगा कि भारतीय कला वास्तव में हमारे उन संस्कारों का प्रतिनिधित्व करती है, जो हमारे वास्तविक जीवन-मूल्य हैं। यह समग्रता, निजता के विसर्जन, अपने राष्ट्र के हृदय में विश्व को प्रतिष्ठित करने का तथा शिवत्व के सच्चे आख्यान की पर्याय है।

भारतीय कला कभी अपने लोक से अपने आपको पृथक् नहीं करती, बल्कि बिना लोक के तो इस कला की पहचान ही नहीं बनती।

इसलिए यह प्रासंगिक है कि भारतीय कला के अध्येता, चाहे वे कलाकार हों, शिक्षक हों या विद्यार्थी, उनके लिए यह अपेक्षित है कि वे भारतीय कला की उस आत्मा से परिचित हों, जो समग्रता को परिभाषित करती है।

हमें यह जानना चाहिए कि भारतीय कला की यह विशेषताएँ ही उसके शाश्वत मूल्य हैं। ऐसे मूल्य, जिनकी अपनी उजास भरी पहचान है और पहचान खोने के लिए नहीं होती। आज के समय की यही सबसे बड़ी चुनौती है कि मूल्य-विहीनता के इस धुँधलके में यह उजास कहीं खो न जाए।

उजास यदि खो जाए तो फिर पहचान अँधेरे की होती है, और हमारे इतिहास में अँधेरा कभी हमारी पहचान नहीं बना।

हमारी पीढ़ी यही प्रयास करे कि हमारा इतिहास उजाले की धवल रोशनी से लिखा जाए; क्योंकि यही रोशनी हमारा संकल्प है, जिसके कोई विकल्प नहीं हैं।

भारतीय मनीषा के प्रमुख तत्त्व

कुरुक्षेत्र विश्वविद्यालय के पूर्व प्रोफेसर डॉ. राजेंद्र रंजन हिंदी साहित्य जगत् के सशक्त हस्ताक्षर हैं। आपकी 25 से अधिक पुस्तकें प्रकाशित हो चुकी हैं जिनमें शैक्षिक क्रांति, विद्या कल्पलता, निष्ठा और निर्माण, लोकशास्त्र, ब्रजलोक आदि प्रमुख हैं। अनेक पुरस्कारों से सम्मानित डॉ. राजेंद्र रंजन के 100 से अधिक शोधपत्र भी प्रकाशित हो चुके हैं।

डॉ. राजेंद्र रंजन चतुर्वेदी

विश्व जीवन के सामने आज अस्तित्व का सवाल खड़ा है। पर्यावरण का संतुलन विचलित हो गया है। ऋतुओं का क्रम बदल रहा है। नदियाँ विषाक्त हो गई हैं या सूखने लगी हैं। भू-जल का स्तर निरंतर नीचे बैठता जा रहा है। स्वच्छ वायु दुर्लभ होती जा रही है। जंगल देखने-दिखाने को रह गए हैं। वृक्ष कट रहे हैं। प्राणियों की प्रजातियाँ विलुप्त होती जा रही हैं। मनुष्य के सामाजिक और पारिवारिक संबंध बाजार के नियमों से प्रभावित हो रहे हैं। बाजार का केंद्रीय मूल्य है—मुनाफा। मुनाफा होना चाहिए, भले ही मनुष्य की संवेदनाओं को भट्‌टी में भूँजना पड़े अथवा प्रकृति की गति को बाधित करना पड़े। नित नई टेक्नोलॉजी आ रही है और प्रकृति की गति में मनुष्य का हस्तक्षेप निरंतर बढ़ता जा रहा है। टेक्नोलॉजी मनुष्य और प्रकृति के संबंध को प्रभावित कर रही है। और टेक्नोलॉजी मनुष्य और मनुष्य के संबंध को प्रभावित कर रही है और टेक्नोलॉजी के परिचालन का सूत्र बाजार के हाथ में है। वही बाजार, जिसका केंद्रीय मूल्य मुनाफा है। मुनाफा—मनुष्य की तृष्णा! सूत्र में कहें, तो यह सारा परिदृश्य मनुष्य की तृष्णा का हा...हा...हा...कार है। तृष्णा कभी बूढ़ी नहीं होती, वह तो निरंतर जवान होती है। और मनुष्य की निरंतर जवान होती हुई तृष्णा आज मनुष्य के जीवन के लिए ही सवाल बन गई है कठिन सवाल।

सड़कों पर मरकरी लाइट जगमगा रही हैं, पर मन के आँगन में अँधेरा है। विकास के लिए कौन मना करेगा और क्यों मना करेगा? यह तो कोई भी नहीं चाहता कि मनुष्य फिर से गुफाओं के जीवन में लौट जाए। पाषाण युग के अँधेरे में लौट जाए। विकास हो, अवश्य हो पर मनुष्य और प्रकृति का सामंजस्य और संतुलन बना रहे।

मनुष्य और मनुष्य के संबंधों में सरसता बनी रहे, प्रीति बनी रहे। व्यक्ति का जीवन सामाजिक जीवन से न तो अलग है और न ही अलग रह सकता है। मनुष्य जीवन अलग हो और प्रकृति अलग है, यह भ्रम है। प्रकृति उपभोग्य है और मनुष्य उसका भोक्ता है, यह सोच मिथ्या है। परंतु आश्चर्य की बात यह है कि बाजार की सच्चाई ही यह है। बाजार के लिए मनुष्य की सत्ता एक उपभोक्ता की सत्ता है और प्रकृति उसके लिए कच्चा माल है, सोने का अंडा देने वाली मुरगी, जो हम सबने लालची बुढ़िया की कहानी में पढ़ा-सुना है कि ढेर सारा सोना पाने के लिए एक दिन बुढ़िया ने मुरगी की गरदन मरोड़ दी। नहीं तो, क्या ये बम धरती से बाहर कहीं रहने वाली किसी असुर प्रजाति के लिए बन रहे हैं? बम से किसका नाश करेंगे? क्या मनुष्य का? क्या ये बम मनुष्य को ही डँसने के लिए नहीं बन रहे? मनुष्य, मनुष्य को ही आतंकित करना चाहता है? वह कोई और है तथा तुम कोई और हो? क्या यह भ्रम नहीं है?

मैं कल्पना की आँखों से देख रहा हूँ। गंगा प्रवाह के बीच एक ऊँची चट्टान पर खड़ी होकर भारतीय मनीषा हाथ उठा कर कह रही है—

पूर्णमदः पूर्णमिदंः पूर्णात् पूर्ण मुदच्यते।
पूर्णस्य पूर्णमादाय पूर्णमेवावशिस्यते॥

अरे भले आदमियो! यह जीवन कहीं से भी विच्छिन्न नहीं है। मनुष्य जीवन प्रकृति रूपी वृक्ष का फल है। जीवन की पूर्णता प्रकृति की समग्रता में है। भारतीय मनीषा ने ही जीवन के मंगलतत्त्व और शिवतत्त्व के संबंध में सोचा है, मैं ऐसा नहीं कहता। जहाँ भी मनुष्य था, वहीं मनुष्य ने जीवन के मंगल और शिवतत्त्व के संबंध में सोचा। मैं तो भारतीय मनीषा के मंगल चिंतन को मनुष्य का मंगल चिंतन कहना चाहता हूँ और सोचता हूँ कि भारतीय मनीषा के पूर्णता के सिद्धांत के पास मनुष्य की निरंतर बढ़ती तृष्णा के सवाल का जवाब है। भारतीय मनीषा, कितना लंबा इतिहास ऋग्वेद के वशिष्ठ और विश्वामित्र से लेकर महात्मा गांधी तक? वेदव्यास, वाल्मीकि, पाणिनि, पतंजलि, चाणक्य, बुद्ध, महावीर, शंकर, गोरख, वल्लभ, रामानुज, मध्व, चैतन्य, कबीर, तुलसी, दयानंद, अरविंद, विवेकानंद, तिलक, रवींद्रनाथ ठाकुर, आदि शत सहस्र नाम भारतीय मनीषा के मंगल चिंतन का विस्तार हैं। शत सहस्र इसलिए कह रहा हूँ कि लोक मनीषा और वेद मनीषा के बीच निरंतर विमर्श और आदान-प्रदान की प्रक्रिया चलती रही है और चलती रहेगी।

तृष्णा कोई ऐसी चीज नहीं है, जो भारतीय मनीषा ने पहली बार देखी हो। यह मनुष्य की नैसर्गिक प्रवृत्ति है, वैसे ही जैसे भूख है, सेक्स है, रक्षा है, होड़ है, प्रयत्न लाघव है, प्रभुता है, गौरव है, शिक्षा है और जिज्ञासा है। मनुष्य प्रवृत्तियों का परिवेश से द्वंद्व भी होता है और सामंजस्य भी होता है। भारतीय मनीषा ने मनुष्य की नैसर्गिक प्रवृत्तियों की ऊर्जा को पहचाना था और उनके दमन, नियमन, संयमन और उन्नयन की प्रणालियाँ विकसित की थीं। विचार प्रणाली, आचार प्रणाली, विश्वास प्रणाली, सौंदर्यबोध और अभिव्यक्ति।

भारतीय मनीषा ने इदम् और उद्म—दोनों के संबंध में सोचा और पाया कि दोनों एक ही हैं। भारतीय मनीषा ने परमाणु के संबंध में भी सोचा और ब्रह्मांड के मनीषा ने जड़ के संबंध में भी सोचा और पाया कि यत् पिंडे तद् ब्रह्मांडे। भारतीय मनीषा ने जड़ के संबंध में भी सोचा और चेतन के संबंध में भी सोचा। उसने पाया प्रकृति चैतन्य है। सबकुछ कितना संतुलित, कितना नियमित! यह अदृश्य विवेक है। भारतीय मनीषा ने स्थूल के संबंध में भी सोचा और सूक्ष्म के संबंध में भी सोचा और पाया कि सूक्ष्म और स्थूल दो नहीं है। एक ही बीज है और दूसरा उस बीज से निकला हुआ वृक्ष है। बीज और वृक्ष दो कहाँ हैं? बीज सोया हुआ वृक्ष है और वृक्ष जागा हुआ बीज है। भारतीय मनीषा ने जीव के संबंध में भी सोचा और ईश्वर के संबंध में भी सोचा और पाया कि तात्त्विक रूप से दोनों भिन्न नहीं हैं, पाशबद्ध जीव है और जो पाशमुक्त है, वह ईश्वर है। सर्वज्ञता, स्वतंत्रता, सर्वकर्तृता, पूर्णता, असीमता ईश्वर का लक्षण है।

भारतीय मनीषा ने जीवन के प्रयोजन के संबंध में सोचा और धर्म, कर्म, काम, मोक्ष-पुरुषार्थ चतुष्ट्य की प्रतिष्ठा की। भक्ति को पंचम पुरुषार्थ माना गया। भारतीय मनीषा ने जीवन की कला को विकसित किया और मैत्री, करुणा, मुदिता और उपेक्षा की अवधारणाएँ दीं। भारतीय मनीषा ने वीरता को जीवन मूल्य के रूप में प्रतिष्ठित किया—वीर भोग्या वसुन्धरा। जहाँ करुणा की

बात आई, वहाँ भारतीय मनीषा केवल मनुष्य तक सीमित नहीं रही। उसने प्राणी मात्र पर दया की बात कही और अहिंसा को जीवन के केंद्रीय मूल के रूप में प्रतिष्ठित किया। संबंधों में निश्छलता और पवित्रता की महिमा को जाना और सत्य को नारायण के रूप में स्वीकार किया।

पिछले दिनों एक मित्र के पास बैठा हुआ था। उनके यहाँ एक सज्जन आए थे, उनके गाँव के थे। मित्र ने उनसे गाँव के एक व्यक्ति का नाम लेकर राजी-खुशी पूछी तो वे सज्जन बोले उनका तो देह-बदल हो गया। मैं उस सोच पर मुग्ध हो गया—देह-बदल गाँव का वह साधारण-सा व्यक्ति कितनी महत्त्वपूर्ण बात सहज में ही कह गया। मृत्यु क्या है ? देह-बदल ही तो है—तथा **देहांतर प्राप्ति धीरस्तत्रन मुह्यति**—गीता ने आत्मा का सिद्धांत बताया कि हम मरते नहीं—बार-बार जन्म लेते हैं और आत्मा को मारेगा भी कौन ? वह तो पानी गला नहीं सकता। अग्नि जला नहीं सकती, वायु उड़ा नहीं सकती, सुखा नहीं सकती। सर्व के साथ इतना गहरा सामंजस्य आत्मा के सिद्धांत के अलावा किसी का हो, तो मुझे भी बता देना। भारतीय मनीषा ने मनुष्य को आत्मा का सिद्धांत क्या दिया, उसे अमरता प्रदान कर जी।

भारतीय चिंतन ने आत्मा के सिद्धांत द्वारा मनुष्य को उसकी क्षमता और विराट्ता का बोध करा दिया। आत्मा के सिद्धांत को जान लेने के बाद कोई पराया कैसे लगेगा ? ध्यान देने की बात है। आत्मा शब्द तद्भवी करण की प्रक्रिया में अप्प बनता है। प्राकृत में एक कथन है—अघ दीपोभव, आत्म दीपो भव। प्राकृत का यह अप्प ही हिंदी में आप बनता है। जब हम 'आप' शब्द का प्रयोग करते हैं तो उसका अर्थ होता है कि तुममें और मुझमें कोई तांत्रिक अंतर नहीं है। लीला के लिए तुम, तुम हो और मैं, मैं हूँ।

सृष्टि की प्रक्रिया के प्रयोजन और जीवन के प्रयोजन में सामंजस्य खोजते हुए भारतीय मनीषा ने लीला सिद्धांत का प्रतिपादन किया। मूल तत्त्व आनंद ही है। आनंद, आनंद के लिए आनंद का विस्तार करता है। यही लीला है। भारतीय मनीषा ने भोग का निषेध नहीं किया, लेकिन शर्त जोड़ दी—तेन त्यक्तेन भुंजीथा। त्याग पूर्वक भोग-विदेह की अवधारणा-करतल भोग नेत्य जग ने ही। भोग और योग का सामंजस्य।

सूत्र में कहें, तो भारतीय मनीषा का मूल संदेश सामंजस्य है। पश्चिम के विज्ञान का भी प्रयोजन मनुष्य है और भारत के अध्यात्म का भी प्रयोजन मनुष्य है। विज्ञान और अध्यात्म—दोनों के बीच सामंजस्य है और वह सामंजस्य ही उस सवाल का जवाब है, जो 'बाजार सत्ता' ने आज मनुष्य जीवन के सामने खड़ा किया है।

आधुनिक मानसिकता

भारतीयता का डेंड्राफ फलकेटम

नीरजा माधव

सुप्रसिद्ध लेखिका, साहित्यकार, चिंतक श्रीमती नीरजा माधव आकाशवाणी (प्रसार भारती) में कार्यक्रम अधिशासी के पद पर कार्यरत हैं। आपके अनेक उपन्यासों, कहानी-संग्रह एवं कविता-संग्रह का प्रकाशन तथा अन्य भाषाओं में अनुवाद हो चुका है। अनेक पुरस्कारों। सम्मानों से विभूषित हैं।

अपने उद्यान के एक किनारे बने पक्के चबूतरे पर प्रतिदिन सुबह गौरैया और अन्य चिड़ियों के निमित्त मुट्ठी भर चावल छींटने का क्रम इस नए घर मधुवन में गृह प्रवेश के साथ ही बन गया था। चावल छींटते ही गौरैयों का सहमते-सकुचाते पास आना और जल्दी से चोंच में एक चावल उठा, पुन: पास के गुड़हल की टहनी पर उड़कर बैठ जाना एक अनजाने से रिश्ते को जन्म दे चुका है। कभी-कभी लॉन में टहलते हुए किसी गौरैया को यदि अपने आगे आकर बैठते और अपनी ओर देखते पा जाती हूँ तो उसे गौरैया के चावल माँगने का संकेत समझ स्वयं ही उससे मौन संवाद स्थापित कर लेती हूँ। एक आत्मीय सुख से भर उठता है मन। कोई इस संवाद और संबंध की अनुभूति की गहराई में जाने की जहमत न उठाए तो गौरैया के लिए उछाली गई मेरी

मुसकराहट को देखकर पागल समझे। लक्ष्मी के लेन-देन में उलझा उसका विरस मन इस अनदेखे रिश्ते की सरसता को क्या समझेगा? कई बार लगता है कि सरकारी नौकरी के बंधन से छुट्टी ले लूँ और लेखन से बचे समय को इन चिड़ियों, फूलों, पत्तियों और प्रकृति को भर आँख निहारने में बिताऊँ, परंतु निराला बनने की हिम्मत जवाब दे जाती है। बस, प्रतिदिन के सुबह, शाम और अवकाश के पूरे दिन से संतोष कर लेती हूँ।

ऐसी ही फाल्गुन की एक सुबह सावनी, कैलेंड्रा, आम, आँवले, कनेर और पारिजात के पास घूमते-घूमते एकाएक दृष्टि पारिजात की डालियों के बीच उलझ गई थी। डालियों के संधिस्थल पर एक विचित्र किस्म का पौधा मेरी ओर देखकर मुसकरा रहा था। कुछ पीले और लाल फूल हिल-हिलकर मुझे अपनी ओर आकृष्ट कर रहे थे। उसकी पत्तियाँ भी विचित्र थीं। न पारिजात के आकार की और न ही मेरे लॉन में लगे अन्य वृक्षों की प्रजाति की। लंबी, सुडौल, हरी, पत्तियाँ पारिजात के पान के आकार वाली पत्तियों से बिल्कुल भिन्न दिखाई पड़ रही थीं। मैं कुछ देर आश्चर्यचकित हो प्रकृति की इस

विचित्र लीला को देखती रही थी। सीमेंट, ईंट, बालू से निर्मित रुक्ष दीवारों और छतों पर प्लास्टर तोड़ अपनी संपूर्ण हरीतिमा के साथ निकल आने वाले पीपल की जिजीविषा तो देखी है मैंने। रुक्षता की कोख से अपने लिए जीवन-रस ग्रहण करने की अपार क्षमता वाले पीपल के सामने नतमस्तक भी होती रही हूँ मैं, परंतु एक वृक्ष की डालियों के ऊपर अपने संपूर्ण पृथक् अस्तित्व के साथ लहराते इस विजातीय पौधे को देख आश्चर्यचकित कम, चिंतित अधिक हुई मैं।

ऐसा नहीं कि यह पहली घटना थी। बचपन गाँव में गुजरा था। अन्य वृक्षों के साथ इस पौधे से भी परिचय हुआ रहा होगा, लेकिन इतनी गंभीरता से नहीं। बाबा इस तरह के पौधे देखते ही उसे उखाड़ते हुए हम सब धमा-चौकड़ी मंडली को पकड़ा देते और बड़ी उपेक्षा से 'बंडा हौ, ले जा दूरे फेंक आवा' का निर्देश देते। कुछ लोग इसे बाँदा कहते। इस विजातीय पौधे के नाम और अस्तित्व से बस इतना-सा परिचय हुआ था तब। आज प्रत्यक्ष अपनी आँखों से इसे देखा तो कौतूहल हुआ कुछ इसके बारे में जानने के लिए। बी.एच.यू. के वनस्पति विभाग के प्रोफसर परिचित थे। उनसे फोन पर संपर्क साधा और इस पौधे का रूप-रंग बताया तो उन्होंने भी इसके उसी नाम की पुष्टि की, जिसे बाबा और गाँव के चाचा, ताऊ आदि से सुन चुकी थी। यह भी कि यह पौधा जिस वृक्ष पर उगता है, उसी से अपना पोषण लेता है और उस वृक्ष को धीरे-धीरे कमजोर कर देता है, और यह भी कि वनस्पति शास्त्र में उसका नाम 'डेंड्राफ फलकेटम' है। इतने भारी-भरकम नाम से थोड़ी उलझन हुई, लेकिन मन को आश्वस्त कर लिया। कम शब्दों में सूत्रों के माध्यम से विश्व को ज्ञान-विज्ञान, दर्शन और अध्यात्म का मार्ग दिखाने वाले भारत में 'बाँदा' या 'बांडा' जैसे विजातीय पौधे को आधुनिक वैज्ञानिक इसी तरह के भारी भरकम नाम देखकर उसे अपना बनाते हैं।

इधर कई महीनों से मन में एक उमड़-घुमड़ हो रही थी। सनातन धर्म के वैज्ञानिक योगदान और उसके विश्वजनीन रूप को लेकर कुछ लिखने का मन हो रहा था। विज्ञान मेरे लिए उतना ही दुरूह है, जितना किसी शिशु-कक्षा के हिंदी भाषी बच्चे के लिए 'अप एबव द वर्ल्ड सो हाई, लाइक ए डायमंड इन द स्काई' का अर्थबोध। परंतु एकाएक मध्यम मार्ग मिल गया था मुझे। कुछ तो इस 'डेंड्राफ फलकेटम' से और कुछ विज्ञान पढ़ती बेटी की गणित और विज्ञान की पुस्तकों की ऐतिहासिक और विकास क्रम की भूमिका से। मन आभारी है डॉ. चंद्रशेखर शुक्ला आदि विज्ञान, गणित के गंभीर अध्येताओं और पाठ्य-पुस्तक लेखकों का, जिनके शुद्ध भारतीय मन में विलायती चोर नहीं घुसा बैठा है। उन्होंने भारतीय गणित के संक्षिप्त इतिहास में अनेक तथ्यों को तटस्थ भाव से विद्यार्थियों के सम्मुख रखने का प्रयास किया है। संवेदनशील और अपने देश के अतीत के हित में बौद्धिक अध्यापक चाहे तो नई पीढ़ी के कोमल मस्तिष्क में भारतीय विज्ञान और गणित की प्राचीनता का गौरव भाव भर सकता है। वह प्रमाण के साथ छात्रों को बता सकता है कि अनेक पाश्चात्य विद्वानों के गणितीय और वैज्ञानिक सिद्धांत भारतीय सिद्धांतों की पुनरावृत्ति मात्र हैं। भाषा के हेर-फेर से उन्हें अपना बनाकर प्रचारित-प्रसारित किया गया। शायद अनेक छात्र-छात्राएँ इस तथ्य को जानकर उद्वेलित भी हो उठें। अपनी प्राचीन चीजों को फिर से सहेजने और स्थापित करने का सपना उनकी आँखों में जाग उठे, क्योंकि यह उम्र केवल परीक्षाएँ पास करने की ही नहीं होती बल्कि राष्ट्र राग और अपनी अक्षुण्ण विरासत से परिचित होने के भाव के सपने जगाने की भी होती है। परंतु कितना दुखद है कि दिग्विहीन ये तथाकथित बुद्धिवादी अपनी जड़ता की प्राचीर को कसकर पकड़े बैठे हैं। उनके भीतर बैठा विलायती चोर उनकी दृष्टि के आगे निषेध का शिलाखंड उढ़काकर निश्चिंत भाव से लूट-खसोट कर रहा है और दिशाविहीन बौद्धिक समाज अपनी ही छाया पर स्याही पोत उसे मिटाने को उद्यत है। ऐसे में इस जड़ चिंतन के सिंहासन पर विराजमान खोखलेपन

के खड्ग हस्त को चुनौती देने के लिए पाषाण युग के पत्थर ही क्या पर्याप्त नहीं? बस, एक पत्थर तबीयत से उछालने की आवश्यकता है। आत्मा-परमात्मा के बीच से अंतरात्मा की आवाज सुनने और सुनाने की जरूरत है।

पश्चिम का पूर्वमुखी होना केवल आज की नई बात नहीं है। ईसा पूर्व हजारों वर्षों के भारतीय ज्ञान-विज्ञान और गणित की समृद्ध विरासत पर पश्चिम की लोलुप दृष्टि गई और उसे आधार बनाकर उन्होंने अपने सिद्धांतों का प्रतिपादन किया। यह पूर्व का संकोच था या आत्मवञ्चना कि वह कभी अपनी बातों को खुलकर पश्चिम के सामने नहीं रख पाया कि यह पहले से स्थापित हमारा सिद्धांत है। हमारे धर्म और आर्ष साहित्य में छिपे जिस तथ्य को तथाकथित बुद्धिवादी कपोल-कल्पना या हाईपोथीसिस कह कहकर हवा में उड़ाने का प्रयास करता रहा, वहीं दूसरी ओर उन्हीं हाइपोथीसिस पर प्रतिष्ठित सिद्धांतों को अपनी 'थ्योरी' बना बनाकर विश्व के सामने रखता रहा और वाह-वाही लूटता रहा। हमारे 'वीर भोग्या वसुंधरा' में सांप्रदायिकता और शक्ति के अहंकार की गंध पाने वाले लोग 'सर्वाइवल ऑफ द फिटेस्ट' को सिर-माथे पर रखने लगे।

अठारहवीं शताब्दी के अंत तक कोई भी वैज्ञानिक पदार्थ के सूक्ष्म कणों परमाणु के बारे में स्पष्ट विचार न दे सका था। भारतीय दार्शनिक महर्षि कणाद (लगभग ४00 ई.पू.) ने अपने वैशेषिक दर्शन में परमाणु की विस्तृत व्याख्या देते हुए बताया कि द्रव्य यानी पदार्थ अत्यंत सूक्ष्म अविभाज्य कणों से बना है। इस प्रकार के सर्वापेक्ष्या, इंद्रियातीत, सूक्ष्म, निरवयव, नित्य द्रव्य को महर्षि कणाद ने 'परमाणु' कहा है। ये परमाणु चार प्रकार के होते हैं—पार्थिव, जलीय, तैजस तथा वायवीय। यही सूक्ष्म कण परस्पर मिलकर बड़े कण द्विअणुक और त्रिअणुक परमाण्वीय यौगिक बनाते हैं।

''जालान्तरगते भानौ यत् सूक्ष्मं दृश्यते रजः/तस्य षष्ठतमो भागः परमाणु स उच्यते॥''

अर्थात् किसी सँकरे स्थान से सूर्य की किरणें, जब घर में प्रवेश करती हैं, तो उनमें नाचते हुए जो छोटे-छोटे रज कण दृष्टिगोचर होते हैं, उसके एक कण का छठवाँ भाग 'परमाणु' कहा जाता है।

वैशेषिक के अनुसार, परमाणु स्वभावतः शांत अवस्था में निष्पंद रूप से रहते हैं और उसमें प्रारंभिक स्पंदन क्रिया अदृश्य के द्वारा पैदा की गई बताई जाती है। वैसे ही जैसे वृक्षों के भीतर रस का नीचे से ऊपर की ओर चढ़ना, आग की लपटों का ऊपर उठना, वायु की तिरछी गति अथवा अयस्कांत मणि की ओर सूई की स्वाभाविक गति अदृष्ट के द्वारा जन्य होती है। यह अदृष्ट ही ईश्वर या महेश्वर है, जो सृष्टि करने की इच्छा से आत्मा तथा परमाणु का संयोग करवाता है और परमाणुओं में कर्म की उत्पत्ति होती है, जिसके फलस्वरूप सृष्टि का आविर्भाव होता है।

यह एक संयोग है कि 10 सितंबर, 2008 को ब्रह्मांड की उत्पत्ति के रहस्यों को जानने के लिए उस समय तक के मानव इतिहास का सबसे बड़ा वैज्ञानिक परीक्षण किया गया, जिसमें दुनिया भर के लगभग 85 देशों के हजार वैज्ञानिकों ने अपना योगदान दिया। स्विट्जरलैंड और फ्रांस की सीमा पर जमीन से एक सौ मीटर नीचे सत्ताईस किलोमीटर लंबी सुरंग में 'लार्ज हेड्रोन कोलाइडर' (एल.एच.सी.) मशीन के द्वारा यह प्रयोग करके 'हिक्स पार्टिकल्स' और 'गॉड पार्टिकल्स' की पहचान करने का प्रयास किया गया। धरती के समाप्त हो जाने अथवा महाप्रलय आ जाने की तमाम अफवाहों के बीच यह प्रयोग किया गया। परिणाम चाहे जो निकला हो, लेकिन मेरा उद्‌देश्य यहाँ बस उस 'गॉड पार्टिकल्स' की खोज या पहचान से है। हमारा अध्यात्म उसी अदृश्य सत्ता से पुनर्परिचय ही तो करवाता है। अपने मूल स्वरूप की पहचान आत्मसाक्षात्कार के द्वारा करवाने का व्यापार ही तो है अध्यात्म मार्ग।

महर्षि कणाद द्वारा प्रतिपादित परमाणुवाद के सिद्धांत के लगभग तीन-चार सौ वर्षों बाद ग्रीस दार्शनिक लुसिपस (लगभग 476 ई.पू.) और डेमोक्रिटस (460-370 ई.पू.) ने भी कुछ मत-वैभिन्य के साथ गुणरहित, तौल, स्थान तथा क्रम के अंतर वाले परमाणुवाद के सिद्धांत की स्थापना की। मिस्टर कीथ को अपनी पुस्तक 'इंडियन लॉजिक ऐंड एटमिज्म' के पृष्ठ-17, 18 पर यह लिखने में कतई संकोच का अनुभव नहीं हुआ कि भारतीय परमाणुवाद के सिद्धांत पर ग्रीक सिद्धांत का प्रभाव है, जबकि दोनों के समय में तीन-चार सौ वर्षों का अंतर है। यह पश्चिम की नीयत थी। बाद में महर्षि कणाद के इसी परमाणुवाद के सिद्धांत पर आधारित 'डाल्टन का परमाणुवाद' आया। सन् 1808 ई. में इंग्लैंड के मेनचेस्टर के न्यू कॉलेज के अध्यापक जॉन डाल्टन महोदय ने इसे स्थापित किया। डाल्टन ने भी अपने प्रयोगों के आधार पर यह स्थापित किया कि पदार्थ छोटे-छोटे कणों से मिलकर बना है और ये अविभाज्य कण ही परमाणु हैं तथा रासायनिक क्रिया के दौरान भी यह ज्यों-का-त्यों बना रहता है। उनके अनुसार, दो या दो से अधिक तत्त्वों के परमाणु छोटी-छोटी पूर्ण संख्या में, निश्चित अनुपात में संयुक्त होते हैं और यौगिक परमाणु बनाते हैं।

'डेंड्राफ फलकेटम' का यह एक उदाहरण है। एक विजातीय पौधा किस तरह मूल वृक्ष से अपना पोषण ले फलता-फूलता है और धीरे-धीरे उसी मूल वृक्ष को खोखला और अस्तित्वहीन बनाने का प्रयास करता है, ग्रीक भाषा का ज्योमेट्री भारतीय ज्यामिति का अपभ्रंश माना जाता है। ग्रीक भाषा से ज्यों-का-त्यों ले अंग्रेजी ने भी प्रयोग करना शुरू किया। ज्यामिति का शाब्दिक अर्थ है, भूमि का मापन। 'ज्या' अर्थात् भूमि अथवा क्षेत्र और 'मिति' का अर्थ मापन है। शुल्क काल या वेदांग ज्योतिष काल (1000 ई.पू. से 500 ई.पू) में इसे शुल्व विज्ञान, रज्जु गणित, क्षेत्रमिति, ज्यामिति और भूमिति आदि नामों से व्यक्त करते थे। वेदांग ज्योतिष में कहा गया है—**वेदा हि यज्ञार्थमभिप्रवृत्ता** अर्थात् वेद यज्ञों के लिए प्रवृत्त हुए। इन यज्ञों के लिए वृत्ताकार, वर्गाकार, आयताकर, त्रिभुजाकार आदि भिन्न-भिन्न प्रकार की वेदियाँ बनाने की आवश्यकता पड़ी। इन वेदियों के माप के लिए शुल्व अर्थात् रज्जू का प्रयोग करते थे, इसलिए इस प्रकार विकसित गणित का नाम रज्जू-गणित अथवा शुल्व गणित भी पड़ा। शुल्व का एक अर्थ रस्सी या रज्जु का प्रयोग होता था, इसलिए यह रज्जू गणित धीरे-धीरे विकास के क्रम में रेखागणित में परिणत हो गया। इस प्रकार रेखाकृतियों के अंकन के लिए शुल्व सूत्रों की रचनाएँ हुईं, जो उन्हीं विशेषज्ञों के नाम पर प्रचलित हुईं। आपस्तंब शुल्व सूत्र, कात्यायन शुल्व सूत्र, मैत्रायण शुल्व सूत्र, बौधायन शुल्व सूत्र, मानव शुल्व सूत्र, वाराह सूत्र आदि। गणितज्ञों के अपने अनुसंधान के आधार पर उस काल का नाम ही शुल्व सूत्र काल पड़ गया, जिसका समय निर्धारण 1000 ई.पू. 500 ई.पू. माना जाता है। इस काल निर्धारण में भी भारतीय मनीषियों की तटस्थता के कारण हमें पाश्चात्य विद्वानों की काल-गणना को स्वीकार करना आवश्यक महसूस हुआ। यूनान में ज्यामिति के जन्मदाता के रूप में थेल्स (लगभग 600 ई.पू.) को मान्यता प्राप्त है, जो भारतीय शुल्व काल से सैकड़ों वर्षों के बाद का है।

शुल्व सूत्र काल की तर्ज पर सैकड़ों वर्षों बाद यूनान में गणित के कई स्कूल स्थापित हो प्रचलन में आए, जिनमें आइओनियन स्कूल, पाइथागोरियन स्कूल, एथेंस स्कूल, साइजिकस स्कूल, अलक्जेंडरिया स्कूल आदि प्रमुख थे जबकि भारत में बौधायन संप्रदाय, आपस्तंब संप्रदाय, कात्यायन संप्रदाय बहुत पहले से ज्यामिति संबंधी ज्ञान का प्रसार-प्रचार कर रहे थे। शुल्व काल में समकोण त्रिभुज के प्रमेय अर्थात् ''कर्णपर बना वर्ग शेष दो भुजाओं पर बने वर्गों के योग के बराबर होता है,'' को ज्यों-का-त्यों पाइथागोरस प्रमेय के नाम पर आज तक देश-विदेश के विद्यालयों में छात्र-छात्राओं को पढ़ाया जाता है, जबकि पाइथागोरस से लगभग 450 वर्ष पूर्व ही महान् गणितज्ञ बौधायन ने अपने शुल्व सूत्र में लिखा—

''दीर्घचतुरश्रस्याक्षण्यारज्जुः पार्श्र्वामानी तिर्यङ्मानी च यत् पृथग्भूते कुरूतस्तदुभयं करोति।''(बौधायन शुल्वसूत्रम्)

गणित का ज्ञान बढ़ाने वालों में आगे चलकर जिन भारतीय मनीषियों ने महत्त्वपूर्ण योगदान दिया उनमें ब्रह्मगुप्त, आर्यभट्ट, महावीर तथा भास्कर आदि गणितज्ञों का नाम हम गौरव के साथ स्मरण करते हैं। ब्रह्मगुप्त द्वारा प्रतिपादित एक रोचक ज्यामितीय प्रश्न जिसमें पाइथागोरस प्रमेय का प्रयोग हो सकता है, का उदाहरण द्रष्टव्य है—

एक पहाड़ी की चोटी पर दो साधु रहते हैं। उनमें से एक को ऐसी सिद्धि प्राप्त हो चुकी है कि वह वायु में उड़ सकता है। वह पहाड़ी की चोटी से थोड़ा ऊपर उड़कर फिर टेढ़ी दिशा में चलकर पास के एक नगर में उतर जाता है। दूसरा पहाड़ी के नीचे उतरकर पैदल उसी नगर तक जाता है। दोनों की यात्राओं की लंबाइयाँ बराबर होती हैं। यह बताओ, पहला साधु ऊपर कितना ऊँचा उड़ता है और नगर पहाड़ी से कितना दूर है? महान गणितज्ञ भास्कर ने अपने ग्रंथ लीलावती से समकोण

त्रिभुज के अनेक रोचक प्रश्न दिए हैं, यथा—

अस्ति स्तम्भतले बिलं तदुपरि क्रीडा शिखण्डी स्थितः स्तम्भे हस्तनवोच्छिते त्रिगुणित स्तम्भ प्रमाणान्तरे। दृष्टवाहिं विलमावृजन्त्मपतत्तिर्यक्स तस्तोपरि क्षिपं ब्रूहि तयोर्बिलात्कतिमितै साम्येन गत्यार्युतिः॥

भावार्थ यह कि नौ हाथ ऊँचे एक स्तंभ पर एक मोर बैठा है। स्तंभ के नीचे एक साँप का बिल है। साँप सत्ताईस हाथ की दूरी से बिल की ओर जा रहा है। उसे देखकर मोर कर्ण की दिशा में झपट पड़ा और साँप को बराबर चलना पड़ा। बताओ कि बिल से कितनी दूरी पर दोनों से भेंट हुई?

वेदों में संख्याओं और दाशमिक प्रणाली का बहुत स्पष्ट उल्लेख मिलता है। ऋणवेद की एक ऋचा है—

द्वादश प्रधयश्च क्रमेंक त्रीणि नभ्यामिक उतच्चिकेत। तस्मिन्त्सामक त्रिशता न शंकवोऽर्पिता पष्टिर्न चलचलास॥

शून्य का आविष्कार और भारत द्वारा विश्व को दिया गया, यह अनुपम उपहार आज तक पूरी धरती के वैज्ञानिकों के लिए स्पृहणीय है।

गणित ही नहीं, विज्ञान एवं तकनीकी विकास के सिद्धांत भी पूर्व से पश्चिम की ओर गए। आश्चर्य से भर उठता है मन, जब माँ दुर्गा की स्तुति करते हुए रक्तबीज शंखन संहारे का पाठ करती हूँ। शंख संख्यासूचक अंतिम मान है, जिसका उल्लेख नारद-विष्णु पुराण के पूर्वभाग के त्रिस्कंध ज्योतिष के अंतर्गत आता है। दश, शत, सहस्त्र, अयुत (दस हजार), लक्ष, कोटि, अर्बुद (दस करोड़), अब्ज (अरब), खर्व (दस अरब), निखर्व (खरब), महापद्‍भ (दस खरब), शंकु (नील), जलधि (दश नील), अंत्य (पद्‍म), मध्य (दस पद्‍म), परार्ध (शंख जो 1017) के मान के बराबर है) का उल्लेख इसमें है, जिनका मान उत्तरोत्तर दस गुना है। क्लोन के द्वारा आज के नवीन वैज्ञानिक आविष्कार का उद्‍घोष करनेवाले की तरह ही क्या उस समय के शंख संख्या के रक्तबीज का अस्तित्व नहीं रहा होगा जिसके दुष्परिणाम और सृष्टि के लिए खतरे का आभास जान माँ दुर्गा को कर में खप्पर और खड्‍ग धारण कर रक्तबीजों का संहार करना पड़ा? आज भी तो पूरी मानवता क्लोन के दुष्परिणामों को लेकर चिंतित है।

नारद का इस लोक से उस लोक तक आवागमन और भूत-भविष्य की खबरें देना अथवा धृतराष्ट्र का संजय की आँखों से कुरुक्षेत्र का सजीव दृश्य देखना एक समय लोगों के लिए अविश्वसनीय भले ही रहा हो, लेकिन क्या आज इलेक्ट्रॉनिक मीडिया की खोज उसे आधार बनने से रोक पाएगी? आज गुर्दे, हृदय, फेफड़े आदि के प्रत्यारोपण द्वारा अपने झंडे गाड़ने वाले डॉक्टरों की उपलब्धियाँ सुन-सुनकर हमें लंबोदर गजानन अवश्य याद आते हैं। मानव शरीर पर हाथी के सिर का प्रत्यारोपण उत्कृष्ट शल्यक्रिया का स्पष्ट प्रमाण नहीं है तो क्या है? 'गणेश परिक्रमा' का मुहावरा प्रसिद्ध है। पूरी पृथ्वी का चक्कर लगाने में असमर्थ गणेश ने ब्रह्मांड के स्वामी और अपने माता-पिता (इस प्रकार शिव शक्ति) की परिक्रमा कर ली। अपने बुद्धि कौशल से हर विघ्न का शमन करनेवाले गजानन शायद इसीलिए प्रथम पूज्य और विघ्नहर्ता माने जाते हैं। बैठे-बैठे मोदक उड़ाते रहते हैं और साथ-ही-साथ कपित्थ तथा जंबू फल का भी भक्षण करते रहते हैं यानी रोग को पनपने देने से पूर्व ही उसका उपचार कर देते हैं। खाने के साथ मधुमेह की दवा की गोलियाँ निगलने वालों के लिए कितना बड़ा सहारा है मोदकप्रिय गणपति का आहार-विहार? पूरी पृथ्वी तक दौड़ संभव नहीं तो चूहा दौड़ ही करो थोड़ी-सी जगह में। चूहा दौड़ यानी आज की जॉगिंग। शिव शक्ति के विग्रह की परिक्रमा मात्र से स्थूलता का व्यापार घटने लगेगा और उसके पीछे छिपे असीम सत्य का रूप स्पष्ट हो उठेगा। यह 'डेंड्राफ फलकेटम' से उसके पोषक वृक्ष और उसके मूल तक की एक विहंगम यात्रा है। सहयात्री भी बहुत मिलेंगे।

राम मेरे घर आओ

डॉ. बनमाली चतुर्वेदी

रसायन शास्त्री डॉ. बनमाली चतुर्वेदी जे.जी.टी. विश्वविद्यालय के प्रोफेसर एमिरेट्स के पद पर कार्यरत हैं। गणपति इंस्टीट्यूट ऑफ मैनेजमेंट एंड टेक्नोलॉजी, हरियाणा के डायरेक्टर, प्रिंसिपल रहे। एम.एस. कॉलेज चंदौसी, रुहेलखंड विश्वविद्यालय, बरेली के अध्यक्ष एवं एसोसिएट प्रोफेसर रहे। हिंदी की अनेक पत्र-पत्रिकाओं में लेख, कविताओं का प्रकाशन।

30 जून, 2017 को मॉरीशस में श्री राम मंदिर का भव्य उद्घाटन मॉरीशस गणतंत्र के मार्गदर्शक मेंटोर मंत्री श्री अनिरुद्ध जगन्नाथ, महामहिम उपराष्ट्रपति श्री पी. वायापुरी एवं शिक्षा मंत्री सुश्री लीलादेवी के करकमलों द्वारा संपन्न हुआ। इस अवसर पर समारोह में काव्य पाठ प्रस्तुत किया गया। बाद में इसका प्रसारण आकाशवाणी मुंबई से हुआ।

रावण सकल विश्व में फैले, प्रबल भये अहिरावण,
कुंभकरण भी जाग रहे हैं, कैसे हो निस्तारण।
असुर विनाशक बनकर रघुवर, फिर से धनुष उठाओ,
मैं तो हूँ बालक अज्ञानी, राम मेरे घर आओ।

श्री राम मंदिर, मॉरीशस

घट-घट वासी हो अविनासी, भक्तों के संरक्षक,
कण-कण में तुम व्याप्त जगत् में, दुष्टों के हो भक्षक।
सकल विश्व सचराचर स्वामी, जग की पीर मिटाओ,
मैं तो हूँ बालक अज्ञानी, राम मेरे घर आओ।

सूपर्णखा हैं गली-गली, लक्ष्मण पर डोरे डालें,
कैकयी और मंथरा घर-घर, दशरथ प्राण निकाले
जग को मार्ग दिखाने भगवन् एक बार फिर आओ
मैं तो हूँ बालक अज्ञानी, राम मेरे घर आओ॥

सोने की वो चमक आज भी सीता का मन खींचे,
पति परमेश्वर दौड़ रहे हैं, स्वर्ण-हिरण के पीछे।
भ्रष्टाचार मिटाकर रघुवर, राम राज्य ले आओ,
मैं तो हूँ बालक अज्ञानी, राम मेरे घर आओ॥

मेघनाद का नाद भयंकर, देवपुरुष घबराए,
घर-घर मूर्च्छित लखन लाल हैं, कौन संजीवनी लाए।
दीन जनों का दुःख हरने को, बजरंगी संग आओ,
'बनमाली' बालक अज्ञानी, राम मेरे घर आओ॥

आतंकी अवनि पर फैले, पत्थर करें प्रहारें,
काँव-काँव करते कोलाहल कौए चोंच से मारें।
लहूलुहान भई बालाएँ, अबलाओं को बचाओ,
'बनमाली' बालक अज्ञानी, राम मेरे घर आओ॥

महिलाओं का शोषण करते, पापी पाप कमावें,
राम नाम के ढोंगी साधु जन-जन को बहकावें।
डेरा सच्चा सौदे का, कच्चा चिट्ठा खुलवाओ,
'बनमाली' बालक अज्ञानी, राम मेरे घर आओ॥

संस्कृत से संस्कृति और संस्कृति से संस्कार

विपुल सेन उर्फ विपुल 'लखनवी'

विपुल सेन उर्फ विपुल 'लखनवी' एम.टेक. केमिकल इंजीनियर न केवल वैज्ञानिक हैं, बल्कि हिंदी के कवि भी हैं। संप्रति भामा परमाणु अनुसंधान केंद्र मुंबई में वैज्ञानिक अधिकारी पद पर कार्यरत हैं। आप विज्ञान त्रैमासिक हिंदी पत्रिका 'वैज्ञानिक' के संपादक हैं। आपके व्यक्तित्व में विज्ञान और साहित्य का अद्भुत संगम है।

जैसा कि हम जानते हैं कि विश्व की समस्त भाषायों का जन्म कुल पाँच मूल भाषाओं से हुआ है। भारत में दो मूल भाषाएँ संस्कृत और तमिल हैं। भाषा किसी भी संस्कृति का दर्पण होती है, सभ्यता-संस्कृति और संस्कार की परिचायक होती है। अत: भारतीय संस्कृति और दर्शन संस्कृत के बिना अधूरा है। वैसे विश्व में कुल 6,809 भाषाएँ बोली जाती हैं, जिनमें से नब्बे प्रतिशत भाषाओं को बोलनेवालों की संख्या एक लाख से कम है। लगभग 200 भाषाओं को दस लाख के आस-पास लोगों द्वारा बोला जाता है। आज की अंधाधुंध आपाधापी में 357 भाषाएँ ऐसी हैं, जिनको मात्र 50 लोग ही बोलते हैं। 46 ऐसी भाषाएँ हैं, जिनको 5 से भी कम लोग प्रयोग करते हैं। ऐसे ही भारत में 179 भाषाएँ और 544 बोलियाँ हैं। भाषा वह होती है, जिसका व्याकरण होता है। जिनका व्याकरण नहीं होता है, उनको 'बोली' कहा जाता है।

हिंदी और अंग्रेजी के अतिरिक्त भारतीय संविधान 21 अन्य भाषाओं को मान्यता प्रदान कर संवैधानिक भाषा मानता है, अर्थात् इन भाषाओं में संसद् में प्रश्न किए जा सकते हैं।

संस्कृत भाषा को देवभाषा भाषा कहा जाता है और इसकी लिपि को देवनागरी। भारतीय दर्शन और शास्त्रों के अनुसार, संस्कृत का जन्म देवों के मुख से हुआ है, जो वास्तव में एक प्रतीक ही है और बताता है कि इसका जन्म वाहिक नहीं, अपितु आंतरिक ज्ञान से हुआ है। जब हमारे मनीषियों ने शरीर के विभिन्न ऊर्जा केंद्रों अथवा चक्रों पए ध्यान लगाया तो उनको जो ध्वनियाँ सुनाई दीं, उसे लिपिबद्ध किया गया, जिससे संस्कृत भाषा का जन्म हुआ। अत: आधुनिक विज्ञान कहता है कि कंप्यूटर प्रोग्रामिंग के लिए संस्कृत संपूर्ण भाषा है

यानि यह एक शुद्ध गणात्मक और गणितीय व्याकरण से परिपूर्ण भाषा है। योग दर्शन के अनुसार, मनुष्य के शरीर में से सात मुख्य चक्र होते हैं। चक्र एक संस्कृत शब्द है, जिसका अर्थ 'पहिया' या 'घूमना' है। भारतीय पारंपरिक औषधि विज्ञान के अनुसार, चक्र की अवधारणा का संबंध पहिए, चक्कर से है। माना जाता है कि इसका अस्तित्व आकाशीय सतह में मनुष्य का दोगुना होता है। कहते हैं कि चक्र-शक्ति केंद्र या ऊर्जा की कुंडली है। मनुष्य की कुंडलिनी शक्ति, जिसे बंक नाल सहित कई नाम दिए गए हैं, साधारण मनुष्य में यह कुंडलिनी शक्ति योनि और गुदा के मध्य अपनी पूँछ को मुख में कर डेढ़ चक्र करके सोई रहती है, जो योगियों में जागकर सुषुम्ना नाड़ी, जो हमारी रज्जू के मध्य स्थिर होती है, में प्रवेश करती है। साधनरत होने पर यह मूलाधार से उठकर विभिन्न चक्रों को भेदकर, विभिन्न प्रकार के अनुभव कराती हुई ऊपर चढ़ती जाती है। यही शिवलिंग के रहस्य और उसपर लिपटी सर्पिणी की भी व्याख्या करती है।

सात सामान्य प्राथमिक चक्र इस प्रकार बताए गए हैं—

1. **मूलाधार चक्र :** बेस या रूट चक्र (मेरुदंड की अंतिम हड्डी 'कोक्सीक्स') भूमि प्रधान चक्र; जहाँ कुंडलनी शक्ति सोई रहती है। वंय शंय शंय संय लं वर्णों की अनाहत ध्वनि गुंजायमान रहती है जहाँ माँ काली का वास है जो माँ दुर्गा का रूप है और कुंडलिनी शक्ति है। देखें, दुर्गा सप्तशती की आरती; मूलाधार निवासनी यह पर सिद्दी प्रदेद्ध और मंत्र जहाँ अं, कं, चं, टं, तं, यं, वं, शं, हं, ठां, ठी, ठूं इत्यादि बीज वर्ण।

2. **स्वाधिष्ठान चक्र :** त्रिक चक्र (अंडाशय/पुर:स्थ ग्रंथि) जल तत्त्व की प्रधानता। बं, भं, मं, थं, रं, लं, वं वर्णों की अनाहत ध्वनि गुंजायमान रहती है।

3. मणिपूर, सौर स्नायुजाल चक्र (नाभि क्षेत्र), जहाँ डं, ढं, णं, तं, दं, धं, नं, पं, यं, फं, रं वर्णों की अनाहत ध्वनि गुंजायमान रहती है।

4. **अनाहतहृदय चक्र (हृदय क्षेत्र) :** वायु तत्त्व, जहाँ कं, खं, गं, घं, ड़ं, चं, छं, जं, झं, त्रं, टं, ठं, यं वर्णों की अनाहत ध्वनि गुंजायमान रहती है।

5. विशुद्ध, कंठ चक्र (कंठ और गर्दन क्षेत्र), जहाँ अ, आ, इ, ई, उ, ऊ, ऋ, ज्ञ, लृ; ए, ऐ, ओ, अं; अ: ह वर्णों की अनाहत ध्वनि गुंजायमान रहती है।

6. आज्ञा, ललाट या तृतीय नेत्र चींटीदार ग्रंथि या तृतीय नेत्र, जहाँ स्त्रियाँ बिंदी लगाती हैं। जहाँ हं, क्षं, वर्णों की अनाहत ध्वनि गुंजायमान रहती है।

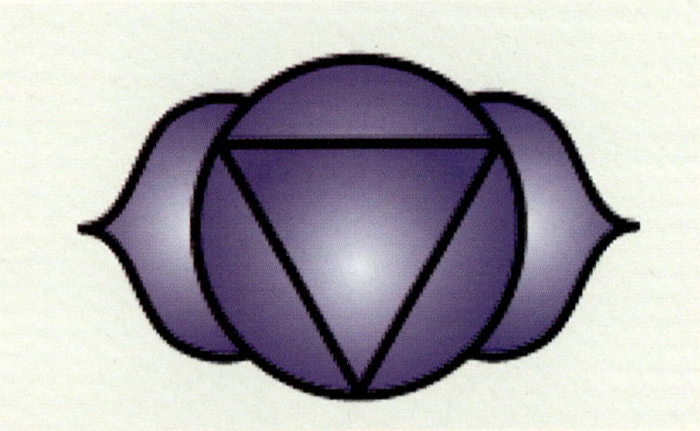

7. सहस्रार, शीर्ष चक्र (सिर का शिखर, एक नवजात शिशु के सिर का मुलायम स्थान—तालू), जहाँ सभी दल के वर्णों की अनाहत ध्वनि गुँजायमान रहती है।

मानव-शरीर की रचना ही इस पूर्ण सृष्टि में अद्‌भुत मानी गई है, क्योंकि इसी योनि में मन द्वारा धारण किया गया सृष्टि कल्याण का संकल्प पूर्ण हो पाता है—मानव शरीर में सात चक्रों का समावेश होता है, इन चक्रों द्वारा मानव शरीर 56 प्रकार की ध्वनियों का उच्चारण कर पाता है।

संस्कृत भाषा के व्याकरण को 'पाणिनि व्याकरण' द्वारा समझा जा सकता है। माना जाता है कि महेश्वर के डमरू से यह 14 सूत्र निकले थे। वैसे, पाणिनि का संस्कृत व्याकरण चार भागों में है—

माहेश्वर सूत्र—स्वर शास्त्र

अष्टाध्यायी या सूत्रपाठ—शब्द विश्लेषण

धातुपाठ—धातुमूल (क्रिया के मूल रूप)

गणपाठ

पतंजलि ने पाणिनि के अष्टाध्यायी पर अपनी टिप्पणी लिखी, जिसे 'महाभाष्य' का नाम दिया गया। महाभाष्य यानी समीक्षा, टिप्पणी, विवेचना, आलोचना।

पाणिनि के सूत्रों की शैली अत्यंत संक्षिप्त है। वे सूत्रयुग में ही हुए थे। श्रौत सूत्र, धर्म सूत्र, गृहस्थ सूत्र, प्रातिशाख्य सूत्र भी इसी शैली में हैं, किंतु पाणिनि के सूत्रों में जो निखार है, वह अन्यत्र नहीं है। इसीलिए पाणिनि के सूत्रों को 'प्रतिष्णात सूत्र' कहा गया है। पाणिनि ने वर्ण या वर्णमाला को 14 प्रत्याहार सूत्रों में बाँटा और उन्हें विशेष क्रम देकर 42 प्रत्याहार सूत्र बनाए। पाणिनि की सबसे बड़ी विशेषता यही है, जिससे वे थोड़े स्थान में अधिक सामग्री भर सके। यदि अष्टाध्यायी के अक्षरों को गिना जाए तो उसके 3,995 सूत्र एक सहस्र श्लोक के बराबर होते हैं। पाणिनि ने संक्षिप्त ग्रंथ-रचना की और भी कई युक्तियाँ निकालीं, जैसे अधिकार और अनुवृत्ति, अर्थात् सूत्र के एक या कई शब्दों को आगे के सूत्रों में ले जाना, जिससे उन्हें दोहराना न पड़े। अर्थ करने की कुछ परिभाषाएँ भी उन्होंने बनाईं। एक बड़ी विचित्र युक्ति उन्होंने असिद्ध सूत्रों की निकाली अर्थात् बाद का सूत्र अपने से पहले के सूत्र के कार्य को

ओझल कर दे। पाणिनि का यह असिद्ध नियम उनकी ऐसी तंत्र युक्ति थी, जो संसार के अन्य किसी ग्रंथ में नही पाई जाती।

अब आप समझ गए होंगे कि संस्कृत क्यों देवभाषा कही गई है। शरीर के चक्रों में अनाहत ध्वनियों को जब आकृतिक रूप यानी लिपिबद्ध किया गया, तब संस्कृत

भाषा का जन्म हुआ यानी यह भाषा सदैव आपके भीतर समाहित रहती है। यह अलग बात है कि इसको कोई बिरला ही जान पाता है और उनकी संख्या नगण्य है, शून्य नहीं। इन चक्रों के विभिन्न रंग भी हैं, जो इंद्रधनुषी हैं और जिनको आधुनिक विज्ञान प्राकृतिक रंग कहता है। ये रंग इसी क्रम से चक्रों में विद्यमान रहते हैं।

संस्कृति का संधि विच्छेद (सं+अस्+कृत) करने पर हम जान सकते हैं कि सं यानी साथ-संग और सदैव अस्, यानी हमारे और कृति, यानी कार्य-शैली और कर्म। अर्थात् जो कर्म और कार्यशैली आपको परिलक्षित कर सामाजिक निर्माण करे, वह संस्कृति है। यहाँ पर एक बात स्पष्ट है कि 'सर्वे भवंतु सुखिन:' वाक्य सिर्फ और सिर्फ देव संस्कृति, यानी संस्कृत में हो सकता है और कहीं नहीं। इसीलिए जहाँ संस्कृत नहीं, वहाँ क्रूरता देखी जा सकती है। आधुनिक युग में क्रूर बगदादी इसका उदाहरण है। लेकिन दुखद यह है कि भारतवर्ष के कुछ राज्यों में राजनीतिक रूप से संस्कृत को यानि भारतीय धरोहर और आत्मा को नष्ट करने का कुचक्र भी चल रहा है, जो भारतीयता को नष्ट करने का षड्यंत्र प्रतीत होता है।

संस्कार का संधि विच्छेद (सं+अस्+कार) करने पर हम जान सकते है कि सं यानी साथ-संग और सदैव अस्, यानी हमारे और कार, यानी आकार। मतलब आपके साथ रहनेवाले कर्मों और कार्य का आकार या आयाम हुआ संस्कार।

कुल मिलाकर यदि आप देखें तो पाएँगे कि देवभाषा संस्कृत से उच्च मानवीय संस्कृति और उससे ही पड़नेवाले उच्च मानवीय संस्कार। अब आप प्रश्न उठा सकते हैं कि फिर भारतीय इतिहास धर्म-भेदभाव से क्यों भरा है? तो इसका उत्तर है कि बुद्ध जन्म के समय प्राकृत और पाली भाषाएँ जनमीं और संस्कृत का प्रचलन कम हुआ। साथ ही, सदी के आरंभ में सालार बिन जंग, जो खैबर दर्रे से प्रविष्ट हुआ और आक्रांता बन अपने साथ कबिलाई संस्कृति और भाषा लाया। फिर आए मुगल और अंग्रेज, जो संस्कृत, यानी भारतीय संस्कृति, यानी मूल संस्कारों का दमन करने में लग गए। अत: भारतीयता की सुगंध मरने लगी और मनमाना व्यवहार, दुराचार तथा अनाचार होने लगा, जो काला इतिहास बन गया।

अंत में आप सुदीर्घ पाठकों से निवेदन है कि संस्कृत को नए सिरे से जीवित होने में सहयोग दें। आपके अंदर संस्कृति और संस्कार अपने आप आने लगेंगे, यह मेरा पूर्ण विश्वास है और साथ में दावा भी। हमारा प्रयास होगा कि भारतीयता की आत्मा यानी संस्कृत, संस्कृति और संस्कार कभी क्षीण न हो। मेरा तो यह मानना है कि संस्कृत के लोप होने से भारतीयता और हिंदू दर्शन—दोनों मर जाएँगे। शायद इसीलिए इसको नष्ट करने का प्रयास समय-समय पर होता रहा है।

विशेष रूप से यदि कोई इस भारतीय विरासत को अवैज्ञानिक मानता है तो यह उसका अज्ञान है और अज्ञान को केवल ज्ञान से ही मिटाया जा सकता है। हमें ज्ञान की पिपासा जगानी होगी।

त्यक्तेन भुञ्जीथा, इदन्न मम

मृदुल कीर्ति

ख्यातिलब्ध लेखिका। अमेरिका में वेद, उपनिषद्, हरिगीतिका आदि का पद्यात्मक रूपांतरण। वेदों पर शोध कार्य; अंतरराष्ट्रीय सम्मेलनों में भागीदारी। आपने अभी हाल ही में श्रीमद् शंकराचार्य कृत विवेक चूड़ामणि का काव्यानुवाद करके प्रशंसा अर्जित की है। अमेरिका में हिंदी के प्रचार-प्रसार में सक्रिय योगदान।

चाहना या कामना प्राणमय या मनोमय कोष से आती है, किंतु आध्यात्मिकता आत्मा के क्षेत्र से नि:सृत अखंड बोध और अनंत आनंद का प्रवाह है। इसमें साधक कोई चाह नहीं, वरन् अभीप्सा करता है, जो पूरी न होने पर भी अपने समर्पण को वापस नहीं लेता। बस उसी बिंदु से सभी प्रमुख सांस्कृतिक ग्रंथों के काव्यात्मक अनुवादों की संप्रेषणा ऊर्जस्वित हुई। अत: इन ग्रंथों के विभिन्न छंदों में काव्यात्मक अनुवाद, प्रयास नहीं प्रसाद हैं, श्रम साध्य नहीं, कृपा साध्य हैं।

मैं, मेरा ममकार ग्रस्त युग में 'त्यक्तेन भुञ्जीथा' और 'इदं न मम' के सूत्र ही जड़ता और अहंता को कम कर सकते हैं। परब्रह्म की कृपा से वेदों, उपनिषदों, भगवद्गीता, अष्टावक्र गीता, शंकराचार्य और पतंजलि योगदर्शन आदि का जो काव्यात्मक अनुवाद किया है, उनमें से 'त्यक्तेन भुञ्जीथा', 'इदं न मम' विषयक सूक्त के संदर्भ और उनके काव्यात्मक स्वरूप प्रबुद्ध जनों तक लाने का अकिंचन प्रयास मात्र है।

शांति मंत्र

ॐ पूर्णमद: पूर्णमिदं, पूर्णात् पूर्णमुदच्यते,
पूर्णस्य पूर्णमादाय, पूर्णमेवावशिष्यते।

परिपूर्ण पूर्ण है पूर्ण प्रभु यह जगत् भी प्रभु पूर्ण है,
परिपूर्ण प्रभु की पूर्णता से पूर्ण जग संपूर्ण है।
उस पूर्णता से पूर्ण घटकर पूर्णता ही शेष है,
परिपूर्ण प्रभु परमेश की यह पूर्णता ही विशेष है।

इस शांति मंत्र में परब्रह्म के पूर्णत्व अविभाज्य और अविनाशी स्वरूप का वर्णन है। वेदों-उपनिषदों की शृंखला में 'ईशावास्योपनिषद्' सर्वोपरि व सर्वप्रथम आता है और उसका भी सर्वप्रथम मंत्र सकल औपनिषदीय दर्शन, अध्यात्म और तत्त्वज्ञान का सार है। यह ऋषियों द्वारा उपदिष्ट 'जीवन संविधान' है।

ईशा वास्यमिदं सर्वं, यत्किंचित जगत्यां जगत,
तेन त्यक्येन भुञ्जीथा, मा गृध: कस्य स्विद धनम्।

काव्यात्मक अनुवाद

ईश्वर बसा अणु-कण में है, ब्रह्मांड में व नगण्य में
सृष्टि सकल जड़-चेतना, जग सब समाया अगम्य में।

भोगो जगत् निष्काम वृत्ति से, त्यक्तेन प्रवृत्ति हो,
यह धन किसी का भी नहीं, आठ लेश न आसक्ति हो।

इस मंत्र के चार जीवनदर्शन सूक्त हैं।

ईशावास्य मिदं सर्वं (ईश्वर का वास व्यापक है)

त्यक्तेन भुञ्जीथा (परब्रह्म सृजित सृष्टि का 'त्याग-वृत्ति' से भोग करो)

मा गृधः लालच मत करो, गृधः गिद्ध लालच का परिचायक है।

कस्य स्विद धनं, यह धन किसका है?

यदि उपनिषदों के संदेशों को दो शब्दों में कहना हो तो केवल 'त्यक्येन भुञ्जीथा' ही सकल आध्यात्मिक वेदांतिक ज्ञान का संवहन करने को पर्याप्त है। वास्तव में अध्यात्म सूक्ष्म में जाने का विज्ञान है और वेदांत वैदिक ऋषियों की अंतस की जागृति का परिणाम है। 'ईशावास्य मिदं सर्वं' कहकर ब्रह्म की शाश्वती का निरूपण है, तदंतर उसकी बनाई सृष्टि को 'त्यक्येन भुञ्जीथा' अर्थात् त्याग करते हुए भोग करने का संदेश भी है। कस्य स्विद धनं—यह धन किसका है? इदन्न मम—मेरा नहीं है, अतः मा गृधः, लालच मत करो। आज त्याग की जगह संग्रह-वृत्ति से ही विश्व में नैतिक प्रलय आया हुआ है।

त्याग करते हुए भोग—सामान्य अर्थों में यह वाक्यांश एक विरोधाभास लगता है, जैसे पानी में रहो, किंतु गीले न हो। जिसे ऋषि अष्टावक्र की दृष्टि में 'निर्जीव रहनी और निर्बीज करनी' कहा गया है।

यस्तु भोगेषु भुक्तेषु च भवत्यधिवासितः
अभुक्तेषु निराकांक्षी तादृशो भव दुर्लभः

—17-4

काव्यानुवाद

भोगे हुए भोगों में जो। किंचित् नहीं आसक्त है,
दुर्लभ जगत् में व्यक्ति, जो अभुक्त से भी विरक्त है।

ऋषियों का यह ब्रह्मज्ञान, तत्त्वज्ञान और आत्मज्ञान आत्मसात् करने पर 'त्यक्तेन भुञ्जीथा' जब जीवन में घटित होता है, तब यह विरोधाभास नहीं, सत्याभास लगने लगता है। राग-विराग से परे एक वीतराग, असंग, निर्लिप्त अवस्था। इस बिंदु पहुँचकर ही जीव जान पाता है कि वास्तव में मोह की सत्ता है ही कहाँ?

नासते विद्यते भावो नाभावो विद्यते सतः।

(गीता २/16)

काव्यानुवाद

असत्य को कोऊ सत्त्व कहाँ और सत को अभाव कहाँ कत है?

जन ज्ञानी दोनहूँ को जाने, सत होत परम सत ही सत है।

मोह अज्ञानमूलक है, जो बार-बार होता है और तत्त्वज्ञान सत्य मूलक है, जो एक ही बार होता है और सदा के लिए होता है। जैसे पृथ्वी पर तो दिन और रात आते हैं, किंतु सूर्य पर कभी रात नहीं आती।

अतः एक बार आत्मज्ञान होते ही 'त्यक्येन भुञ्जीथा' जीवन में घटित होने लगता है। क्योंकि सत्य के क्षेत्र से उद्घाटित ऊर्जा, 'त्यक्तेन भुञ्जीथा' तक ही जाती है और इदं मम की जगह इदन्न मम हो जाता है। इस बिंदु तक जीव की चित्त-वृत्ति आते ही त्याग-वृत्ति उसका स्वभाव बन जाता है। वह किसी मोह के मोहपाश में नहीं अटकता। इसी भाव को समायोजित किए गीता का मंत्र—

ममैवांशो जीवलोके जीवभूतः सनातनः,
मनः षष्ठानी इंद्रियाणी प्रकृतिस्थानी कर्षति।

गीता 15/7

काव्यानुवाद

यही देह में देहिन अंश मैंरै,
त्रिगुणी माया सर्वांश मैंरै,
पाँचौ इंद्रिन और मन माहीं,
एकमेव सनातन अंश मैंरै।

इस संसार में जीव बना हुआ आत्मा स्वयं मेरा ही सनातन अंश है; परंतु वह प्रकृति में स्थित मन और पाँचों इंद्रियों को आकर्षित करता है और अपना मान लेता है। इस माने हुए संबंध के कारण वह जीवन-मरण के चक्र में

पड़ा रहता है। सारी इंद्रियों को विषयों की ओर ले जानेवाला सूक्ष्म मन ही है।

इन्द्रियाणि मनो बुद्धिरस्याधिष्ठान मुच्यते।
यतैर्विमोहयत्येष ज्ञानमावृत्य देहिनम।

—भगवद्‌गीता 3/40

काव्यानुवाद

मन इंद्रिय बुद्धि ये सगरे,
ही काम निवास कहावत हैं,
यही ज्ञान को आच्छादित करिकै,
देहिं को मोह करावत हैं।

श्री शंकराचार्य ने यह उद्‌घोषित किया था—

मनो नाम महा व्याघ्रो विषयारण्यभूमिषु
चरत्यत्र न गच्छन्तु साधवो ये मुमुक्षवः।

मन नाम का भयंकर व्याघ्र विषय रूपी वन में घूमता-फिरता है, जो साधु मुमुक्ष हैं, वे वहाँ न जाएँ।

—अथर्ववेद 10/7/37

कथं न रमते मनः
मन कहीं भी नहीं रमता है।

गीता में भी मन को प्रमथन वाला कहा है। वासनाओं के समूह का नाम ही मन है।

आत्मेन्द्रिय मनोयुक्तं भोक्तेत्याहुः मनीषिणः

—कठोपनिषद् 3 वल्ली 4-मंत्र

जब मनुष्य का मन तथा इंद्रियाँ मिलकर काम करती हैं, तब वह भोक्ता कहलाता है।

परमात्मा ने इन इंद्रियों को बहिर्मुखी बनाया है। इसीलिए वह बाहर की ओर देखता है, आत्मा की ओर नहीं। विषय-भोग को मन में लाने से उनकी इच्छाएँ उत्पन्न होती हैं। जहाँ कामना आएगी, समझो वहीं से तुम खंडित हो—इधर कामना खा रही है, उधर 'मैं' और 'अहं'।

ध्यायतो विषयान्पुंसः संगस्ते षूपजायते
संगात सञ्जायते कामः कमात्क्रोधो अभिजायते

—गीता २/62

काव्यानुवाद ब्रज भाषा में—

जिन चित्तहिं चिंतन विषयन कौ,
धरि विषयन में आसक्ति धरैं,
आसक्ति सो चाहत चाहत में,
बाधा क्रोधहिं अभिव्यक्ति करैं।

अर्थात् इंद्रियों और पदार्थों के संयोग से मन में इच्छाएँ उत्पन्न होती हैं। इसी बिंदु पर सजग रहने के संकेत 'त्यक्तेन भुञ्जीथा' में ऋषियों ने दिए हैं। क्योंकि इच्छाओं या कामनाओं की पूर्ति न होने पर असंतोष होता है। असंतोष से क्रोध और क्रोध से मूढ़ भाव, मूढ़ भाव से स्मृति-भंग तथा स्मृति-भंग से विवेक नष्ट होता तथा विवेकहीन के सभी कृत्य असंगत, स्वार्थपूर्ण और सारहीन होते हैं। अंततः पतन केवल इस जन्म का नहीं अपितु इसके विकार जन्म-जन्मांतर तक होते हैं। इन सब कुवृत्तियों के पीछे जो शक्ति काम करती है, वह लोभ है, जिसके लिए इस मंत्र में 'मा गृधः' अर्थात् लालच नहीं। गिद्ध लालच और कुदृष्टि का परिचायक है।

विशेष देखने की बात यह है कि जिस युग में उपनिषदों का आवर्तन हुआ, वह तो सतयुग था। जड़ता, विकार, लोभ और गिद्ध दृष्टि से चित्त उपराम थे, कदाचित् ऋषिगण इंद्रियों के स्वाभाविक स्वभाव के प्रति सजग थे; जो उस युग में भी लोभ के दुष्परिणामों के संकेत दे सके।

तृष्णा अग्नि प्रलय की, तृप्त न कबहूँ होय।
सुर नर मुनि अरु रंक सब, भस्म करत है सोय॥

लोभ नरक का द्वार है। पैसा नहीं, पैसे के प्रति तुम्हारी वृत्ति कैसी है, यह अधिक महत्त्वपूर्ण है। पैसा व्यक्ति को नहीं, वरन् पैसे के प्रति तुम्हारी वृत्ति तुम्हें अच्छा या विकारी बनाती है। क्योंकि पदार्थों में अपना एक आकर्षण होता है, उनकी अपनी तरंगें होती हैं, जो हमारे चिंतन स्तर की तरंगों से टकराती हैं। जो प्रबल होता है, वही उसका स्वामी हो जाता है। इस तरह वस्तु चिंतक का स्वामी हो जाता है।

न चैक चित्त तन्त्रं वस्तु तद प्रमाणकमं तदा किम स्यात।

पतंजलि योग दर्शन—कैवल्य पाद-1

काव्यानुवाद चौपाई छंद में

दृश्य वस्तु जो परत दिखाई।
ताकी निज अपनी प्रभुताई॥
वस्तु कबहूँ नहीं चित्त अधीना।
चित्त सौं भिन्न वस्तु लख हीना॥

अतः त्यक्तेन भुञ्जीथा और मा गृधः ऋषियों के संदेश यही संकेत देते हैं कि जब तक जितेंद्रिय और विवेकी नहीं होंगे, तब तक कोई भी इंद्रिय तुम्हारे सुख को चुरा ले जाएगी। जहाँ से भी सुख के संकेत मिले, वहीं राग हो जाएगा। संपूर्ण दुःखों का मूल है, कामना को छोड़े बिना कोई सुख पा नहीं सकता। प्रत्येक आकर्षक वस्तु एक चेतावनी है। माया अलौकिक है और दुष्कर—

स शांति माप्नोति न काम कामी

—गीता 2/70

काव्यानुवाद

तस स्थितिप्रज्ञ भी काम विहीन हो,
शांति परम अति पावत है।

आचारहीनं न पुनन्ति वेदाः

जो आचारहीन है, उन्हें वेद भी पवित्र नहीं कर सकते हैं।

लालच का अर्थ है, कभी न पूरी होनेवाली चाहना और यही चाहना यातना बन जाती है। कब तक देह बदलते रहोगे, कामनाएँ पुनः-पुनः नव देह लेकर आती हैं।

पुनरपि जन्मं पुनरपि मरणं,
पुनरपि जननी जठरे शयनं,
इरु संसार अति दुस्तारे, कृष्ण तारे पार उतारे।
भज गोविंदम्

—शंकराचार्य

समग्र जीवनदर्शन को समेटे इस वेदांत का प्रथम मंत्र ही सृष्टि संरचना के कण-कण में ईश्वरीय सत्ता और अस्तित्व को बताते हुए उसके द्वारा रचित पदार्थों के प्रति 'अनासक्त अनुभव' का संदेश देता है। अनासक्त

अनुभव अपने आप में एक विरोधी वाक्यांश लग सकता है, किंतु प्रकृति भोग्य है और जीवात्मा भोक्ता है और उस प्रकृति को जीवात्मा को कैसे भोगना चाहिए, इसका तात्त्विक निरूपण वैदिक ऋषियों ने किया है। निःस्पृह और निर्विकारी भाव को संप्रेषित करता हुआ। 'त्यक्तेन भुञ्जीथा' का सूक्त सत्यज्ञान को सृष्टि में ध्वनित करता है। 'त्यक्तेन भुञ्जीथा' कुछ ऐसा ही है कि पानी में रहो, किंतु गीले न हो। जगत् में रहो, किंतु जगत् का प्रभाव तुम पर न हो। इसी सूक्त को ऋषि अष्टावक्र ने भी उद्घोषित किया है।

न ही सर्व परित्याग मन तारे सुखी भवेत्
बहु संपदा को जोड़कर, बहु भोग मानव भोगता
पर त्याग-वृत्ति के बिना नहीं सत्य सुख की योग्यता

—अष्टावक्र गीता, 19/2

तुम्हें लगता है कि संचय किया है, किंतु तुम हर पल रीत रहे हो। तुम्हें लगता है कि जोड़कर शक्तिमान हो रहे हो, किंतु इससे जनित मोह तुम्हें हर पल शक्तिहीन कर रहा है। आसक्ति यदि अनित्य में है तो तुम भी अनित्य होते जा रहे हो। अतः मोह नहीं प्रेम करो। प्रेम अच्छा है, मोह नहीं। प्रेम विराट् है, मोह संकीर्ण है। भावना अच्छी है भावुकता नहीं। उत्थान में आत्मा साथ देती है और पतन में वासनाएँ। बुद्ध ने कहा है कि अज्ञानियों को मैंने विधियाँ दी हैं और ज्ञानियों को बोध दिया है।

मनुष्य सुख चाहता है, दुःख नहीं, तभी दो विभाग हुए। आसुरी-दैवीय, शुभ-अशुभ, विहित-निषिद्ध भेद के मूल में भोगेच्छा ही है। संपूर्ण दुःख-संताप आदि भोगेच्छा के ही कारण हैं। इसके मिटते ही सर्वथा मोक्ष है, इसीलिए त्याग करते हुए भोग का दर्शन ऋषियों ने मानव कल्याण को दिया। इंद्रियाँ सुख की अभिलाषी हैं, जहाँ सुख मिला, वहीं ठहर जाती हैं। वहीं अपना संसार बनाने लगती है। इस विषय में ऋषि पतंजलि साधन पाद में कहते हैं—

सुखानुशयी रागः।

—योग दर्शन साधन पाद-7

काव्यानुवाद

राग, क्लेश को मूल अधारा।
जेहि सोन उपजें क्लेश विकारा॥
सुख प्रतीति ही रागहिं मूला।
रागहिं उपजें सागर शूला॥

सुख की प्रतीति के पीछे रहनेवाला क्लेश राग है। आसक्ति के मोहपाश में भूल जाते हैं कि बसना और उजड़ना प्रकृति का नियम है। चाहती है कि सब यथावत् रहे, जबकि यथार्थ यह है—

किसका सबकुछ रहा यथावत,
सबका सबकुछ हुआ कथावत,
काल गाल सर्वस्व समागत,
किंचन् अथवा दिव्य 'तथागत'

इसी तथ्य का बीज मंत्र है 'त्यक्तेन भुञ्जीथा'।

सारे ही विकारों की जड़ आसक्ति—मैं और मेरा ममकार ही है। हम सुख के इतने अभिलाषी हैं कि स्वप्न में भी अपना संसार बसा लेते हैं और उसकी अनुभूति से

प्रभावित होकर स्वप्न के सुख-दु:खों को आत्मसात् करके सुखी या दु:खी भी होते रहते हैं, अर्थात् शून्य में भी अपना संसार बसा लेते हैं। इन आसक्तियों और कामनाओं के रहते चिर शांति और निर्विकारी होना संभव नहीं।

शंकराचार्य ने 'विवेक चूड़ामणि' में इसी तथ्य का निरूपण किया है—

वासनावृद्धितः कार्यं कार्यवृद्धया च वासना
वर्धते सर्वथा पुंसः संसारो न निवर्तते।

काव्यानुवाद

जस-जस बढ़त वासना ईहा।
तस-तस करमन जीव विमोहा॥
अस कस कसत जीव भव बंधन।
लेश न छूटत करत बहु क्रंदन॥

भारतीय संस्कृति के ग्रंथों के काव्यानुवाद की शृंखला में मैंने 'विवेक चूड़ामणि' का भी काव्यानुवाद किया है।

संयोगजन्य सुख की इ%छा के कारण ही अहंता का मिटना कठिन होता है। खूब जीते रहे और सब सुख-सुविधाओं से रहें, इसी पर अहंता टिकी हुई है—

स्वामी राम सुख दासजी—कस्य स्विद धनं?

इदन्न मम—

'इदं' शब्द प्राय: जगत् के लिए प्रयुक्त होता है, अर्थात् न यह जगत् और न ही इसके पदार्थ मेरे हैं। यह शाश्वत और अकाट्य सत्य है और 'सत' उस वस्तु को कहते हैं, जो अपनी सत्ता से स्वयं विद्यमान हो। उसे न प्रमाण चाहिए, न ही कोई आधार।

'इदन्न मम'—यही सत्य है। यहाँ कुछ भी मेरा नहीं है, यह भाव जीव को असंपृक्त अवस्था तक ले जाता है।

मेरा किसी से कुछ भी संबंध नहीं—यह असंगावस्था है।

मुझे कुछ भी नहीं चाहिए—निष्काम अवस्था

तुलसीदास ने ऐसे दस मोह बिंदु गिनाए हैं, जिनकी आसक्ति में मोहित होकर विवेक खो जाता है।

जननी जनक बंधु सुत दारा,
तनु धनु भवन सुहृद परिवारा।
सुख-दु:ख में, नर-नारी में, संपत्ति और विपत्ति में,
सर्वत्र समदृष्टा है ज्ञानी, सृष्टि में या व्यक्ति में।

—अष्टावक्र गीता, 17/15

व्यामोहमात्र विरतौ स्वरूप दान मात्रतः
वीतशोका विराजन्ते निरावरण दृष्टयः

—अष्टावक्र गीता, 18/6

उपरान मोह निवृति पर ही निज स्वरूप का भान हो।
वीतरागी पारदर्शी जन की शोभा मान्य हो।

लौकिक एषणाओं के पार ही औपनिषदीय प्रज्ञा का विस्तार होता है। लौकिक एषणाओं के आर तो केवल संसार ही है।

बात उस स्पंदन की है, जो 'इदन्न मम' अंतस में घटित हुआ हो। बात उस कंपन की है, जो क्षण भर में कंपित हुआ हो।

बात उस निमिष की है, जिस निमिष बुद्ध को 'इदन्न मम' का बोधित्व हुआ, वही बोध गम्यता बोधिसत्त्व हो गई।

असतो मा सद गमय
तमसो मा ज्योतिर्गमय
मृत्योर्मा अमृतं गमय

—बृहदारणयक उपनिषद्

असतो मा सद्गमय के लिए जब हम प्रार्थित होते हैं तो केवल वाणी का सत्य नहीं है। इस जगत् का सबसे बड़ा असत्य तो यह है कि हम इस जगत् को अपना मान बैठे हैं। 'इदन्न मम' की जगह 'इदं मम' ही जीवन का लक्ष्य हो गया है। आज सब ही तो 'वाल्मीकि' हो गए हैं, सब किसी-न-किसी रूप में डाकू ही हैं। सब सबसे सब छीन लेना चाहते हैं। बात संपत्ति, राष्ट्र, समाज, परिवार या व्यक्ति की हो, भावनात्मक, नैतिकता या किसी की अस्मिता की हो, बस सब मेरा हो जाए।

बात केवल उस पल की है, जिस पल आत्मा में 'इदन्न मम' घटित होता है; क्योंकि हर डाकू में 'वाल्मीकि रामायण' की संभावनाएँ छुपी हुई हैं। हर व्यक्ति रामायण की चौपाई हो सकता है, 'इदं मम' में व्यक्ति विकारी है, संसारी है, इदन्न मम आते ही अविकारी है।

सर्वतो जय मिच्छेत, पुत्रदिच्छेत पराभवं
पुत्रादपि धन्माजाम भीतिः

—शंकराचार्य

धन संग्रह का ऐसा नीच प्रभाव होता है कि मनुष्य को अपने पुत्र से भी भय उत्पन्न हो जाता है। तनिक सोचिए, शंकराचार्य का जन्म 788 ईस्वी में हुआ। तब तो ऐसे कुविचारों, लालच, लोभ, लालसा, महँगाई, द्वेष, कर्तव्यहीनता, दुराचार, विषैले विचारों का इतना दुष्प्रभाव भी नहीं था।

ऋषि अष्टावक्र ने भी निःस्पृह, निरासक्त और वीतरागी व्यक्ति जीव की मनः स्थिति का वर्णन किया है।'इदन्न मम' की अंतःस्थिति

साईं इतना दीजिये, जामें कुटुंब समाये।
मैं भी भूखा ना रहूँ, साधु ना भूखा जाये॥

जीव और जगत् इतना बदल गया है। मैं और मेरा ममकार, बीच में कोई समाता ही नहीं। सच तो यह है कि मनुष्य अपार धन से भी कभी तृप्त नहीं होता, क्योंकि धन में शांति देने की क्षमता नहीं।

न वित्तेन तर्पणीयो मनुष्यो,
लपस्यामहे वित्मद्राक्ष्म् चेत त्वा।
जीविष्यामो यावदीशिष्यसि
त्वमवरस्तु में वरणीयः स एव।

—कठोपनिषद् 1/1/27

काव्यात्मक अनुवाद

धन से हुआ कब तृप्त मानव,
अर्थ के क्या अर्थ हैं,
अगणित प्रलोभन धर्मराज के,
मुझको तो सब व्यर्थ हैं।
शुभ दृष्टि से सब आपकी, धन आयु स्वयं यथेष्ट हैं,
अब आत्म-ज्ञान का तीसरा वर ही मुझे तो श्रेष्ठ है।

अविनाशिनभात्मान मेकं विज्ञाय तत्त्वतः।
तवात्मज्ञस्य धीरस्य कथमर्थार्जने रतिः।

—अष्टावक्र गीता प्रकरण 3/1

अद्वैत, आत्मिक अमर तत्त्व से सर्वदा तुम विज्ञ हो।
क्यों प्रीति, संग्रह वित्त में, ऋत ज्ञान से अन विज्ञ हो।
भोग ना भुक्ताः वयमेव भुक्ताः
भोग नहीं भोगे जाते, मनुष्य ही भोगों के द्वारा भोगा जाता है।

भारतीय संस्कृति पर बदलते काल और बदलते जीवन मूल्यों का प्रभाव

प्रो. (डॉ.) एस. तंकमणि अम्मा

सुप्रसिद्ध लेखिका, चिंतक तथा पूर्व प्रोफेसर एवं पूर्व डीन, हिंदी तथा प्राच्य अध्ययन संकाय, केरल विश्वविद्यालय, तिरुअनंतपुरम तथा पूर्व सदस्य, कार्य परिषद, महात्मा गांधी अंतरराष्ट्रीय हिंदी विश्वविद्यालय वर्धा। हिंदी साहित्य पर अनेक पुस्तकों का प्रकाशन। आपने मलयालम से हिंदी तथा हिंदी से मलयालम साहित्य का अनुवाद करके दोनों भाषाओं को समृद्ध किया है।

यद्यपि 'संस्कृति' शब्द अपने विशाल अर्थ में विश्व संस्कृति अथवा विराट्-मानव संस्कृति को अपने में समेटनेवाला होता है, तथापि हर देशवासी अपने देश की संस्कृति पर विशेष गर्व का अनुभव करता है। इक्कीसवीं शती के दूसरे दशक के अंतिम दौर में खड़े होकर तीव्रगति से बदलते परिवेश में अपनी संस्कृति के अतीत, वर्तमान और भविष्य की ओर दृष्टिपात करना अत्यंत दिलचस्प विषय रहेगा। वर्तमान भूमंडलीकृत समाज में खड़े होकर आम भारतीय नागरिक जब अतीत की स्मृतियाँ करेगा, वे सुनहली स्मृतियाँ उसे भारतीय सांस्कृतिक गरिमा की महिमामय गाथाओं की ओर ले जाएँगी। विश्व के अन्यान्य राष्ट्रों ने जब सभ्यता और संस्कृति की सीढ़ियाँ चढ़ना आरंभ ही किया था, तभी भारतवर्ष ने आर्षज्ञान की ज्योति जगाकर विश्व को अंधकार से आलोक की ओर ले जाने का मार्ग दिखाया था। यही कारण है कि भारत 'विश्वगुरु' कहलाया। भारतीय ऋषि-मुनियों ने विश्व को तम से ज्योति की ओर तथा असत् से सत् की ओर ले जाने का मंत्र दिया—

''तमसो मा ज्योतिर्गमय
असतो मा सद्गमय''

भारतीय संस्कृति का यह मूलमंत्र है। 'वसुधैव कुटुंबकम्' की परिकल्पना भी आर्ष भारतीय संस्कृति की ही देन है।

'सर्वे भवन्तु सुखिन: सर्वे भवन्तु निरामय'—भारतीय मनीषा का ही उद्गार है। भारतीय संस्कृति की सबसे बड़ी खूबी भारत के वैविध्य में विद्यामान अनोखी एकता है, जो एक विशिष्ट आध्यात्मिक स्रोत से अभिषिक्त है। भौगोलिक, प्राकृतिक, आचार-विचार, वेश-भूषा एवं भाषापरक इंद्रधनुषी विविधताओं में भी परिलक्षित इस अनोखी एकता की भावना भारतीय संस्कृति की सबसे अनूठी संपदा है, जो समस्त भारत और भारतवासियों को एक शामियाने के नीचे खड़ा कर देती है। प्राचीन काल से ही भारत अपने इस अनूठे तत्त्व को अक्षुण्ण बनाए रखने में प्रयत्नशील रहा है। भारतीय साहित्य, कलाएँ, तीर्थ, पर्व आदि इसके सप्राण प्रमाण प्रस्तुत करनेवाले हैं।

आसेतु हिमाचल 'एक देश, एक जनता' की

परिकल्पना पहले से ही भारतवर्ष में कायम थी। 'विष्णुपुराण' में उल्लेख है—

उत्तर यत्समुद्रस्य हिमाद्रेश्चैव दक्षिण
वर्षं तत् भारतं नाम भारती यत्र संतति।

अर्थात् समुद्र के उत्तर की ओर तथा हिमाद्रि के दक्षिण की ओर जो प्रदेश है, वह भारत है तथा वहाँ की जनता उसकी संतानें हैं। भारत के दक्षिणी छोर में स्थित कन्याकुमारी की वह चिरकुमारी उत्तर की ओर मुँह किए उस महादेव को पाने के लिए तपस्या कर रही है, जो उत्तरी छोर में स्थित हिमगिरि के उत्तुंग शिखर पर समाधिस्थ है। गंगोत्री का जल रामेश्वरम् के शिवशंकर को अर्पित होकर ही पुनीत बन जाता है। किसी भी आस्तिक भारतीय का यह स्नान मंत्र—

गंगेश्च यमुने चैव गोदावरी च सरस्वती
नर्मदे सिन्धु कावेरी जलेस्मिन् सन्निधिं कुरु—

भी प्रतीक रूप में यह प्रकट करता है कि भारत की सांस्कृतिक विरासत एक है। इस प्रकार के न जाने कितने ही विश्वास भारतीय जन-मानस में रूढ़मूल हैं। 'जननी जन्मभूमिश्च स्वर्गादपि गरीयसी' का तत्त्व सभी भारतवासियों के सिर-आँखों पर है। केरल राज्य की भाषा मलयालम के प्रख्यात कवि वल्लत्तोद्य नारायण मेनन का उद्गार है—

भारतमेत्र पेर केट्टाद्य अभिमान—
पूरितमाकणमतरगम्
केरलमेत्रु केट्टालो तिलय्क्कणं
चोरा नमुस्कु जरपुकलिद्य।

अर्थात् 'भारत' का नाम सुनते ही हमारा अंतर्मन गर्व से भर उठे। केरल का नाम सुनते ही हमारी शिराओं में खून उबल उठे। समस्त भारतीय भाषाओं के कवियों और साहित्यकारों ने भारत देश और भारतीय संस्कृति की गरिमा का यशोगान किया है।

सदियाँ गुजर गईं। बदलते युग के अनुकूल जन-जीवन में भी परिवर्तन आए। अठारहवीं सदी के मध्यकाल से अंग्रेजों ने भारत-विजय का प्रयास शुरू किया और उन्नीसवीं सदी के प्रारंभ तक वे भारत के सर्वेसर्वा बन गए। इस दौरान राजा राम मोहनराय, स्वामी दयानंद आदि के सामाजिक-धार्मिक आंदोलनों ने संपूर्ण राष्ट्र में नव चेतना का संचार किया। रामकृष्ण परमहंस तथा उनके वरिष्ठ शिष्य विवेकानंद ने भारतीय संस्कृति की गरिमा की वाणी देश-विदेशों में बुलंद की। बीसवीं शती में भारतीय राजनीतिक एवं सांस्कृतिक क्षेत्र में अमिट छाप छोड़नेवाली हस्ती के रूप में महात्मा गांधी

उपस्थित हुए। भारतीय संस्कृति के अमर तत्त्व अहिंसा को कर्मक्षेत्र में लाकर उसे कार्यान्वित करने का सफल प्रयास उन्होंने किया। उनके सत्याग्रह तथा अहिंसात्मक आंदोलन के सामने अंग्रेजों ने हार मान ली। सदियों की दासता के उपरांत भारत को जो स्वतंत्रता प्राप्त हुई, वह भारतीय सांस्कृतिक चेतना की जीत का जीता-जागता प्रमाण ही है।

स्वतंत्रता प्राप्ति के उपरांत भारत में लोकतंत्र शासन की शुरुआत हुई। स्वतंत्र भारत ने शिक्षा, स्वास्थ्य जैसे क्षेत्रों में काफी प्रगति प्राप्त की है, किंतु जाति और धर्म के विषैले बीज, गंदी दलबंदी, प्रांतीयता, सांप्रदायिकता, आतंकवाद तथा तमाम क्षेत्रों में व्याप्त भ्रष्टाचार ने देश की संस्कृति को घोर प्रहार पहुँचाया है।

बीसवीं शती के अंतिम दशकों तक पहुँचते-पहुँचते भारतीय जनजीवन में भारी बदलाव प्रकट हुए। जीवनाचार में आए परिवर्तनों ने जीवन-मूल्यों में भी बदलाव उपस्थित कर दिए। सूचना-प्रौद्योगिकी के अभूतपूर्व विकास ने भारतीय जन-जीवन को एकदम प्रभावित कर दिया। भूमंडलीकरण अथवा वैश्वीकरण, जो कि वास्तव में सामाजिक, आर्थिक, राजनीतिक एवं सांस्कृतिक परिवर्तनों का समुच्चय हैं, उसका प्रभाव हमारे जीवन के बाहरी और भीतरी—दोनों पक्षों पर पड़ा है। भारतीय संस्कृति, जो सदैव से सर्वग्राही और सर्वसमावेशी रही है, वह इस नई संस्कृति की चकाचौंध के सामने लड़खड़ा रही है। यही कारण है कि अब हम एक अजनबी स्थिति से गुजरने को विवश हो रहे हैं, जिस स्थिति में हम पुरातन से पूरी तरह मुक्ति पाने में तथा नएपन को पूरी तरह से ग्रहण करने में अपने को असमर्थ पाते हैं। भूमंडलीकृत संस्कृति ने देश और देशवासियों की पारस्परिक दूरी को एकदम मिटा दिया है। लेकिन देश की सांस्कृतिक अस्मिता क्षयग्रस्त हो रही है। भूमंडलीकरण के वैश्विक गाँव (विश्वग्राम) तथा 'वसुधैवकुटुंबकम्' की पुरानी अवधारणा में आकाश-पाताल का अंतर है। वसुधैवकुटुंबकम् प्रेम और मैत्री पर आधारित रहा था तो 'वैश्विक ग्राम' अर्थव्यवस्था और उपभोक्तावादी संस्कृति पर अधिष्ठित है। विश्व के अन्यान्य राष्ट्रों के समानांतर भूमंडलीकरण की जो आँधी भारत में भी जड़ जमा चुकी है, उसने हमारे जन, जनजीवन, दृश्य-श्रव्य माध्यम, सब पर अपना प्रभाव डाला है, जिससे हमारी संस्कृति भी आक्रांत है। हमारे घर, परिवार, वैवाहिक संबंध, अन्य मानवीय संबंध—सभी में परिवर्तन आया है। संयुक्त परिवार का

विघटन और अणु (न्युक्लियर) परिवार के जन्म ने भारतीय पारिवारिक संबंधों में दरारें पैदा कीं। घर की संकल्पना केवल मकान में बदल गई, पिता-पुत्र संबंध, पति-पत्नी संबंध आदि ढीले पड़ गए, जिसके फलस्वरूप घर-परिवार में नारी उत्पीड़न की समस्या, विवाह-विच्छेद की समस्या तथा वृद्ध की समस्याएँ उभरकर आई हैं। विस्थापन से जुड़ी समस्याएँ भी भूमंडलीकृत समाज की एक अहं समस्या है। तथाकथित सभ्यता के मोहजाल में फँसकर हमारी नई पीढ़ी अपने चरित्र और मानवीय गुण को भूल रही है। यह उसे विनाश की ओर ले जाएगा। प्रेमचंद ने सही लिखा है—''जिस राष्ट्र में चरित्रशीलता नहीं है, उसमें कोई योजना काम नहीं कर सकती।'' राजनीति, जो त्याग और बलिदान की पावन भूमि समझी जाती थी, अब भ्रष्टाचारों का अखाड़ा बन गई है। भ्रष्ट राजनीति राष्ट्र और राष्ट्रीय संस्कृति का विनाश कर डालती है। बायरन का यह कथन अक्षरश: सही है कि ''एक हजार साल भी मुश्किल से एक राष्ट्र बना पाते हैं, किंतु वही राष्ट्र एक घंटे में समाप्त हो जाता है।'' गौर से देखा जाए तो भ्रष्ट राजनीति के लिए दोषी मात्र नेतागण नहीं, हर मतदाता उसके लिए उत्तरदायी है।

सामाजिक, राजनीतिक तथा धार्मिक क्षेत्र की चरित्रहीनता को मिटाने के लिए सारे भारतवासियों को एक साथ आगे बढ़ना चाहिए। देश की एकता, अखंडता और समन्वयकारी संस्कृति को बनाए रखने का दायित्व सभी देशवासियों पर निर्भर है। एक छोटा-सा चिराग भी जिस प्रकार अंधकार को मिटाने का दायित्व अपने ऊपर उठा लेता है, उसी प्रकार साधारण से साधारण व्यक्ति भी संस्कृति के संरक्षण के भार को अपने कंधे पर उठा सकता है। अपनाई संस्कृति के संरक्षण में ही मानवता की भलाई निर्भर होती है। इक्कीसवीं शती की मानव जाति के भविष्य के प्रति चिंतित होकर मलयालम की लब्धप्रतिष्ठ कवयित्री सुगतकुमारी ने गाया है—

''नमस्कार! नमस्कार
हे तेजोमय महोदय—
सहस्राब्द महामूते!
तेरा मुख हो जावे सौम्य
अंधकार-सागर के तरंग-शिखरों पर
तेरी कृपा उषः सूर्य शोभा ज्यों दमक उठे।
दु:ख तप्त, महाभीत यह भूमि अंजलिबद्ध हो खड़ी है
उसकी रक्षा करें, निज करों से पोंछ ले उसके आँसू
नमस्कार, नमस्कार, प्रभामय, दयामय सहस्राब्दमूते, हमारी रक्षा करें।''

अपनी प्रार्थना को कवयित्री आगे बढ़ाती है—

''एक ही विनती। आगे इस मिट्टी में न बहे खून, माँ की संतानें आपस में न मचाएँ हत्याकांड, काल पुरुष हे देवदेव! कृपा करें हम पर। क्रोध न करें, करुणा भाव अपना लें। प्रदान करें शांति, बेचारी धरती को मिले सुख, तेरी संतानों को प्रदान करें केवल करुणा। तप्त हृदयों में बरसा दे स्नेहार्द्रता, जरा-सा आश्वासन मिले 'वसुधैव कुटुंबकम्'।''

तमाम भारतीय भाषाओं के साहित्यकारों, देश भर के कलाकारों तथा मीडिया के कार्यकर्ताओं ने यदा-कदा अपनी संस्कृति को लग रहे धक्कों के प्रति हमें निरंतर सजग करके सही रास्ता दिखाने का सराहनीय प्रयास किया है। सच्चे साहित्यकारों, कलाकारों व मीडियाकर्मियों का धर्म भी वही है। क्षयग्रस्त और क्षतिग्रस्त होते जीवन मूल्यों और सांस्कृतिक संस्थाओं को मानवीयता की ऊर्जा और ऊष्मा देकर पुनरुज्जीवित करना हर देशवासी का दायित्व है। तभी हम अपनी पुरानी गरिमामय और महिमामय संस्कृति पर गर्व का अनुभव कर पाएँगे। सुनहला अतीत हमारे वर्तमान को सुदृढ बनाएगा तथा अतीत और वर्तमान से प्रेरणा पाकर हमारा भविष्य भी जाज्वल्यमान बन जाएगा। चाहे हम अधुनातन प्रगति के उत्तुंग शिखर पर चढ़ जाएँ तो भी हमें चाहिए कि अपनी संस्कृति के मूल को न भूलें।

भारतीय संस्कृति में चार का महत्त्व

दीनानाथ चतुर्वेदी

भारत की सनातन संस्कृति एवं मूल्यों को समर्पित श्री दीनानाथ चतुर्वेदी देश की सुप्रसिद्ध फर्म चतुर्वेदी एंड शाह के अध्यक्ष हैं। मथुरा में जन्मे श्री दीनानाथ चतुर्वेदी भारतीय ज्ञान परंपरा के अध्येता हैं और मुंबई के सांस्कृतिक जीवन के स्तंभ माने जाते हैं। वे कई संस्थाओं के संरक्षक हैं। साथ ही देश के सुप्रसिद्ध नाथद्वारा, उदयपुर के श्री नाथजी मंदिर के ट्रस्टी हैं।

भारतीय मनीषा तथा चिंतन परंपरा में अंकों का बहुत महत्त्व है। प्राच्य विद्या विशारदों ने गणित में भी संसार के विद्याकोश में बहुत से अमूल्य रत्न समर्पित किए हैं। पुरातन तथा मोहनजोदड़ो में मिले शिलालेखों, सिक्कों से यह निश्चित हो गया है कि मिस्र, यूनान आदि देशों से पहले भारतीय संख्याओं को अंकों द्वारा लिखते थे और इन अंकों का विशेष प्रभाव भी माना जाता रहा है। दार्शनिक, आध्यात्मिक, धार्मिक दृष्टि से इसकी विवेचना की गई है। इस दृष्टि से भारतीय ऋषियों ने प्रत्येक अंक का प्रभाव अनुभव किया, जिसमें चार (4) का विशेष महत्त्व है।

भारतीय मनीषा में संपूर्ण मानव-जीवन चार के अंकों में समाहित है। भारतीय काल के विवेचन से लेकर जीवन के सभी पुरुषार्थ, समृद्धि के साधन आदि चार के अंक में निबद्ध किए गए हैं। इसका कारण यह बताया गया है कि चार का अंक अत्यंत शुभ एवं कल्याणकारी होता है।

काल गणना (चार युग) : भारतीय चिंतन परंपरा में संपूर्ण सृष्टि के काल को चार युगों में विभाजित किया है। ये चार युग—सत्युग, त्रेता, द्वापर और कलयुग हैं। हमारा कालबोध, अर्थात् समय की गणना कितनी प्राचीन है, श्रीमद्भागवत में इसका स्पष्ट उल्लेख है।

कृतं त्रेता द्वापरं च कलिश्चेति चतुर्युगम्।
द्विव्यैक्ष्दिशभिर्वषैः सावधानं निरुपितम्॥

चार दिशाएँ (पूर्व, पश्चिम, उत्तर, दक्षिण) : ब्रह्मांड में पृथ्वी सूर्य की परिक्रमा करती है। इस आधार पर दिशाओं का निर्धारण किया गया है। जिस दिशा से सूर्य का उदय होता है, वह पूर्व और जहाँ अस्त होता है, वह पश्चिम; शेष उत्तर तथा दक्षिण। नक्षत्रों तथा तारामंडलों का परिभ्रमण भी इसी आधार पर होता है। ज्योतिष, नक्षत्र विज्ञान, खगोल तथा वास्तु की दृष्टि से दिशाओं का बड़ा महत्त्व है।

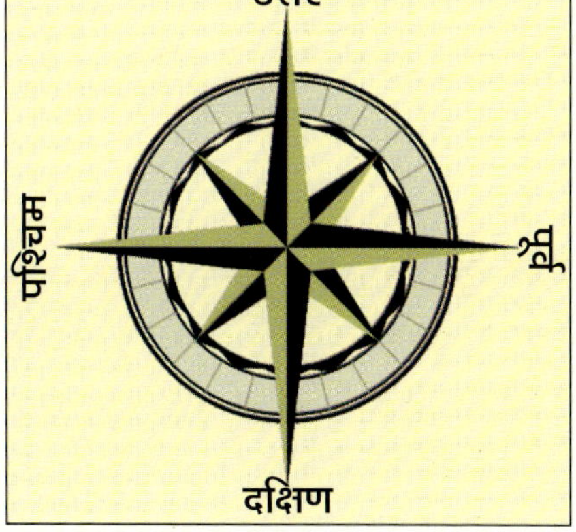

चार पुरुषार्थ : मनुष्य-जीवन की सार्थकता के लिए भारतीय मनीषा ने चार पुरुषार्थ की व्यवस्था की है—धर्म, अर्थ, काम तथा मोक्ष पुरुषार्थ के चार भाग मानव के जीवन को संपूर्णता प्रदान करते हैं। पुरुषार्थ से धर्म है, पुरुषार्थ से अर्थ है, पुरुषार्थ से समस्त कामनाओं

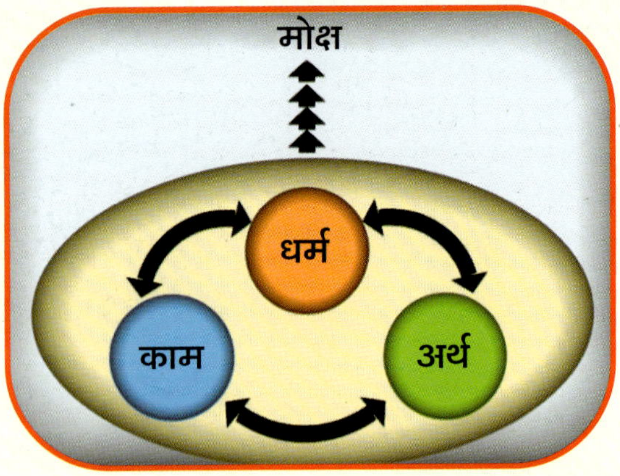

की पूर्ति संभव है और पुरुषार्थ से ही परम शांति और परम आनंद, अर्थात् मोक्ष प्राप्त होता है। पुरुषार्थ से ही व्यक्ति संस्कारवान बनता है। जिस समाज में व्यक्ति पुरुषार्थी होते हैं, वह समाज संपन्न तथा समृद्ध होता है। विकास की पहली शर्त पुरुषार्थ है। पुरुषार्थ का सीधा अर्थ 'पुरुष के निमित्त' होता है। सभी कर्म पुरुष के निमित्त होने चाहिए। इस पुरुष का आशय 'ऋग्वेद' के अनुसार विराट् पुरुष और विश्व पुरुष से है, अर्थात् सर्वकल्याण की कामना से किया गया कर्म ही पुरुषार्थ है और इस पुरुषार्थ को चार भागों में विभक्त करके भारतीय चिंतन परंपरा उसे सर्वकल्याणकारी बनाती है।

मनुष्य के जन्म से लेकर मरण तक उसका उद्देश्य पुरुषार्थ करना है और इस पुरुषार्थ को चार भागों में विभाजित किया गया है।

(1) धर्म, (2) अर्थ, (3) काम तथा (4) मोक्ष

धर्म को समझने के लिए पुन: उनके चार भाग किए गए हैं।

(1) सत्य—(ईश्वरीय सत्य में विश्वास)

(2) तप—(जीवन में शारीरिक-मानसिक एवं बौद्धिक परिश्रम)

(3) दया—(सभी जीवों पर दया भाव बनाए रखना)

(4) दान—(अपनी शक्ति के अनुसार दूसरे जरूरतमंदों की मदद करना)

अर्थ : मनुष्य जीवन का एक महत्त्वपूर्ण अंग अर्थ है और उसके सहारे ही जीवन में अनेक कार्य पूर्ण होते हैं। धर्म का सहारा लेकर जो अर्थ कमाया जाता है, वह जीवन में सुख और शांति प्रदान करता है।

काम : मनुष्य की कामना ही जीवन में उसे आगे बढ़ाती है और यहाँ भी धर्म का सहारा लेकर जितने कर्म किए जाएँगे, उससे सुख और समृद्धि की प्राप्ति होगी।

मोक्ष : यदि धर्म, अर्थ और काम मनुष्य-जीवन में सँवर जाते हैं तो मोक्ष के लिए कोई विशेष परिश्रम नहीं करना पड़ता। उसके लिए मनुष्य को चार वस्तुओं का प्रयत्न करना चाहिए।

(1) विवेक—(मनुष्य की नश्वरता और ईश्वरीय शक्ति का आभास)

(2) वैराग्य—(संसार की सभी वस्तुओं से त्याग व मोह भंग)

(3) सम और दम—(बाहरी और आंतरिक वासनाओं से स्वयं का परित्याग)

(4) मुमुक्ष—(मुक्त होने की तीव्र अभिलाषा)

चार वेद : भारत की ज्ञान परंपरा की गंगोत्री हमारे वेद हैं और इनकी संख्या भी चार ही है। इनकी सुदृढ आधारशिला पर ही भारतीय सभ्यता तथा संस्कृति का भव्य प्रासाद प्रतिष्ठित है। अपने ज्ञानचक्षु से ऋषि-परंपरा ने जीवन के जिस सत्य का साक्षात्कार किया, वेद उस ज्ञानराशि का अभिधान है। वेद का अर्थ है—जो जाना गया अर्थात् ज्ञान। हमारे यहाँ चार वेद कहे गए हैं—ऋग्वेद संहिता, यजुर्वेद संहिता, सामवेद संहिता तथा अथर्ववेद संहिता। वैदिक वाङ्मय में वेदों को अपौरुषेय माना गया है, अर्थात् यह ज्ञान ईश्वर प्रदत्त है। सप्त ऋषियों (पुलह, पुलस्त्य, अंगिरा, क्रतु, मरीचि,

अत्रि तथा वसिष्ठ ने यह ईश्वरीय ज्ञान छंदबद्ध कर संपूर्ण मानवता को प्रदान किया है।

किसी देश की संस्कृति उस देश और वहाँ के मानव-जीवन के ऊपर निर्भर करती है। आज विश्व का यह मानना है कि भारत की संस्कृति विश्व में सबसे उ%च कोटि की है। किसी राष्ट्र के मनुष्यों की जीवन-शैली, उनसे जुड़ी संस्कृति का अनुशीलन ही वहाँ की संस्कृति के बारे में दरशाती है।

चार वर्ण (वर्णाश्रम व्यवस्था) : भारतीय सामाजिक व्यवस्था को भी भारत की ज्ञान-विज्ञान परंपरा ने चार भागों में ही विभक्त किया है। उन्होंने जन्म के आधार पर नहीं, बल्कि गुण-कर्म के आधार पर वर्ण व्यवस्था का वर्गीकरण किया है—ब्राह्मण, क्षत्रिय, वैश्य और शूद्र। श्रीकृष्ण ने गीता में कहा—चातुर्वण्यं मया सृष्टं गुण कर्म विभागश: (सृष्टि की संरचना गुण और कर्म के आधार पर चार वर्णों में है)। समाज में गुण-कर्म के आधार पर किया गया है। यह विभाजन किसी को ऊँचा या किसी को नीचा दिखाने की दृष्टि से नहीं किया गया। यह वर्गीकरण व्यक्ति की प्रतिभा, कार्यशैली तथा उसके स्वभाव पर आधारित है। यह बात ठीक है कि कालांतर में इस व्यवस्था में दोष उत्पन्न हो गए, जिसके कारण समाज में अनेक प्रकार की विकृतियाँ पैदा हो गईं, जिसका दुष्परिणाम हिंदू समाज आज भी भुगत रहा है।

चार आश्रम (ब्रह्मचर्य, गृहस्थ, वानप्रस्थ तथा संन्यास) : भारत की चिंतन परंपरा में मनुष्य की सामान्य आयु 100 वर्ष मानी गई है। शतम् जीवेत शरद: मनुष्य सौ वर्ष तक जीए और जीवन के इन वर्षों को उपलब्धिपूर्ण बनाने के लिए 25-25 वर्षों के चार भागों में बाँटा गया है—इन्हें आश्रम की संज्ञा दी गई है—जन्म से लेकर 25 वर्ष तक की आयु ब्रह्मचर्य आश्रम, जिसमें व्यक्ति ज्ञान प्राप्त करके स्वयं को जीवन जीने के योग्य बनाता है और तब वह विवाह करके गृहस्थाश्रम में प्रवेश करके समाज, परिवार तथा मानवता के प्रति अपने दायित्व को पूरा करता है। 50 वर्ष की आयु के बाद वानप्रस्थाश्रम में प्रवेश करके 25 वर्ष तक जो कुछ समाज से प्राप्त किया, उसको समाज के साथ अपने अनुभव से बाँटता है तथा समाज की सेवा करते हुए समाज का ऋण अदा करता है और फिर 75 वर्ष की आयु में अपने सभी कर्तव्यों को पूर्ण करके स्वयं के कल्याण के लिए संन्यास लेकर ईश्वर-चिंतन करते-करते शरीर का त्याग करता है। इस प्रकार आयु के 100 वर्ष पूर्ण करके मनुष्य-जीवन को सफल बनाने की व्यवस्था भारत का चिंतन है।

विवाह के चार फेरे : मनुष्य जीवन में संस्कारों का बहुत महत्त्व है और भारतीय मनीषा में इसकी महिमा गाई गई है। हमारे यहाँ षोड्श संस्कार की व्यवस्था है, जिसमें विवाह संस्कार सबसे महत्त्वपूर्ण है। यह वह संस्कार है, जिसमें समाज का विस्तार होता है। पुरुष और स्त्री एक-दूसरे का वरण-वहन करते हुए संतानोत्पत्ति करके समाज का ऋण चुकाते हैं। यह वरण ही विवाह है। भारतीय परंपरा में विवाह एक पवित्र संस्कार है। कोई अनुबंध या कॉन्ट्रेक्ट नहीं या लिव-इन रिलेशनशिप नहीं; यह जन्म-जन्मांतर का बंधन है, जिसे वर-वधू अग्नि को साक्षी मानकर स्वीकार करते हैं।

चार पूजनीय (माता-पिता, आचार्य तथा अतिथि) : 'तैत्तिरीयोपनिषद्' में मानव जीवन के नैतिक

जीवन मूल्यों की व्यवस्था की गई है। प्राचीन परंपरा में गुरुकुल में शिष्य की शिक्षा पूर्ण होती थी। शिक्षा पूर्ण होने पर गुरु शिष्यों को दीक्षांत प्रवचन देकर विदा करते थे। अंत में गुरु शिष्य को जीवन में चार व्यक्तियों को सदैव देवता के रूप में पूजने का आदेश देते हैं। मातृ देवो भव, पितृ देवो भव, आचार्य देवो भव तथा अतिथि देवो भव। अर्थात् जन्म देनेवाले माता-पिता, ज्ञान देनेवाले आचार्य तथा घर में आनेवाले अतिथि को सदैव सम्मान एवं आदर देना चाहिए। संतों का मानना है कि जो अतिथि बिना किसी सूचना के अपने यहाँ आ जाए, उसे भगवान् स्वरूप समझकर उसका आतिथ्य करें, सूचना देकर आनेवाले अतिथि को लोग एक सामाजिक व्यवहार के रूप में समझते हैं। एक श्रेष्ठ सामाजिक तथा पारिवारिक व्यवस्था को सुचारु और सुव्यवस्थित करने के लिए यह अत्यंत आवश्यक है।

चार पूजनीय ग्रंथ ('रामायण', 'श्रीमद्भगवद्गीता', 'श्रीमद्भागवत' एवं 'महाभारत') : भारत की सामान्य जनता जिन ग्रंथों से दैनंदिन आधार पर प्रेरणा लेती है तथा अपना पूज्य मानती है, वे हैं 'रामायण', विशेष रूप से 'श्रीरामचरितमानस', तुलसी ने अपने मानस से राम को भारत के घर-घर में प्रतिस्थापित कर दिया। 'श्रीमद्भागवत' के माध्यम से श्रीकृष्ण हर हिंदू के हृदय में विराजमान हैं। यद्यपि सामान्य रूप से हिंदू महाभारत अपने घर में नहीं रखता, हालाँकि यह मात्र अंधविश्वास है, किंतु नीति और जीवन का ऐसा ग्रंथ विश्व में कहीं नहीं है, इसलिए 'महाभारत' भारत में सबसे वरेण्य ग्रंथ है। यद्यपि 'श्रीमद्भगवद्गीता' महाभारत का ही भाग है, किंतु इसे सदैव एक स्वतंत्र ग्रंथ के रूप में मान्यता मिली, जिससे भारत की अस्मिता और अस्तित्व का बोध होता है। ऐसे ये जीवन के चार ग्रंथ—'रामायण,' 'महाभारत,' 'गीता' और 'श्रीमद्भागवत' भारत की अध्यात्म परंपरा के शिरोमणि ग्रंथ हैं, जिनसे समस्त हिंदू समाज पोषित और पवित्र होता है।

- विद्वानों का मत है कि विद्यार्थी जीवन में 'रामायण' का अध्ययन,
- गृहस्थ आश्रम के संघर्षमय जीवन में जीने की क्षमता और ज्ञान प्रदान करनेवाले 'महाभारत',
- वानप्रस्थ आश्रम के समय भारतीय संस्कृति के ज्ञान के लिए सभी पुराणों में श्रेष्ठतम 'श्रीमद्भागवत' का अनुशीलन एवं
- संन्यास आश्रम में विशेष रूप से 'श्रीमद्भगवते' का अध्ययन करना चाहिए, जिसमें संपूर्ण जीवन का विज्ञान है, उससे शिक्षा लेनी चाहिए।

सत्य के साक्षात्कार के चार मार्ग (ज्ञान, कर्म, भक्ति और योग) : भारत की चिंतन परंपरा का सर्वोच्च लक्ष्य है, सत्य का साक्षात्कार। इस सत्य की प्राप्ति के लिए श्रीकृष्ण ने गीता में चार मार्गों का वर्णन किया है। ज्ञान के संबंध में श्रीकृष्ण कहते हैं—

न हि ज्ञानेन सदृंशं पवित्रमिह विद्यते
तत्स्वयं योगसंसिद्ध कालेनात्मनि विन्दति

संसार में ज्ञान से बढ़कर पवित्र करनेवाला और कोई नहीं, जिसने इसके माध्यम से स्वयं को सिद्ध कर दिया, उसे सत्य और परमात्मा का साक्षात्कार होता है। इसी प्रकार से अपने-अपने कर्म से भी सत्य का साक्षात्कार होता है। कृष्ण कहते हैं—सभी को अपने-अपने नियत कर्म करने चाहिए। अकर्म से कर्म अधिक श्रेष्ठ है—

नियतं कुरु कर्म त्वं कर्म ज्यायो ह्यकर्मण:
शरीर यात्रापि च ते न प्रसिद्धवेदकर्मण:

अपना नियत कर्म करो—कर्म के बिना तो शरीर का निर्वाह भी नहीं हो सकता।

भक्ति मार्ग से सत्य का साक्षात्कार होता है—भक्ति अर्थात् परमात्मा को पूर्ण समर्पण। श्रीकृष्ण कहते हैं—

अनपेक्ष, शुचीर्दक्ष: उदासीनो गतव्यथ:
सर्वारम्भ परित्यागी यो मद्‌भक्त स मे प्रिय:

वह व्यक्ति जो संसार की सभी वृत्तियों, ऐषणाओं तथा इच्छाओं से मुक्त होकर स्वयं को मुझे समर्पित कर देता है, मुझे प्रिय है। योगी की परिभाषा करते हुए कृष्ण कहते हैं—योग के द्वारा स्वयं को पवित्र करने के लिए चित्तवृत्ति का निरोध करते हुए मन को एकाग्र करना ही योग है।

तत्रैकाग्रं मन: कृत्वा यत चित्तेन्द्रियक्रिया:।
उपविश्यासने युञ्ज्याद्योगमात्मविशुद्धये॥

इस प्रकार से चार मार्गों से अपनी-अपनी रुचि और स्वभाव के अनुसार सत्य का साक्षात्कार किया जा सकता है। इसीलिए भगवान् शंकराचार्य ने अपने संपूर्ण भारत-भ्रमण के पश्चात् पूर्व-पश्चिम और उत्तर-दक्षिण चारों दिशाओं में चार धामों की स्थापना की।

चार धाम (जगन्नाथ पुरी, द्वारिका, रामेश्वरम् और बद्रीनाथ) : भगवान् शंकराचार्य ने सनातम धर्म को पुन: स्थापित करने की दृष्टि से देश के चारों कोनों—पूर्व में भगवान् जगन्नाथ, पश्चिम में द्वारिकानाथ, उत्तर में बद्रीनाथ तथा दक्षिण में रामेश्वरम् की स्थापना करके

भारत को सांस्कृतिक एकता के सूत्र में बाँध दिया, जो जीवन में कम-से-कम एक बार इन चारों धामों की यात्रा करता है, उसे मोक्ष की प्राप्ति होती है।

राजनीति के चार सूत्र (साम, दाम, दंड, भेद) : राजनीति में सफलता के लिए भी विशेषज्ञों ने चार सूत्र बनाए हैं। सत्ता की प्राप्ति तथा उसे स्थायी बनाने के लिए शासक को विपक्ष को साम—अर्थात् समझा-बुझाकर, दाम अर्थात्—पैसे, द्रव्य, उपहार आदि देकर, दंड अर्थात् शक्ति का प्रयोग करके और भेद अर्थात् उस समूह में एक-दूसरे में विरोध पैदा करके अपनी सत्ता को बनाए रखना चाहिए।

इसी प्रकार से शारीरिक रोगों के उपचार के लिए भी चार प्रकार के उपायों का वर्णन है। मंत्र, औषधि, योग-प्राणायाम तथा शल्य चिकित्सा : इन माध्यमों से शारीरिक रोगों का निदान किया जाता है।

अस्वस्थ होने पर शारीरिक उपचार को चार भागों में विभक्त किया गया है।

(1) यज्ञ, (2) मंत्र, (3) वैद्यकीय उपचार तथा (4) योग

यज्ञ : यज्ञ में मंत्रों की आहुति देने के अलावा अनेक यज्ञ बताए गए हैं, जैसे पशु-पक्षियों को खिलाना, रोग निवृत्ति के लिए दान करना, गरीबों को बाँटना आदि।

मंत्र : मंत्रों की शक्ति भारतवर्ष में बहुत ही महत्त्वपूर्ण मानी गई है और प्रत्येक रोग के लिए हमारे शास्त्रों में मंत्र जाप का उल्लेख मिलता है। मनुष्य स्वयं जप करें या संकल्प देकर अन्य से करवाएँ।

चिकित्सा : इसमें मेडिकल, आयुर्वेदिक औषधियों का प्रावधान है, इसमें कल्प, पाक और शल्य चिकित्सा का उपयोग सम्मिलित किया गया है।

योग : ऋषि-मुनियों के काल से ही शारीरिक कष्टों का योग के माध्यम से रोग उपचार करते रहे हैं। बीच में इसका चलन कम होता गया था, लेकिन अब यह विद्या रोग-निवारण के प्रयोग में आने लगी है। अनेक पुस्तकें 'योग से रोग-निवारण' के रूप में बाजार में उपलब्ध हैं, जो आज के युग में बहुत उपयोगी है।

इस प्रकार से मानव जीवन में चार की संख्या का अत्यंत महत्त्व है। भगवान् विष्णु का चतुर्भुज स्वरूप और उनके चार प्रतीक—शंख, चक्र, गदा तथा पद्म मानव जीवन की पूर्णता के ही प्रतीक हैं। भारतीय संस्कृति में अनेक ऐसे साधन चतुष्टय एवं साधन त्रिपुटि के उदाहरण मिलते हैं, जिनके अनुकरण से निम्न वस्तुओं का लाभ मिलता है।

(1) बल—शक्ति

(2) बुद्धि—ज्ञान

(3) विद्या—विवेक

(4) शील—विनम्रता (सहजभाव)

बुद्धि, शक्ति, सद्वृत्ति तथा समृद्धि—यही तो मानव जीवन के हेतु हैं। भारतीय संस्कृति ने सदैव इन्हीं जीवन तत्वों का विस्तार और विचार किया है।

भारत का कालजयी वैदिक वाङ्मय

सुरेश चतुर्वेदी

साहित्य प्रेमी श्री सुरेश चतुर्वेदी ने वर्ष 2010 के दशक में पेरिस में कई बहुराष्ट्रीय कंपनियों के साथ काम किया। विदेशों की अनेक प्रतिष्ठित व्यावसायिक संस्थाओं जैसे अफ्रीकन डेवलपमेंट बैंक, मोरक्को बैंक, वर्ल्ड इकोनॉमिक फोरम, चीन एवं जापान के सदस्य हैं। आप एक सफल उद्योगपति हैं एवं ओ.आई.ए. इंडिया आई केअर सेंटर (इथियोपिया) से संबद्ध हैं।

मानव संस्कृति के प्राचीनतम दस्तावेज के रूप में वेद हमारी अमूल्य धरोहर हैं। भारतीय संस्कृति की पहचान वेदों से ही है। हमारी परंपरा वेदों को अपौरुषेय मानती है। वेदों का प्रत्यक्ष तप: पूत ऋषियों को हुआ था। ऋषियों की वाणी ने इसे हम तक श्रुति के रूप में पहुँचाया। इसीलिए वेद श्रुति हैं। सर्व प्राचीन ऋषि-कुलों को ही वंश की संज्ञा दी गई और वंशों के आदि ऋषियों के नाम पर ही ब्राह्मण गोत्रों की परंपरा स्थापित हुई। गोत्रों के आधार पर ही ब्राह्मणों को ऋषियों का वंशज कहा जाता है। ये गोत्र वंश ही कालांतर में गणों में विभक्त हुए और इन गुणों में विशिष्टता प्राप्त करनेवाले ऋषि ही प्रवर के नाम से स्मृत हुए। ब्राह्मण वंशों की इसी गोत्र-प्रवर परंपरा में सुरक्षित होकर वेद कालातीत बन गए। वेदों के मूल ऋषि सात हैं—भृगु, अंगिरा, अत्रि, कश्यप, वसिष्ठ, अगस्त और कौशिक। इन्हीं ऋषियों कं वंशकुल कालांतर में भार्गव, आंगिरस्, आत्रेय, काश्यप, वासिष्ठ, आगस्त्य और कौशिक गोत्रों और कई प्रवरों में विभक्त हुए। कई प्रवर तो स्वयं गोत्र संज्ञा से स्मृत किए गए। वेद शब्द का अर्थ ही है ज्ञान, या फिर ज्ञान को गम्य बनाने का मूलभूत साधन। यही ज्ञान-साधनता श्रुति के माध्यम से देश-काल में निबद्ध होकर परंपरा बन जाती है। वेद नित्य है, काल भी नित्य है। किंतु यह नित्यता कूटस्था है, क्योंकि यह अनादि-अनंत, अविकारी है, तथा देश-काल और व्यक्ति-समाष्टि के सारे संदर्भों से मुक्त है। तप: पूत ऋषियों की प्रखर चिंतनानुभूति ही ऋषि-वाणी में श्रुति का स्वरूप पाकर देश-काल में निबद्ध हुई। नित्य वेद ही श्रुति है। यही देश-काल के संदर्भों से जुड़ी हुई वैदिक परंपरा है। परंपरा स्वरूपा यह नित्यता प्रवाह नित्य कही जाती है। वेद इस पारंपरिक काल-प्रवाह में कब बंधे, इसका साक्षी स्वयं काल है।

संस्कृत की विद् धातु से पाणिनि सूत्र 3.3.19 से घञ् प्रत्यय लाकर वेद शब्द की व्युपत्ति बताई जाती है। विद् धातु पाँच अर्थों में प्रयुक्त होती है—जानना, सत्ता, लाभ पाना, चिंतन, और आख्यान। इस दृष्टि से वेद शब्द का अर्थ हो जाता है एक ऐसा साधन, जिसके द्वारा, या जिसके माध्यम से, ज्ञान, सत्ता, लाभ, चिंतन, और आख्यान किया जा सके। ज्ञान की पुंजीभूत राशि ही वेद रूप में त्रिकालदर्शी ऋषियों को उनकी तपस्या के

आत्यंतिक क्षणों में अनुभवगम्य हुई। ज्ञान की अनुभूति ही सत्य-तत्त्व का साक्षात्कार है। यही ऋतु धर्म की, परंपरा की सनातनता का आदर्श भी है।

सुप्रसिद्ध साहित्यकार तथा विचारक श्री गुरुदत्त ने महर्षि स्वामी दयानंद को उद्धृत करते हुए लिखा है कि ऋक् नाम है—स्तुति। स्तुति का अभिप्राय है—किसी के गुण, कर्म और स्वभाव का वर्णन। अत: वेद की ऋतुएँ, पृथ्वी से लेकर परमात्मा तक के पदार्थों के गुण, कर्म और स्वभाव का वर्णन करती हैं। सरल भाषा में यह कहा जा सकता है कि वेद ज्ञान और विज्ञान के ग्रंथ हैं।

ज्ञान से अभिप्राय है—अनादि मूल तत्त्वों का वर्णन और उनका परस्पर संबंध, और विज्ञान है—इस कार्य-जगत् के विभिन्न पदार्थों का वर्णन। ये दोनों ही बातें वेद में हैं।

अत: वेद शब्द का अर्थ ज्ञान है। आदि-ज्ञान का भंडार चार वेद-ग्रंथ हैं। इनके नाम हैं—ऋग्वेद, यजुर्वेद, सामवेद और अथर्ववेद। इनके पदों को मंत्र कहते हैं। इन मंत्रों की संख्या इस प्रकार है—

ऋग्वेद	10482
यजुर्वेद	1975
सामवेद	1873
अथर्ववेद	5977
कुल मंत्र संख्या	**20307**

महर्षि दयानंद के अनुसार, हिंदू समाज के सब विद्वानों का भी यही मत है कि वेद परमात्मा का वह ज्ञान है, जो परमात्मा ने इस संसार में मनुष्य के कल्याण के लिए दिया है। इससे ही यह अनुमान लगाया जाता है कि जिन-जिन विधाओं से मनुष्य का इस संसार में रहते हुए वास्ता पड़ता है, उन सबका ज्ञान इन बीस हजार तीन सौ सात मंत्रों में परमात्मा ने मनुष्य को दे दिया है। यद्यपि यह बीस हजार की संख्या बहुत अधिक है, फिर भी माना जाता है कि संसार की सब विधाओं का मूल ही इनमें दिया जा सका है। जिसके व्याख्या की जिम्मेदारी समयानुसार मनुष्य पर छोड़ दी है।

(अ.1) ऋग्वेद : ऋग्वेद की 1028 ऋचाएँ 10 मंडलों में वर्गीकृत हैं। इसकी शाकल शाखा में उसका प्राचीनतम स्वरूप सुरक्षित है। वैसे ये ऋचाएँ अधिकांशत: अग्नि आदि देवताओं की स्तुति में ही प्रस्तुत हैं, यथापि स्तुतियों के माध्यम से ऋषियों ने ऋचा-मुख से हमारी संस्कृति और अंतश्चेतना के नित नूतन आयाम ही उद्घाटित किए हैं।

इस वर्गीकरण और ऋतुओं के साथ जुड़े नामों के आधार पर यह निश्चित रूप से कहा जा सकता है कि स्वयं ऋग्वेद, और इसी तरह अन्य तीन वेद भी, एक विस्तृत काल-खंड में अपने परंपरा प्राप्त वर्तमान स्वरूप को प्राप्त कर सके। इस धारणा को विश्वास का बल तब मिलता है, जब हम यह देखते हैं कि सात-आठ मूल ऋषियों, और दो सौ से भी अधिक गोत्र-प्रवर ऋषियों के

नाम ऋचाओं के साथ जुड़े हुए हैं। कई ऋचाओं में तो अपनी अनुभूति को वाणी देनेवाले ऋषियों ने अपने नाम स्वयं जोड़े हैं। स्वयं विश्वामित्र ने अपनी एक ऋचा को 'भरतवंशियों के कल्याण की प्रार्थना' का नाम दिया है (विश्वामित्रस्य रक्षति...ऋ. ॥53.12॥) कई ऋषियों ने वैदिक काल के प्रसिद्ध राजाओं, विशेषत: दिवोदास और सुदास का नाम लिया है। वे निश्चय ही इन राजाओं के समकालीन रहे होंगे। इसलिए भी कि अन्य ऋषियों ने इन राजाओं के वंशजों का नाम लिया है, या फिर अन्य राजाओं का। ऋग्वेद के पहले मंडल में छोटे-छोटे 15 ऋषि-गणों की 191 ऋचाएँ संकलित हैं। ऋचाओं का क्रम ऋषि नामों के आधार पर है।

(अ. 2) सामवेद : यज्ञीन मंत्रों के उद्गाता पुरोहितों का गायन ही सामवेद है। तीनों वेदों में सामवेद ही ऋग्वेद के सबसे निकट है। इसके तीन संहिता पाठ मिलते हैं—कौमुथ, राणायनीय और जैमिनीयस। इस वेद के दो खंड हैं—(पूर्व) आर्चिक और उच्चर-आर्चिक। (पूर्व)। आर्चिक छह प्रपाठकों (विशिष्ठ पाठों) में वर्गीकृत है। इन छह प्रपाठकों में, अग्नि और सोम को संबोधित ऋचाओं की कुल संख्या 585 है। उत्तारार्चिक के नौ प्रपाठकों में चार सौ स्तोत्र हैं। इस वेद में संग्रहीत 75 ऋचाएँ ऋग्वेद की हैं। अंतर यही है कि ऋग्वेद में इनका गीति-पाठ होता पुरोहित करते हैं, और सामवेद में उद्गाता। वेदों को छंदस् (लयात्मक छंद) की संज्ञा भी दी गई है। पूरा सामवेद छंदस् हैं। इसके पाठ की नियमबद्ध परंपरा है, जिसकी शिक्षा के बिना सामवेद की गीति-पाठ व्यवस्था भंग हो जाएगी।

(अ.3) यजुर्वेद : यह कहा जा चुका है कि सामवेद के यज्ञीय मंत्रों का गीति-पाठ उद्गाता पुरोहित करते हैं। यजुर्वेद के यज्ञीय मंत्रों का गीति-पाठ अध्वर्यु पुरोहित करते हैं। यजुर्वेद के दो पाठ उपलब्ध हैं—एक, याजनेय वाज्ञवल्क्य-श्रुत वाजसनेयि-संहिता पाठ, जो माध्यंदिन और कांव शाखा-चरणों की परंपरा में संरक्षित हैं। इन दोनों ही शाखा-चरणों के पाठ और विषय-क्रम, समान ही हैं। यजुर्वेद के इन शाखा-चरणों का पाठ मंत्रों का है, इसीलिए संयुक्त रूप से इनके लिए शुक्ल-यजुर्वेद का नाम दिया जाता है। यजुर्वेद केवल सोम-याग से संबद्ध मंत्रों का ही संकलन है। इसमें 40 अध्याय हैं। इसका अंतिम अध्याय ही ईशोपनिषद् है। शुक्ल-यजुर्वेद को अध्वर्यु-वेद की संज्ञा भी दी जाती है। यह संकेत दिया जा चुका है कि वैशम्पायन व्यास ने भी वेद को चतुर्धा वर्गीकृत किया। याज्ञवल्क्य वेदव्यास और उद्दालक आरुणि—दोनों ही के विद्या-वंश में आते हैं। यह कहना उचित ही होगा कि माध्यंदिन शाखा का शुक्ल यजुर्वेद को ब्राह्म संप्रदाय का वेद भी कहा जाता है। इस तरह यह ऋषियों की संतान अर्थात् ब्राह्मणों का वेद भी कहा जा सकता है। इस संप्रदाय के ब्राह्मण प्राय: उत्तर भारत के निवासी हैं।

कृष्ण-यजुर्वेद की विषय-वस्तु भी यज्ञीय है। किंतु इसमें मंत्रों के साथ-साथ मंत्र विचार भी संकलित हैं। कृष्ण-यजुर्वेद की विशिष्टता यह भी है कि इसकी विषय-वस्तु सभी सोम-याग तक ही केंद्रित नहीं। इसकी विषय वस्तु सभी यज्ञों को समेट कर चलती है। शुक्ल-यजुर्वेद में ऋग्वेद की सामग्री अधिक है, कृष्ण-यजुर्वेद में ऐसा नहीं है। यजुर्वेद की विशिष्टता यह भी है कि इनमें संस्कृत भाषा के प्राचीनतम गद्य का स्वरूप भी देखा जा सकता है। यजुर्वेद की विषय-वस्तु वैदिक संस्कृति को सुदूर पश्चिमोत्तर से निकाल कर उसकी सीमाओं को कुरु-पांचाल जनपदों तक खींच लाती है। इसके विपरीत कृष्ण यजुर्वेद को आदित्य संप्रदाय का वेद माना जाता है और इस संप्रदाय के अध्येता, संरक्षक, दक्षिण भारत के निवासी हैं। कृष्ण-यजुर्वेद का पाठ चार संहिताओं में प्राप्त होता है—मैत्रायणी, काठक, कपिष्ठल और तैत्तिरीय। इन संहिताओं में मैत्रायणी के चार प्रविभाग, 54 पाठकों में विभक्त हैं। काठक की भाषा मैत्रायणी से बहुत मिलती है। कपिष्ठल कठ-

संहिता 48 पाठकों से मिलती है। तैत्तिरीय के सात प्रविभाग 44 पाठकों में विभक्त हैं। सभी संहिताओं के पाठ एक-दूसरे के बहुत निकट हैं।

(4) अथर्ववेद : अथर्ववेद को एक लंबे काल तक अपौरुषेय नहीं माना जाता था। यही कारण है कि सामान्यत: वेदों को वेदयत्री की संज्ञा दी जाती रही। विषय-वस्तु की दृष्टि से जो कुछ भी वेदयत्री के विवरणों में छूट गया था, वह अथर्ववेद में संग्रहीत हुआ। अथर्ववेद में मुख्यतया योग, शारीरिक, विभिन्न व्याधियों, सामाजिक संरचना, आध्यात्म और प्रकृति का विवरण है। 'अथर्व' शब्द से चांचल्य रहित स्थिरता का अर्थ लिया जाता है। अथर्ववेद के दो भाग हैं—पूर्वार्ध में कई विचार चर्चाएँ हैं। उत्तरार्द्ध में यज्ञों पर चर्चाएँ हैं। मंडूक, माण्डूक्य और प्रश्न इसके प्रसिद्ध उपनिषद् हैं। गोपथ इस वेद का अकेला ब्राह्मण ग्रंथ है। अथर्ववेद की बहुतेरी ऋचाएँ ऋग्वेद से बिना किसी परिवर्तन के ही ली गई हैं। इस वेद का अधिकांश गद्यमय है। अथर्ववेद का काल ऋग्वेद के दसवें मंडल के काल के निकट है।

वेदों के भाष्यकार : वेद कूट काव्य हैं। उनकी भाषा रूपकों और प्रतीकों से ही भावों का संप्रेषण करती है। वर्तमान युग में स्वामी दयानंद ने वेदार्थ पर सत्यार्थ प्रकाश और ऋग्वेदादि भाष्य-भूमिका इत्यादि कई ग्रंथ लिखे। कई अन्य लेखकों ने विभिन्न भारतीय भाषाओं में भी बहुत कुछ लिखा है। पारंपरिक लेखन वेद को श्रुति के रूप में देखता है। पाश्चात्य लेखन वेद को मिथक साहित्य या मात्र साहित्य के रूप में देखता है। मैक्समूलर, ह्विटनी और खोंडा ने काफी परिश्रमपूर्वक अपने ग्रंथ लिखे हैं पर उनमें भारतीय चिंतनधारा का पारंपरिक स्वरूप नहीं मिलता। अरविंद और कुमारस्वामी की कृतियों में भारतीय चिंतनधारा के उदात्त पक्ष का दर्शन अवश्य होता है। वेदों पर लिखने के लिए वैदिक संस्कृत का ज्ञान अत्यावश्यक है। अत्यावश्यक तो यह भी है कि वैदिक ज्ञान को उसकी चिंतनधारा के प्रमुख आषंगों, अर्थात् सृष्टि, काल, सत्य, ऋत और यज्ञ से पृथक् करके न देखा जाए। यही कारण है कि आज भी वेदों का सत्यार्थ समझने के लिए पारंपरिक भाष्यकारों यथा, स्कंद स्वामी, माधव भट्ट, वेंकट माधव, धानुष्क यज्वा, आनंद तीर्थ, आत्मानंद और सर्व-प्रसिद्ध भाष्यकार सायण की सहायता अपरिहार्य हो जाती है। वेदों का यज्ञ से अपरिहार्य संबंध और उनके पाठ का वैदिक कुलों में पारंपरिक शिक्षण, दो ऐसी अनिवार्यताएँ थीं, जिनके कारण ही वेद अपनी मौखिक परंपरा में शताब्दियों बाद तक भी विशुद्ध-पाठों में सुरक्षित रह सके।

उपर्युक्त विश्लेषण से पता चलता है कि भारत के विगत हजारों वर्षों के राष्ट्र जीवन में वेदों का केंद्रीय स्थान रहा है। वेद भारत के प्राण तत्त्व हैं, जिनके बिना भारत की कल्पना भी नहीं की जा सकती। इतना विराट् कालजयी साहित्य विश्व में अन्य कहीं उपलब्ध नहीं है, जिनमें मानव नहीं बल्कि प्राणी मात्र के जीवन के सभी पक्षों पर सम्यक् दृष्टि से चिंतन और उसे निरंतर गाया गया है तथा उसे निरंतर समृद्ध करने की दृष्टि प्रदान की गई है। आज भी वेद हमें श्रेष्ठ जीवन का रास्ता दिखाते हैं। वे आज भी उतने ही प्रासंगिक हैं, जितने संभवत: आठ-दस हजार वर्ष पूर्व रहे होंगे। इसलिए प्रत्येक भारतीय को मानव, प्रकृति और ब्रह्मांड का ज्ञान करानेवाले इन ग्रंथों को पढ़ना, जानना और समझना चाहिए।

उपनिषद्

भारतीय 'ज्ञान-विज्ञान', 'सनातन धर्म' एवं संस्कृति के मूल आधार स्तंभ अपौरुषेय 'वेदों' को स्वीकार्य किया गया है। इन अनादि एवं नित्य स्वीकृत वेदों की विश्व के प्राचीन एवं सर्वप्रथम ग्रंथों में गणना होती है। उपनिषद् ग्रंथ इन्हीं श्रुतियों के वाङ्मय स्वरूप स्वीकृत हैं। इनमें व्यक्ति, परिवार, समाज, देश एवं

विश्व की सर्वांगीण उन्नति एवं कल्याणप्रद आधारशिलाओं का विवेचन किया गया है।

'उपनिषद्' शब्द की व्युत्पत्ति उपनिषद्—इन दो उपसर्गों के साथ 'षद्' धातु से 'क्विप्' प्रत्यय करने पर होती है। उपनिषद् पद का भाव साधक-शिष्य को गुरु के पास बैठ आत्म-परमात्म विद्या की प्राप्ति बोधक है। श्रुतियों के बीज रूप तात्त्विक सिद्धांतों एवं विचारों का प्रस्फुटन, विकास एवं संवर्धन ही उपनिषदों के प्रमुख स्वर हैं। इनमें जहाँ व्यक्ति जगत्, अव्यक्त जगत् एवं अव्यक्त से परे अव्यक्त, अक्षर एवं अव्यय आत्म-परमात्म विद्या, ब्रह्मविद्या इत्यादि ज्ञान-विज्ञान का विस्तार है, वहीं मानव धर्म, नीति का भी विशद विवेचन है, जिसको आत्मसात् कर मानव इस लौकिक जीवन को सुंदर, सार्थक बनाकर अंत में परमशांति को प्राप्त करता है।

इन उपनिषदों में प्रस्तुत विचार आधुनिक परिवेश में उतने ही महत्त्वपूर्ण, प्रासंगिक एवं लाभप्रद हैं, जितने प्राचीन समय में थे। जब हम प्रश्न उठाते हैं कि इस जगत् की अनेकता, विविधता और बहुरूपता का आधार क्या है, कहाँ है और क्या एकात्मता की खोज सार्थक है, तब हम अपने सामने पाते हैं इन उपनिषदों को, जो स्वयं आधिभौतिक, आध्यात्मिक एवं आधिदैविक समग्रता के स्वरों को मुखरित करते हैं। ये स्वरसमूह पिंड-ब्रह्मांड, ईश्वर, आत्मा-परमात्मा, पुरुष-पुरुषोत्तम, जीव-जगत्-ब्रह्म, ओम जैसी लहरियों का स्पंदन करते हैं। चलो, संक्षेप में इनको सुनें और दर्शन करें।

विद्वानों, विचारकों ने उपनिषदों की संख्या वैसे तो 102 निर्धारित की है, लेकिन अधिकांश प्राप्त नहीं हैं। प्रमुख रूप से निम्न ग्यारह उपनिषद सभी आचार्यों को समानरूप से मान्य हैं।

(1) ईश, (2) केन, (3) कठ, (4) प्रश्न, (5) मुंडक, (6) मांडूक्य, (7) तैत्तरीय, (8) ऐतरेय, (9) श्वेताश्वर, (10) छांदोग्य, और (11) बृहदारण्यक।

(1) ईशावास्योपनिषद् : आकार की दृष्टि से इसमें केवल अट्ठारह मंत्रों का है। यह शुक्लयजुर्वेद कांवसाखीय संहिता का चालीसवाँ अध्याय है। वेद-मंत्र भाग का अंश होने से इसका विशेष महत्त्व है। इसी को सबसे प्रथम उपनिषद् माना जाता है। इसका प्रथम मंत्र ही थोड़े ही शब्दों में यह बताता है कि इस जगत् का आधार क्या है और इसकी अनेकता एवं बहुवता को किस दृष्टिकोण से देखें और आचरण करें।

ईशावास्यमिदं सर्वं यक्तिञ्च जगत्यां जगत्।
तेन त्यक्तेन भुञ्जीथा मा गृधः कस्यस्विद् धनम्॥

(ईश.1)

इस जगती में जगत् है वह ईश (ईश्वर) से व्याप्त है, इसलिए हे मानव! तू त्यागपूर्वक इसका उपभोग कर। किसी दूसरे के धन को लेने की इच्छा न करो। जगत् वह आधिभौतिक इकाई या सत्ता है जिसका जन्म, स्थिति और क्षय गतिशील है, परिवर्तनशील है (जगत्) और इस आधार पर समस्त ब्रह्मांड बाह्य जगत् है। यह चराचर ब्रह्मांड ईश्वर से व्याप्त है, ईश्वर ही इसकी सत्ता है, यही अनेकता में छिपी हुई शाश्वत, अनिवासी एक सत्ता है।

इसका त्यागपूर्वक उपयोग करो, उपभोग करो। यही निर्लिप्तता का आधार है, निष्काम कर्मयोग है। यहाँ धन शब्द का अर्थ समस्त संपत्ति से है और यहाँ लोभवृत्ति जो नरक या अधोगति का द्वार है, उससे दूर रहने की शिक्षा दी गई है।

(2) केनोपनिषद् : यह उपनिषद् चार खंडों में विभक्त चौंतीस मंत्रों का समूह सामवेद के तलवार ब्राह्मण का अंग है। इसको 'तलवार-उपनिषद्' और 'ब्राह्मणोपनिषद्' भी कहते हैं। इसमें सबसे पहले केन (प्रश्न सूचक) शब्द आने से 'केनोपनिषद्' कहलाने लगा। इस ग्रंथ में प्रकारांतर से ये प्रश्न उठाए गए हैं कि मन, प्राण, वाणी, नेत्र आदि कर्मेंद्रियाँ एवं ज्ञानेंद्रियाँ तथा समस्त देवगण किस की शक्ति से शक्तिमान हैं, उन्हें अपने-अपने कार्य में क्रियाशील करनेवाला कौन है और कैसा है ? इसके उत्तर में गुरु परब्रह्म को ही इन सबकी आधारभूत सत्ता का निरूपण करते हैं।

(3) कठोपनिषद् : यह प्रसिद्ध उपनिषद् कृष्णयजुर्वेदीय कठशाखा का अंग है। इसमें दो अध्याय और प्रत्येक अध्याय में तीन-तीन वल्लियाँ हैं। कुल मिलाकर एक सौ उन्नीस (111) मंत्र हैं। इस उपनिषद् में बालक नचिकेता और यमराज के संवाद रूप में आत्मा एवं परमात्मा के स्वरूपों का विस्तृत विवेचन एवं योगविधि के द्वारा ब्रह्माप्राप्ति होने का कथन भी वर्णित है। उदाहरणस्वरूप, प्रस्तुत है—

न जायते भ्रियते वा विपश्चि—
त्रायं कुतश्चिन्न वभूव ऋश्चित।
अजो नित्यः शाश्वतेऽयं पुराणो
न हन्यते हन्यमाने शरीरे॥

(कठो. 1/2/18)

नित्य चैतन्यरुप आत्मा न उत्पन्न होता है न मरता है—न किसी से हुआ और न इससे कोई हुआ है। यह अजन्मा, नित्य और पुरातन है—शरीर के मारे जाने पर भी यह मरता नहीं है।

यदा सर्वे प्रमुच्यन्ते कामा येऽस्य हृदि श्रिताः।
अथ मर्त्योऽमृतो भवत्यत्र ब्रह्म समश्नुते॥

(कठो. 2/3/14)

जब इस ज्ञानी के हृदय में स्थित सब कामनाएँ नष्ट हो जाती हैं, तब यह मरणधर्मा मानव अमर हो जाता है और इसी शरीर में ब्रह्म का अनुभव करता है।

(4) प्रश्नोपनिषद् : यह उपनिषद् अर्थवेद के पिप्लाद-शाखीय ब्राह्मण भाग का एक अंग है। इसमें 67 मंत्र हैं। इसमें सुकेशा, सत्यकाम आदि छह ऋषियों के छह प्रश्नों का क्रम से उत्तर दिया है महर्षि पिप्लाद ने। उदाहरणस्वरूप—

1. किससे ये सब प्रजाएँ उत्पन्न हुईं ?
2. कितने देव इस शरीर को धारण करते हैं ?
3. यह प्राण किससे उत्पन्न होता है ? कैसे शरीर में आता है।
4. इस शरीर के अंदर प्राणेंद्रियों तथा मन आदि के भीतर कौन सोता है, कौन जागता है, इत्यादि ?
5. मृत्युपर्यंत जीव परमात्मा का ध्यान करे तो उसकी क्या गति है ?
6. सोलह कलापूर्ण पुरुष कौन है ?

(5) मुंडकोषनिषद् : यह उपनिद् अथर्ववेद की शौनकी शाखा का अंग है। इसमें ऋषि ने अपराविद्या, विद्या अविद्या, यज्ञ तथा मानव जीवन में करणीय कर्मों का अति सुंदर तथ्यपूर्ण विवेचन किया है। भारत सरकार का घोष वाक्य (मुहर) 'सत्यमेव जयते' इसी उपनिषद् से लिया गया है।

'सत्यमेव जयते नानृतं' (मुंडक. 3/1/6)

सत्य की ही विजय होती है, असत्य की नहीं।

(6) मांडूक्योपनिषद् : यह भी अथर्ववेद का ही एक अग्ड़ है और इसमें विशेष रूप से ओऽम् की व्यापकता का प्रतिरादन हुआ है। इसमें निमित्त बारह (12) मंत्र हैं। सबकुछ ओंकार है, क्योंकि सब-का-सब ब्रह्म है, यह आत्मा जो जगत् में व्याप्त है—ब्रह्म ही

है। यह आत्मा पादों (जाग्रत्, स्वप्न, सुषुप्ति तथा तुरीयावस्था) में रहने वाला है।

(7) तैत्तिरियोपनिषद् : यह उपनिषद् कृष्णयजुर्वेदीय तैत्तिरीय शाखा के अंतर्गत तैत्तिरीय आरण्यक का अंग है। इस आरण्यक के दस अध्यायों में सातवें, आठवें एवं नवें अध्यायों को ही तैत्तिरीय उपनिषद् माना जाता है। यह तीन भागों (शिक्षावल्ली, ब्रह्मानंदवल्ली और भृगुवल्ली) में विभक्त है। इसमें कुल मिलाकर इकत्तीस (31) अनुवाक है। वैदिक संस्कृति के निम्न प्रमुख नीतिपरक वचन इसी में 'सत्यं वद'। 'धर्म चरं'। 'मातृदेवो भव'। 'पितृदेवो भव'। 'आचार्य देवो भव'।'अतिथि देवो भव'।

(8) ऐतरेयोपनिषद् : यह उपनिषद् ऋग्वेद का अंग है। ऐतरेय आरण्यक में दूसरे आरण्यक के चौथे, पाँचवें एवं छठें अध्यायों को ऐतरेय-उपनिषद् माना जाता है। इनमें ब्रह्मविद्या की प्रधानता है। साध्वी इतरा के पुत्र महीदास ऐतरेय ऋषि द्वारा यह उपनिषद् उपदिष्ट है और माता इतरा के नाम पर ही 'ऐतरेय' नाम से जाना जाता है। इसमें सृष्टि की उत्पत्ति का क्रम और मानव-शरीर के महत्त्व पर भी प्रकाश डाला गया है।

(9) श्वेताश्वतरोपनिषद् : यह उपनिषद् कृष्णयजुर्वेद का एक अंग है। यह महर्षि श्वेताश्वतर द्वारा उपदिष्ट है, जिसमें ब्रह्मवादी ऋषि-परिषद् ने निम्न प्रश्नों पर विचार किया।

जगत्कर्ता परमात्मा क्या है? हम कहाँ से, किसी की प्रेरणा से उत्पन्न हुए? हमारा पालक कौन हैं? हम किसमें स्थिर हैं? हमारे सुख-दु:खादि के कारण क्या है? आदि की इसमें व्याख्या है।

(10) छांदोग्योपनिषद् : यह महत्त्वपूर्ण उपनिषद् सामवेदीय तलवकार ब्राह्मण का एक अंग है। इस उपनिषद् में विभिन्न आधिभौतिक, आध्यात्मिक एवं आधिदैविक विषयों पर, जैसे—मन को उन्नतशील कैसे बनाएँ, योग-साधना में साधक की अनुभूतियाँ, जीवात्मा-परमात्मा का आयाम, पूर्णाक्षर ओऽम् का वर्णात्मक अउम् का स्वरूप, जगत् में सारों का सार क्या है, ब्रह्म का विस्तार, महापातक और उनके फलादि का विस्तृत एवं गहनतम विवेचन किया है।

सर्व खल्विदं ब्रह्म तज्जलानीति शांत उपासीत। अत खलु क्रतुमयः पुरुषो यथाक्रतुरस्मिंल्लोके पुरुषो भवति तथेयः प्रेत्य भवति स क्रतुं कुर्वीत।

(छंदोग्य. 3/14/1)

"यह सब निश्चय ब्रह्म है; इसी से जगत् उत्पन्न होता है, इसी में विलय होता है और इसी में चेष्टा करता है। इसलिए शांत होकर उपासना करो, क्योंकि पुरुष निश्चयमय है। इस लोक में पुरुष जैसा निश्चय वाला होता है, वैसा ही यहाँ से मरकर होता है; इसलिए वह पक्का निश्चय करे।"

ॐ कं ब्रह्म खं ब्रह्म

ॐ सुख ब्रह्म है, आकाश ब्रह्म है।

(छ. 4/10/15)

11) बृहदारण्यकोपनिषद् : यह बृहदाकार (बृहद् के अनुरूप) ही शुक्लयजुर्वेद का एक अति महत्त्वपूर्ण अंग है। इसमें प्रसिद्ध राजा जनक की सभा में वाचक्नवी गार्गी, आरुणि उद्दालकादि के गूढ़तम

प्रश्न और महर्षि याज्ञवल्क्य का विश्व के आधारभूत तत्त्वों एवं आत्म-ब्रह्म संबंधी विषयों के उपदेशादि समाहित हैं। कुछ अद्‌भुत महावाक्य उदाहरणस्वरूप प्रस्तुत हैं—

''ब्रह्म वै इदमग्र आसीत''

(सृष्टि के प्रारंभ में ब्रह्म था)

''तदात्मानम् अवेत् अहम् ब्रह्मास्मि''

(बृहदा. 1/4/10)

असतो मा सद्‌गमय, तमसो मा ज्योतिर्गमय मृत्योर्मामृतं गमयेति

(बृहदा. 1/3/28)

''असत् से मुझे सत् की ओर ले चलो, अँधेरे से प्रकाश की ओर चलो, मृत्यु से मुझे अमृत की ओर ले चलो।''

''द्वे वा व ब्रह्मणो रुपे मूर्तं चैवामूर्तं च मर्त्यं तामृतं'' (ब्रह्म के दो ही रूप हैं, 'मूर्त' तथा 'अमूर्त', 'मर्त्य तथा अमृत')

श्रीमद्‌भगवद्‌गीतोपनिषद् : श्रीमद्‌भगवद्‌गीता तो उपनिषदों का मुकुटमणि अद्वितीय ग्रंथ है। प्रश्न उठता है कि यह ग्रंथ तो 'महाभारत'—जो कि एक ऐतिहासिक ग्रंथ है—का अंग है, उपनिषद् कैसे हो सकता है? इसके उत्तर में यहाँ दो प्रमुख कारण गिनाना जरूरी हो जाता है। (1) श्रीगीता में श्री कृष्ण-अर्जुन संवाद में जो आधारभूत विषय वर्णित है, वह उपनिषद् समरूप ही हैं, (2) ब्राह्मण ग्रंथ एवं स्वयं उपनिषद् महाभारत को पंचम वेद घोषित करते हैं (तैत्ति. आर.2:9, छा.उ.7:1:2, बृ.उ. 2:4:10)

एक और महत्त्वपूर्ण विचार रखने की यहाँ आवश्यकता है और उसका संबंध है 'भगवत् स्वरूप' से तथा उपनिषदों के 'ब्रह्म' से—भगवान् कृष्ण ब्रह्मस्वरूप, ब्रह्म-निर्वाण, ब्रह्म-स्थिति आदि सिद्धांतों का विवेचन करने के बाद कहते हैं—

ब्रह्मणो हि प्रतिष्ठाहममृतस्याव्ययस्प च।
शाश्वतस्य च धर्मस्य सुखस्यैकान्तिकस्य च॥

''उस अव्यय (अविनाशी) ब्रह्म का और अमृत का तथा नित्य धर्म का और अखंड एकरस आनंद का आधार, स्रोत तथा आश्रय मैं हूँ।''

उपसंहार : मानव जीवन की पूर्णरूपेण सार्थकता इसी में है कि मानव अपने सांसारिक जीवन को सुखी-समृद्ध बनाता हुआ जीव-जगत्-जगन्नाथ अर्थात् पुरुष-प्रकृति-पुरुषोत्तम को समग्र रूप से जानने एवं मानने की पूरी-पूरी कोशिश करे। वैदिक ऋषियों द्वारा आत्मसात् किया हुआ यह ज्ञान-विज्ञान आधुनिक जगत् में भी शाश्वत है, सार्वभौमिक है, प्रासंगिक है, महत्त्वपूर्ण है, सत्य है और समस्त मानव जाति हेतु उपयोगी एवं कल्याणकारी है। इस रहस्य को आत्मसात् करने हेतु कुछ सुझाव हैं। पहला तो यह कि विचारों की ठीक से समझने के लिए उपनिषदों की मूल भाषा संस्कृत या उससे नि:सृत हिंदी तथा अन्य भारतीय भाषाओं में रूपांतरण दोषपूर्ण, त्रुटिपूर्ण, एवं प्रतिकूल भी है। दूसरा, यह आवश्यक है कि मन-वाणी-कर्म के समन्वय से, या यूँ कहें कि आचार-विचार सहित जीवन-शैली इन्हीं धार्मिक नैतिक मूल्यों पर ढाली जाए। सिद्धांत, सद्‌परिवार ज्ञान-विज्ञान जब तक जीवन जीने की कला का आधार नहीं बनते, आधे-अधूरे-सतही बनकर क्रमश: लुप्त हो जाते हैं।

सनातन संगीत और तन-मन

अलका अग्रवाल सिग्तिया

हिंदी कहानीकार कवयित्री, व्यंग्य लेखिका तथा संपादक, महाराष्ट्र राज्य हिंदी साहित्य अकादमी द्वारा पुरस्कृत, गोदरेज कंज्यूमर फिल्म फेस्टिवल की प्रथम पुरस्कार विजेता, दूरदर्शन, रेडियो पर कार्यक्रम, फिल्मों में पटकथा लेखन। मुंबई की अनेक सामाजिक, सांस्कृतिक, साहित्यिक संस्थाओं से संबद्ध। आपकी कहानियाँ अनेक पत्र-पत्रिकाओं में प्रकाशित।

भारतीय सनातन संस्कृति संगीत और नृत्यमय है, क्योंकि इस संस्कृति की सौंदर्यानुभूति अध्यात्म और मानव कल्याण से जुड़ी है। कुमारी सोमशेखरी कहती हैं कि ''नृत्य और संगीत में मधुरता, सार्वभौमिक संस्कृति का सौंदर्य है। इनके माध्यम से प्रार्थना-ध्यान के साथ ही ईश्वरीय आशीष से सुवासित होते हैं। चित्त शांत होता है और तन-मन प्रसन्नता के प्रकाश से दमकता है। भारतीय सनातन संस्कृति ऐसी ही नदी का शांत और सौम्य प्रवाह है, जहाँ नृत्य व संगीत की कलकल से मानव जीवन ही नहीं, समस्त चराचर बहुत कुछ ग्रहण कर रहा है।''

संगीत भावों और संवेदनाओं की भाषा है। यह भारतीय संस्कृति का इसलिए स्वरूप है, दोनों का संयोग मणिकांचन सा है। वेदों में भी अनेक तार व वायु यंत्रों का उल्लेख मिलता है। ऐसा माना जाता है कि देवर्षि नारद ने धरतीवासियों का परिचय संगीत कला से कराया था। जहाँ संगीत की स्वर लहरियाँ हों, वहाँ ईश्वर होते हैं। नाद ब्रह्म संपूर्ण ब्रह्मांड में व्याप्त है, जो ईश्वरीय है और जिसका साक्षात्कार संतों ने किया। शब्द की इस शक्ति के दैवीय स्वर और शब्द में छिपे संगीत को उन्होंने पहचाना। प्रकृति के झरनों में झरझर, नदियों की कलकल, चिड़ियों की चहचहाट, बारिश की रिमझिम में टिपटिप, सब में संगीत है।

ओंकार ही ईश्वर है, उसके उच्चार से संगीत के अनेक प्रकार आविष्कृत हुए। प्रकृति की इन्हीं ध्वनियों से सा रे गा मा पा धा नि सा का उद्‌भव हुआ, जिससे राग-रागिनियाँ बनीं। आश्चर्य होता है, यह सुनकर-पढ़कर कि बैजू बावरा और तानसेन, हिरणों को बुला लेते थे। मेघ मल्हार गाने से बारिश हो जाती है। पर प्रकृति संगीत है, इसलिए यह चमत्कार संभव है। प्रकृति से निकला यह संगीत भारतीय सनातन संस्कृति का अभिन्न अंग बन गया।

दुआ और दवा शब्द अकसर साथ में इस्तेमाल किए जाते हैं। धार्मिक गीत दवा और दुआ दोनों का काम कर देते हैं। ब्रिटिश लेखक कारलाईल ने कहा है, "God walks behind good music, so how would there be any desease or suffering where God is." ईश्वर का आशीर्वाद और कृपा संगीत की

भारत रत्न उस्ताद बिस्मिल्ला खाँ एवं पद्‌श्री श्रीमती सोमा घोष

राग-रागिनियों में बसती है। आधुनिक प्रयोगशालाओं में 'संगीत चिकित्सक' संगीत के अद्‌भुत प्रभाव से मस्तिष्क की गहरी परतों तक जा पाते हैं, भावों के महीन कोनों में पहुँचते हैं। इस सत्य की प्रामाणिकता के लिए मैंने पद्‌मश्री स्वर कोकिला विख्यात शास्त्रीय गायिका डॉ. सोमा घोष और सरोदवादक श्री विवेक जोशी का साक्षात्कार लिया।

सोमाजी डॉक्टर कैसे बनीं? दरअसल उन्होंने बनारस विश्वविद्यालय से संगीत के मनोवैज्ञानिक प्रभाव पर शोध किया है। उनके पास संगीत के प्रभाव के चमत्कारी उदाहरण भी हैं। श्री विवेक जोशी कई अस्पतालों व जेलों 'स्पेशल लोगों' के बीच सरोद बजाते हैं और रोगियों और मनोरोगियों को सुकून पहुँचाते हैं।

डॉ. सोमा घोष अपनी मधुर रागिनी समराग में छेड़ते हुए बताती हैं कि "भारतीय संगीत का सिलसिलेवार उद्‌भव सामवेद में है। वेदों में सप्त स्वर हैं। सर्वप्रथम राग है 'समराग'। ओंकार से ही स्वर की उत्पत्ति हुई। वे बताती हैं, ईश्वर का संधि-विग्रह करें तो होगा ईश + स्वर, अर्थात् जिस ईश में स्वर है, वहीं ईश्वर है। देवताओं को सुर कहा जाता है। सुर अर्थात् संगीत। राक्षस अर्थात् असुर, यानी जिसमें सुर नहीं। संगीत को शरीर कहा गया है। शिव को नाद तनु अर्थात् संगीत का शरीर कहा गया है। शिव के एक श्लोक में उन्हें औषधि कहा गया है। इसीलिए जहाँ संगीत है, वहाँ ओंकार है, शिव है, व्याधियाँ वहाँ से दूर हैं। शांत शास्त्रीय रागों के आलाप से, विशेषकर भावनात्मक रागों जैसे तोड़ी, बागेश्री, ललितश्री, यमन, बिहाग आदि के आलाप में वह शक्ति है, जिससे इंसान के शारीरिक-मानसिक रोगों पर ही नहीं, अपितु योग करने में भी बहुत सहायता मिलती है। शांत संगीत सुनते हुए योग करने से तन मन का योग ब्रह्मांड के अनहद नाद से होता है, उससे स्वर्गिक और अलौकिक आनंद की अनुभूति होती है।

योग और संगीत का सीधा संपर्क सात चक्रों से है।

सा की निरंतर साधना से मूलाधार चक्र खुल जाता है। सा से नी तक जाते हुए सारे चक्र स्वाधिस्ठान चक्र, मणिपुर चक्र, अनाहत चक्र, विशुद्ध चक्र, आस्था चक्र और सबसे ऊपर सहस्त्र चक्र तक खुल जाते हैं। गायक जब साधना के चरम पर पहुँचता है, तब सारे चक्र खुल जाते हैं।

सोमाजी इसका एक अद्‌भुत उदाहरण बताती हैं, ''उस्ताद बड़े गुलाम अली खाँ साहब के साथ उनका साजिंदा सज्जाद हारमोनियम बजा रहा था, जिसे वे बहुत स्नेह करते थे। वह सा बराबर नहीं लगा पा रहा था। खाँ साहब बोले, 'सा हमारी माँ है, तू अपनी माँ की आराधना नहीं कर पा रहा, कहीं तेरी जान न चली जाए।' इसके बाद कुछ दिन वह नहीं आया तो खाँ साहब स्वयं वहाँ पहुँचे। पता चला, जिस दिन यह बात हुई थी, उसी दिन घर पहुँचकर उसे खून की उल्टी हुई और उसकी मृत्यु हो गई।

''संगीत को हृदय की आवाज कहा गया है। अस्पतालों में वेंटिलेटर पर रोगी होते हैं, उनकी पसंद का संगीत बजाया जाता है। संगीत दवा की तरह मस्तिष्क पर असर करता है। संगीत से, शारीरिक अंगों को संतुलित किया जा सकता है। मांस-पेशियाँ संचालित होती हैं। संगीत से चुस्ती-दुरुस्ती आती है।

'''क्लिनिकल' अध्ययन व वास्तविक प्रमाण बताते हैं कि संगीत चिकित्सा से दर्द का निवारण किया जा सकता है। संगीत 'पार्किंसन' बीमारी से प्रभावित व्यक्तियों को ठीक करने में सहायता करता है। शल्य चिकित्सा के बाद संगीत सुनने से दर्द निवारक व नींद की दवाओं की कम आवश्यकता होती है। कीमोथैरैपी के बाद संगीत सुनने से उल्टी कम हो सकती है। मरीजों को अस्पतालों में ज्यादा दिन रहने की जरूरत नहीं होगी,

सरोद वादक श्री विवेक जोशी

यदि संगीत उनका साथी है। संगीत बेचैनी, रक्तचाप डिप्रैशन को कम करके एकाग्रता व रचनात्मकता बढ़ाने में सहायक होता है।''

सोमाजी का कहना है, ऐसा नहीं कि विशेष संगीत दवा की तरह लिखकर दिया जाता है, बल्कि कई बार बचपन में सुना कोई गाना सुनने या गाने से भी आपको शांति व उत्साह मिलता है। कितने गाने ऐसे हैं, जो कहीं भी कभी भी नई ऊर्जा से तो भरते ही हैं, साथ ही जीवन में संस्कार भी निर्धारित करते हैं, जैसे 'सजन रे झूठ मत बोलो, खुदा के पास जाना है', 'ओह रे ताल मिले नदी के जल में, नदी मिले सागर में', 'मन तड़पत, हरि दर्शन को आज', 'किसी की मुसकराहटों पे हो निस्सार' सरोदवादक विवेक जोशी 'ऑटिस्टिक' बच्चों के बीच मनोरोगियों के अनुभव बताते हैं कि 'पहले जो बच्चे माँ की गोदों में सिमटे बैठे थे। 20 मिनट संगीत सुनने के बाद उछलने-कूदने लगे। छह साल का एक बच्चा रोज रात को उठ जाता था, डॉक्टर ने उसके अभिभावकों को उसे संगीत सुनाने के लिए कहा, दस दिनों बाद वह सोने लगा, अब वह बच्चा 15 साल का है।'

''कूपर अस्पताल में मनौवैज्ञानिक वार्ड के मरीज शास्त्रीय संगीत सुनकर बहुत खुश होते थे। तीस मिनट

के 'लाइव कॉन्सर्ट' के दौरान उन्होंने 80 प्रतिशत तक प्रतिक्रिया दी। अस्पताल में मैं सरोद बजा रहा था, जब मैंने बजाना बंद किया तो वे वहीं बैठे रहे, मुझे फिर बजाना पड़ा। दो दिन महिला रोगियों ने मेरे पैर छुए, रोने लगीं।

''वहाँ कुछ पत्रकार बैठे थे, उनके प्रश्न पर मेडिकल सुपरिंटेंडेंट ने बताया कि एक विचार उनके भीतर लगातार चलता है—संगीत, जिसे तोड़कर परिवर्तन लाना है। उनमें से कुछ ने कहा, वे संगीत सीखना चाहते हैं।''

'''सिस्नोफीनिक' रोगियों को भी संगीत से ठीक किया जा सकता है। 'ऑटिस्टिक' बच्चों के लिए कोई दवा नहीं है, संगीत वैकल्पिक चिकित्सा है। विवेक जोशी बताते हैं, ''मानवों पर ही नहीं, बल्कि गायों, पशु-पक्षियों व पेड़-पौधों पर भी संगीत का असर होता है। कैनरा बैंक के मैनेजर ने बताया कि मशीन से दूध निकालने पर गायें विरोध करती थीं, पर संगीत से खुश होकर दूध देती थीं।

विवेक बताते हैं कि ''मैं कहीं जाता था, वहाँ एक बुलडॉग था, जब मैं सरोद बजाता तो वह वहाँ से बाहर नहीं जाता था।'' संगीत के जादू के बारे में वे बताते हैं, ''एक बार मसीना अस्पताल में एक महिला लगातार बहुत बेचैन थी, कभी अंदर जा रही थी, कभी बाहर। जब मैंने सरोद बजाना आरंभ किया, वही महिला 45 मिनट तक वहाँ शांति से बैठी रही। डीन ने उनसे पूछा, 'क्या आपकी उँगलियों में कोई जादू है ?'

''ऐसा जादू एक बार जेल में हुआ, जेल में जो कैदी उनके साथ तबले पर संगत कर रहा था, वह बहुत भावुक हो गया और उसने कहा, 'मैं बहुत छोटा था, जब स्कूल में तबला बजाया था, आज इतने सालों बाद मुझे अवसर मिला है तो बहुत खुश हूँ और वादा करता हूँ, यहाँ से बाहर जाकर संगीत को अपना साथी बनाऊँगा। लोगों को बताऊँगा कि क्षणिक गुस्से से मैंने अपनी जिंदगी के महत्त्वपूर्ण साल जेल में बिताए।'' संगीत सुनकर हम उसपर नियंत्रण पा सकते हैं।

सोमा घोष इसलिए ही सुर को शिव मानते हुए कहती हैं, ''मैंने विज्ञान नहीं पढ़ा, पर संगीत सभी विधाओं का सार है। मैं जब बहुत थकी होती हूँ या नींद नहीं आती इत्यादि।'' तब तानपुरे को 'सा' के साथ लेकर बैठ जाती हूँ, पूरी थकान उतर जाती है, शांति के संसार में चली जाती हूँ, स्नायु हलके हो जाते हैं, यों लगता है, जैसे एकदम ठंडे पानी से नहा लिया, बहुत स्निग्ध निद्रा अपने आगोश में समा लेती है।''

संगीत के इस अलौकिक आनंद से हमारी नई पीढ़ी दूर हो रही है। पाश्चात्य का ऑपेरा अच्छा है, पर अभी जो तेज संगीत आ रहा है, उसमें गायन तेज कानफोड़ू संगीत के नीचे दबा जा रहा है। अच्छी कविता का सनातन काल से संस्कारों के निर्माण में योगदान रहा है, जैसे—

सुमिरन कर ले राम-राम
सकल जगत् के बीसों काम
बड़ा हुआ तो क्या हुआ, जैसे पेड़ खजूर
पंछी को छाया नहीं, फल लागे अति दूर।

आज के गाने हैं, 'मतलबी हो जा जरा मतलबी।'

पहले के गाने स्त्री को गरिमा के साथ प्रस्तुत करते थे, अब गीत-संगीत के नाम पर भोंड़ापन भरोसा जा रहा है, 'मैं हूँ, तंदूरी मुरगी। मेरी फोटो को सीने से चिपकाले फेविकॉल से', ऐसे बोल मानसिक विकृति को जन्म दे रहे हैं।

सुर से ही संस्कार मिलते हैं। पहले बच्चे के जन्म के समय उसके कान में धीरे से 'ओ३म' का उच्चारण किया जाता था। सोलह संस्कारों में गीत संगीत से ही उनका उत्सव मनाया जाता है। संगीत के कारण जन्म के साथ ही मृत्यु भी उत्सव बन जाती है—

हमका उढ़ावे चदरिया।

संगीत से पीड़ा कम हो जाती है। कौन सा राग किस बीमारी को कम या दूर कर सकता है ?

सोमाजी बताती हैं, ''हर राग का अपना समय होता है, राग भैरव भोर में, तो राग यमन संध्या समय में गाया जाता है। भारतीय सनातन संस्कृति लगभग 74 रागों की गवाह रही है। शरीर और ब्रह्मांड जिन पंचतत्त्वों से बना है—पृथ्वी, वायु, अग्नि, जल, आकाश मनुष्य के भाव व भावनाएँ इससे संचालित होते हैं, ये राग-रागिनियाँ इन पंचतत्त्वों को प्रभावित करती हैं। इसीलिए तो संगीत से प्रकृति, पशु-पक्षी, पेड़-पौधे, मनुष्य प्रभावित होते हैं। संगीत याददाश्त और रचनात्मक सोच को बढ़ाकर सकारात्मकता से भर देता है।''

मनुष्य शरीर में तीन दोष होते हैं—कफ, पित्त व वात। इनमें समय व ऋतु के अनुसार परिवर्तन होते हैं। समय के अनुसार रागों को गाने-बजाने या सुनने से इन्हें नियंत्रित किया जा सकता है। नीचे कुछ राग व उनके प्रभाव लक्षित हैं—

राग बागीश्री—स्थिर, गंभीर व शांत बनाती है। मधुमेह (डायबिटीज) व हाइपरटेशन को ठीक करती है। राग दरबारी तनाव मुक्त करती है। अकबर अकसर इसे सुनते थे। राग पूरिया धनसरी शरीर में अम्ल (एसिडिटी) कम करती है, मस्तिष्क को स्थिरता देती है। राग मिश्रा मंद को सुनकर मन स्निग्ध हो जाता है। आहिर भैरव, भूपाली तोड़ी से उच्च रक्तचाप कम होता है। मालकोंस, राग आसवारी निम्न रक्तचाप को नियंत्रित करते हैं। राग तिलक कामोद, हंसध्वनि, कलावती स्नायुओं को शांत करती हैं। भैरवी से तपेदिक, कैंसर, सर्दी, साइनस, दाँत का दर्द ठीक होता है। राग बिहाग सुनकर स्नायु तंत्र ठीक होता है, नींद अच्छी आती है। राग बिहाग का प्रत्यक्ष ज्वलंत उदाहरण डॉ. सोमा घोष देती हैं, 2016 में एन.सी.पी.ए. में वे राग मल्हार गा रही थीं। बारिश का राग गा रही थीं। सामने नेवी के एक कंमाडर बैठे थे। उन्होंने राग बिहाग गाने का अनुरोध किया। सोमाजी ने कहा, ''यह तो राग बिहाग का समय नहीं।'' तब उन्होंने जो बताया, बहुत ही प्रेरक घटना है। पानी के नीचे पनडुब्बी में रहनेवाले उस कमांडर के जीवन में बहुत ही निराशा आ गई थी, एक बार वे पूरी तरह अपाहिज हो गए थे। उन्होंने डॉ. सोमा घोष के राग बिहाग की सी.डी. सुनी, उनकी निराशा कम हुई, जिसके बाद वे उसे वे बार-बार सुनने लगे, धीरे-धीरे चलने-फिरने लगे और पहले की तरह पूरी तरह सक्रिय हो गए। वे सोमाजी को अपना भगवान् मानते हैं।

सुर-साधक में ईश्वरीय गुण आ जाते हैं। उनके स्पर्श से भी शक्ति मिलती है, जैसे उनके मानस पिता उस्ताद बड़े बिस्मिल्ला खाँ साहब ने सोमाजी को स्पर्श कर उन्हें शक्ति दी थी।

अद्‌भुत है इन राग-रागिनियों का असर, जैसे राग मल्हार से अस्थमा, 'सनस्ट्रोक' तो राग तोड़ी पूर्वी जयवंती से सर्दी व सिरदर्द ठीक होते हैं, राग शिवरंजनी स्मृति से संबंधित समस्याओं का निवारण करती है। राग खाराहरा प्रिया से तनाव दूर होता है, दिमाग तेज होता है। साथ ही हृदय संबंधी बीमारियाँ, चिंता व उदासी दूर होती है। वात रोग, अपच व रक्त के विकार दूर करने हैं, तो राग हिंडोलम और वसंत सुनना होगा। राग सारंगा भगाती पित्त दोष, तो राग नटभैरवी सिरदर्द व मानसिक असंतुलन को दूर करती है। जेलों में राग सहाना व पन्नागवारली बजाना चाहिए, ताकि कैदियों में गुस्से और हिंसा को नियंत्रित किया जा सके। राग मध्यवर्ती से लकवा, चक्कर, पैर, हाथों के दर्द, नसों की समस्या से

छुटकारा मिल सकता है। राग अमृतवर्षिनी पेट दर्द, किडनी की समस्या, रक्तचाप संबंधी समस्याओं से निजात दिलाती है। राग रतिपतिप्रिया से वैवाहिक जीवन सुखी बन सकता है। यही नहीं, इसे सुनने से गरीबी दूर हो सकती है। मन की बुरी भावना खत्म होती है। डॉ. सोमा घोष के पास संगीत के इसी प्रभाव का प्रमाण भी है। एक बार मुंबई के ही किसी कार्यक्रम में उनके गायन के समय सारे पुरुष श्रोता थे, वे साथ में मदिरापान भी कर रहे थे। सोमाजी ने कहा कि वे वहाँ नहीं गाएँगी, यह संगीत-साधना का अपमान है, उन सबने तुरंत मदिरा हटाकर गायन सुना। समापन पर उन लोगों ने क्षमा माँगते हुए कहा, ''हम बुरी भावना के साथ बैठे थे, इसीलिए अपनी पत्नियों को नहीं लाए। आपको सुनकर हमारे विकार दूर हो गए।'' एक महीने के भीतर सपत्नीक उन्होंने सोमाजी का गायन सुना।

यदि बुद्धि, सफलता, ज्ञान, आनंद व ऊर्जा मिले तो कौन राग वृंदावन सारंगा न सुनना चाहेगा और राग मोहना से माइग्रेन से छुटकारा पा ले। राग चारकेसी और कल्याणी हृदय रोग दूर कर सकते हैं।

मंदिर की घंटियों और शंख-ध्वनियों का भी तन-मन पर बहुत प्रभाव पड़ता है। आजकल घंटियों की अलग-अलग आवाजों से चिकित्सा की जाती है। शंख की ध्वनि से बैक्टीरिया मरते हैं। शंख भारतीय संस्कृति का अभिन्न अंग है, पर शिकागो के डॉ. डी. ब्रेन ने सैकड़ों बहरेपन के मरीजों का इलाज शंख से किया।

आज विश्व जिसे मान रहा है, हम भी उस सनातन संस्कृति का पुनरावलोकन करें, उसके विज्ञान को समझें। बच्चों में संगीत के प्रति गंभीर रुचि पैदा करें। बच्चे के जन्म के साथ उसका मूलाधार चक्र जाग्रत् हो जाता है, 21 वर्ष उम्र के साथ-साथ सारे चक्र जाग्रत् होते हैं। यदि उन्हें संगीत सिखाया जाए तो उनका मन, मस्तिष्क व आत्मा शुद्ध होते हैं, भविष्य अच्छा बनता है, बुद्धि व विवेक तीव्र होते हैं, नैतिकता और अनुशासन आते हैं। क्योंकि इससे उनकी कुंडलिनी शक्ति जाग्रत् होती है। संगीत की गूँज से मस्तिष्क-लहरें तरंगित होती हैं, एकाग्रता बढ़ती है व जागरूक सोच पैदा होती है।

यहाँ हमने केवल डॉ. सोमा घोष व विवेक जोशी से बात की, दोनों ही पूर्ण रूप से स्वस्थ एवं चुस्त-दुरुस्त हैं। सोमाजी कहती हैं, ''मेरे बाल नहीं पके, बी.पी. नहीं बढ़ा, रोज ओंकार की साधना करती हूँ, आनंद में रहती हूँ।'' क्योंकि मनुष्य की नाड़ियों के कंपन में व्यवधान से बीमारियाँ आती हैं, संगीत मानव-तन की इन 72,000 नाड़ियों को विशिष्ट लय में कंपित करता है। यही संगीत तरंगें सभी जीव-निर्जीव प्रकृति, मानव जाति को जोड़ती हैं, जो सनातन हैं; अनंत काल से थीं, हैं और रहेंगी। इसलिए अभी चेतें, संगीत सुनें, साधना करें। तब क्या 'जब छोड़ चलोगे, धरनि धाम।'

प्राचीन भारतीय शिक्षण व्यवस्था की प्रासंगिकता

डॉ. विनोद टिबड़ेवाल

शिक्षा शास्त्री डॉ. विनोद टिबड़ेवाल जे.जे.टी. विश्वविद्यालय, झुनझुनु, राजस्थान के कुलाधिपति हैं। साथ ही आप राजस्थान सेवासंघ, जे.बी. नगर के अध्यक्ष एवं सुप्रसिद्ध समाजसेवी हैं। शिक्षा, संस्कृति तथा सामाजिक सरोकार में आप विशेष रुचि रखते हैं।

प्राचीन भारतीय शिक्षण व्यवस्था से सामान्य युवा वर्ग अपरिचित है, जबकि पुरातन शिक्षा प्रणाली अनेक विषयों में आधुनिक व्यवस्था से कहीं आगे है। प्रस्तुत लेख का उद्देश्य भारतीय विद्यार्थियों को भारत की गौरवशाली शिक्षण व्यवस्था से परिचित कराना है, जिससे वे वंचित हैं।

भारतीय ज्ञान भंडारागार बहुत समृद्ध है। चार वेद—ऋग्वेद, यजुर्वेद, अथर्ववेद, सामवेद, चार उपवेद—आयुर्वेद, गंधर्ववेद, स्थापत्यवेद, उपनिषद् साहित्य, मनुस्मृति, वाल्मीकि रामायण, नारद स्मृति, शुक्रनीति, याज्ञवल्क्य नीति, महाभारत, श्रीमद्‌भगवद गीता, विदुर नीति, चाणक्य नीति, बौद्ध, जैन, चिंतन आदि भारतीय साहित्य के प्रमुख अंग हैं, जो मौलिक विचारों का विद्वत्तापूर्ण प्रतिपादन करते हैं।

विश्व में शिक्षा देनेवाली प्रथम शाला भारत की थी, इन्हें 'गुरुकुल' के नाम से जाना गया। गुरुकुलों द्वारा समर्थ समाज खड़ा हुआ। यहाँ पूर्णत: अनुशासित रूप में सभी वर्गों से आए शिक्षार्थी समान रूप से शिक्षाध्ययन किया करते थे। गुरुकुल पर राज्य के शासन का कोई नियंत्रण नहीं होता था। इन्हें सरकारी कोष से आर्थिक सहायता मिलती थी। विद्यार्थी भूमि-शयन करते थे। सभी स्वयंसेवी थे और आश्रम की व्यवस्था में सहभागी होते थे। सभी को समान भोजन, वस्त्र, चिकित्सा की सुविधा सुलभ होती थी। विद्यार्थियों को अस्त्र-शस्त्र का संचालन भी सिखाया जाता था। विद्याध्ययन करते समय कठिन श्रम करना होता था।

काकचेष्टा, ब्रकोध्यानं श्वान निद्रा तथैव च।
अल्पहारी, गृहत्यागी, विद्यार्थी पंचलक्षणम्॥

उस समय विद्यार्जन के लिए जीवन का एक बड़ा कालखंड समर्पित किया जाता था। जन्म से आठ वर्ष परिवार में, तत्पश्चात् 12 वर्ष गुरुकुल में कठोर परिश्रम के साथ व्यतीत होते थे। ये 20 वर्ष जीवन की दिशा निश्चित करनेवाले होते थे। विद्यार्थी की जीवन पद्धति, उसकी अंतरंग इच्छा-शक्ति यह तय करती थी कि वह भविष्य में क्या बनेगा।

अनेक ज्ञानी ऋषियों द्वारा समय-समय पर आश्रमों की स्थापना की गई। इनमें प्रमुख है—भरद्वाज, विश्वामित्र, अंगिरस, वशिष्ठ, भृगु, कश्यप, सांदीपनी,

तक भारत को संस्कृति और शिक्षा के आधार पर गुलाम नहीं बनाया जाएगा, उसे पूर्णत: गुलाम बनाना असंभव है।

जर्मनी विद्वान् मैक्समूलर (1823-1900) ने लिखा, ''यदि मुझसे कोई पूछे कि पूरे विश्व में किस देश ने शिक्षा एवं संस्कृति में सबसे ज्यादा प्रगति की है, तब मैं कहूँगा—भारत।''

आज की आधुनिक शिक्षा अत्यंत व्यय-साध्य है। सामान्य रूप से ऐसी शिक्षा पद्धति का विकास हो रहा है, जिसमें धनार्जन ही सबकुछ है, विकास और उपलब्धियों का एक ही मानक है कि किस प्रकार अधिक-से-अधिक धन और संपत्ति इकट्ठी हो सकती है?

शंकराचार्य आदि आश्रम प्रमुखत: सरस्वती, सिंधु, गंगा, यमुना, नर्मदा आदि के किनारे बसे थे। शिक्षा ग्रहण करनेवाले विद्यार्थी उन्हीं आश्रमों में जाते थे, जहाँ उनके पूर्वजों ने शिक्षा प्राप्त की थी। अलग-अलग वेदों का अध्ययन अलग-अलग या एक ही आश्रम में होता था। इन आश्रमों में—वेद, पुराण, उपनिषद्, कला संगीत विज्ञान, ज्योतिष, स्थापत्य, शिल्प, कृषि, युद्ध, अस्त्र-शस्त्र आदि की शिक्षा दी जाती थी।

शिक्षा से पहले उपनयन संस्कार होता था। यह नए जीवन का शुभारंभ संस्कार था। भारत भूमि परमेश्वर के अवतार की भूमि है। यहाँ जन्म लेनेवाला प्रत्येक व्यक्ति उस परमेश्वरी तेज का एक अंश होता है।

इतनी पुरानी संस्कृति तथा ज्ञान का भंडार होते हुए भी हमने अंग्रेजों की धूर्त-कुटिल नीतियों में पूरी तरह बदलाव कर यह साबित कि यही भारतीय शिक्षा है मेकाले ने भारत की एक लाख वर्ष की शिक्षा परंपरा को 200 वर्षों में ही ध्वस्त कर दिया। मैकाले की नीति भारत को गुलाम बनाने की थी। उसकी मान्यता थी कि जब

आज व्यक्ति के चरित्र और मानवीय संवेदनाओं के सकारात्मक पहलुओं के विकास को नजरअंदाज किया जा रहा है। इसलिए आज समाज का जो चित्र सामने है, वह चिंता उत्पन्न करता है।

सुविधा से बिके हुए लोग
कोहनी पर टिके हुए लोग,
बरगद की बात करते हैं
गमलों में उगे हुए लोग।

अतएव आधुनिक दृष्टिबोध से युक्त, ज्ञान-विज्ञान सहित सभी लोगों तथा निर्धन, धनवान्, जाति वर्ग से परे देश के सभी युवाओं को समान शिक्षा प्राप्त करने का अधिकार होना चाहिए। अन्य कई विकसित देशों के समान सरकार द्वारा शिक्षा पर खर्च का वहन किया जाना चाहिए। विद्यार्थी की योग्यता और राष्ट्र की आवश्यकतानुसार उसे सही दिशा की ओर प्रेरित किया जाना चाहिए। इससे देश का चहुँमुखी विकास होगा और भारत अपनी गौरवशाली परंपरा के अनुसार फिर से विश्वगुरु होने का स्थान प्राप्त कर सकेगा।

शिशु के व्यक्तित्व विकास में लोरी का महत्त्व

डॉ. हंसा प्रदीप

हिंदी व गुजराती में लोरी साहित्य में पी.एच-डी. की उपाधि प्राप्त डॉ. हंसा बाल साहित्य विशेषज्ञ हैं। 'मातृ-हृदय की सौम्य विरासत' गुजराती भाषा में प्रकाशित है। आपके आकाशवाणी, दूरदर्शन आदि पर अनेक कार्यक्रम प्रसारित, 'सौराष्ट्र-समाचार' पत्र में संपादन कार्य।

आज के तेजी से बदलते मशीनी युग में हम एक-एक कर भारतीय संस्कृति की समृद्ध विरासत को त्यागते जा रहे हैं। हमारे रहन-सहन, खान-पान, आचार-विचार—सभी में एक परिवर्तन चाहे-अनचाहे घुसपैठ कर रहा है। आज की फास्ट-फूडवाली संस्कृति में हमें परंपरागत मूल्य आउटडेटेड या अनुपयोगी लगते हैं। इन्हें हम अपनी प्राचीन गौरव गाथा या गरिमामयी वस्तु के नाम पर केवल शोकेस में सजावट के तौर पर ही रखने का काम कर रहे हैं। पिछले कुछ वर्षों में लोकगीतों का 'पॉप' संगीत में भद्दा विलयन और लोक संस्कृति का अंतरराष्ट्रीय बाजार में जैसा विनिमय हुआ है, उसके हम सब गवाह रहे हैं। गनीमत है कि लोक संस्कृति की संपदा में अभी भी लोरियों का विकृतीकरण नहीं हुआ है और वे अपने मूल रूप में बची हुई हैं। इसका एक कारण यह भी है कि इस ओर किसी का ध्यान नहीं गया है और आज भी ये लोरियाँ छोटे-छोटे गाँवों कस्बों में प्रादेशिक बोलियों में ही उपलब्ध हैं। आज की आधुनिक जीवन शैली में न तो माँ को अपने बच्चे को सुलाने का वक्त है, न मानसिकता। सुपरफास्ट दौड़ती-भागती महानगरीय संस्कृति में लोरियों की यह संपदा आज भी रेतीले मैदान में बारिश की मीठी फुहार की तरह आनंद देती है।

बच्चों का अपरिपक्व मन गीली मिट्टी की तरह होता है जिस पर बाह्य व्यवहारों की छाप बहुत जल्दी पड़ जाती हैं और उसके अवचेतन मन पर तो वह पत्थर की

लकीर की तरह अंकित हो जाती है, जो चिरस्थायी बन जाती हैं।

हमारे प्राचीन धर्मग्रंथों-पुराणों और वेदों में तो गर्भावस्था के दौरान माँ द्वारा दी गई शिक्षा का अजन्मे बच्चे पर भी गहरे प्रभाव के कई उदाहरण मिलते हैं, वह अभिमन्यु कथा हो या राजा ऋतुध्वज की रानी मदालसा का उपदेश हो। नेपोलियन की माँ को गर्भावस्था में सैनिकों की परेड देखने का और युद्धगीतों को सुनने का बड़ा शौक था। परिणाम यह हुआ कि नेपोलियन महान सेनानी हुआ।

भारतीय इतिहास में शिवाजी और वनराज के दृष्टांत मिलते हैं, जिन पर माता के सात्त्विक व शौर्य भरे तीव्र विचारों का असर स्पष्ट दिखाई पड़ता है। जगत् भर के इतिहास में से ऐसे कई उदाहरण प्राप्त किए जा सकते हैं। माता के अनेक प्रयासों के बावजूद गर्भपात न होने पर 'गीटु' का जन्म हुआ। गीटु ने बड़े होकर अमेरिका के प्रमुख गारफील्ड की हत्या की। बिस्मार्क की माता गर्भावस्था के समय फ्रांस से बदला लेने के विचारों से जला करती थी। परिणाम स्वरूप, बिस्मार्क ने फ्रांस से बदला लिया।

मनोविज्ञान के अनुसार भी देखा जाए तो मानव जीवन के प्रथम दो वर्ष अत्यंत महत्त्वपूर्ण होते हैं क्योंकि इस समय के संस्कार आगे के जीवन के मूल आधार बनते हैं। बालक का अवचेतन मन सदा सक्रिय रहता है। बालमानस पर पड़ा बाह्य प्रक्रियाओं का प्रभाव बालक के विकास के साथ-साथ उसमें उभरता जाता है।

मंडुगूमर जाति में माता काम की अधिकता के कारण बालक को जल्दी में स्तनपान कराती है। बच्चों को संतोष होने से पहले ही स्तनों से हटा देती है। बालक कम समय में अधिक दुग्धपान करना सीख लेता है। माता-बालक की इस कश-म-कश में बालक के गले में ठसका लगने से खाँसी उठती है और उसकी बड़ी दयनीय स्थिति हो जाती है। इस संघर्षमय स्थिति में बड़ा होने के कारण बच्चे का स्वभाव आक्रमणकारी हो जाता है।

हमने देखा कि गर्भावस्था में ही जब बच्चे पर संस्कारों का प्रभाव पड़ सकता है, तब फिर शिशु के जन्म के समय गाई जानेवाली लोरियों का कितना गहरा प्रभाव उसके मानस पर पड़ सकता है। कहने का तात्पर्य यही है कि गर्भस्थ शिशु पर भी बाह्य संस्कारों व वातावरण की छाप पड़ सकती है, तो जन्म के बाद सुलाते समय गाई जानेवाली लोरियों का असर और यदि लोरियाँ सार्थक हों, तब उसका प्रभाव अमिट ही बन जाता है। और यहीं पर लोरियों का महत्त्व सिद्ध होता है। यह सही है कि लोरियों का महत्त्व एक विशिष्ट अवस्था तक ही परिमित है। बचपन बीत जाने पर उसका कोई महत्त्व नहीं रह जाता है। संभव है, कदाचित् इसी कारण लोरी की इतनी व्यापकता एवं महत्त्व होने पर भी उसकी ओर बहुत कम लोगों का ध्यान आकृष्ट हुआ है। अस्तित्व की दृष्टि से लोरी अत्यंत व्यापक होते हुए भी लोकगीत की यह विधा अध्ययन की दृष्टि से उपेक्षित ही रही है। प्राय: कई प्रमुख लोक साहित्यकारों ने इस अभाव को स्वीकार किया है। अपवाद स्वरूप लोक साहित्य में रुचि दिखानेवाली महिलाओं ने भी इस दिशा में विशेष कुछ नहीं किया।

पुरानी पीढ़ी की कई माताओं को शिकायत करते हुए हम सबने सुना है, कि "आजकल के बच्चे न जाने क्यों इतने शैतान पैदा होते हैं? हमने तो आठ-आठ, दस-दस बच्चों को पैदा किया, कभी किसी ने ऐसा परेशान नहीं किया था, पुरानी पीढ़ी की ही क्यों..." आधुनिक माताएँ भी यही सब कहती हुई पाई गई हैं, जबकि इनको तो एकाध-दो ही बच्चे होते हैं। 'शैतान', 'चंट', 'बदमाश', 'मस्तीखोर', 'आलसी' वगैरह कई अपशब्दों का अंबार नई पीढ़ी के बच्चों के लिए प्रयुक्त होते हुए सुना गया है।

मेरी मान्यता है कि बच्चे तो वैसे ही हैं, जैसे कृष्ण

के जमाने में हुआ करते थे। किंतु आज स्थितियाँ बदल गई हैं। जीवन के तौर-तरीके बदल गए हैं। कौटुम्बिक जीवन विभक्त होता जा रहा है। समाज बिखरता जा रहा है। इसलिए हर माँ को सदा अवकाश की कभी बनी रहने लगी है। हमारे पास न तो समय है और न ही धैर्य बचा है जिससे हम बच्चे की शैतानी, उसके नाज-नखरे प्यार और शांति से सह सकें और बालक की निर्दोषता, उसका भोलेपन का लुत्फ उठा सकें!

बालक के नए-नए सहज बाल कौतुक, मनमोहक क्रीड़ाएँ देखने का उससे आनंद उठाने का वक्त ही नहीं हैं। हमारी व्यस्त जिंदगी के लिए वह बोझ-सा बनता जा रहा है। इसका एक कारण यह है कि हमारी सर्वोच्च आध्यात्मिक विचारधारा से हम छूटते जा रहे हैं और शुष्क भौतिकवाद के जालों में उलझते जा रहे हैं। अत: हमारा दृष्टिकोण भी संकुचित और स्वार्थलिप्त हो गया है। बच्चों की छोटी-छोटी आवश्यकताओं की ओर ध्यान देने का समय ही हमारे पास नहीं है। अरे, दिनभर में एकाध-दो बार पाँच-दस मिनट भी उसे गोद में उठाकर प्यार भरी थपकी भी नहीं दे सकते हैं। बेचारा बालक रो-धोकर आखिर सो जाता है, मगर ऐसी स्थिति में वह सोता है तो उसके चित्त को शांति नहीं मिलती है। चारों ओर की मिली-जुली ध्वनियों से वह आक्रांत होकर सोता है। मन की शांति में अवरोधक तत्त्व पैदा होते हैं और तब उसके मस्तिष्क की कोमल शिराओं को ये शोरगुल भरी ध्वनियाँ अनजाने ही अस्त-व्यस्त करती रहती हैं। परिणामस्वरूप, उसका मानसिक व शारीरिक विकास भी अवरुद्ध हो जाता है।

जीवन की भौतिक उपलब्धियों की दौड़ में हम बालजीवन की कुछ अत्यंत महत्त्वपूर्ण आवश्यकताओं को भुला बैठे हैं। उनमें से एक है—बालक की निद्रावस्था के समय गाई जानेवाली 'लोरी'! लोरियों के महत्त्व को हमने न तो जाना है, न ही समझा है।

माता को चाहिए कि अंतर से उभरते हुए वात्सल्य रस से सराबोर धीमी, मधुर, शांत, लयवाली, सुंदर अर्थोंवाली लोरियाँ गाते हुए हल्की-हल्की स्नेहसिक्त थपकियों द्वारा अपने शिशु को सुलाने का यत्न करें। माता के कंठ से प्रस्फुटित वात्सल्यमयी स्वरलहरी और स्पर्श बालक को स्वर्गसुख प्रदान करते हैं और वह प्रसन्न, निश्चिंत, निर्भय होकर शांति से सोता है। ऐसी स्थिति में सार्थक लोरियाँ संस्कार-गठन का कार्य भी कर देती हैं। ये संस्कार बालक में स्थायी रूप से सक्रिय रहते हैं। ऐसे बच्चे माता-पिता की वृद्धावस्था को सँवारते हैं।

बच्चे के लिए लोरी की भाषा या विषय प्रत्यक्ष रूप में किसी महत्त्व के नहीं होते हैं। बिना शब्दों की धुन या निरर्थक लोरी भी चल सकती है। पर घर में प्रयुक्त भाषा और सुंदर भाव-विषय वाली लोरी बच्चे में सुसंस्कार का गठन भी कर देती है और ये संस्कार बालक में आजीवन बने रहते हैं, जो उसे कुमार्ग पर जाने से सदा बचाते हैं।

नौकरीपेशा माता हो तो कम से कम पाँच-छह वर्षों तक नौकरी न करे। परिवार में दादी-नानी या अन्य निकटतम कोई व्यक्ति बालक का ध्यान रखनेवाला हो तो ही काम पर जाए, किंतु आया के भरोसे बच्चे को न छोड़े।

'लोरी' की प्राचीनता

लोरी विद्या की प्राचीनता इतिहासातीत है। संसार का सबसे प्राचीन ग्रंथ 'ऋग्वेद' माना जाता है। इसके पूर्व की कोई भाषाबद्ध सामग्री आज तक प्राप्त नहीं है। ऋग्वेदकालीन अथवा उसके पश्चात् की कई सदियों की ही नहीं सहस्राब्दियों की लोरियों को प्राप्त करना भी आज कठिन है क्योंकि मातृहृदय के इन निश्चल उद्‌गारों को लोक कंठ के सिवा कौन सुरक्षित रख सकता है ?

ऋग्वेद ऋचाओं में एक ऐसी कथा है, जिसमें अनिद्रा रोग को दूर करने के लिए मंत्रगान हुआ करते थे। इस प्रकार के मंत्रगान की मनुष्य को सुला देने की अद्‌भुत क्षमता, जो लोरी का भी महत्त्वपूर्ण तत्त्व है, प्रमाणित हो ही जाता है।

वेदांत के गहन गंभीर आत्मा की अमरता, सुख-वैभव की क्षणभंगुरता के दार्शनिक तत्त्वों वाली मदालसा की अपने शिशु को सुला देने वाला गीत, ''तवमसि तात शुद्ध निरंजन...''

''**भव स्वप्नं च मोहनिद्रां त्यज मदालसालर्क सुत माता**'' कदाचित् यह प्रथम ज्ञात लोरी है।

'मार्कण्डेय पुराण' में इस लोरी को अपने छहों बच्चों को सुलाने के लिए मदालसा गाती थी और राजा ऋतुध्वज के छहों पुत्र युवा होते-होते उस लोरी के अगोचर प्रभाव से वैरागी बन जाते हैं। सातवें पुत्र के लिए इस लोरी को गाने के लिए राजा ने मना कर दिया ताकि वह राज्यभार सँभाल ले और स्वयं वैरागी बन सके।

काफी लंबी इस लोरी का इतना गहरा प्रभाव रहा है।

फिर नवीं शताब्दी के अपभ्रंश महाकवि स्वयंभू के पद्म चरित में, गाँवों में झोली में शिशु के सुलाने का और लोरी गाने का उल्लेख मिलता है।

इस कवि के एक अन्य अप्रसिद्ध महाकाव्य में कृष्ण को सुलाने के लिए लोरी गाने का उल्लेख हैं।

अन्य भाषाओं में 'लोरी' के लिए प्रयुक्त शब्द।

(1) संस्कृत — लालनगीत, स्वापकं गीत

(2) अपभ्रंश — हल्लरु-अम्मा हीरय

(3) प्राकृत — हल्लई

(4) गुजराती — हाबरडुं

(5) हिंदी — लोरी

(6) राजस्थान — हीलो, हालरियारोगीत

(7) पंजाबी — लोरी

(8) उर्दू — लोरी

(9) सिंधी — लोली

(10) मराठी — अंगाई गीत

(11) कश्मीरी — होहोगीत

(12) बांगला — घूमपाड़ानीगान

(13) असमिया — मिसूकोनी गीट

(14) नागालैंड — नाओशूम इशेड्

(15) उड़िया — नाना बायाँ गीतां

(16) तेलुगु — जोलपाट

(17) तमिल — तालाट्टु

(18) मलयालम — ताराट्टु

(19) कन्नड़ — जोगुळ

(20) थारू — दोरी-डोरी

(21) अंग्रेजी — Lullaby

(22) जापनिज — Komorilu

(पालने को-युरीकागो)

वेदों में सदाचार

रितु संजय चतुर्वेदी

दुबई में सेवारत, अध्ययन-अध्यापन तथा लेखन-कार्य। अध्यक्षा, राशिद सेंटर फॉर डिसेबल्ड, दुबई अनेक पत्र-पत्रिकाओं में लेख प्रकाशित। भारत में अनेक सामाजिक सेवा संस्थाओं से जुड़ी हुई हैं तथा दुबई में बसे भारतीयों में संस्कृति तथा संस्कार के प्रचार-प्रसार में संलग्न।

पुनर्वित्तं, पुनर्मित्रं पुनर्भार्या पुनर्मही।
एतत्सर्वं पुनर्लभ्यं न शरीरं पुनः पुनः॥

अर्थात् धन, संपत्ति, मित्र, स्त्री, राज्य बार-बार मिल सकते हैं। लेकिन मनुष्य शरीर एक बार ही प्राप्त होता है। एक बार नष्ट हो जाने के बाद उसे पुनः प्राप्त करना असंभव है। इसलिए मनुष्य को शुभ कार्य करके इस देह का सदुपयोग करना चाहिए। जो मनुष्य प्रत्येक दिन सत्कार्य करते हैं, वास्तव में उनका ही जीवन धन्य होता है।

वेद ज्ञान सार्वभौमिक है, सार्वकालिक है, सार्वजनिक है। समस्त मानव जाति के कल्याण के लिए सृष्टि के आदि में भगवान् ने यह ज्ञान प्रदान किया जिसकी उपादेयता आज भी है।

यथमां वाचं कल्याणीभाव दानि जनेभ्यः।

(यजु. 262)

वेदों में त्याग की अपार महिमा बखान की गई है। त्याग का सुख पाने के सुख से अधिक होता है। त्याग का आनंद अपरिमित है। त्यागानंद अलौकिक है।

सइन्म्दोजो यो गृहवे ददात्मन्न कामाय चरतते कृशाय।
अरसस्मै भवति यामहूता उतापरीषु कृणुते सरवायम्॥

(ऋग्वेद, 10/117/3)

अर्थात् अन्न चाहने वाले गरीब याचक को जो अन्न दान देता है, उसे यज्ञ का संपूर्ण फल मिलता है तथा वह अपने शुत्रुओं को भी मित्र बना लेता है।

ईशावास्यमिद सर्वं यत्किंच जगत्यांजगत्।
तेन त्यक्तेन भुंजीथा मा गृधः कस्यस्विदधनम्॥

(यजु. 40/1)

जड़-चेतन, ब्रह्मांड सभी ईश्वरीय हैं। उसी का स्मरण करते हुए प्राप्त वस्तुओं का त्यागपूर्ण उपयोग करना चाहिए। अनासक्त रहो, क्योंकि धन, भोगपदार्थ भला सदैव किसके रहे हैं?

वेदों में न केवल मनुष्यों को, वरन् प्राणिमात्र को मित्र की दृष्टि से देखने का आख्यान है।

मित्रस्याहं चक्षुषा सर्वाणिक भूतानि समीक्षे।

(यजु. 36/18)

वेद के अनुसार, समाज में न तो कोई बड़ा है और नहीं कोई छोटा—

अज्येष्ठासो अकानिष्ठास एते सं
भ्रातरो वावृधुः सौभगाय।

(ऋग्वेद 5/60/5)

सभी परस्पर भाई हैं। सौभाग्य और उचति के लिए साथ बढ़ते हैं। समस्या मानव जाति को प्रेम की दृष्टि से देखने का निर्देश वेद में वर्णित है।

प्रियं सर्वस्य पश्यत उतशद्रे उतार्ये...।

(अथर्व. 19.62.21)

समाज के सभी चातुर्वण्य में सब में समान रूप से शोभा या दीप्त की प्रार्थना की गई है, जिसमें सबका कल्याण हो और कोई भी अपमानित न हो।

रुचं नो धेहि''राजसु नस्कृधि।

(यजु. 18.48)

पुरुषों के समान स्त्री जाति के लिए समान अवसर वेदों में वर्णित है। स्त्री भी ब्रह्मचर्य का पालन करती हुई युवक पति का वरण करती है।

ब्रह्मचर्येणि कन्या युवांन विन्दते पावेम्।

(अथर्व. 11.5.18)

स्त्री को वेदों में सामान्य सम्मान ही नहीं दिया गया है, उसे पराशक्ति भी बताया गया है। वह अधिष्ठात्री है, अखंड शक्ति है। नव वधू को कहा गया है कि तू अपने सास, ससुर, देवर, ननद अर्थात् पूर्ण परिवार की सम्राज्ञी बन जा।

साम्राज्ञी श्वसुरे भव समाज्ञी श्वश्रवोभव।

(अथर्व. 14.1.22)

'यजुर्वेद' में कहा गया है—पारवारिक सामंजस्य का समन्वय हो। समस्त मानव जाति परिश्रम करे।

कुर्वन्नेह कर्माणि जिजीविषेत्।

(यजु. 40.2)

वेद में किसी संप्रदाय का, जाति विशेष का मत-मतांतरों का उल्लेख नहीं है। केवल मात्र मानवशील मनुष्य बनने तथा औरों को भी दिव्य जीवन के लिए प्रेरित करने का उपदेश है।

मनुर्भव जनया दैव्यं जनम्।

(ऋग्वेद 10.53.6)

प्राणीमात्र को अपने समान समझना, यह आत्मवत दृष्टि न केवल मनुष्य जाति के प्रति अपितु पशु-पक्षी सभी प्राणियों के प्रति होनी चाहिए। इतनी व्यापकता, उदारता अन्यत्र दुर्लभ है।

यास्मिन् सर्वाणि भूतानि आत्मन्ने वानुपश्यति।

(यजु. 40.7)

वेद के अनुसार पृथ्वी सब प्रकार के विचारों वाले अपने कर्तव्यों का पालन करनेवाले, विभिन्न भाषाएँ बोलने वाले सभी लोगों का एक घर है।

जन विभ्रती बहुधा विवाचसं
नाना धर्माणं पृथिवी यथौकसम्।

(अथर्व. 12.1.45)

यह सार्वभौम समत्व दृष्टि पूर्णतथा वेदानुकूल है। यह समभाव ही ब्रह्म की प्राप्ति कराने वाला बताया गया है।

एव यः सर्व भूतेषू पश्यत्यात्मानमात्मना
स सर्वसमतामेल ब्रह्माम्येति परं पदम्॥

(मनु. 12.1.25)

जिस प्रकार सूर्य और चंद्रमा सब प्राणीमात्र के कल्याण की भावना से निरंतर कार्यरत होते हैं, उसी प्रकार हम भी सारे समाज के कल्याण मार्ग पर चलते रहें। उस मार्ग पर चलने के लिए हम निरंतर दानशीलता, हिंसारहित भावना सहित, ज्ञानी व्यक्तियों का संसर्ग करते रहें।

स्वस्ति पन्थामनुचरेम''जानतासंगमेयहि।

(ऋग्वेद 5.51.15)

ऐसे व्यक्ति के लिए सारा संसार एक इकाई बन जाता है। सभी भाषा, रंग, जाति संप्रदाय आदि का भेद अमिट हो जाता है। यही है 'वसुधैव कुटुम्बकम्' की भावना और वेदों में सदाचार की प्रासंगिकता।

दुबई (यू.ए.ई.)

श्रीभागवत परिवार

समाज सेवा और आध्यात्मिक गतिविधियों को समर्पित

चंद्रकांत जोशी

मुंबई का श्रीभागवत परिवार एक संस्था ही नहीं, बल्कि ऐसा परिवार है, जिसके हर सदस्य तथा इससे जुड़नेवाले हर व्यक्ति को अपनी परंपरा, विरासत और जीवन मूल्यों पर गर्व होता है। भारतीय वाङ्मय की गहन समझ रखनेवाले और श्रीमद्भागवत से लेकर श्रीमद्भगवद्गीता एवं वेद-पुराणों के गूढ़ सूत्रों को सहज-सरस शैली में समझाकर जनमानस के हृदय पटल पर उतारनेवाले सत्पुरुषों-विद्वानों के आध्यात्मिक मार्गदर्शन तथा समन्वयक श्री वीरेंद्र याज्ञिक के संयोजन में श्रीभागवत परिवार आज मुंबई की आध्यात्मिक और सामाजिक गतिविधियों में एक स्थापित नाम हो चुका है। कारोबार से लेकर उद्योग, व्यापार से जुड़े लोग अपने अति व्यस्त जीवनचर्या में से समय निकालकर श्रीभागवत परिवार के माध्यम से समाज के लिए भी समय निकालते हैं।

श्रीभागवत परिवार द्वारा मुंबई में साल भर में विभिन्न गतिविधियों का आयोजन किया जाता है। पिछले वर्ष जनवरी 2017 में श्रीभागवत परिवार द्वारा प्रकाशित 'अतुल्य भारत' ग्रंथ का लोकार्पण एक भव्य समारोह में संपन्न हुआ। इस समारोह में कई प्रमुख लोग उपस्थित थे। एअर इंडिया के तत्कालीन अध्यक्ष श्री अश्विनी लोहानी (वर्तमान में रेलवे बोर्ड के अध्यक्ष हैं) मुख्य अतिथि के रूप में इसमें उपस्थित होनेवाले थे, लेकिन अपरिहार्य कारणों से उपस्थित नहीं हो सके। उनका प्रतिनिधित्व उनके क्षेत्रीय प्रबंधक श्री मुकेश भाटिया ने किया था। श्री भाटिया ने श्री लोहानीजी के शुभकामना संदेश का ऑडियो सुनाया।

फरवरी 2017 में श्रीभागवत परिवार द्वारा खेतान इंटरनेशनल स्कूल में महाशिवरात्रि का भव्य आयोजन किया गया। इस अवसर पर कु. शिवांगी सिंघल का शास्त्रीय नृत्य, कु. प्रेक्षा जोशी द्वारा प्रस्तुत शिव-तांडव स्तोत्र और श्रीभागवत परिवार के ही सदस्यों सर्वश्री फूलचंद श्रीमाली, भरत शर्मा, दिनेश गग्गड़ तथा सुशील शर्मा द्वारा प्रस्तुत भजनों ने वातावरण को शिवमय कर दिया था।

फरवरी माह में मुंबई के वाडिया अस्पताल में कैंसर पीड़ित बच्चों को पौष्टिक भोजन व अन्य सामग्री का वितरण किया गया। इस अस्पताल के डॉक्टर भरत

वनवासी सामूहिक विवाह का दृश्य

मंगलाभिषेकम् कार्यक्रम में पूज्य भाईश्री द्वारा स्मारिका लोकार्पण

नवंबर 2017 में आयोजित वनवासी विवाह के मुख्य प्रायोजक श्री सुनील गोयल

अप्रैल 2017 में आयोजित वनवासी विवाह के मुख्य प्रायोजक श्री विमल पोद्दार एवं अन्य

अग्रवाल अपना समय यहाँ आनेवाले उन बच्चों को बेहतरीन इलाज के साथ ही इलाज से जुड़े अन्य कार्यक्रमों में श्रीभागवत परिवार उनके इस पुण्य अभियान में सहभागी रहता है।

श्री भागवत परिवार के तत्त्वाधान में 21 अप्रैल, 2017 को मुंबई से मात्र 100 किमी. की दूरी पर वनवासी क्षेत्र के 201 वनवासी जोड़ों का सामूहिक विवाह संपन्न हुआ, जिसका प्रायोजन सूरत निवासी (भवन निर्माता) श्री विमल पोद्दार परिवार द्वारा किया गया था। इसी प्रकार का 111 वनवासी जोड़ों का सामूहिक विवाह 26 नवंबर, 2017 को सुप्रसिद्ध युवा समाजसेवी एवं उद्यमी श्री सुनील गोयल तथा श्री मनोज सिंगड़ोदिया द्वारा आयोजित किया गया। इस पूरे आयोजन के लिए बोरिवली निवासी ऋषि तुल्य श्री संजय पटेल का अद्भुत योगदान रहता है। वे गाँव-गाँव घूम-घूमकर ऐसे जोड़ों की तलाश करते हैं और फिर उन्हें विवाह स्थल तक लाने की व्यवस्था करते हैं। ग्रामीण परंपरागत वेशभूषा में सजे-धजे इन सीधे-सादे, भोले-भाले जोड़ों को एक साथ इस समारोह में देखना, एक ऐसा यादगार अनुभव होता है, जो अमिट स्मृति की तरह हृदय पटल पर अंकित हो जाता है।

श्रीभागवत परिवार का कोई भी संकल्प हो और वह चाहे कितना भी बड़ा हो, परमात्मा संकल्प को पूरा कर ही देते हैं। मॉरीशस में रामायण सेंटर के अध्यक्ष श्री राजेंद्र अरुण के प्रयासों से श्रीराम मंदिर के निर्माण कार्य में श्रीभागवत परिवार ने अपना योगदान देकर एक बहुत बड़े सांस्कृतिक दायित्व की पूर्ति की है। गत 30 जून, 2017 को इस भव्य राम मंदिर का उद्घाटन व प्राण प्रतिष्ठा मॉरीशस के मेंटोर (मार्गदर्शक) मंत्री श्री अनिरुद्ध जगन्नाथ उपराष्ट्रपति श्री वायापुरी एवं शिक्षा मंत्री सुश्री लीलादेवी द्वारा किया गया। इस समारोह में भाग लेने के लिए मुंबई, बेंगलुरु, दिल्ली सहित देश भर के कई स्थानों से 202 प्रतिनिधियों ने मुंबई के प्रखर समाजसेवी श्री स्वरूपचंदजी गोयल के नेतृत्व में भाग लिया था।

यह राम मंदिर 10 हजार वर्ग फीट में कच्छप के आकार का बना है। इसके तल माले पर 8 हजार वर्ग फीट के सभागार में 1000 लोग बैठ सकते हैं।

इस अवसर पर भारत की विदेश मंत्री श्रीमती सुषमा स्वराज का शुभकामना संदेश वीडियो के माध्यम से प्रसारित किया गया।

सितंबर माह में मॉरीशस के राम मंदिर के लिए आर्थिक सहयोग देनेवाले दान दाताओं का सम्मान समारोह आयोजित किया गया। इस अवसर पर मुख्य अतिथि के रूप में उपस्थित थे, मध्य प्रदेश सरकार द्वारा आयोजित 'नर्मदा यात्रा—नमामि नर्मदे' के समन्वयक एवं मध्य प्रदेश के जनअभियान परिषद् के उपाध्यक्ष श्री प्रदीप पांडे।

अक्तूबर माह में सप्त समाजसेवियों के मंगलाभिषेकम् कार्यक्रम का आयोजन पूज्य भाईश्री (श्री रमेश भाई ओझा) की पावन उपस्थिति में हुआ। सर्वश्री देवकीनंदन जिंदल, करुणाशंकर ओझा, विश्वनाथ

पूज्य भाईश्री का मंगलाभिषेकम्

चौधरी, अजय याज्ञिक, सुरेश चतुर्वेदी, सत्यनारायण बेरीवाल, चंद्रशेखर अग्रवाल तथा श्री सुनील गोयल का मंगलाभिषेक करते हुए पूज्य भाईश्री ने कहा कि ये समाज के वे लोग हैं, जो अपना समय अपने परिवार और कारोबार को देने के साथ ही समाज को भी देते हैं।

इनके अभिनंदन पत्रों का वाचन सर्वश्री सुनील सिंघल, बनमाली चतुर्वेदी, चंद्रकांत जोशी, फूलचंद श्रीमाली, लक्ष्मीकांत सिंगड़ोदिया, अलका सिग्तिया, कमलेश पारीक, नरेंद्र रस्तोगी (बेंगलुरु) ने किया। आचार्य श्री श्यामजी शास्त्री ने स्वस्तिवाचन किया और श्रीमती श्यामारंगा ने गणेश वंदना प्रस्तुत की। इस कार्यक्रम को सफल बनाने में सर्वश्री सुभाष चौधरी तथा श्री अनिल डिडवानिया की विशेष भूमिका थी। श्री सुरेंद्र विकल ने कार्यक्रम का सुंदर संचालन किया।

दिसंबर माह में मॉरीशस के रामायण सेंटर के श्री राजेंद्र अरुण और उनकी धर्मपत्नी विदुषी श्रीमती वीनू अरुण अपनी भारत यात्रा के दौरान जब मुंबई आए तो उनके सम्मान में एक आत्मीय कार्यक्रम का आयोजन श्रीभागवत परिवार के अध्यक्ष श्री एस.पी. गोयल के घर पर किया गया।

गोपाष्टमी के अवसर पर श्री भागवत परिवार के सहयोग से चलनेवाली श्री ताड़केश्वर गौशाला में सत्संग परिवार के सहयोग से गोपूजन का आयोजन किया गया। इस अवसर पर सत्संग परिवार के श्री प्रेम अग्रवाल, श्री देवकीनंदन डालमिया चंद्रशेखर अग्रवाल तथा भारी

गरीब बच्चों को नोटबुक वितरण

संख्या में जन समूह उपस्थित थे।

मोक्ष वैकुंठम महादेव मंदिर

जनवरी 2018 में श्रीभागवत परिवार द्वारा मुंबई में मार्वे रोड स्थित श्मशानगृह में मोक्ष वैकुंठम् महादेव मंदिर का निर्माण किया गया। श्मशानगृह में मंदिर नहीं होने से हिंदू परिवार मृतकों के दाह-संस्कार के लिए यहाँ नहीं आते थे। इस मंदिर के निर्माण में श्री सुभाष चौधरी, श्री सुरेश रावल तथा श्री लक्ष्मीकांत सिंगड़ोदिया की उल्लेखनीय भूमिका रही।

श्रीभागवत परिवार द्वारा आयोजित किया जानेवाला कोई भी कार्यक्रम हो, इसके अध्यक्ष श्री एस.पी. गोयल के नेतृत्व में सभी सदस्य अपना भरपूर योगदान देते हुए उसे सफल बनाते हैं। सर्वश्री सुरेश खंडेलिया, सुरेंद्र विकल, सुशील राजगढ़िया, सुभाष चौधरी, सुनील सिंघल, शिवकुमार सिंघल, लक्ष्मीकांत सिंगड़ोदिया हर स्तर पर इसमें सहभागी हो जाते हैं। श्री विश्वनाथ चौधरी, श्री मधुसूदन सिंगड़ोदिया, श्री महावीर नेवटिया जैसे कर्मयोगियों के आशीर्वाद से हर आयोजन अपने आप में अनूठा सिद्ध होता है।

English Section

Editorial

Shri Bhagwat Parivar is pleased to present the **Apratim Bharat (Unique Bharat)** in our series on **Atulaya Bharat (Incredible India)**. Positive feedback and appreciation from our young readers has encouraged us to move ahead and present the next volume of collection of highly informative articles written by scholars with great research behind them for the young generation of Bharat i.e. India. All of us feel great about our nation and our dharma. But, when somebody asks why, probes deeper, many of us have no answer as we were never told about our great heritage and traditions either in educational institutions or various popular art forms in media. When our appreciation and love for our nation is backed by knowledge it becomes a tool for growth. This is a humble attempt to present nuggets of our ancient wisdom in simple short essays and fill this vacuum in our knowledge. We look forward to your feedback.

—Ratan Sharda

A Clarion Call To The Nation

Are We Listening?

Dr. A.P.J. Abdul Kalam

Former President of India Bharat Ratna Dr. APJ Abdul Kalam (1931-2015) was a scientist-philosopher. Known as Missile Man of India, Dr. Kalam evinced interest in visiting schools and interacting with young children. He continued this during his Presidency and met over one million children. He authored several books which have been bestsellers for past many years.

Why is the media here so negative? Why are we, in India, so embarrassed to recognise our own strengths, our achievements? We are a great nation. We have many amazing success stories, but we refuse to acknowledge them. Why? We are the first in milk production. We are number one in remote sensing-satellites. We are the second largest producer of wheat. We are the second largest producer of rice. Look at Dr Sudarshan, who transformed tribal village into a self-sustaining, self-driving unit. There are millions of such achievements but our media is only obsessed in the negative news or failures and disasters.

I was in Tel Aviv once and I was reading an Israeli newspaper. It was the day after attacks, bombardment and deaths had occurred. The Hamas had struck.

But the front page of the newspaper had the picture of a Jewish gentleman who, in five years, had transformed his desert land into an orchard and a granary.

It was this inspiring picture that everyone woke up to. The gory details of killings, bombardments, deaths were in the inner pages of newspapers buried among the other news.

In India we only read about death, sickness, terrorism, crime; why are we so negative?

Another question: Why are we, as a nation, so obsessed with foreign goods? We want foreign TV sets, we want foreign shirts, we want foreign technology. Why this obsession with everything imported? Do we not realise that self-respect comes with self-reliance?

I was in Hyderabad giving a lecture, when a 14-year old girl asked me for my autograph. I asked her what her goal in life was and she replied; "I want to live in a developed India."

For her, you and I will have to build this developed India. You must proclaim that. India is not an underdeveloped nation; it is a highly developed nation.

Do you spare 10 minutes for your country? If yes, then read; otherwise choice is yours.

YOU say that our government is inefficient.

YOU say that our laws are obsolete.

YOU say that the municipality does not pick up the garbage.

YOU say that the phones don't work. The railways are a joke the airline is the worst in the world; postages never reach their destination.

YOU say that our country is going to the dogs and is the absolute pits.

YOU say, say and say. What do YOU do about it?

Take a person on his way to Singapore. Give him a name 'YOURS'. Give him a face 'YOURS'. YOU walk out of the airport and you are at your international best. In Singapore you don't throw cigarette butts on the roads nor eat in the stores. YOU are as proud of their underground links as they are.

You pay $5 (approx. ₹ 60) to drive through Orchard Road (equivalent of Mahim Causeway or Pedder Road) between 5 p.m. and 8 p.m. YOU come back to the parking lot to punch your parking ticket if you have overstayed in a restaurant or a shopping mall, irrespective of your status or identity.

In Singapore you don't say anything, DO YOU? YOU wouldn't dare to eat in public during Ramdan, in Dubai. YOU would not dare to go out without your head covered in Jeddah.

You and I will have to build this developed India. You must proclaim. India is not an underdeveloped nation; it is a highly developed nation.

YOU would not dare to buy an employee of the telephone exchange in London at 10 pounds (Rs 650) a month to, 'see to it that my STD and ISD calls are billed to someone else. 'YOU would not dare to speed beyond 55 mph (88 km/h) in Washington and then tell the traffic cop, *'Jaanta hai main kaun hoon* (Do you know who I am?) I am so and so's son. Take your two bucks and get lost.' YOU wouldn't chuck an empty coconut shell anywhere other than the garbage bin on the beaches in Australia and New Zealand. Why don't YOU spit paan on the streets of Tokyo? Why don't YOU buy fake certificates in Boston?

We are still talking of the same YOU. YOU, who can respect and conform to a foreign system in other countries but cannot in your own; you, who will throw papers and cigarettes on the road the moment you touch Indian ground. If you can be an involved and appreciative citizen in an alien country, why cannot you be the same here in India?

In America every dog owner has to clean up after his pet has done the job. Same in Japan.

Will the Indian citizen do that here? He's right. We go to the polls to choose a government and after that, forfeit all responsibility.

We sit back wanting to be pampered and expect the government to do everything for us whilst our contribution is totally nil.

We expect the government to clean up but we will not stop chucking garbage all over the place nor are we going to stop to pick up a stray piece of paper and throw it in the bin. We expect the railways to provide clean bathrooms but we will not go to learn the proper use of bathrooms. We want Indian Airlines and Air India to provide the best of food and toiletries but we do not stop pilfering at the least opportunity.

This applies even to the staff who are known not to serve to the public.

When it comes to burning social issues like those related to women, dowry, girl child and others, we make loud drawing-room protestations and continue to do the reverse at home.

Our excuse? "It's the whole system which has to change, how will it matter if I alone forego my son's right to a dowry." So who's going to change the system?

What does a system consist of? Very conveniently for us it consists of our neighbours, other households, other cities, other communities and the government. But definitely not me and YOU.

When it comes to us actually making a positive contribution to the system, we lock ourselves along with our families into a safe cocoon and look into the distance at countries far away and wait for a Mr Clean to come and work miracles for us with a majestic sweep of his hand or we leave the country and run away.

Like lazy cowards hounded by our fears, we run to America to bask in their glory and praise their system. When New York becomes insecure, we run to England. When England experiences unemployment, we take the next flight out to the Gulf. When the Gulf war strikes, we demand to be rescued and brought home by the Indian Government. Everybody is out to abuse and rape the country; nobody thinks of feeding the system. Our conscience is mortgaged to money.

The article is highly thought provoking and, calls for a great deal of introspection and pricks one's conscience too. Let us ask what we can do for India and do what has to be done to make India a great country and a leader in 21st Century.

—Editor

Courtesy : Bhavan's Journal

How to Build India's Future

Azim Premji

Azim Premji is considered India's most charitable billionaire having donated more than ₹ 63,000 Cr. since 2001, most of it towards improving education through his Azim Premji Foundation that works with 3,50,000 schools in over 15 states. WIPRO Chairman Azim Premji says India has always has a tradition of philanthropy. He grew up watching his mother struggle to run a charitable Hospital for children.

The present article on Education gives deep insight how we can improve an education system in the country. This article was published in Economic Times. On 30th March, 2013 which is very relevent even today.

There are multiple research studies across the world, including India, which attempt to identify schools where learning is genuinely happening and to understand the factors that influence these outcomes. There are usually a few common factors that are characteristic of those schools where learning really happens. One of the most significant and consistent of these factors is the quality of school leadership.

Where the school leadership (principal, head teacher, etc.) is good, the school is often good. I am sure this conclusion doesn't surprise most of us.

Before we go any further, let me briefly touch upon what I think is good education.

In my view, good education is one that enables the growth and development of the child in multiple dimensions, so that she is able to fulfil and expand her potential, besides becoming an active, contributing and concerned citizen of the world.

These multiple dimensions of development of the child that I refer to are cognitive, social, emotional, physical and ethical.

Humans, not just Students

While it's implicit in what I have stated, let me still point out that good education is not rote memorisation or scoring good grades; it's about developing into a good human being and an active citizen, so that we have a better society.

This understanding of good education that I have shared is certainly not new. It's there in our national policy documents, in the writings of scores of educationists and in our curriculum goals.

In the context of this broader and deeper purpose of education, the role of a school leader becomes even more important. Let me share a few thoughts in this regard.

First, I think it's important that the school leader be the visible custodian of the purpose of education in her school. Else, it is very easy for us to slip into the ritualistic, rote-based, marks-driven education that we see all around us. Being a custodian is not easy as it will require battling many forces and continually convincing many people, but that I think is the natural task of any leader.

Second, education of this nature requires capable and confident teachers. For this, school leaders need to create an enabling environment where teachers can grow and develop. This requires a culture of trust, experimentation and openness.

Third, the kind of education that we have talked about is not merely an outcome of classroom instructions; it's significantly driven by school culture. And the school leader has the most determining role in shaping the school culture. Let's discuss five specific examples in this regard.

Lead from the Front

If we want our children to grow up with democratic values, then our schools must have democratic values. This means that the school leader must be able to foster a culture where there is reasoned discussion about everything, and things are not determined by hierarchy. In such a culture, the merit of each view and argument is the important factor, not who has expressed that view.

If we want our children to grow up with a scientific temper and intense curiosity, then the school culture must be that of rigorous inquiry and debate. Questioning must be encouraged, along with coaching for reasoning.

If we want our children to grow up emotionally stable and in a state of well-being, then the school culture must be supportive, encouraging and accepting of the child. The school culture must not be that of fear and punishment. It must help the child discover her interests and abilities, not label them as 'good' or 'bad'.

If we want our children to grow and develop with a deep sense of honesty and integrity, then they must see that the school practises integrity and honesty. In a society where integrity and honesty are eroding, schools and school leaders can play an

anchoring role. For this, the school leader will have to build a culture of integrity in the school, which becomes apparent in the relationships between children and teachers, among the teachers and school staff, and with the school leader.

Finally, if we want our children to grow up with social sensitivity and responsibility, then our schools have to be socially sensitive. A school being socially sensitive is reflected in the issues that are discussed in school, in the language that these issues are discussed, and also in the kind of things that the school may engage in with the society around.

But social sensitivity is reflected even more visibly in schools in another way in which children learn from every day: in the way the school treats each individual, especially the powerless. If the school treats the children and the housekeeping staff—the most powerless in a school environment—with respect, dignity and care, that is what the children will learn.

A Better Society

I have tried to emphasise that an education that develops a good human being and a good citizen needs a lot more than classroom instructions. This is why school leadership must be a critical area of work and investment across the country. And good education is one of the most important methods of building a better society.

Courtesy : Eco Times, 10.3.2013

Innovative Education

Youth Entrepreneurship and Skill Development

Dr. Ravindra Kumar

A well known Indologist, Educationist and the former, Vice-Chancellor of Meerut University. Currently he is the editor-in-chief of the 'Global Peace International Journal', and has more than a hundred books and four hundred articles on various social, educational, cultural and academic issues. He is also associated with several educational institutions.

A system of education, dedicated all-round development of one's personality and readiness of an enthusiastic youth to achieve self-sufficiency on the basis of skill development, covers the above mentioned theme.

It is one of the subjects of utmost attention today. Varied discussions at national and international levels take place on various topics related to it. People associated with the process of education continuously step forward to work accordingly throughout the world, especially, universities and institutions of higher studies are advancing in this regard. They are trying to design syllabi accordingly, hence, making diverse curriculum to impart discreet education to some extent. It is evident from concrete steps currently taken in the context of inclusion of special courses related to value-education—*mulya or sarthak shiksha,* or value and peace-education, etc. All such endeavours with envisioned results are commendable and must be welcomed.

When a word like value, *mulya,* is associated with education, shiksha, or any of the words like development, growth, progress or prosperity is connected with this as a prefix or suffix, it undoubtedly reveals the true meaning of education and the spirit underlying it. However, if we get acquainted with the real definitions of education given by thinkers of repute representing both the East and the West and from all the ages—ancient to modern times—we will find that the use of the adjective 'value' with education is superfluous. Education, according to its true meaning and basic spirit, is always valuable and worthy.

What is education? Is it the same that is imparted in a school or a college with the purpose of earning a certificate or a degree? Is it the same process in which one acquires knowledge through books and different experiments for varied disciplines, according to prescribed syllabi at different levels up to the age of twenty or twenty-two years with the purpose of getting a job for a comfortable livelihood?

We are well acquainted with the views of Gautama Buddha, Adi Shankara, Swami Vivekananda and other great Indians who were also great *gurus,* teachers, in their respective areas of education. Neverthless, I quote J. Krishnamurti, a modern Indian thinker, to clarify that the meaning, basic spirit and purpose of education always remain intact even after modification or refinement in imparting method as per the demands of time and space. He says, "The ignorant man is not the unlearned, but he who does not know himself, and the learned man is stupid when he relies on books, on knowledge and on authority to give him understanding. Understanding comes only through self-knowledge (manifestation and development of virtues), which is awareness of one's total psychological process."

In reality, this is not education. Education – *shiksha* is a continuous and cumulative process. It brings out what already exists within. In other words, education is a process of development of one's virtues, which he has within and on the basis of development of virtues, paves the way to an all-round development of his personality. Eventually, the sole purpose of education is to make one's life worthy and meaningful as has been well said in the dictum, *Sa vidya ya vimuktaye.*

Those who are familiar with the Indian perspective of education, know well that education, shiksha, is one of the six *vedangas* associated with the phonology or the science of sound, which by way of producing sound connects us with the Divine, *paramatma* thereby attaining the *paramananda* – the state of the *moksha-vimuktaye.* Starting from the *Vedas,* if views of leading Indian thinkers of all the ages, are examined, we would find all of them accepting education to be a process of manifestation of virtues. With an utmost bravity the thinkers have admitted the fact that sole purpose of education is an all round development of one's persona.

Besides India, thinkers of repute from the West representing contemporary period like Georg Wilhelm Friedrich Hegel, David Emile Durkheim and Immanuel Kant, or Paul Goodman – an eminent modern literary critic from the USA, who is of the opinion that 'real teachers, those who commit their lives (not two years) to expanding their students' imaginative universe — they are the heroes; they also hold that the all-round growth of one's personality through identification and development of inherent virtues within is the object of education.

Hence, education is the process of all-round growth of one's personality on the basis of manifestation and development of his virtues; it is, therefore, dedicated to evolution or advancement so as to make life meaningful. In such a state, the answer to the first part of discussion in hand is self-evident. Need is, however, to get familiar with the true meaning and object of education.

Along with understanding of this reality, if sincere efforts are made on the basis of a fourfold education plan – *chahunmukhi shiksha yojna,* development of one's virtues is certain. The task of all-round development of personality or making one's life meaningful through skill development on the basis of his prime virtue can be achieved.

When a fourfold education plan is discussed and analysed, the first aspect of it undoubtedly relates to general education — about knowledge imparted by teachers or professors step-by-step according to prescribed syllabi, through books in particular in basic schools, high schools, colleges and universities. The second facet refers to physical exercise – games and yoga practice to make body, mind healthy and constructive. The third includes morality and ethics – honouring human values and commitment to discharge responsibility towards the society, nation and humanity as a whole. One's sensitisation towards one's duties and performance is, in fact, the acid test of one following morality and ethics in life. Performing this is also necessary and inevitable for proper governance of the system at all levels — from individual to universal. Now. about the fourth facet of the fourfold education! It corresponds with identification of virtues one already has within, more particularly to identify his chief virtue and on the basis of it make him skilful so that he develops self-reliance, along with making his life meaningful by contributing to the larger welfare of humanity, especially in these days of the rapidly increasing process of globalisation. This is the most important aspect of education as it plays a vital role in fulfilling the real objective of *shiksha.* A befitting answer to the second part readiness of an enthusiastic youth to achieve self-sufficiency on the basis of skill development, which is the fourth facet of the fourfold education plan.

Plato had called this an 'education of self-reliance' by manifestation of virtues while Mahatma Gandhi named it *buniyadi shiksha* – basic education. The Indian perspective of knowledge is well dedicated to it.

'Education is for life, not just for livelihood' and 'Education is a disposition – *Sadhya* to achieve the goal of life, not just a means for short-time gains.' Keeping these two basic realities firmly in mind and heart, commitment to the fourfold education plan and working accordingly is the answer to problems related to education. It is the way of transformation of a dream into reality – success or self-sufficiency of an enthusiastic and diligent youth who is capable and wishes to make his life meaningful while contributing to the welfare of the society and the nation.

If there is a desire for a concrete and long-term solution, we need to get familiar with the true meaning and basic spirit of education and work accordingly in the spirit of responsibility towards our fellow-beings. Otherwise, those who procure nothing more than just their own self-sufficiency on the basis of their skills or education, however, will not prove to be true according to its meanining and objective and will remain totally incapable of delivering large-scale benefits to the welfare of the people. Hence, it can be concluded that youth entrepreneurship has to be well guided and open-ended to achieve much more than what it teaches and skill development has to include life-skills and the art of living to benefit a larger section of society. This is what we call innovative education.

An Ancient Science & Modern Technology

R. Chidambaram

Padma Vibhusan Shri Rajgopala Chidambaram distinguished Indian Scientist & Physics known for his integral role in India's nuclear weapon. he was Principal Scientific Advisor to GOI. This article is based on his address at International conference on Ancient Science & Technoloty at Deccan Collage, Pune.

Introduction

We can be proud about the contributions of our ancient mathematicians and our ancient astonomers. In areas like Ayurveda and yoga, they have left for us valuable knowledge that is useful in our daily life. Some is true in areas like metallurgy and water management. The Akshardham temple in Delhi, run by the Swaminarayan Sanstha, has an excellent exhibition in which you can see through a boat ride the work of scientists like Aryabhata, Sushruta and Charaka. We should link these ancient contributions to modern science and technology and create more and more evidence to justify (or, perhaps, negate) the conclusions reported therein. Combining conclusions, which can be justified scientifically (there are so many examples of this) with those that cannot be, can damage the credibility of the former.

Over the years, the PSA's office has tried to bring some leading scientists and scientific groups to address problems in some of these areas, and so I will discuss them briefly later in the article.

The Culture of Science

The culture of science is universal. The way the results are presented, peer-reviewed, accepted, appreciated or criticised does not depend on the country or the religion the scientist belongs to. Our ancient science and its applications will naturally be subjected to similar scrutiny. The scientist himself, however, is influenced by the environment he is born and brought up in (R. Chidambaram, *Bhavan's Journal,* May 15, 2002). I myself have been influenced by the great intellectual force of *Advaita Vedanta,* which I think is the ultimate truth. Swami Vivekananda called it the fairest flower among all the world philosophies. Personally I don't believe in differentiated religions. There is nothing in *Advaita Vedanta* which is against the concept of modern science, as Swami Vivekananda said a hundred years back. I am not talking about technologies and gadgets mentioned in our scriptures.

To Become a Knowledge Economy

The challenge for us today is to build a modern developed India and a 'knowledge-driven' Indian economy. India of our dreams is an India which is economically developed, scientifically advanced and militarily strong (R.Chidambaram, *Current Science,* Vol.106, Pp. 936-941, April 10, 2014).

Almost four decades back, during a break at a scientific conference in Nagpur, we went to meet Acharya Vinoba Bhave in Wardha. One of the scientists asked him what his advice for us was. His response was: "In literature go for the oldest, in science go for the latest!"

I think it was a sound advice. While we must take pride in the achievements of our ancient science, we must not forget that the emergence of India as a knowledge economy will be based on modern science and technoloy.

Sutras and Srinivasa Ramanujan

Ramanujan brilliant mathematician of the early 20th century, famous for his Notebooks, has been called a 'magical genius' by Thomas Kak.

Hardy and Littlewood compared Ramanujan's natural genius with great mathematicians like Euler, Gauss and Jacobi. M.S. Rangachari (special issue of the *Journal of the Indian Institute of Science,* p.3, 1987), in a scholarly comment on the Indian tradition in mathematics dating back to Vedic times, says that "a traditional feature was that only results were stated in the form of verses or sutras and justification or proof was seldom given," and adds that "possibly Ramanujan's intuition worked in the same way as his ancestors' did."

Ayurveda

Most of our research effort in the past in Ayurveda has gone into standardising the herbal inputs and processes that go into Ayurvedic formulations. To enter foreign markets as medicines, modern biological tools must be used to study them.

Our office has, therefore, supported for many years a project on 'Science in Ayurveda', in which a large number of modern biologists have been involved. This project was initiated under the guidance of Dr. M.S.Valiathan, who has not only written on Charaka and Sushruta, but put in tremendous effort over the last several years to develop what he calls 'Ayurvedic Biology'.

Dr. Ashok Vaidya and Dr. Bhushan Patwardhan talk about (see, for example, the review entitled 'Vaidya Scientists: Catalysing Ayurveda Renaissance', by Bhusana Patwardhan, Vishnu Joglekar, Namyata Pathak and Ashok Vaidya, *Current Science,* Vol. 100, Pp. 476-483, February 25, 2011) using reverse pharmacology approaches for drug discovery with herbal Ayurvedic formuations. They call it reversing the routine 'laboratories to clinics approach' to 'clinics to laboratories approach. They feel that such an approach expedites drug discovery and development. They give some very interesting examples of success stores from CSIR and ICMR—*Rauwolfia alkaloids* for hypertension from CIMAP (CSIR), Lucknow; and *Bacopa monnieri* (or Brahmi) for enhancing memory from CDRI (CSIR), Lucknow.

Ashwagandha is, like *Brahmi,* another wonder herbal drug from India. When I was in Japan three years back, I met an Indian scientist, Dr Renu Wadhwa, working on the anti-tumour activity of the leaf extract of *Ashwagandha,* and the conclusion of Dr. Wadhwa and her colleagues, working at the National Institute of Advanced Industrial Science and Technology in Tsukba, Japan, was that they had 'the first molecular evidence that the leaf extract of *Ashwagandha* selectively kills tumour cells and thus is a natural source of safe anti-cancer medicine!" The initial results from the research of Dr. Vijayalakshmi Ravindranath, working at the Indian Institute of Science, indicate that an extract from *Ashwagandha's* root can reverse memory loss and the pathological hallmarks resulting from Alzheimer's disease. Interestingly, as Dr. Vijayalakshmi explains, "The extract acts through the liver to reduce amyloid burden in the brain, thus reiterating the ethos of Ayurveda."

I met Dalai Lama in Dharmasala a few years back. The talk at one stage drifted to Tibetan medicine. He said mercury is used in Tibetan medicine just, as it is used in traditional Indian medicine and the British scientists, not surprisingly, found a great deal of mercury in the hair samples they had taken from him. "But, he said, "I am healthy and so was my guru!" He asked me if it can be shown why mercury used in Tibetan medicine (and Ayurveda) is not toxic.

This is what Dr. (Mrs.) Debdutta Lahiri and her colleagues in BARC have done, showing that the mercury in *rasasindura* is in the form of well-controlled, defect-free, robust nan oparticles of size 20+3.5

nanometres, of single-phase stable -HgS, which is non-toxic. They carried out experiments in our Synchrotron Radiation Source Indus-2 at the Raja Ramanna Centre for Advanced Technology in Indore by looking at the EXAFS (Extended X-ray Adsorption Fine Structure) patterns and the study of the oxidation state by the XANES (X-ray Absorption Near Edge Structure) of mercury in *rasasindura,* as prepared by Arya Vaidyashala in Kottekal.

Vedic Metallurgy

It is amazing how the steel in the Ashoka Pillar has remained uncorroded over centuries and this phenomenon has been studied scientifically.

PSA's office inititated a two-year project in 2007, entitled 'Investigations on some corrosion-resistant copper alloys described in Vedic texts and their characterisation'. The collaborating institutions were Srimaharshi Research Institute of Vedic Technology (SRIVT), Guntur, IIT, Madras and Non-Ferros Technology Development Centre (NFTDC), Hyderabad.

This was possibly the first sponsored experimental project in this area. The study found:

- Copper based alloys containing tin were successfully produced through the methodologies described in ancient Indian literature
- The copper alloys produced in this work showed promising corrosion resistance when compared with commercial copper alloys
- In addition, nano-copper could also be prepared, which came out as a by-product of this project

Dr B.S. Murty, Professor & Head, Dept. of Metallurgical and Materials Engineering, IIT, Madras, and a major participant in the above project, says that the wear and scratch-proof nano-copper is a candidate for coatings for the hulls of ships.

The Science of Yoga

Harvard scientists have found proof of the benefit of yogic meditation. A Bloomberg.com report of November 22, 2013 by Makiko Kitamura says that 'a psychiatrist at Harvard Medical School, John Denninger, leading a five-year study on how the ancient practices affect genes and brain activity in the chronically stressed, found that yoga and meditation can switch on and off some genes linked to stress and immune function.' The

report said, "Neuro-imaging and genomics technology were used in Denninger's latest studies to measure physiological changes in greater detail."

Thanks to the initiative of Prime Minister Narendra Modi, June 21 has been declared as the International Yoga Day by the United Nations. The Department of Science & Technology has started a new R&D initiative on yoga.

Tank Irrigation System During the Pallava Period

Water scarcity is becoming an increasingly important issue. As part of the solution to this problem, it may be worthwhile to look at our traditional knowledge. Prof. V. Jothiprakash, Department of Civil Engineering, IIT, Bombay, told me that, in the northern part of Tamil Nadu, Pallava kings improved water availability through temple tanks and irrigation tanks (AD 600 to AD 707). The AD 937 to AD 1336 period in South India, he said, is described as the 'Golden Age of Tanks', and included

- Temple tanks and Ooranis water bodies in and around built-up areas to store water and recharge the wells in the vicinity
- Irrigation tanks and their associated structures to save rain-water for irrigation purposes and reduce the damage due to floods

He mentioned this when we were discussing the recent devastating Chennai floods in IIT, Bombay. Of course, Tamil Nadu's population has grown enormously since the time of the Pallavas. The drainagae systems in urban areas have been compromised by unplanned construction. The question is whether we can redesign the urban drainage system, taking into account the present ground realities there.

Economic Development & Respect for Ecosystem

The late L.M.Singhvi, a great scholar and former Indian High Commissioner to the UK, had said "In the West, the term 'ecology' was coined only in the latter half of the 19th century. But Buddhist traditions established the principles of ecological harmony centuries ago – not because the world was perceived as heading for an imminent environmental disaster or destruction, but...synthesised in a system of ethical awareness and moral responsibility...

"The Vedic hymn to the Earth, the *Prithvi Sukta* in *Atharva Veda,* is unquestionably the oldest and the most evocative environmental invocation. In it, the Vedic seer solemnly declares the enduring filial allegiance of humankind to Mother Earth: *'Mata bhumih putrogam prithviyah:* Earth is my mother, I am her son.'"

The above has to be paraphrased in today's context. The challenge for us is 'how to balance the imperatives of development with the demands of environmental protection.' Technology development will inevitably require increased land use with some effect on the environment, which can of course be minimised and compensated for to a large extent. But economic development based on modern science and technology cannot be slowed down, if we want to improve rapidly the Human Development Index in India.

Courtesy : Bhavan's Journal

Can Bhartiya Sanskriti Provide Answers to Global Social Unrest?

Ratan Sharda

Shri Ratan Sharda is an I.T. expert, thinker and writer. He has authored secrets of R.S.S. which has been well received by the readers in social circle. He has written several articles and presented papers on several burning issues. Now a days he is coming on various channels on debate. He is authoring a book on Rashtriya Swayamsevak Sangh. An ardent social worker and public speaker.

What is so great about our sanskriti we wonder! We wonder why should we nurture it and imbibe it! Yes, there is something unique in our sanskriti that our society has survived in spite of centuries of invasions, destructions of our centres of learning, our centres of worship and attack on our education system.

Why have I not used the word 'culture' that we normally use to translate sanskriti? Simple answer is that culture is a very small part of sanskriti; sanskriti has a much more deeper meaning. It is one of the untranslatable words of our scientific language – Sanskrit. A few of other commonly used Sanskrit words in our social discussions that are wrongly translated in English are – *Dharma* (it is not religion), *jati* (it is not caste), *itihasa* (history).

Let us frame the hypothesis, whether Bharatiya samskriti has the right answers to social unrest gobbling up the entire Planet Earth today. The unrest is not linked to prosperity or poverty. You have young school-going boys using guns to spray bullets in schools; over 30 pe cent teenagers in Europe or Australia on medically prescribed anti-depressant drugs, religiously indoctrinated youth kidnapping girls for studying and raping or selling them in Nigeria and Somalia, many of them on drugs. Even India is no more immune to depression in young people with rising cases of suicides and drugs.

If we can understand some of the causes, if not the root cause of this unrest, we can submit that Indian or Bharatiya sanskriti can solve some of the societal problems afflicting our civilisation.

When we think of 'civilisation', we think of the expanse of an empire, its monuments and their history. When we think of sanskriti we think of value systems of a community of a nation. While civilisation is physical, *sanskriti* is intangible or what we today call 'soft power'.

There have been many civilisations that rose to the pinnacle of glory, left behind huge monuments, but once the empires were defeated, nothing was left behind, except their monuments. But, as we noted, India or Bharat was ravaged

by invaders for hundreds of years but its sanskriti survived all of it to rise again. What is that soft power of India that can show the way to the world in the throes of social upheaval?

Family/Parivar – Critical Building Block

The most critical building block of our sanskriti is the institution of family, concept of duty to each other in the family – *pitri dharma, matri dharma, putra dharma* etc. We have the concept of being indebted to our family for whatever it has done for us. It is called *Pitri-rin matri-rin,* etc.

Relations in the family are sacrosanct *bandhan* that we respect and nurture without thinking of our rights. Marriage is not a contract to fulfil lust; it is part of our life cycle to enjoy, procreate and nurture our children with good *sanskaras* as our duty or *dharma.* That is why we have *sanskaras* from birth till death. Every act is a sacred enjoyable part of our life.

This is the reason our parents unquestionably sacrifice their own happiness, luxuries and time to raise their children to their best potential. This is not done as a burden but as a duty; there is no complaint. Similarly, children look after their parents, grandparents as a duty or what we may call repaying their debt. This care for each other creates a protective umbrella and this certainty of relations brings ensures a huge psychological support system. Studies show that Indian children do much better in life than others in the Western world because of this safety net. A recent study in the USA testified that the reason behind rapid rise and success of Indians in the US is their family system.

Individual Freedom vs Mutually Beneficial Bonding

In the supposedly modern world, individuality has been stretched to the extreme. You have nearly half the children born either out of wedlock or to single parents. In such a scenario, the government acts as the nanny to provide physical comfort but cannot give stress on extreme individuality Children don't end up with depression living an isolated life or as aggressive violent individuals.

In India, a child is not thrown into the world to look after himself nor are parents sent to old age homes, while couples enjoy their lives. When the government begins to take care of children and the aged in the name of a welfare state, it is a recipe for disaster as sense of bonding and responsibility for each other is broken.

The Indian concept has an integral human being who is at the centre of a spiral that connects him/her to the family, society, nation and then nature *(srishti)*. It is different from the Western concept of a human being, family and society living in concentric circles, separated from each other.

Some people claim that the Indian family system smothers individuality and individual growth. If it were so, India wouldn't have been innovating and controlling nearly 30 per cent of the world GDP by the time invaders began destroying its institutions. India's achievements in mathematics, science, astronomy, metallurgy, shipbuilding, irrigation, textiles, agriculture, etc. are well documented and accepted now; they are no more a myth. Our innovating spirit was crushed by the colonial education system and our agriculture and economy could not progress due to destruction of village republics and centralising exploitative taxes, taking away rights of the people.

Unique Way to Extracting the Best from Life

Ours is a civilisation that creates the right environment for exploiting life to the fullest with the concept of *purusharth chatushtaya* or fourfold effort to enjoy a fruitful life. You should do all four kinds of activities – *Artha, Kama, Dharma,* and *Moksha.* That you must earn, fulfil your desires by following path of dharma (ethical way of doing your duty) so that you can attain *moksha*? This comprehensive integral view of life needs to be taught to the world.

We also need to appreciate the concept of four *ashramas—brahmacharya* (young celibate life to pay full attention to gain knowledge), *grihasthashrama* (set up home, raise a family, look after it), vanprasthashrama (take focus away from family, and (start thinking of others in society, work for them, prepare self for moving away from family responsibilities), and finally follow *sanyasashrama* (retire from family and public life, pay attention to self-realisation). The society is held together by *dharma* – ethical values (for want of a better term), that is, each individual behaving with ethics and duty expected from him/her. This concept of dharma is that which holds the society together is unique to Indian *sanskriti,* and it has no reference to the way of worship or faith or *matam.*

Dharma vs Religion – Inclusive vs Exclusivist View

Religion or faith or *matam* is a smaller part of dharma, whereinthe path to *moksha* may be any faith or *matam* chosen by an individual. It doesn't interfere with his public life that is organised on the basis of *dharma.* For Indians, religion is a way of reaching the Supreme Being by any path chosen as per individual inclination. So, *matam* or faith is purely personal. Plural approach to choosing a path and respect for that path by others is the Hindu way of life and comes from Hindu *sanskriti,* or culture. This view of life is what makes us liberal and democratic. For us religion is not a political tool; it needs to be preserved for the good of humanity.

The root cause of all the conflicts is the exclusivist nature of other societies based on religion. For Abrahamic religions, namely Jewish, Christianity and Islam, way to god is exclusivist. However, Jews don't believe in conversion, so they are not strictly exclusivist. However, the other two are not only exclusivist but they insist on correcting individuals and societies that don't practise their religion as those societies are 'living in sin' and need to be 'liberated'—hence they must be converted. This has been used by colonialists and invaders. This is where religion becomes a political philosophy. While Christianity is still being supported by the global Church lobby, it doesn't openly talk of creating a Christian nation though they do want to create a Christian society. Like in Nagaland, some parties supported by Church claim they are making a State of Jesus. But promoters of Islam are openly talking of creating 'Dar-ul-Islam by use of law or force.

So, it is not just about one's *jannat* or liberation, but also power over individuals and society in the name of religion. For them, any other path to salvation is *kufr* or a non-believer must be subdued and brought back to the right path, which is only their path. This gives rise to conflicts as the 'fallen ones' must be shown the way of Bible or Quran. This idea is exclusivist, hence dictatorial and anti-democratic. This is the crux of the current global unrest. Religion is used to subdue people into subjugation in the name of Almighty.

This modification of mindset leads to people in Nigeria and Somalia and many other African countries killing their own people in the name of religion and actually imposing their hegemony. This is the mindset that is making entire Europe into a conflict zone, with Islamists forcing their laws and traditions, including *shariah,* on to European society exploiting democracy and human rights as the weapons of choice. Violence is used sparingly only to frighten the general population with the heady cocktail of victimhood.

Pluralism vs Imposed Homogenisation

This brings us to the third subtle way of homogenising the society into western world-view in the name of modernism with well couched Christian ideas that try to digest best of the features of competing faiths and then detaching them from the parent religions and traditions. Rajiv Malhotra terms this as digestion. We have to be wary of this trap and insist on the rainbow of differences that make this world much better and happier place. Differences are how nature has made the world. We in our Indic *dharmic* philosophy call it underlying unity that nurtured these differences. It is like multi-coloured garden, different trees giving different fruits, but all of them drawing their strength from Mother Earth. A uniform world would be a non-stimulating, boring place.

We find Western concepts very interesting because the world is currently dominated by their concept. So, we follow their music, their literature and try to be homogenised with Western concepts. We damage our family system; we struggle to be individually free and live life without any sense of responsibility. In the process, what we do is let go of our *sanskriti* and try to be clones of Western civilisation. We believe we are becoming modern, but we are only becoming Westernised. Thus, in the name of individual freedom, sense of responsibility is ridiculed. Individualism and individual liberty is taken to the extreme, leading to broken relationships.

We will thus note that we are sitting on a treasure-house that is the heritage of this world if it has to survive and be a happy place. To be effective ambassadors of this glorious heritage, we need to study and imbibe our philosophy. Luckily for today's generation, the internet has opened paths of knowledge, hitherto unknown and difficult to reach. It would be great if we were to study and imbibe our heritage and spread it and utilise it for our own good.

Ethical Management

H.C. Parekh

Shri H.C. Parekh is retired Director General (surveillance) of Income Tax. After his retirement in Sep 2001, he dedicated himself to education & spreading Indian values in educational institution. Presently he is chancellor of Rajasthan Vidyapeeth, Udaipur a deemed university. He is National President of Eye Care Foundation, Mumbai who is instrumental in taking eye care of poor children of slums.

Concept of Ethics Comes from The Greek Word 'ethos' meaning an Individual's character & community culture. Initially it was based on compliance & creation of proper rules and systems. However, rules are hard to draft, can quickly become outdated & systems can collapse in bureaucratic rigidity. With wealth creation & profit maximisation becoming prime motivators for captains of industry, there is a corresponding need to instill a sense of morality amongst business Leaders to ensure fair play, customer satisfaction & effective compliance with Laws of the Land. Aristotle said "Right action was result of developing good moral habits" & such habits develop, when one has a purpose beyond one's narrow goals, when he learns to think for others beyond himself. This aspect of the thinking & right attitude has been very clearly stated & unterprated in our old ancient scriptures like Bhagwat Gita & Upanishads. That is something required to be told to younger generation in scientific way to make them more inspiring. People can have trust in a product & its manufacturers or producers when they are convinced of producer's commitment to quality & reasonableness. Such mutual trust is an outcome of reciprocal loyalty, a sense of vision and shared beliefs.

Henry Ford always laid very high emphasis on basic integrity of the organization & honesty of its employees to maintain an excellent image of the company. He regarded people as the source of company's strength and products, as the end result of all labour, innovation & research.

A famous drug manufacturer exhorted his employees to incessantly strive to produce such drugs & medicines which would improve the quality of human life at optimum costs with innovation (not Imitation) based on genuine & original Scientific Research. The company aimed at unequivocal excellence & uncompromising quality, as the twin goals to maintain leadership in their field.

A Study undertaken by two management professor of the United States revealed that, out of 100 biggest companies of that country set up in the nineteenth century, only such companies existed at the end of the twentieth century, who were fired by ideals of services & integrity.

For Example General Electric's core Ideology Was

(a) High Degree of integrity
(b) Balance between responsibility to customers employees & society at large
(c) Improving the quality of life through innovation & technology

Similarly emphasis of American Express was on

1) Heroic customer service &
2) Worldwide reliability of Service.

Some of the finest Management thinkers believe that any organization to achieve high ethical standards would have to:

(1) Carefully establish high levels of standards & processes
(2) Exercise due care in delegating discretionary authority
(3) Provide & monitor reliable reporting systems
(4) Enforce appropriate level of discipline within the organization &
(5) Respond to offences committed by employees quickly so that there is proper message down the line to prevent recurrence.

An enlightened Board & a public spirited Chief Executive officer while stressing on best of results & maximum level of efficiency & productivity have to consistently ensure that there is no unfair profit seeking. Management should welcome innovation, fresh ideas from employees & honest & constructive criticism if any to improve their motivation & consequent performance, so that every individual can give his best in skill & ability. Such management practices respecting individual initiative & tolerance of honest mistakes can act as a morale booster for staff & managerial personnel. Equally important is to ascertainment of peoples' perception about the quality & reliability of company's products. Some of good companies in west encourage the managers to undertake reputation studies of the Company's Brands to know about response of the customers in a periodic manner. Such feedback enables company Managers to maintain high quality of their products. Top managers also try to monitor expectation & performance levels of the employees to push up their efficiency levels.

A good Leader is one who can motivate his colleagues in the organization to always strive to excel. A leading thinker once said "don't bother just to be better than your contemporaries or predecessors. Try to be better than yourself as the hardest work is done in the spirit of challenge & adventure". A dynamic industry leader is one who can articulate a vision, design a code for its employees & have a pragmatic set of rules

easy to comprehend & implement. But some situations develop when even rules fail & then only values & value based regulation can fill the gap. However it would work in system which is both transparent & open & which Incentivises a managerial culture which promotes honest risk taking in the larger interest of organization there by reducing the burden of regulation. In such Corporates, managers are encouraged to switch resources from reactive post _even action to front _ end _ intervention.

In this context it is interesting to quote from the recommendation of a high powered committee on corporate governance. "Now will come the era of corporate image, in which consumers will increasingly make purchases on the basis of a firm's whole role in society how it treats employees, shareholders & local neighborhoods. It is said that a constitution like a machine is a lifeless thing. It acquires Life because of the men who control & operate It.'

To maintain high level of ethical standard in any industry selection of right people for the right job is of significance. Few years industrial system in an advanced western country collapsed not only because of corporate greed but also as there was hardly any self regulation & control mechanism was extremely slack. There was failure of intelligence also as regulators & top management were unaware that some of the senior managers and directors were building personal empires and there was not only corporate lender nexus but analysts were hired for misleading investors. So selection of right people for the right job is of great importance, people who believe in value led approach. If system is transparent, high level of ethical standards would automatically set in. For ensuring perfect transparency in the set up effective use of technology & information channels could be of tremendous use. Such an ever vigilant Management structure would ensure high standards of compliance as well as a disciplined & enlightened work force.

Old Values and Changing Times

Kamaladevi Chattopadhyaya

Renowned Indian Social Reformer and freedom fighter. She was the driving force behind the renaissance of Indian Handicrafts, Handlooms and Theatre in Independent India. She was awarded Sangeet Natak Academy fellowship in 1974. She contributed to the fields of art & culture. Several of her writings were published in leading magazines & periodicals and non accolades.

In the ancient society, the pattern of living with all the concurrence of faiths and beliefs formed the sum total of a people's existence and flowed almost uninterrupted, with a kind of timeless continuity. As someone said, the passage of time was more like the movement of water in a bowl.

It is in this way that tradition begins to get a build-up as a concrete pattern with a certain amount of inviolable sanctity until faced by a generation that challenges this structure and tries to assert its right to sketch out its own pattern of living by attempts to scoop out new channels that the life-stream can flow into.

But certainly this was not an everyday phenomenon at one time as it manifests itself in current times. For one thing, the transition from childhood to adulthood took place earlier in life among the older communities. From early childhood, the groove was set for the child and the later slipped into its curves automatically with less chances of exposure to violent outside currents. In this procedure of change, until the late industrial period, the thread of continuity was preserved and a balance maintained.

Destiny

But a rising generation is suddenly moved by consciousness of a destiny of its making. It realises that it is not only an inheritor of a tradition but also the creator of a new one, which endows it with a deep sense of its own importance and significance. This is, however, no simple process and is full of complexities.

One of the factors in the current period, for instance, is the maturing of modern industrialisation with the compelling and overpowering mass production, which has borne down on creative urges with a stifling pressure, often filling the atmosphere with a depressing sense of frustration, leading to the inevitable urge towards escapism.

In such an age, men and women become disproportionately preoccupied with the future with a capital 'F'. They are irresistibly attracted by everything new with little concern for proper values. For anything new symbolises the flight towards the future and an escape from the stresses and tensions of the present. While science may open up new dimensional effects, the individual in a mass production society gets compressed into a single dimension as if it were tied to the endless monotony of the assembly line production pattern. The past fast recedes and the promise of compensation seems to lie only in conjuring up a rosy future, free from the grimness of today.

The thinkers of the world today feel that the civilisation is on trial. The finger of late is pointed towards education which has to find the right answer to the many complex enigmas that confront this age and its generation.

Basically, the aim of education is defined as the unfolding of the inner personality to make for a fuller life, and yet, there is a difference. A distinction has been made between education and knowledge, as between information and values, essential and non-essential. There is the knowledge of the self and the knowledge of things, the essence and the phenomenon. In India, from times immemorial, while not minimising the importance of the latter, the emphasis has been very much on the former.

The ancient Indian aim of education was the blossoming of the full personality, leading to a sense of liberation and at the same time the breaking of the heavy bondages that imprison us within our physical limitations and senses. This was not through austere asceticism, but a gradual growth of knowledge. In our school days, with the generations gone by, this personality to be unfolded was spelt with a sense of awe, an ideal one yearned for.

Today the concept of personality has lost that other realness and become a cult. Papers and journals carry hints on how to build up the personality through the right cut of clothes, the right colour for the complexsion, the right perfume for the evening. This is more of exhibitionism than the evolution of the real human being. There are also personalities in the world of films, sports and now astronauts. Each, no doubt, calls for the cultivation of talent, skill and courage, but does not aim at the whole personality.

Learning seems in danger of losing its meaningful purpose. The old respect for knowledge as a means of discovering oneself, the reverence for the learned on which was founded our entire edifice of life, is today a thing of the past. In an earlier age, it was this endowing of learning as the highest instrument of realising the aim of life which set the tone for education. In those days, the schools were transformed into a social institution. Here the teacher taught as much through his own personal conduct as an individual, as husband, as father and as head of the family as through academic studies.

These ideals have been voiced in our midst time and again by teachers like Tagore and Gandhiji who have, each in his own way, tried to practice them. 'My life is my message' was the motto. The student accepted willingly a life of hard work, austerity and stern discipline as part of studenthood. The teacher and pupil lived a full life though simply, for the truth was recognised that the sense of fulfillment comes not from mere possessions, the acquisition of things, but rather from the adventures of new experiences and voyages into new mental realms. The university or seat of learning set the task of seeking and finding the truth in which the exercise of tolerance and charity were an essential experience.

It seems to me that today these qualities have assumed enormous importance, even greater than of yore, because of the complexities and challenges that have beset us, for they are the very bedrock of our future life if we are to survive as humans. The forces

of co-operation and unity on which the future of mankind rests are too often challenged by divisive and contentious forces. And at no time was this threat more frightening than now. It is often said that genuine respect for the human being is the base of harmony, and faith in the intrinsic good in humanity, the foundation of co-operation and co-existence. You agree to disagree on the several points of difference on forms of thought and living, economic patterns or political structures. There can still be peace and harmony if there is mutual faith and respect. It is this that education in the olden days sought to foster.

Today school education swings the student into a totally different atmosphere. The finer basic elements of our traditions are less and less embraced by the new school system. Secularism has been translated in terms of a dull and drab life.

Few take part in the festivities and far fewer in the actual rituals and ceremonies. Generations have grown up whose education has completely bypassed this experience of colourful yet meaningful exuberance. Few even know what the celebrations are about to be able to fling themselves into their whirl. They know neither these observances nor do they maintain the rigours of discipline which go with them.

This necessarily impoverishes life, depriving it of a good deal of the national colour, music, dance, gaiety and abandon, that are emotionally so satisfying and enrich life infinitely for they spring from the soil and create a sense of belonging.

No Vigour

Equally lost are the once living store of sparkling tales, inspiring epics, wise proverbs, witty fables and lilting couplets. Even where some retain remnants of the old, the original vigour is missing as also their basic relationship with the family, community and the society at large. Many a time one is left with little else beyond the inevitable 'comics' and the brash films.

That there is something sadly amiss is obvious from the many distressing symptoms among young people, especially the student community. Many a time the cause of the eruption is trivial, on occasions unbelievably so. The manifestation of anger too is on such a gigantic scale that one can't but conclude that the malaise lies far deeper than these apparent causes. Maladjustment in an individual is tragic enough, but when it is on a national scale, affecting a very vital sector of the community, it becomes a disaster with psychological roots which need intelligent diagnosis and effective treatment.

Evidently some vital element is missing in our environment like a want that leads to a physical deficiency, showing pathological symptoms. The medical advice is the feed that cures the deficiency and the ailment. These essential feeds are compressed today into little capsules for quick assimilation and hurried cures.

Today more than ever, the need for rethinking on the content of our education becomes compelling. Under the pressure of our present emphasis on developing our skills for producing marketable commodities or services, the more fundamental aid to develop some of our more sensitive faculties and gear our emotional and mental attitudes and behaviour towards social cohesion is getting lost.

The cultivation of our aesthetics to refine our sensitivities and deepening our consciousness to mould our relationship to the world around us, animate and inanimate, gets neglected. In the present overpowering fascination for technology, there lurks the danger of its being accepted and the goal in itself at the cost of some of the basic human values by the continuous superimposition of cold scientific knowledge as providing the only certainties and facts and a measure of progress and power.

An emphatic reiteration of values of traditional heritage, purged and tempered by a critical spirit, a conscious and very selective acceptance of only those values whose intrinsic adequacy and soundness are proved, is a need that is very keenly felt.

It is only when we can reconcile our inherited values with our current problems that we can give direction to our life because philosophy in our tradition has always been an activity, not mere abstract thinking.

Courtesy : Bhavan's Journal

Vedanta and The Meaning of Bharat in Contemporary Context

Prof. Sudhir Kumar

Director, Dept. of Multi Disciplinary Research Centre, Punjab University Chandigarh. Professor of English, Thinker and Writer. He has several articles on Hinduism & Bhartiya Culture to his credit. Associated with several organisations and cultural institutions.

Let me begin with the "anta/end" (primary purpose or essential core, Apte 46) of "(Practical) Vedanta" that has been critically examined, though briefly, in this essay:

"Brahmarpanam brahma havir-/ brahmagnau brahmana hutam/brahmaiva tena gantavyam/ brahmakarmasamadhina" (*Bhagavadgita Bhasya of Sri Sankaracharya*, Chapter 4.24, pp.162-163).

"The means of the sacrificial offering is Brahman, Brahman is the oblation placed in the fire of Brahman and by Brahman is the sacrifice made. This sacrifice, who concentrates on the act that is Brahman, reaches Brahman alone". (ibid).

It is important to notice here that Vedanta in the sense of being the essence of the Vedas must be practical in order to address the whole way of life – the material, the intellectual and the spiritual. Moreover, in his first lecture on Practical Vedanta, Swamiji gives the example of the Bhagavad Gita (considered by him as the best commentary on Vedanta philosophy) in order to prove how Krishna imparts this philosophy of Vedanta (or oneness of all) on the battlefield *(CWSV 292)*. Swami Vivekananda resolves the seeming paradox involved in combining the term "practical" with Vedanta. He aptly says that the "Vedanta preaches the ideal; and the ideal, as we know, is always far ahead of the real, of the practical, as we may call it. There are two tendencies in human nature: one to harmonise the ideal with the life, and the other to elevate the life to the ideal. It is a great thing to understand this, for the former tendency is the temptation of our life" *(CWSV 293)*. It is worthwhile to emphasize here that in order to elevate the real, the quotidian, the everyday life-situations that underpin different yet interrelated socio-politico-economic, cultural and spiritual contexts to the ideal of Vedanta or oneness or advaita, the performance of dharma (duty, righteousness, justice etc) plays a crucial role. To Swami Vivekananda, mere mastery or command of the textuality of the Vedas or the Upanishads is of no use until the Vedanta is translated into the practical world marked by 'the weariness, the fever and the fret' to borrow from Keats. The *Bhagavadgita* explicitly says that, in no situation of life, a committed citizen or an ethically empowered person should abandon her/his duty (or dharma) or performance of actions in order to bring about the welfare of all or the welfare of the world or lokasamgraha (see Chapter 3.20 and 25):

"Janaka and others achieved perfection (siddhi) through works alone. At least, to promote the welfare of the world (lokasamgraha), you ought to do works". (Chapter 3, Verse 20, 116)

"Prince of the Bharata line! Just as the ignorant work with attachment to that work; so should the wise work, unattached, seeking the world's welfare (lokasamgraha)". (Chapter 3,Verse 25, 117).

Even the great sage Badarayana, the author of the *Brahmasutra* or *Vedantasutra* underlines the significance of the four-fold discipline each of us is required to follow in order to attain the ideal of advaita or non-dualism (See Theos Bernard 141-42):-

I. Viveka (Right Discrimination) between the eternal and the non-eternal

II. Vairagya (Right dispassion and indifference to the unreal and transitory)

III. Satsampat (Right Conduct which consists of the six acquirements, namely: a. Sama or tranquillity b. Dama or self-restraint c. Uparati or tolerance and renunciation of all sectarian religious observances with the object of acquiring wisdom d. Titiksha or endurance e. Sraddha or faith f. Samadhana or balance mental equipoise.

IV. Mumukshatva or Right desire which consists of earnestness to know the Ultimate Principle and thereby to attain liberation.

Swamiji's vision of "Practical Vedanta" also alerts us to the dangers latent in the utilitarian sense of the term "practical". At times, the "adharmic or the unethical" may be camouflaged as the practical. According to him:

What I think is practical, is to me the only practicality in the world. If I am a shopkeeper, I think shopkeeping the only practical pursuit in the world. If I am thief, I can think stealing is the best means of being practical; others are not practical. You see how we all use this word practical for things we like and can do. Therefore, I will ask you to understand that Vedanta though it is intensely practical, is always so in the sense of the ideal. It does not preach an impossible ideal, however high it be, and it is high enough for an ideal. In one word, this ideal is that you are divine, "Thou art That". This is the essence of Vedanta. *(CWSV 294)*

Thus, Swamiji resolves the seeming contradictions between the practical and the ideal. The ideal, that is the ideal of Vedanta (in the sense of oneness of all), does not need to be interpreted as practical as it has been practical all the time. And this ideal of Vedanta, according to him, is and has been "our own nature" *(CWSV 295)*. The central ideal of Vedanta according to Swamiji is this the goal of the realization of oneness of all. Thus, the dharma or moral duty of every one should be to realize this ideal of oneness of all in real, practical life. In other words, it is incumbent upon a spiritual practitioner or even a dutiful citizen to follow a "dharma-centric" way of life- at the centre of which lies the attainable goal of "oneness or advaita" in all walks of life. According to Swamiji,

There are no two in anything... There is but one life, one world, one existence. Everything is that one, the difference is in degree and not in kind... The Vedanta entirely denies such ideas as that animals are separate

from men and that they were made and created by God to be used for our food… Oneness includes all animals. If man's life is immortal so also is the animal's. The difference is only in degree and not in kind. The amoeba and I are the same, the difference is only in degree and from the standpoint of the highest life, all these differences vanish. (297)

In order to reinforce how important is the essence of (Practical) Vedanta, Swamiji does not even hesitate in having a quarrel with a God who is "partial to his children called men and cruel to his children called brute beasts" (297). One is amused to notice that Swamiji considers this kind of partisan God "worse than a demon" (297) and he boldly affirms that he "would die a hundred times than worship such a God" and his "whole life would be a fight with such a God" (297-8). In order to substantiate the significance of practical Vedanta Swamiji rightly holds that:

We shall see how this Vedanta can be carried into our everyday life, the city life, the country life, the national life, and the home life of every nation. For, if a religion cannot help man wherever he may be, wherever he stands, it is not of much use; it will remain only a theory for the chosen few. Religion, to help mankind, must be ready and able to help him in whatever condition he is, in servitude, or in freedom, in the depths of degradation or on the heights of purity; everywhere, equally, it should be able to come to his aid. The principles of Vedanta, or the ideal of religion, or whatever you may call it, will be fulfilled by its capacity for performing this great function. (300-1),

It may, however, be re-affirmed here that in the holistic idea of (practical) Vedanta, the perception of dualities, which is contingent upon the leela or play of ignorance, vanishes once the ajnana-janit or ignorance-induced illusory distance/difference between the subject and the object or the two entities is overpowered by true self-knowledge or atma-bodha- which is the state of advaita or non-dualism. In order to substantiate the practical significance of Vedanta, one may cite an interesting example/episode from Shankaracharya's *Manisha Panchakam* where a chandala, an untouchable, becomes Shankara's teacher and reminds him of the essence of Vedanta nullifying the difference between a brahman acharya and an untouchable chandala. When the chandala was asked to be at a safe distance from Shankara, he asked Shankara:-

"Annamayad-annamayam hythava/ caitanyam-eva-caitanyat;/ Dvijavara durikartum vanchasi kim/ bruhi gaccha gaccheti" *(MP. 2.9)*

O worthy brahman, please let me know what exactly you wish to keep away. Is it the physical body from another body, or consciousness from another consciousness? *(MP. 10)*

It may be useful here to briefly discuss how Swami Vivekananda explains the much-misunderstood concept of Maya. He alerts us to the dangers of accepting the given meanings of Maya which remain in circulation in philosophical discourses: "Almost all of us have heard of the word Maya. Swamiji's analysis of Maya is based on Shankara's perspective on "Adhyasa or Superimposition" *(Brahma Sutras 4-16).* Generally it is used, though incorrectly, to denote illusion or delusion, or some such thing. But the theory of Maya forms one of the pillars upon which the Vedanta rests; it is, therefore, necessary that it should be properly understood....the Maya of the Vedanta, in its last developed form, is neither Idealism nor Realism, nor is it a theory. It is a simple statement of facts- what we are and what we see around us." *(CVSW 88-89).* Situating "Maya" at the centre of a science and technology driven world of today, he aptly gives an illustration of how "Maya" works in our practical affairs: "As we increase our power to be happy, we also increase our power to suffer, and sometimes I am inclined to think that if we increase our power to become happy in arithmetical progression, we shall increase, on the other hand, our power to become miserable in geometrical progression. We who are progressing know that the more we progress, the more avenues are opened to pain as well as to pleasure. And this is Maya" *(CWSV 97).*

Maya, thus, according to Swami Vivekananda, is " simply a statement of facts as they exist" and the realization of the fact that "the very basis of our being is contradiction, that everywhere we have to move through this tremendous contradiction, that wherever there is good, there must also be evil, and wherever there is evil, there must be some god, where there is life, death must follow as its shadow, and everyone who smiles will have to weep and vice versa.... Thus, the Vedanta philosophy is neither optimistic nor pessimistic. It voices both these views and takes things as they are. It admits that this world is a mixture of good and evil, happiness and misery, and that to increase the one, one must of necessity increase the other. There will never be a perfectly good or bad world, because the idea is a contradiction in terms." *(CVSW 97).*

Thus, it is in the frightening contexts of contemporary times, marked by all kinds of hatred, oppression, exclusion, inequality, injustice and violence, that are posing a grave threat to our planetary existence, there is an urgent need to disseminate the Vedantic wisdom, locally, nationally and globally, in the form of practical Vedanta.

Seven Sacred Steps Beauty of Hindu Marriage

Shefali Vaidya is an independent writer, newspaper columnist and media personality based in pune. An ananta ledership fellow from the inaugural class. Shefali works as a consulting editor with Media Vadya a Marathi News portals. Regular participates in T.V. Debates. She is regular columnist with Swarajya Magazine, India Facts, Tarun Bharat and E-sakal.

Shefali Vaidya

Almost every Hindu is familiar with the story of Satyavan and Savitri. Savitri was the daughter of King Asvapati. When she came of age, Savitri chose Satyavan, son of an exiled king living in poverty in a forest. Savitri went against her father's wishes to marry Satyavan, even when she knew he was a poor man who was destined to have a short life. The ardent Savitri did not give herself up on the Yama (Lord of Death), who was there to take life out of her husband Satyavan. She followed Yama all the way to Yamaloka and impressed him with her tenacity, bravery and her wit and compelled him to return her husband's life. The story of Savitri's bravery, wit and courage underlines the bond that forms the basis of a Hindu marriage.

Life is a complex web of emotions. It is full of moments of joy, sorrows, fear, jealousy, loneliness, strife, struggle and satisfaction. It is difficult to navigate through the ocean of life—that the Hindus call bhavsagar, without the help of a friend, guide and philosopher. Hindus believe that the institution of marriage is the best way to bring that lifelong companionship into a person's life.

A Hindu marriage joins two individuals for life, so that they may pursue the path of Dharma (righteous conduct), the path of artha (wealth creation by righteous means), kama (the pursuit of sensory desires) and ultimately, after these three purusharthas have been achieved, the couple can then aim to attain moksha (ultimate spiritual release) together. A Hindu marriage also is a union of two families, because the path of dharma involves not just the relationship between the husband and wife but also involves the relationship of the two with each other's parents, siblings and other family members. A Hindu marriage means not just the pursuit of pleasure; it is a relationship that is intended to bind two individuals into a complete family unit.

One of the most important factors in a relationship that contributes to happiness is friendship. Love lasts long only if it is founded on the basis of friendship. Vedic sages knew this secret thousands of years ago. During Vedic times, both women and men had a choice, whether to remain unmarried and devote their lives to the study of the eternal truth as brahmcharins and brahmavadinis, or to get married and embrace the rules of grihasthashrama or life of the householder.

In the mahabharata, a yaksha asked Yudhishtir several questions. The answers to those questions are a telling commentary on Hindu philosophy prevalent at the time and makes us realise why Yudhishtir was known as Dharmaraja. One of the questions the yaksha asked Yudhishtir was, 'Kimsvinmitramgrihastah?' (who is the friend of a householder?) Yudhishtir replies, 'Bhaaryaamitramgrihastah' (the friend of a householder is the spouse). A Hindu marriage is founded on this principle of companionship.

In the Brihadaranyaka Upanishad, Sage Yajnavalkya announces his decision to take the vows of renunciation after leaving his material possessions to his wife Maitreyi. Upon hearing this, Maitreyi asks him, "Is it possible to be perpetually happy through possession of material property?" What follows is a highly evolved philosophical discussion between the husband and wife on the nature of happiness, on the bonds of life and of discovering the ultimate truth. Here the marriage is between the minds of two intellectuals, equal yet different.

In the 12th century, when the great Advaitin, Adishankara had his famous debate with Pandit Mandan Mishra in Mahishmati, it was Mandan Mishra's wife, Ubhaya Bharati who was elected the Judge. No one doubted her commitment to justice and fair play, neither her husband, nor Adishankara. When her husband lost the debate, Ubhaya Bharati continued the debate as the ardhangini of Mandan Mishra in the true traditions of Hindu marriage.

A Hindu marriage is not a time-bound contract, nor is it a convenient arrangement that can be dismantled on flimsy grounds. The most sacred part of Hindu marriage rituals is the saptapadi, where the bride and the groom walk around the sacred fire and vow that henceforth, they will walk together on the path of dharma, artha and kama, in the hope that they may attain moksha. It is the most emotional of moments for every bride and groom.

If we take a look at the rituals and mantras involved in a Hindu wedding ceremony, it is absolutely clear that the role of a woman in a marriage is that of an equal partner and a friend. It is a pity that with the passage of time, the concept of equality and friendship in a Hindu marriages got diluted and the wife's role became subservience to the husband. It is time again for Hindus to understand the sanctity of the marriage vows and to pursue the path of righteousness or dharma, without giving up kama or artha.

You might wonder why is it necessary to revisit the philosophy behind the Hindu marriage today, and why is it relevant in today's times? Marriage, as a in institution, is facing multiple attacks today as more and more people are choosing to marry late or even not at all. Monogamy nowadays is being looked upon as an outdated idea by many youngsters and the outcome is an alarming increase in divorce rate. It is almost like a war has been declared upon the institution of marriage. More young people today are choosing to enter into live-in relationships. Family courts in India are groaning under a load of divorce matters. Marriage as an institution is under threat like never before.

Psychological and social research has proved that a stable, nurturing marriage impacts not just the couple, but their children as well as society positively. A good marriage, where both partners value and respect each other, empowers. A stable marriage is not an impediment to personal growth, but it is an enabler, provided both partners realise that the basis of their relationship is a deep, committed friendship.

It is a well-known fact that divorce and separation have devastating effects on children as well as on the mental health of the whole family. If we recognise the fact that marriage is not just a convenient arrangement to ward off loneliness, but a true partnership of equals where each person gives the other space to pursue one's own dreams and respects each other's aspirations, a stable, committed marriage can truly make both men as well as women happy. If people remind themselves of their marriage vows where they agreed to walk together forever as equals in the matters of dharma, artha and kama, they would realise how empowering it can be both for the husband as well as the wife.

The Ancient Indian Approach to Charity & Inclusiveness

Amish Tripathi

Amish, a young generation writer IIM (Kolkota) educated, boring banker turned happy author. The success of his debut novel the immortals of Meluha (Book I of Shiv Trilogy) encouraged him to give up a fourteen years old career in financial services to focus on writing and today he is one of the best sellers writer of the country.

The Western paradigm about charity is to guilt-trip you; you must do charity, because it is your duty, almost your atonement for being successful. The second part of this model is for the rich to have intermediaries. It could be an NGO or some other institution; often multinational NGOs with high establishment costs. The third leg of this paradigm comprises the recipient of this charity. The philosophical message to these recipients is that receiving charity is their 'right'; that no one is doing them a favour.

This modern paradigm for inclusiveness has its benefits, but, there are also some downsides. There are large numbers of interesting reports from a few NGOs themselves, in places like Africa, where many recipients have become charity addicts and do not feel the need to be productive citizens and raise themselves from poverty. The donors too face a moral challenge. Often, not always but very often, they do charity to assuage themselves in the public domain. They choose charity formats that wins them brownie points, that help them manage their public image with suitable effect. One fallout of this is that charity may be directed towards winning popularity, and not what that the society may actually need.

The third dimension, of course, is the NGO industry. Oftentimes these NGOs end up causing harm to the very people they are trying to help. I won't name the company, but a mining company was blocked from mining in an Indian state due to local protests. It emerged later that one of the NGOs which had led the agitation was funded by a mining company in the US with vested interests! This is business competition managed in the garb of charity and service to a social cause.

These are the problems with the Western paradigm of charity.

I'd like to present another paradigm, one that I call the Indian paradigm of charity; or more correctly, the ancient Indian paradigm of charity. These are two dominant approaches to charity in India which hark back to ancient philosophical ideas: one is the Indic approach

– the Hindu, Buddhist, Jain and Sikh approach – and the other is the Indian Islamic approach.

In the Indic approach, it is believed that the recipient of the charity is actually doing a favour to the person who gives charity. How so? This is based on the logic of *karma.* Logic of *karma* is that we carry the weight of our own *karma,* that all the good or bad deeds we do impact us in this life or the next. If we want to know what our past *karma* was like, then we must examine our current life because it is a consequence of our past *karma.* And if we want to know what our future will be, then examine our *karma* today. We are creating our own future right now. So, the belief is that the recipient of our charity is doing us a good turn because he is taking debt in his own *karmic* account for our sake, which he will need to pay back sometime, either in this life or the next. And the giver of charity is balancing his *karma* account; he is repaying some debts. So, in the Indic approach, the giver of charity is the actual *karmic* beneficiary of an act of charity.

The Indian approach has been practiced in the country for centuries before the British arrived. What are the benefits of this compared to the Western Paradigm? Imagine the impact on the recipient of charity, the person who is receiving it.

I'd like to relate a personal story about my family. Two generations earlier, my grandfather was a man of very limited means. Being from a very humble background, he didn't have the money to educate himself well. Pandit Madan Mohan Malaviya was the founder of Benares Hindu University (BHU). He had mentored a charity programme through which he had funded the education of talented children of limited means. One of the children who benefited from this charity was my grandfather. He was a very poor but a very smart boy and because of Madan Mohan Malaviya's munificence, he rose dramatically in life. He had eight children. So today, there are at least seventy people (children and grandchildren) who have descended from my grandfather and all of us – our lives, our future, were shaped dramatically by Pandit

Malaviya's charity. What do you think is my family's attitude towards this charity which our ancestor, one poor boy in Kashi, received all those decades ago? Do we think it was our right to receive that charity? Most certainly not. It is quite the contrary –the conscious responsibility that that gesture of Pandit Malaviya generated infuses our extended family's character to this day. We have taken a debt, a *karmic* debt and it is our duty to repay that debt by carrying that gesture forward; or else the *karmic* burden would weigh down our souls. How do we pass it on? By doing charity. Which means, firstly, we have to ensure that we earn enough to be able to do charity. If all the recipients of charity were to have this attitude, it would provide the psychological impetus to pull them out of poverty.

This philosophical difference in the attitude that gets generated when the recipient believes that he is held accountable by the laws of *karma* for having received charity from someone else. The donor is also impacted by this alternative philosophy. Instead of basking in egotistical and self-gratifying glory for having 'done good'; he has a humbling sense of cleansing his *karma* through his action; that the person who has received his charity has done him a favour. Not for a moment will he think about the public response to his charitable act. There is a strong possibility that he might not stop at simply writing a cheque, but offer something far more valuable: his time and his expertise, if only to make sure that that the job is well done; that it actually helps someone, impacts someone's life positively.

Also imagine the impact on the intermediaries. The ancient Indian way was to think local. If those who were conducting the work have little or no idea about the local, cultural and the environmental peculiarities, it can result in a phenomenal waste of effort and money. In traditional India, much of the conduits for charity were temples. The *gurudwara* feeds all those who visit; it is a magnificent charity and the *seva* is performed by all, from the humblest to the high and mighty.

This practice was prevalent in all the temples, across India, till a few centuries ago. What is called *prasad* today, was actually the feeding of the poor. Food was offered to all who came. Ancient temples in India were also the institutions of education, which was also local. Training in local skills was offered and it would be put to use locally.

Sadly, since British times (and the policy continued post-independence), the government has taken over most temples in India. And we all know what happens when the government takes over something. So, when temples were taken over in this fashion, with decision makers sitting in capital cities far away, many of these functions performed by temples ceased to operate. It's beneficial when the charity giver and the receiver know what works in that local area and the beneficiaries are local. They actually know what works in that area. They are not strangers who have descended with a 'saviour complex'; the people who are clueless about what the locals want or need.

This is our model of charity and inclusiveness. It may work better in our own country as compared to the Western model that we have currently imported. If we can actually put some thought into our concept of charity, we can finally pay heed to the wise words of Vidur from the *Mahabharata.* He said that there are two ways to waste money one is by giving money or charity to the unworthy the other is by not giving it to the worthy. Let us learn from Vidur and make sure that our charity is put to good use.

Will The Indian Men Do?

Shri Sandeep Singh is young thinker, writer and management consultant. He has authored several books on management and human values. His books Indian Ocean Strategy and Business of Freedom have made strides in intellectual world. Now a days he is working on creating a museum on Indian Business History.

Sandeep Singh

Indian male wear is Kurta with Pyjama or Dhoti or Vesti (Henceforth only Pyjama – Kurta). And these Indian clothes for men have died at the work place. Why Indian men don't wear Indian clothes to work?

Now a days occasionally in films and more often in TV shows one can see Hero wearing Kurta Pyjama. Why don't Indian news anchors, for instance, wear bandhgalas instead of suits? Business News Channel anchors wear Kurta on one day in a year like mahurat trading. Indian male would look far more polished in nice bandhgala—that covers the Indian paunch more neatly than a suit. Since the "corporate wardrobe" for some reason does not include Indian male clothes, they have become occasional wear.

There are rare exceptions though and following are example of two such exceptions.

> *"In sort of a madcap experiment, I nowadays make it a point to wear only kurta pajamas to go meet CEOs," Mr. Sengupta said in a recent interview, referring to the complete kurta and pant set. As a senior editor at Fortune magazine, a large chunk of his job requires interviewing high-level executives and businessmen. "I should probably only be wearing a suit for work, and I did at first but have completely abandoned it." He references a few top professionals in Delhi who exclusively wear Indian clothing, such as branding guru Dilip Cherian of Perfect Relations, but sees this as a rarity today, particularly in Mumbai.*
>
> *T V Mohandas Pai, chairperson, Manipal Universal Learning, and former Infosys director, has adopted Indian wear as part of his dress code twice a week. Pai wears a kurta-pant, which he says is the emerging choice among new CXOs.*

And it is not true that Indian clothes cannot be business wear. Indian females have kept Indian cloths for female alive in its various forms. There are female anchors who stick to sari and salwar kameezs, so have Air India hostesses. Even when Indian women are at the top of corporate ladder they wear Indian cloths. Chanda Kochhar to Shikha Sharma are shining examples of the same. Indira Nooyi at the International arena wears Sari with pride.

Manish Sabharwal, CEO, Team-Lease, has done away with his causal Friday dressing attire and instead opted for the Indian look. "The whole concept of 'you have to be western to be modern' is changing," says Manish, whose new Friday look is catching eyeballs at work. "Everybody pokes fun I'm becoming a neta because of my attire,'" says Manish. (The Economic Times)

Manish has hit the nail on his head. Lack of interest in Kurta Pyjama by Indian male is undoubtedly due to the strong association of these clothes with politicians. Rahul Gandhi had followed up on his "suit-boot ki sarkar" jibe against Prime Minister Narendra Modi by promising a "kurta-pajama sarkar" that will work for the common man. A day after Rahul Gandhi promised a "kurta-pajama sarkar" that will work for common man, Oil Minister Dharmendra Pradhan took a jibe at the Congress vice president asking him to first make his brother-in-law Robert Vadra wear one. Both the statements put together, sum up the reasons behind the disappearance of Indian cloths for men, from the work place. (One can also argue that it is the Indian politicians that have kept the tradition of wearing Kurta–Pyjama alive).

Surprisingly it is a politician only who has brought partially, Indian male cloth back into fashion. Yes, I am talking about Indian Prime Minister Narendra Modi. His Kurta, named Modi Kurta has acclaimed international fame and rims have been written about if by both national and international media. But what has become fashionable is the bandi or half jacket he wears. Who's who in the corporate world have started wearing it. Even Chinese president Xi Jinping wore one over his white shirt on his trip to Sabarmati Ashram. He and Modi together looked like a coordinated bandi band.

But even Prime Minister Modi has not been able to get Kurta Pyjama back into fashion. Kurta Pyjama has gone international like Sari but has remained stuck to festivals. Canadian Prime Minister, Justin Trudeau donned a kurta-pyjama at an Independence Day Parade event in Papineau.

Indian male wear has become occasional wear and have been reduced to costume from cloth. Offices are bereft of Indian clothes. We Indian mails have failed to make them, office wear, and thereby, everyday wear.

How does one bring back Kurta-Pyjama back into fashion?

One option is to follow countries like Bhutan. Bhutan enforces a strict nationwide

policy. During working hours, all men are required to wear a gho, a heavy knee-length robe tied with a belt, and women to wear a kira, an ankle-length dress.

But the fact is that we Indians will keep giving example of Bhutans Happiness Index but will not accept similar kind of enforcements of dress code.

Besides this, males in villages and semi urban areas still wear Indian cloths. Problem is at the urban India, in the offices and clubs. Still there are clubs and restaurants that don't allow entry if one is dressed in Indian cloths. Government should make any kind of negative bias towards Indian cloths by any government or private institution as a non - bailable offence.

The young entrepreneurs / professionals should be the change leaders. With every passing day more and more educational institutes are giving up gowns and opting for Indian dress for convocation days. Revival of Indian Male cloth is as important as revival of Indian economy. New age economy entrepreneurs should have Indian clothes as their official dress.

Pride doesn't come from wealth alone. Pride is related to culture and clothes are an important component of the same.

Considering Indian climatic conditions, Indian wear is undoubtedly the most comfortable clothing. And not only comfortable it is fashionable also. Dhoti alone can be worn in atleast 60 different styles.

Indian male cloth is there in Parliament, time to take it to corporate offices. Indian women have carried their traditional cloths to the world stage, will the Indian men do?

Story of A Humanitarian A Man of Action

Deputy Director of Kalinga institute of social sciences and an acclaimed journalist and prolific writer. He is also fellow with the center for science & Environment (C&E) and the charkha. Worked in Department of Health & Family Welfare Government. He is author of several books in Hindi and English.

Dr. Varun Suthra

Action speaks louder than words. The lofty descriptions by words can never compensate for change created through action. Such humanitarian act brings forth a positive change and alleviates the sufferings. It is attempted, performed and successfully achieved by a man who has been working relentlessly, backed by passion and pushed by struggle. This story of a doer, a man of action is an example of what a common citizen in this country can do for ushering in a change single-handedly.

On the outskirts of Bhubaneswar, the capital city of Odisha lies the workplace of Prof. Achyuta Samanta, who has founded and established Kalinga Institute of Social Sciences (KISS) the first exclusive tribal university of the world with his passion and 25 years of persistence. He has not received financial assistance from Union Government or state government. KISS is the reflection of the new and emerging India, a dream of Narendra Modi. The other principles endorsed by him are followed in letter and spirit, for example, KISS gets its energy from solar power, skilling India happens at grassroots and 14,000 tribal daughters study here.

It's only his firm belief in god that has made Prof. Samanta lay the foundation of the unique university, besides his hard work and sweat. He has braved struggles and spearheads the cause of poverty elimination through quality education. He has not lost hope or given up at any juncture. He smiles when he talks about his past struggle, but the pain is still visible. At one point of time, he had taken a loan of 16 lakhs from his friends. He did not have any means to repay the debt. Suicide was the only option. It was a nationalised bank that came forward to help him by giving a loan of 25 lakhs without any guarantee, at a point of time in Indian economy when banking and taking loans was not easy.

Instead of clearing his debt, he laid the foundation of Kalinga Institute of Industrial Technology (KIIT) and KISS with the sanctioned loan money. KISS operates through the funds from the stakeholders of

KIIT, which is one of the most promising universities in India that provides professional education to 27,000 students from all over India and 35 countries abroad.

It is incredible to believe the amount of work done by a single man through KISS and KIIT. Instead of taking credit for his magnanimous achievements and accomplishments, he calls himself as the medium to do and promote good by the blessings of Almighty. He works for at least 18 hours per day, has not taken a single day's leave for the last 25 years, lives in a two-room rented apartment as he did not get time for leisure activities, like marriage.

He has seen poverty from his childhood. Having lost his father at the age of four and being brought by a widowed mother, the family had to starve for two consecutive nights at times. This first-hand experience of poverty made him empathetic towards the deprived. He decided to work for the uplift of the poor people, so that they do not face the tragedies which were a part of his upbringing.

The uniqueness of KISS is that it was established by a man, whom the world today knows as Dr Achyuta Nanda Samanta, 25-years old 25 years back, who ventured out without anything in his hands or any backing but one thing in the mind and soul—experience of acute poverty and hunger and the sufferings from deprivation as an asset to wipe out poverty from the lives of others.

He has forayed into rural development early in his youth. With his passionate endeavour, his own village, Kalarabanka,

became a model village in 2005 and today it is the first model Smart Village in the country with all city amenities. The village cluster, which includes the village Kalarabanka, is also on its way to become the first Smart Village Cluster of the country. He has been an ardent promoter of science, art, culture, literature, spiritual practices, sports and yoga and media.

What the world proclaims and wants to achieve today in terms of sustainable development was envisioned by a simple and a modest young man 25 years back, through Kalinga Institute of Social Sciences (KISS).

Recently, His Holiness the Dalai Lama hailed him as one of the best humanitarians that this century has produced. He has made education reach the unreached, helped in the reduction of Naxal menace, provided a sustainable livelihood to 10,000 alumni of KISS besides creating employment for one lakh people directly and indirectly through KIIT and KISS. He is the prophet of the downtrodden, messiah of tribal rights and above all, a good human being.

Pain and passion have been his best friends — pain in the past and the passion in present to alleviate poverty from the face of earth has made him reach where he is today. His service to humanity shall go on till his last breath and after death, through the treasures that he has created for future generations through his vision.

If one man through his willpower and passion ushers in a monumental change, we can surely do it too to make the would a better place to live in.

Elephant Lore in Ancient Sanskrit Literature

Dr. Gauri Mahulikar

Sanskrit Scholar and Associate Professor, Department of Sanskrit, University of Mumbai. Since (red.) Recipient of 'Adi Shankaracharya award', Government of India & 'Kalidas Samman' a Prolific writer on varied Subjects of Sanskrit Literature. She has specialised in Vedanta Vedic Studies. Member of Board of Studies in Sanskrit Pali & Prakrit of Mumbai & Pune.

The elephant is one of the placental animals, a mammal classified as jaryuja by Caraka and Susruta. Elephantology, scientific study of elephants, was an essential topic of study in the ancient Indian education system, especially for the warrior class. Of the four divisions of Army, elephants and horses formed important bulwarks. They were used both during wars and peace. Elephants are referred to right from the Vedas and Purânas as to arthaúâstra in classical Sanskrit literature. The word gaja is found only in the late Adbhuta Brâhmana, but the word mrgahastin mentioned in the RV and AV denotes an elephant.. The observations about elephants are based on a wide and actual experience and not idle theorising. The Gajaúâstra and Hastyâyurveda by Palakapya are regarded as magnum opus on this subject. Gajaúâstra, having 19 chapters, deals with the mythical origin of elephants, different types of elephants, methods of catching them, their colour, body odour, gait, congenital defects, special forests for elephants, etc. In Hastyâyurveda, the anatomical details are discussed and major as well as minor ailments are given with surgical treatment. A Marathi version of Gajaúâstra, translated by Raja Sherfoji II of Tanjore, in 9 chapters is available. Gajaúâstrasâra by Rakmaji Pandit, comprising 198 verses, a compilation of the science of elephants, composed in circa 1744, is published by TSSML along with Baja Nâmâh, characteristics of birds and their treatment. Apart from these special works on elephants, Hamsadeva, a 13th century Jain poet has compiled the characteristics and types of 127 animals and 97 birds in his famous work, Mrigapaksisastra and has described 13 types of elephants in more than 100 verses. Varahamihira also has given a lot of information on elephants. The present paper will analyse the references and information on elephants given in the Sanskrit texts in the light of scientific details given in the above-mentioned books. This analysis is presented in various sections of the paper. There must have been many more works on the elephant lore but lost during the course of time. Hamsadeva refers to one Sunandaka, who said that elephant is a valuable gem.

General Characteristics and Types The elephant is a gigantic herbivorous animal, perhaps the only surviving category of a mammoth, a strong, hairy animal with tusks. It is physically as well as intellectually a unique beast. It consumes 150 kg of plant matter every day; mainly grass, plantain, sugarcane, etc. Its herbal diet is inversely proportionl to its prowess. Controlling and preventing a big elephant is very difficult. Varahamihira observes that elephants having red lips, red tip of trunk, deep carved eyes, temples like the back of a tortoise, spine as bent as a stretched bow, long tusks, widely spread ears, 20 toes, voice as deep as thunder are the best.

Four types of elephants are given in Abhidhânacintâmanikosa. Hamsadeva gives 13 types of elephants, namely, dantî, dantâvala, hastî, dvirada, gaja, bhadragaja, mandagaja, mrgagaja, samkîrnagaja, matangaja, padmî, ibha and stamberama. Amarakosa enumerates a few different names like kujara, anekapa, dvipa, nâga, vârana and karî Elephants form deep family bonds and exhibit their feelings like human beings. Kalidasa describes an elephant separated from its female companion; eyes filled with tears, very sad and wandering aimlessly in the valleys and forests. They live in tight matriarchal family groups of related females, called a herd. The herd is led by the oldest and often largest female in the herd, called a matriarch. Herds consist of 8-100 individuals depending on the terrain and family size. When a calf is born, it is raised and protected by the whole matriarchal herd. Males leave the family unit between the ages of 12-15 and may lead solitary lives or live temporarily with other males. Hamsadeva has also recorded this and Amarakosa has names of elephants like yûthapa, yûthanâtha indicating that they live in herds. However, there is no information in Sanskrit literature that the female elephant leads the herd.

It is regarded as a noble animal; as such, if will make friends only with the noble. They cannot be friends of jackals and foxes. Bharavi has generalised this in his usual style with a beautiful arthântaranyâsa. Bhartrhari also writes that a dog wags its tail, rolls in front of his master and does various tricks to attract attention to get food; while the elephant looks sternly and eats only after a lot of cajoling.

Elephants are known for their slow but graceful gait. Elephants always walk with grace, no matter whether they are treading on a jungle route or a busy road in the city. We experience this in crowded narrow roads of market areas in Mumbai today, but Magha observed this long back. A beautiful woman is supposed to be gajagâminî in Sanskrit literature. Magha describes how elephants walked slowly, half closing their eyes, while horses ran swiftly and generalises that everyone looks charming by doing appropriate things. At another place he describes that a young elephant, not caring for the instructions of his driver, lifts its trunk to catch the female and resorts to a gait called sthuloccaya Taming of elephants and catching other elephants with the help of a tamed one is a common practice. There were people specially trained to tame elephants, called yant or hastipa. Chandogya Upanisad refers to a village of such people.

Some elephants get angry very quickly like serpents and can't be pacified soon. Hamsadeva observes that dvirada and Ibha can't be controlled when enraged. It's difficult to catch or control such wild animals. Magha mentions an elephant which refused to open its

Mayamatam, a work on architecture, gives details of hastiúâlâ. Their rest place should be 9, 7 or 5 hastas (a unit of measurement) long and 6, 4 or 3 hastas wide. Wooden posts for tying the elephants should be of tamarind, Arjuna, Sami or Khadira tree and the height of the post should be 7-9 hastas. Another important observation is that the posts should look like tree trunks with branches. Hastiúâlâ. should have proper drainage system, separate channel for urine, proper slope of the flooring so that urine won't get accumulated, are the things to be considered.

eyes, though the veil covering its eyes and mouth was removed by the driver, when it was brought in front of an elephant of enemy army. It is observed that Magha has described elephants with photographic details. His title Ghantamagha too is derived from a simile of elephants.

Elephants are extremely intelligent animals and have memories that span many years. It is this memory that serves matriarchs well during dry seasons when they need to guide their herds, sometimes for tens of miles, to watering holes that they remember from the past. They also display signs of grief, joy, anger and play. Magha describes one such elephant who refuses to eat the sugarcane stick in front, and neglects even the female elephant coming near him; he just closes his eyes and remains to his own self. Recent discoveries have shown that elephants can communicate over long distances by producing a sub-sonic rumble that can travel over the ground, faster than sound through air. Other elephants receive the messages through the sensitive skin on their feet and trunks. It is believed that this is how potential mates and social groups communicate.

Elephants and Eroticism

Strength of elephant lies in its rut. Devoid of it, the elephant is as good as a snake devoid of its fangs and a man without wealth or a king without kingdom, says Pancatantra. Rut flows from seven body parts of an elephant: two eyes, two temples, trunk, urine and anus. Smell of its rut is similar to the blossom of saptaparna tree, observes Kalidasa. Palakapya writes that an elephant who smells like the flowers of kuranta saptapara or lotus is considered to be of very good quality. Elephants don't have sweat glands; yet the Gajaúâstra tells that smell of an elephant depends upon four things; sweat, ruttish flow, urine and saliva. Colour of rut is given by Varahamihira as thus: bhadra type of elephant has light yellow coloured rut, manda type has dark yellow like turmeric, mrga type has black colour and miscellaneous type has mixed colour of rut. Secretion of ichor from seven body parts and its association with seven-leafed tree needs to be researched. Magha records the custom of applying some ointment to excite and stimulate elephants in order to produce more rut. Elephant cubs start producing the rut when they are 9/10 years old, observes Hamsadeva. Before that they can be tamed by cajoling or goading. Elephants get excited at the rumbling of clouds. By nature, the elephant is an erotic animal. It stays in the company of a female elephant in youth, enjoying in the dense woods, shadowy, secluded places or near water places. Kalidasa mentions how a young female elephant gives a mouthful of water, rendered fragrant by the pollen grains of water lilies to the male elephant with great love and caring. Female elephant called karenu, always accompanies her companion in thick and thin. Bhasa, while mentioning the loyalty of chaste women, gives this example. After mating and impregnating the female, the elephant withdraws, its semen gets darkened and it loses the desire of enjoying again. Normally elephants don't indulge in excessive carnal pleasures; those who do so, are regarded as mean and devoid of power. A female elephant, once pregnant, becomes sleepy and lethargic. The male tries to comfort her, fetches fruits and leaves for her and acts as her protector and guardian.

Elephants and Sports

They are fond of butting sport. They rub their heavy bodies against hard trunks, brush their tusks on trees and hit with their temples. Bana describes Airavata, elephant of Indra, rubbing its tusks on trees on the banks of Mandakini Kalidasa has a very picturesque description of a gigantic black cloud striking against the peak of mountain Ramagiri and how it appeared like an elephant hitting the ramparts with its tusks. Valmiki has described elephants, delighted to inhale intoxicating ketaki flower, and little confused to hear the sound of water falls, rejoicing along with peacocks.

They also love water sports. Magha describes a herd of elephants enjoying their bath in a river, showering themselves with trunkful of water. He imagines the erotic element between an elephant and a river. They also love mud baths, especially in hot summer and when they get harassed by wild ants. Mud pack on their backs saves them from the direct rays of sun and stings of ants.

Elephants and Social Threats

There is increasing conflict between human race and animals. Animals in the forests have their reserved habitats. Habitat loss is one of the major threats facing the elephants. Climate changes, ecological imbalance have turned their habitats significantly hotter and drier. As a result, survival of young calves has become difficult. Kalidasa describes an angered elephant who violently felled trees in the hermitage and appeared to be a threat to the hermits after seeing the chariot of King Dusyanta. When the peaceful atmosphere of the jungle gets disturbed by urban trespassers, the wild animals react fiercely. Sometimes man destroys the quietude of the forests by forceful poaching for ivory and hunting and then the animals turn violent. Sometimes in search of tender grass on the roadside, elephants come on roads in large number and cause impediments. Travel to Ooty from Mysore in India, though very pleasant, sometimes causes traffic jams as the road brushes with the border of the forest of Madumalai, which is stretched in Karnataka and Tamil Nadu.

Recently, in Maharashtra, elephants from Karnataka caused great devastation and destroyed the farms and houses of the local people at Nivaje in Konkan.

Beliefs about Elephants

Seeing an elephant is regarded as a good omen. Tradition says that Mahavira's and Buddha's mother saw among other things, an elephant and begot illustrious sons. Sriharsa of

12th century also records this. An elephant who walks steadily, rubbing his body against tall tree trunks and anthills and encircling his right tusk with trunk, is said to bring victory to the king, observes Varahamihira. Seasonal cutting of the tusks for getting ivory and letting its grow are described in all the works of Gajaúâstra. The signs like umbrella, disc, chowri yield victory, health and wealth, whereas signs like crow, lizard, snake or owl bring ailments, calamity and destruction. If the left tusk gets broken in the middle while uprooting a tree on a river bank, it is considered good. If an elephant is caught by a crocodile in a river, it is bad but, if it is the other way, it's good for the king. In Brhatsamhita, being a reputed work mainly on astrology, such beliefs are associated with various constellations as well. Many beliefs are linked with the cries of elephants. Wild elephants' trumpet is loud and shrill. Warring elephants also cry loudly, but their sounds get overpowered by the shrill neighing of horses, observes Magha. The young cubs have a sweet voice, though sometimes they shout. Hamsadeva also observes similarly.

In folk beliefs the elephant is identified with showers symbolising fertility. Hadga, bhondala or bhulabai in Maharashtra, which involves songs and dance round the picture of an elephant during Navaratri has this element behind it. There is a vow called gajagaurivrata, which was performed by Gandhari and Kunti, in which a clay elephant was made and worshipped. This practice is retained in the folk tradition.

Observations

Elephants were inevitable part of the Army in India not only during ancient India, but also during the medieval period. Crossing the rivers and streams with ammunition was possible because of strong elephants. Kalidasa mentions how King Raghu crossed River Kapishâ with the help of elephants and marched towards Kalinga. Manasollasa mentions that elephants of Kalinga, called Bhadra, are the best type and they bring victory to the king. According to Hmasadeva too, Bhadra is the best type. He mentions 13 types of elephants but all these species are not found today. Except Bana, no other writer seems to use different words mentioned by Hamsadeva. Bana mentions a

male and female, have tusks.

For the ancient writers, apart from, observation with naked eyes, no other means of research were available; as such there are certain loose statements, which should not be taken in the literal sense. Secondly, they were not scientists in the modern sense of the term. They gathered information necessarily for training the kings and princes and making them aware of the general characteristics of the animals. Generally it is seen that the authors of classical Sanskrit literature were aware of such scientific literature on animals. Though some authors, like Kalidasa, are more ancient than the available writers on the science of animals, even they might have had some scientific texts which were a part of their training, but lost in the span of time. Sometimes the authors follow prevalent practices and customs and use those in literature. No work for example refers to the covering of elephant tusks with copper, but Kalidasa mentions this in Raghuvamsam.

herd of stamberama, afflicted by heat and, sprinkling water with raised trunks. Stamberama is basically such species that enjoys and amuses though tied to a post.

There are certain lacunae in the work of Hamasadeva. He writes that only male elephants have tusks and females don't; but modern scientists observe that all males don't have tusks and they are called makhna in India, they are wrathful by nature, taller than the normal elephants, have a fatter trunk and wander alone. Sri Lanka has large number of such makhnas, and they are not hunted because elephants are normally hunted for ivory. In Anaikatti, in the deep forests of Madumalai, tusked elephants become easy targets and are never seen very often, observes an elephant lover. African elephants, both

The elephants mate normally in spring as do oxen and horses, when certain pores about the temples of the female open and exhale. The female has one foal at a time and this she suckles till its eighth year, gestation period of elephants is said to be 18 months in modern science, whereas, Hamsadeva mentions that elephants mate in either rainy season or spring and the gestation period is 21-24 months. Many observations of Hamsadeva, Palakapya, Varahamihira seem to tally with those of the modern scientists and that exactly is the thing to be proud of — the ancient Indian culture.

The Contribution of SIKKHISM in Indian Culture

Rajan Khanna a Businessman by profession an intellectual, writer by nature. National Secretary, Rashtriya Sikh Sangat & an active prolific Social Worker. He writes columns in organizer weekly and news portals. Author of book 'Reflections of an Activist.' He is associated with various social and cultural organisations of Mumbai.

Rajan Khanna

The greatness of Indian culture lies in the fact that it has retained those values which are essential for spiritual as well as temporal needs of humanity while on abandoning periodically those practices which had lost their relevance according to the imperatives of the time and place.

Some of the practices conceptualised by the Sikh gurus contributed extensively in reinforcing human values in the society and have become an inseparable part of the great Indian culture. the first Sikh guru, Guru Nanak Dev is considered to be a social reformer of the highest order and his teachings carry universal message that can be considered as an endowment of Indian culture to the rest of humanity.

Based upon Guru Nanak Dev's teachings, subsequent Sikh gurus further elaborated on human values and institutionalised the same. The third Sikh guru, Guru Amardas perpetuated the practice of langar (community meal) and since then it has become famous by the name of Guru ka Langar.

It is important to learn about the social and political conditions prevailed at the time of

Guru Amardas. The society was content with the fulfilment of three basic needs — food, clothing and shelter. However, with the vagaries of weather affecting the agricultural yield, a continuous supply of food to the masses was not ensured. One year it could be drought which played havoc with the agrarian output while another year, it was floods which ruined the entire year's hard work of the farmers.

Understandably, there were no food corporations, crop insurance schemes or government aid in those days. Even the political system was hostile to the people of this country. The contemporary Mughal rulers were concerned about collecting revenue by way of lagan from the farmers and in case of crop failure, never displayed the generosity of compensating their subjects. It was the Sikh gurus who conceptualised the tradition of langar to fend off Nature's vagaries and their ruler's apathy towards the masses.

The concept of langar had two aspects — the first one comprised the givers. Farmers and traders, who were fortunate enough to have surplus food-grains, donated their produce to gurudwaras where langar were organised twice a day; the second aspect was that people who did not have enough food for their daily needs could congregate at gurudwaras to eat twice a day. The food served at langar was and is still known as prasad.

The pious message implicit in the institution of langar is very important for humanity and should be incorporated as a part of one's way of life. Normally it is a human trait, for the donor or benefactor to get filled vanity and conceit while giving something to fellow humans but when somebody gives something at the doorstep of his lord, he considers it as giving back to the Almighty from whom he has taken everything. Similarly, while taking favours from others, like asking for free meals, one is filled with a feeling of inferiority complex but when food is eaten at a pious place, like a gurudwara or temple, it is called parsad and one considers showing fortunate for eating at God's doorstep.

The tradition of langar can be the best example for showing the principle of trusteeship among humanity. The phenomenon of sharing and caring is inherent in the institution of langar, which can be considered as the best way of life for global community. The people world over have experimented with the unnatural concept of communism in which the state tries to enforce forcible distribution of resources and most of the countries, with a few exceptions of due to dictatorial regimes, have washed their hands off this failed experiment.

Similarly, with the inherent lucanae in capitalism, there looms the danger of extreme deprivation for the poor of the world whereas most of the resources are being cornered by the rich. Therefore, the ideal way of life for humanity is to follow the principle of trusteeship. The best illustration of trusteeship is the institution of langar perpetuated by the great Sikh gurus in Indian culture.

Sikh gurus not only started the tradition of langar in gurudwaras but designed the holy places in such a way that some parts of the precicts could used for providing temporary accommodation to travellers. In bygone years when there were highly scarce means of transportation and it took a long time to commute from one place to another, gurudwaras used to provide food, shelter and spiritual succour to tired travellers. A very tall saffron coloured flag, known as Nishan Sahib, flutters outside the gurudwaras and is visible from a long distance acting as a beacon for travellers looking for a place to pay obeisance to the Almighty and to take prasad as a meal also.

This pious tradition of langar is followed in all the gurudwaras, globally. Really, this is the heritage of trusteeship which has become part and parcel of the great Indian culture and reinforces the thought that everything in the world has been bestowed upon the humanity by God and by serving mankind, we are paying tribute to the Creator.

Another great principle perpetuated by the Sikh gurus is the tradition of sangat and pangat. The word sangat means the entire society in general and the congregation in

gurudwaras in particular. The word 'pangat' means sitting in a row, especially while taking meals. It is highly important to understand the principle of sangat and pangat not only in terms of the period it was institutionalised in, but in terms of its universal appeal and timeless value also.

We have ancient scriptures throwing light on the fact that caste was never related with birth, but was reflective of the occupations people were associated with. However, with the passage of time, no one knows since when, caste became associated with birth. A person born in a Brahmin clan came to be known as a Brahmin, irrespective of his profession and another born in a Shudra household, irrespective of his qualities of either educating others or warrior capabilities, had to be identified as Shudra only.

Nothing more than this perverted form of casteism has done damage to this great nation, in the past and is doing even now. During different intervals of time in history, social reformists emerged and tried to obliterate this stigma. The principle of sangat and pangat was conceived to induce equality and unanimity among the masses tormented by torturous foreign rule. The so-called Shudras were considered as Untouchables and were not allowed to drink water from the wells which were earmarked for the so-called higher castes only.

The idea of making all sections of society to sit together and eat was to eliminate ill-effects of the caste system from the society. Those, who were not ready to share water from wells with the so-called a lower castes were voluntarily sharing food with them when sitting in pangat. A huge blow was delivered to the stigma of casteism through the principle of sangat and pangat.

There are historical tales about Hindu warriors cooking their food on their individual stoves instead of the whole army eating from a common kitchen. No prizes for guessing that such insane traditions cost many a war to us and entrenched foreign rule on our land.

By perpetuating traditions and principles of sangat and pangat the reformers not only dealt a lasting blow to inhuman practices of casteism, but conveyed the message of egalitarianism by trying to condense class gaps also. The rich and the poor eat same food served in the same utensils and cooked in the same vessels in the community kitchen in pangat arrangements. The food known as prasad is not only eaten together by all sections, irrespective of class and caste, it is cooked also jointly by men and women belonging to a wider cross-section of the society. It is not that the devotees contribute by way of money and material; they consider themselves fortunate when provided with the opportunity to do seva (service) in gurudwaras.

Seva (service) in gurudwaras is rendered not only to cook langar (community meal) and for cleaning and sanitation, but putting the footwear of devotees in racks while they are paying obeisance to the Almighty is considered one of the finest forms of sevain gurudwaras.

Sikh gurus' message has a universal appeal. Whether it is the institution of langar which promotes the virtue of trusteeship among the human beings or the practice of sangat and pangat which obliterates the difference of caste and creed, humanity has a lot to benefit if these tenets are imbibed as a way of life. We as Indians have to set an example by walking on the path shown by our great ancestors and then this world can become a better place to live in if our tenets of vasudhaiv Kutumbakam and trusteeship are followed by the global community.

Birds of India
In Relevance to Environment

Neeraj Chawla

Neeraj Chawla is an architect by profession and wildlife photographer by passion. He is an avid nature enthusiast and active in the field of environment and conservation. He was interested in photography since his college days as part of his architecture course and this eventually developed into wildlife photography. Needless to say, he is a keen observer of nature.

''चूँ, चूँ करती आई चिड़िया, दाल का दाना लाई चिड़िया
मोर भी आया, कौवा भी आया, चूहा भी आया, बंदर भी आया
चूँ, चूँ करती आई चिड़िया, दाल का दाना लाई चिड़िया।''

No wonder we all love birds and celebrate nature in every way. We enjoy bird calls and the unique melody they sing. Birds are mentioned in songs, poetry and stories. We also enjoy looking at them and their exotic feathers. We use photo frames with pictures of birds to decorate our home and office walls. We print bird images on our clothes, curtains and bed sheets, etc. Metal embossed image of birds can be seen on currency coins. Birds are everywhere. We have also seen birds transporting our various gods, for example, *Garuda* (eagle), a sacred bird, believed to be the vehicle *(vahana)* of Lord Vishnu. It is in the Hindu scriptures *(Puranas)* that *Garuda,* the celestial bird, is the vehicle of Lord Vishnu, the preserver and protector of the universe.

Spread of Hindu religion was extensive from a very early period. Countries like Afghanistan, Nepal, Myanmar (Burma), and Indonesia all used to be part of Indian territory. In fact Indonesia has adopted *Garuda* as the symbol of their national airline. Likewise Goddess Saraswati and Lord Brahma ride the swan; Goddess Laxmi comes on an owl, Kartikeya travels on peacock and Shanidev flies on a crow.

Blue peacock is the national bird of India. Moreover, the peacock feather is very dear to

Garuda (eagle), a mythical bird believed to be the mount (vahana) of Lord Vishnu is like a humanoid bird which eats snakes.

Lord Krishna. One fine afternoon, as we were travelling in the core area of Kanha National Park located in Madhya Pradesh, we spotted a handsome male peacock dancing with his long feathers spread and making loud calls. Though it was a month of July but rains had not yet reached this forest and the peacock was dancing in anticipation of rains. I got a good

opportunity to photograph the dancing peacock. There was a time in India and elsewhere when people used to be woken up by the chirping and chatter of house sparrows and other birds at dawn. And at schools for small children, the day used to start with singing nursery rhymes about all sorts of birds, animals and rivers. The world of birds is full of strange happenings and over the centuries, they have fascinated us in many ways. Birds fly high; some hover and some can fly backwards. They come in all shapes and sizes, some are as small as 10-15 grams in weight (sunbirds) and some are almost 18 kilograms heavy (Great Indian Bustard).

Males are exotic in colours but females are not so colourful. Some birds can fly half the length of globe in one single flight and some are actually birds but cannot fly at all! Almost all the birds and animals can camouflage themselves with their surroundings, to protect themselves from predators. They vanish with seasons and reappear out of the blue, hovering around our houses, as the season changes.

Greater Flamingos (Phoenicopter Roseus), Location : Modhava Beach, Kutch, Gujarat.

Some birds migrate from one place to another in search of favourable habitat to roost and some do not migrate. Most birds appear to be highly skilled engineers and construct their nests with natural materials, like broken dry twigs, grass and clay available to them. Surprisingly, the house crow uses thrown-away umbrella wires and other waste materials to make a nest. The nests are secured between 'V' shaped tree branches and they really stay there even in heavy rains and very high velocity wind. The male weaver *(baya)* bird constructs the nest and the female bird seems to supervise it from time to time for approval. If the final outcome is not accepted by her, the nest is abandoned and the exercise is repeated by the male weaver with a new nest. On the other hand, the owls do not really construct their own nest but encroach on the abandoned nests built by other birds.

Small owls find an old dry tree and roost in the cavities of the trunk. It is estimated that there are roughly between 9,000 to 10,000 species of birds in the world. They can be spotted almost anywhere, be it dry flat plains, grassland, deserts, water and marshy areas or snow-clad mountains. On the Indian sub-continent there are about 1,280 species of birds and they make this region one of the most bio-diverse in the world. As India is close to the equator and is tropical in nature, it has distinct six seasons: spring (वसंत), summer (ग्रीष्म), rain (वर्षा), autumn (शरद), pre-winter (हेमंत) and winter (शिशिर). Due to these changing seasons, the land is fertile and rich in bio-diversity. Mighty Himalayas in the north, clad with snow, is the source of perennial rivers. Thick and rich forests on the mountain slopes and plains, rivers flowing through them, make an ideal habitat for flora and fauna to flourish. India has a long predatory food-chain in the jungle when it comes to animals and birds. We humans get attracted to birds because of their ability to fly, their melodious calls and the exotic colours they have on their bodies and wings. Observing birds flying easily, quickly and fluttering from one tree to another impelled us to think and develop similar skills. After watching and studying birds for hundreds of years, man succeeded in making a flying machine, called an airplane. Wildlife for many is frightful but for me it is an adventure, thrilling and full of mystery. One has to visit the jungle to experience wildlife in its most pristine form. In cities we can just go up to a zoo to see some caged and tamed birds and animals. But one has to have the courage to be in the midst of jungles and to witness wildlife in all its natural glory. As wildlife photographer, I get the rare opportunity to capture various moods and actions of the wonderful and beautiful birds and animals living in their own world in the jungles. I can say from my personal experience that though the behaviour of these animals and birds is almost similar to humans, the difference is that they live naturally while we pretend to live naturally.

Like we all have families, happiness and sorrows, they too have similar emotions, and live in perfect harmony with nature. Environment and conservation is a very serious subject. It affects us directly and other living entities too. We must maintain the delicate balance with nature and protect our surroundings, thereby preserving the natural habitat of other birds and animals.

Ornithology is a branch of zoology that concerns the study of birds. The word 'ornithology' derives from the ancient *Greek ρνιςornis ornis* (bird) and λόγος logos ('rationale' or 'explanation') Dr. Salim Ali was a renowned ornithologist and naturalist of India, who made a detailed study of all the birds of this region. He travelled extensively, covering the length and breadth of the country and documented his observations regarding birds, with their identification marks and features, behaviour, nesting cycle, breeding and migration pattern in detail. The birds are mainly divided into three categories: wetland, forest and grassland birds. As cities are being 'developed', the poor birds are left with no place to migrate, and so they had to get adapted to urban life. They had to adjust and survive in the concrete jungle, traffic noise and human presence. In fact some birds are reduced to thriving on human created garbage in the cities, like the house crows and barn owls, have made ducts of buildings as their living place.

It is not possible to write about birds in one article. I will mention here a few on-field experiences I gathered while travelling in deep jungles and other areas. Once, on an early winter morning, while going to Nalsarovar Lake near Ahmedabad, we spotted almost a dozen little green bee-eaters, perched in a row on an electric wire. It was really very cold and the sun was about rise. The birds were chirping melodiously to welcome the dawn's first rays.

What really amazed us most was their human-like feelings towards each other. Apparently, the birds perched at the ends of the wire were feeling cold and to get some warmth, got themselves sandwiched between their mates, nudging and displacing other birds in the process, like in a game of musical chairs! This game went on and on till sunrise. More time one spends with nature and tries to understand it, the more mysteries it unfolds. Connecting with nature is like rediscovering oneself. Away from urban chaos, the mind becomes clammed and body feels relaxed in the lap of nature. I want to convey a message through this article that we have to wake up and become aware of the imbalance man is creating because of his greed and rampant destruction of forests. This awareness can happen only when we understand one basic thing which is very clear – if jungles and birds are there, we are there. Any damage to this delicate system, we lose our own existence. Due to damage caused to the natural habitat, we have lost many species of birds and many are facing extinction. As the forestland is reducing and urban development goes on unchecked and spreading, we have started witnessing man animal conflicts at city-forest borders. We must understand that birds and animal also belong to this planet as much as we claim our right to it. They are also part of it and need space not just for survival but to live comfortably and naturally. This can happen only by protecting their habitat and not

disturbing them with our presence in the vicinity. Birds are very sensitive in nature,very obedient and follow the natural clock. The early bird idiom is commonly used based on birds' habit of waking up before sunrise, and simply go in the roost mode as the Sun sets in the west. Their breeding cycle also follows seasons and they live in harmony with nature.

I recollect a dance event by a Sarus crane couple at Keoladeo (Bharatpur) bird sanctuary, a world heritage site. This dance also had a love triangle angle! Actually, there were two male birds and one female. Before the mating, the male impresses the female by dancing and making loud calls. Before the dance, there was a fight between the two males and the strong male pushed the weak male bird aside and later started dancing with the female. I got some good photos of this prancing. A few years back the Siberian crane used to visit Keoladeo bird sanctuary as Siberia becomes very cold in winter. But, due to loss of habitat at Keoladeo, this activity has stopped since many years now. As we make dams and stop natural rain-water to flow in ponds and rivers, the marsh and scrubland like Bharatpur bird sanctuary area goes dry. It not only affects birds but disturbs the biodiversity of the area, resulting in the water-table going down. Humans are also not spared as the area becomes hotter than normal and adds to the already big issue called global warming.

In the past hundred years, due to industrialisation, uncontrolled use of material energy has caused serious problems on our planet. Population is increasing and the towns are spreading, resulting in reduction of green cover on the land. This imbalance is causing disturbance with the pattern of seasons. The polar snow is melting and the sea level is rising, causing problems for island-cities. All these environmental changes are affecting birds and us alike. There are some communities, who eat birds like grey francolin *(teetar)* and Common quail *(batair)* and some enjoy eating pigeons. This has caused heavy loss on the population of the birds. Lot many species have gone extinctal ready and many are on the verge of extinction due to killing and poaching of birds for fun.

The only way out of this serious situation is to minimise the needs of an individual and use all sorts of material energy in a moderate way. Planet Earth gets energy from a single source called 'sun', and if there is no Sun, nothing will survive on our planet. India knows this since thousands of years and we worship Sun as god and sing prayers in its glory. I do not deny the fact that development and advancement is needed but only to the extent as long as it is helping us in our existence and survival. Water, electricity and all kinds of fuels should be used only when required. Due to vehicular traffic, pollution is an issue of concern for vegetation, birds and humans alike. Because of polluted air and water, birds escape cities to faraway countryside and forest, away from chaos. If industrialisation and other developments start destroying the very planet we depend on, then this is no advancement, rather it is regression. This realisation comes easily when we are able to connect with nature. Only we can do this, to help birds and in return help ourselves.

Brown-headed gull: 42 cms

(Larus brunnicephalus) (भुरि गंगाचिल्ली)

It is a small gull, migratory, on the lakes and in-land of Indian subcontinent in winter. Widespread, breeds in colonies on marshes, nesting on ground. Very noisy when in a flock. Distinguished by the prominent white patch or mirrors on the black tipped wings. The head is not brown in winter and only dark vertical streaks are noticed.

Location - Nalsarovar Lake, near Ahmedabad, Gujarat

Grey heron: 90-98 cm

(Ardea cinerea) (अंजन, नरी, सैन)

Grey, long-legged bird mostly spotted on marsh land. Grey plumage above, whitish head, noticeable black band on neck and a crest on head, behind the eyes. Resident and widespread, easily spotted on inland marsh and coastal waters, but not recorded in northwest and northeast region.

Location - Tadoba Andhari Tiger Reserve, Maharashtra

Black francolin: 33-36 cms

(Francolinus francolinus) (काला तीतर)

Also known as black partridge, resident, mainly black with a clear chestnut collar and white ear-covered patch on the cheek. Streaked appearance to upper wings and barred underparts. Tail is black with narrow, white or greyish bars. Legs are reddish-brown to red. Spotted near tall grass and scrub in plains and near hills.

Location - Great Rann of Kutch, Gujarat

Greater Coucal: 48 cms

(Centropu sinensis) (भारद्वाज या महोख)

Widespread resident, spotted near tall grassland, scrub and groves. Having purplish-blue gloss with black all over, long tailed and dark chestnut wings features, does not fly far, sluggish and weak, hardly appears on the open ground, comes out only in very low light, hides in bushes and thick leafy plants.

Location - Bhigwan near Pune, Maharashtra

Spotted owlet: 21 cms
(Athene brama) (खकूसट, खूसटिया, छुघड़)

Wide, white-spot pattern on upper parts and all the way up to crown. Light spots and barring on underparts. Face like pale disc and noticeable collar. Roosts and nests in cavities of dry tree trunks and lives in a small group. Often found near human habitat and is a nocturnal species. The call is harsh and loud. Feeds on insects and small rodents.

Location - Kanha National Park, Madhya Pradesh

Oriental honey buzzard: 57-60 cms
(Pernis ptilorhynchus) (मधुबाज)

Widespread resident, long neck and small head, wings and tail long and broad, has a small crest, plumage varies in colour from dark brown through rufous to greyish white. Feeds mainly on wasps and larvae and sometimes on comb and honey. Found in the dense forest and soars high with wings flat.

Location - Tadoba Andhari Tiger Reserve, Maharashtra

Asian paradise flycatcher: 20 cms
(Terpsiphone paradisi) (दूधराज)

Widespread resident, male has crest and glossy black head with rufous upper parts and long tail streamers elongated central tail feathers up to 30 cm. Shy bird, found in forest and well-wooded areas. It feeds on insects caught in air. The bill is round and sturdy. It is a very noisy bird uttering sharp skreak calls.

Location - Bhimashankar forest area near Pune, Maharashtra

Common kingfisher: 16 cms
(Alcedo atthis) (छोटा किलकिला या राम चिरैया)

Widespread resident, spotted near fresh water in open countryside, seashore and mangroves. Greenish blue on head, deep orange underparts and ear-coverts, Greenish blue scapulars and wings. Typically large head, long bill and short tail profile. It feeds mainly on fish caught by diving in water.

Location - Keoladeo Ghana bird sanctuary, Bharatpur, Rajasthan

आभार

श्री भागवत परिवार का न्यासी मंडल 'अप्रतिम भारत' ग्रंथ के प्रकाशन के लिए अपने परामर्श मंडल के सभी सम्मानीय विद्वज्जनों के मार्गदर्शन तथा अपने संपादक मंडल के सभी सदस्यों के प्रति आभार व्यक्त करता है, जिनके अथक परिश्रम ने ग्रंथ को अप्रतिम बनाया है।

न्यासी मंडल संपादन सहयोग के लिए अपने सभी ऊर्जावान सदस्यों का भी धन्यवाद करता है, जिन्होंने ग्रंथ-निर्माण में अपना योगदान दिया है।

ग्रंथ के प्रकाशन में विज्ञापन के माध्यम से सहयोग के लिए हम अपने सभी विज्ञापनदाताओं के प्रति भी अनुगृहीत हैं।

ग्रंथ को संग्रहणीय तथा उच्चस्तरीय बनाने के लिए हमने मुंबई से प्रकाशित 'भवन्स जर्नल' एवं 'नवनीत', भोपाल से प्रकाशित 'अक्षरा' तथा दिल्ली से प्रकाशित 'पाञ्चजन्य' में पूर्व-प्रकाशित कालजयी आलेखों का साभार पुनर्स्मरण किया है। इन सभी को हमारी भावपूर्ण कृतज्ञता।

अंत में ग्रंथ के सुंदर कलेवर, साज-सज्जा के लिए प्रभात प्रकाशन के प्रति भी हम आभारी हैं।

श्री भागवत परिवार, मुंबई
न्यासीमंडल का कृतज्ञतापूर्ण प्रणाम

ZEE

ENTERTAINMENT

VASUDHAIVA KUTUMBAKAM

THE WORLD IS MY FAMILY

SALUTE TO INDIAN ARMY
WITH BEST COMPLIMENTS FROM
SUNIL INDUSTRIES LIMITED
(AN ISO 9001 & 14001 CERTIFIED COMPANY)
Corporate Office : 315, Rewa Chambers,
New Marine Lines, Mumbai - 400 020
Tel. : (022) 2201 7389 / 2208 7860
Fax : (022) 2208 4594
E-mail : info@sunilgroup.com www.sunilgroup.com

www.jindal.com
JINDAL
D.P. JINDAL GROUP
LEADERS ARE NOT MADE
They are forged, welded and bent into shape
India's 1st Manufacturer to introduce large dia. ERW Pipes
Size ranges : 1/2" to 20" dia. thickness 12.7mm
Production capacity 5,00,000MT
Largest distribution newtwok
Three manufacturing units, strategically located
works
Maharashtra Seamless Limited, Nagothane
Jindal Pipes Limited, Ghaziabad
Jindal Pipes Limited, Bellary
JINDAL STAR
ERW Pipes and Tubes
Jindal Corporate Centre
Plot No. 30, Sector 44, Gurgaon 122002 Phone : 01244624000 Email : contact@jindalpipe.com

“भारत में उत्तम चारित्र और तप के धारक संतों ने अपने ज्ञान सूर्य से सदैव विश्व को आलोकित किया है। उसी परम्परा में राष्ट्रसंत “आचार्य श्री विद्यासागर जी महाराज” ने अनवरत ५० वर्षों की कठोर तपश्चर्या, अटूट साधना, निष्कलंक आचरण, सुख-दु:ख में समरसता, रागद्वेष से परे होकर इस कलियुग में धर्म को जीवंत किया है। आचार्य श्री विद्यासागर जी महाराज साधना के उद्देश्य से बिना मीठा, हरी सब्जी, मेवे के दिन में एक बार आहार ग्रहण कर के अध्यात्म का रस पान करते हैं, काष्ठ फलक पर अल्प निद्रा लेकर अम्बर को ओढ़ते हैं, शीत-ग्रीष्म के परीषहों को समता से सहते हैं, अहिंसा के रक्षार्थ पिच्छी कमंडल के अतिरिक्त आपके पास तृण मात्र भी परिग्रह नहीं है, प्रत्येक २ माह में हाथों से केशलुंच करते हैं, अस्नान व्रत के संकल्पी होकर भी जिनकी देह दैदीप्यमान दिखती है। आपके तेजोमयी आभामंडल के प्रभाव से लगभग १२० भव्यात्माएँ आपसे दिगम्बरी दीक्षा प्राप्त कर साधु पद में स्थित हुए हैं, १७२ साध्वियाँ (आर्यिका माताएँ) साधना पथ पर आगे बढ़ रहीं हैं।”

संत शिरोमणि आचार्य
श्री १०८ विद्यासागर जी महाराज

५० १९६८-२०१८

साहित्य

ज्ञान, ध्यान, तप में निरंतर लीन आचार्यश्री विद्यासागर जी महाराज कन्नड़ भाषी होकर भी प्राकृत, संस्कृत, अपभ्रंश, हिंदी, अंग्रेजी, मराठी, बंगाली, भाषा में मर्मज्ञ साहित्यकार हैं। इन निरीह रचनाकार ने २४ प्राकृत ग्रन्थों का हिन्दी में अनुवाद किया है। नीति, धर्म, दर्शन, अध्यात्म विषयों पर संस्कृत भाषा में ६ शतकों और हिन्दी भाषा में १२ शतकों का सृजन किया है। हिन्दी में **"मूकमाटी"** जैसा कालजयी महाकाव्य रचकर आपने हिंदी साहित्य जगत को समृद्ध किया है।

मन्दिर

आचार्य श्री विद्यासागर जी महाराज की प्रेरणा से कुंडलपुर, अमरकंटक, रामटेक, जबलपुर, डोंगरगढ़, सागर, भोपाल, नेमावर में पाषाण के नक्काशी युक्त मनोहारी मन्दिरों का निर्माण हो रहा है। जैन धर्म की यशोगाथा गाने वाले इन जिनालयों के निर्माण के लिए भारत वर्ष आचार्यश्री विद्यासागर जी महाराज का चिर ऋणी रहेगा।

गौशाला

आचार्यश्री की प्रेरणा से शताधिक गौशालाएँ स्थापित हुई हैं, जिनका उद्देश्य है गौ-संरक्षण, सम्वर्द्धन, गौ सेवा करना, गौ दुग्ध के साथ गौ मूत्र और गोबर से जीवन उपयोगी वस्तुओं का निर्माण करना। आचार्यश्री ने दयोदय गौशालाएँ खुलवा कर भारत को पुन: गोकुल बना दिया है।

चिकित्सा

आचार्यश्री की प्रेरणा से सागर (मध्यप्रदेश) में संचालित हो रहा है, भाग्योदय तीर्थ धर्मार्थ चिकित्सालय। यहां प्राकृतिक, आयुर्वेदिक, एलोपेथी पद्धति की चिकित्सा, एमआरआई, सीटी स्कैन, कैथ लैब, जैसी अनेक सेवाएँ सभी वर्ग के लोगों को कम खर्च पर आसानी से उपलब्ध हो रहीं हैं।

शिक्षण संस्थान

प्रतिभास्थली ज्ञानोदय विद्यापीठ आचार्य श्री विद्यासागर जी महाराज के आशीर्वाद की फलश्रुति है। यह गुरूकुल परम्परा का पोषक केन्द्रीय माध्यमिक शिक्षा बोर्ड से मान्यता प्राप्त कन्या आवासीय विद्यालय है। विश्व का पहला ऐसा विद्यालय है, जहाँ २०० से अधिक उच्च स्तरीय शिक्षा प्राप्त बाल ब्रह्मचारिणी बहनें निस्वार्थ सेवाएँ प्रदान कर रहीं हैं। वर्तमान में जबलपुर (मध्यप्रदेश), चन्द्रगिरि, डोंगरगढ़ (छत्तीसगढ़) एवं रामटेक (महाराष्ट्र) में लगभग १२०० छात्राएँ विविध कौशल में पारंगत होती हुई **मातृभाषा** माध्यम से शिक्षा प्राप्त कर अपना बहुमुखी विकास कर रहीं हैं।

जैनम् जयतु शासनम्, वन्दे विद्यासागरम्

राष्ट्र को दिशाबोध

आचार्य श्री विद्यासागर जी महाराज ने समय समय पर भारतीय संस्कृति की रक्षा हेतु अपने विचारों को व्यक्त किया है जैसे -

- भारत में सभी प्रकार की शिक्षा का माध्यम भारतीय भाषाएँ होनी चाहिए।
- सभी भाषाओं में देश को इंडिया नहीं भारत ही लिखा और बोला जाना चाहिए
- आचार्य श्री के अनुसार चारों ओर फैली निराशा का एक मात्र निराकरण है - हथकरघा।

हथकरघा

आचार्य श्री की प्ररेणा से बीना बारह, कुंडलपुर, मुंगावली, जबलपुर, डोंगरगढ़, कुन्थलगिरि आदि अनेक स्थानों पर ६८ से अधिक हथकरघा प्रशिक्षण और उत्पादन केंद्र संचालित हो रहे हैं, जहाँ १००० से अधिक युवक-युवतियाँ हथकरघा से रोजगार प्राप्त कर अपना जीवन यापन कर रहे हैं।

आचार्यश्री निरीह, निस्पृह मोक्ष मार्ग के अविराम यात्री हैं।
आपके पास जाकर हर व्यक्ति स्वयं को भूल आपमें लीन हो जाता है,
आपका हो जाता है, यही संत दर्शन की सार्थकता है।

आधिकारिक जालस्थल **www.vidyasagar.guru**

ॐ

शब्दों की साधना कवि सम्मेलन का आधार।
सेवा करें समाज की जनता की पुकार॥

हम करें राष्ट्र आराधन

- विगत 39 वर्षों से प्रत्येक वर्ष गिरगाँव चौपाटी, मुंबई में विजयादशमी के अवसर पर विराट राष्ट्रीय कवि सम्मेलन
- प्रत्येक वर्ष किसी न किसी सेवा प्रकल्प में योगदान
- इस वर्ष चैत्र प्रतिपदा-2075 (18.3.2018) के शुभ दिन हनुमान टेकड़ी, शींव, मुंबई में श्री अशोक सिंघल रुग्ण सेवा सदन में 11 कक्ष तथा 2 विश्रामालयों का पू. स्वामी श्री विश्वेश्वरानंदजी महाराज के करकमलों से लोकार्पण

With Best Compliments

स्वरूप चंद गोयल	कैलाश अग्रवाल	राजकुमार सर्राफ
मार्गदर्शक	अध्यक्ष	मंत्री

जनता की पुकार

Enhancing Lives

Empowering Livelihoods

OIA Eye Care Centre, Addis Ababa, Ethiopia
OIA Eye Care Centre is a 15-bed modern ophthalmology and holistic eye care centre at the Zewditu Memorial Hospital in Addis Ababa, Ethiopia. The Centre provides quality and comprehensive eye care at an affordable cost.

SVC Healthcare Medical Store, Mathura
The SVC Healthcare Medical Store in Mathura provides medicines at subsidized prices. Essential medicines are also available at cost price. General administrative expenses are borne by our CSR Foundation.

Drinking Water Facility, Juhu, Mumbai
OIA has installed a drinking water facility at Juhu, Mumbaito provide locals with easy access to clean and safe drinking water. The facility is maintained under our CSR Foundation.

Tatia Baug – Coastal Garden, Juhu, Mumbai
As part of its CSR initiative, OIA has joined hands with Juhu Citizen Welfare Group to adopt and develop the "Tatia Baug – Coastal Garden" at Juhu, Mumbai. The Company is actively involved in its beautification on an ongoing basis.

At OIA, we focus on improving healthcare in Africa and India and adding value to people's lives by creating better awareness towards health. Our objective is to provide people with affordable, quality basic healthcare amenities.

For Africa, the challenge is to implement basic sanitation and medical techniques to address the diseases that have been eradicated in most part of the world while in India the challenge is to provide affordable medicines to the people who don't have access to them.

OIA also believes in conservation of nature and has worked towards it by creating gardens and parks in urban areas, preservation of historic heritage sites, cleaning and conservation of natural water resources and providing access to clean drinking water to all.

OVERSEAS INFRASTRUCTRE ALLIANCE (INDIA) PVT. LTD & SVC FOUNDATION

Registered Office:
501-502, OIA House,
470 Cardinal Gacious Road, Andheri East,
Mumbai - 400 099. INDIA.
Tel.: +91 22 6675 5000
Fax : +91 22 6675 5001/2825 2981
Email : oia@oialliance.com

Corporate Office:
1205, Surya Kiran Building,
19, Kasturba Gandhi Marg,
New Delhi - 110 001, India.
Tel: +91-11- 4300 1111
Fax:+91-11-4351 6321

OIA®
OVERSEAS INFRASTRUCTURE ALLIANCE
building infrastructure
worldwide

SVC
A charitable initiative of Suresh Vitthaldas Chaturvedi

www.oialliance.com

210 L
VELVEX®
AdBlue®
VELVEX
AdBlue
20 L
VELVEX®
AdBlue®

Light coated, Poly cotton, Super stretch denims that caress the body with soft touch and breathe easy comfort for all day & night.
SPOT ON printed denims
2017 INDIGO COMING OF AGE
THE CROSS OVER EFFECT
Rigid like you loved it, soft like you'll love it even more.
Feels like denim
Flows like a dream
BHASKAR DENIM
Bhaskar Industries Pvt Ltd.
Plot No.15-16, Sector-D, Industrial Area,
Mandideep, Bhopal, M.P(India)
Email:-mktg@bhaskarindustries.com,exports@bhaskarindustries.com
Contact:+91-7480-426500,+91-7480-426600

॥यजुर्वेद॥
॥सामवेद॥
॥अथर्ववेद॥